빅데이터 통계 분석과 R

그래픽용 프로그래밍
언어의 대표 주자!

오픈소스 R

빅 데이터 통계 분석과 그래픽용 프로그래밍 언어의 대표 주자! 오픈소스 R

Copyright ⓒ Packt Publishing 2015. First published in the English language under the title 'Mastering Scientific Computing with R － (9781783555253)'

All rights reserved. No part of this book may be reproduced or transmitted in any form or by any means, electronic or mechanical, including photocopying, recording or by any information storage retrieval system, without permission from Packt Publishing.

KOREAN language edition published by Sung An Dang, Inc., Copyright ⓒ 2016-2020

이 책의 어느 부분도 BM㈜도서출판 성안당 발행인의 서면 동의 없이 전기적, 기계적, 사진 복사, 디스크 복사 또는 다른 방법으로 복제하거나, 정보 재생 시스템에 저장하거나, 또는 다른 방법으로 전송할 수 없습니다.

한국어판 판권 소유: BM㈜도서출판 성안당

ⓒ 2016-2020 BM㈜도서출판 성안당 Printed in Korea

빅데이터 통계 분석과 R

그래픽용 프로그래밍 언어의 대표 주자!

오픈소스 R

[Mastering Scientific Computing with R]

저자 소개

••• Paul Gerrard

폴 제라드(Paul Gerrard)는 미(美) 메인(Maine) 주 포틀랜드 시에 사는 의사이자 의료 연구원이다. 그는 현재 포틀랜드의 뉴잉글랜드 재활병원에서 심폐의료 재활 프로그램의 의료 실장으로 근무 중이다. 그는 대학에서 비즈니스 경제를 공부했다. 이후 의과 대학(메디컬 스쿨)을 수료한 뒤에는 하버드 메디컬 스쿨과 스폴딩 재활병원에서 물리 의학과 재활로 의학 수련을 했는데, 포틀랜드로 이주하기 전까지 하버드에서 수석 레지던트(수련의)이자 교수로 근무했다. 그는 보스턴 지역과 전국의 다른 교육기관에서 연구자와 연구 프로젝트를 공동 진행한다. 그는 외상성 뇌 손상을 비롯, 화상 재활, 건강 조건 해제의 역학 등 광범위한 주제에 대한 출판과 연구를 해왔다.

 - 내 아름다운 아내 데어드레이(Deirdre)와 내 아들 패트릭(Patrick)에게 감사한다. 이 책에 관한 나의 작업은 피오나(Fiona)를 기리기 위한 것이다.

••• Radia M. Johnson

라디아 M. 존슨(Radia M. Johnson)은 면역학 박사 학위를 가지고 있으며, 현재 캐나다 몬트리올 대학교(Université de Montréal)에서 면역학과 암 연구를 위한 연구소에서 연구 과학자로 일하고 있다. 여기에서 그녀는 암 발전에 기여하는 분자의 변화를 특정하고 인지하기 위해 유전체학과 생물정보학을 이용한다. 그녀는 현재 진행중인 협업 프로젝트로부터 대규모 데이터셋을 분석하기 위해 일상적으로 R과 기타 프로그래밍 언어를 사용한다. 토론토 대학교(University of Toronto)에서 박사 학위를 취득한 후 그녀는 캠브리지 대학교에서 혈액학(Hematology) 분야에서 연구원으로도 일했으며, 여기서 그녀는 혈액암을 연구하는데 시스템 생물학(Biology)을 이용하는 경험을 쌓았다.

 - R 프로그래밍을 사랑하도록 가르쳐주신 카를리에 마시에 박사(Dr. Charlie Massie)와 수년 간 지원을 아끼지 않았던 필 코시스 박사(Dr. Phil Kousis)께 감사드린다. 두 분은 뛰어난 멘토이자 환상적인 친구들이다!

이 책의 컬러 차트, 강의 자료용 소스 다운로드하는 법

••• 이 책의 소스 파일과 컬러 차트 다운로드 받는 곳

www.cyber.co.kr

  이 책과 관련된 파일들(소스 파일과 컬러 차트 파일)을 지원하고 다운로드할 수 있는 곳은 영국 packt 퍼블리싱(www.packtpub.com) 사와 ㈜성안당(www.cyber.co.kr)의 자료실이다. www.packtpub.com에서는 뉴스레터 받는 데 사인만 하면 무료로 기술문서들도 읽을 수 있으며, Packt books와 eBooks를 제공한다.

•••

http://www2.packpub.com/books/subscription/packtlib

  IT 질문에 대한 즉각적인 솔루션이 필요하다면 PacktLib라는 온라인 디지털 라이브러리를 이용한다. 여기서 여러분은 전체 Packt 사 단행본들을 검색하고 접속하고 읽을 수 있다.

www.cyber.co.kr

  성안당의 자료실에는 이 책과 관련된 소스와 차트 PDF 파일이, 강의자료실에는 교수자를 위한 강의 PPT가 준비되어 있다. 강의자료실을 이용하려면 전문가 등급 변환을 게시판에 요청해야 한다.

목차

저자 소개	4
이 책의 컬러차트, 강의 자료용 소스 다운로드하는 법	5
저자 서문 통계 공용어 오픈소스 R / Paul Gerrard · Radia M. Johnson	12
역자 서문 R을 분석도구로 하는 문제 해결 안내서 / 정석오 · 최대우	13
이 책을 읽기 전에	14

Chapter 1
R로 프로그래밍 하기 · 19

R의 자료구조	23
일반 벡터	23
벡터 간 연산	28
리스트	30
속성	34
인수	36
다차원 배열	37
행렬	38
데이터프레임	41
R로 데이터로드하기	45
데이터프레임 저장하기	48
기본 도표 및 ggplot2 패키지	51
제어문	60
for( ) 루프	60
apply( ) 함수	62
if( ) 문	63
while( ) 루프	64
repeat{ }, break문	65
함수	66
프로그래밍 및 디버깅 도구	70
요약	74

Chapter 2
R로 배우는 통계 방법론 · 75

기술통계량	78
자료의 변이 정도	80
신뢰구간	82
확률분포	83
데이터에 분포를 적합(fit) 시키기	88
높은 차수의 적률(moments)	92

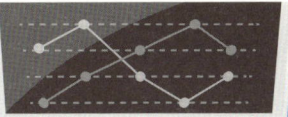

	분포 적합도를 검정하는 방법들	93
	propagate 패키지	94
가설 검정		99
	비율에 대한 검정	103
	두 표본을 비교하기 위한 검정들	105
	단위근 검정(Unit root tests)	108
요약		115

Chapter 3
선형모형 · 117

통계 모델링에 대한 개괄		118
	모형식	119
	설명변수 간의 교호작용	121
	오차항	121
	절편은 모수 1로 처리	121
	모형 업데이트	122
선형회귀		122
	직선을 그림으로 나타내기	122
분산분석		130
일반화선형모형		135
일반화가법모형		141
선형판별분석		146
주성분분석		154
군집분석		159
요약		162

Chapter 4
비선형방법 · 163

비모수적 모형과 모수적 모형		164
흡착 데이터셋과 체위 데이터셋		166
이론에 기반한 비선형회귀		166
시각화를 통해 비선형성 탐색하기		168
선형 프레임워크 확장하기		171
	다항회귀	171
	R에서 다항회귀 실시하기	172
	스플라인 회귀	180
비모수적 비선형 방법론		181
	커널 회귀	186

	커널을 이용한 국소다항회귀	190
	최적의 평활량 선택하기	191
	과학 계산에서 커널 회귀의 실제적 활용	192
	국소가중다항회귀와 loess 함수	193
np 패키지의 비모수적 방법론들		**195**
	np 비선형 분위수 회귀	195
요약		**198**

Chapter 5
선형대수 · 199

행렬과 선형대수학		**200**
	R에서 행렬 다루기	201
	R에서 벡터 사용하기	201
	행렬 기호	202
신체기능(physical functioning) 데이터셋		**203**
기본 행렬 연산		**204**
	원소별 행렬 연산	205
	행렬의 덧셈과 뺄셈	205
	행렬 소거법	206
	행렬 단위 연산	207
	전치행렬	207
	행렬의 곱셈	207
	소셜 네트워크 분석에서 정방행렬 곱하기	208
	외적	212
	행렬 곱셈에서 희박행렬 사용	213
	역행렬 구하기	215
	선형연립방정식의 해 구하기	215
	행렬식	217
삼각행렬		**217**
행렬의 분해		**218**
	QR 분해	218
	고유값 분해	220
	LU 분해	221
	촐레스키 분해	222
	특이값 분해	223
응용 예들		**226**
	라쉬 분석과 대응비교 행렬	226
	크론바흐 알파	230
	DCT를 이용해 이미지 압축하기	231
	R로 이미지 가져오기	232
	압축 기술	233
	변환행렬과 양자화행렬 만들기	234
	이미지 압축하기	235
	R에서 DCT 수행하기	235
요약		**239**

Chapter 6
주성분 분석과 요인 분석 · 241

상관 및 공분산 구조 … 242
이 장에서 사용할 데이터셋 … 242
주성분분석과 총 분산 … 243
    PCA의 기본 개념 … 244
        SVD와 PCA의 관계 … 247
    표준화 PCA, 비표준화 PCA … 248
    PCA를 통한 차원 축소 … 250
        레드와인 데이터에 대한 PCA … 251
    주성분 개수 정하기 … 255
PCA를 이용한 형성적 구성개념 … 259
    탐색적 요인 분석과 반영적 구성 개념 … 263
    기본 용어 … 263
    중요한 행렬들 … 264
        요인분석모형을 행렬로 나타내기 … 264
    EFA의 기본 개념 … 264
        EFA 추정의 기본 개념 … 265
        무게중심방법 … 266
        다중요인모형 … 269
    주축요인법 … 269
        R에서 주축요인법 수행하기 … 270
    그 외 요인추출법 … 271
    요인 회전 … 271
        직교회전 … 272
        Quartimax 회전 … 272
        Varimax 회전 … 272
        사각회전 … 273
        Oblimin 회전 … 273
        Promax 회전 … 273
        R에서 요인회전 수행하기 … 273
    psych 패키지를 이용한 고급 EFA … 276
요약 … 280

Chapter 7
구조방정식 모형과 확인적 요인 분석 · 281

데이터셋 … 282
    정치적 민주화(Political democracy) 데이터 … 282
    신체기능 데이터 … 282
    홀칭어-슈바이네포드(Holzinger-Swineford) 1939 데이터 … 282
SEM의 기본 아이디어 … 284
    SEM의 구성 요소 … 284
    경로그림 … 285
SEM의 행렬 표현 … 285
    망상행동모형(RAM) … 286
        SEM 식별 예제 … 286
    R 예제 … 291
SEM 모형 적합 및 추정 방법 … 295
    SEM 적합 결과에 대한 평가 … 296
    OpenMx 사용법과 SEM의 행렬 표현 … 297
    OpenMx 접근법에 대한 요약 … 297

전체 예제를 위한 설명	298
모형 행렬 지정하기	298
모형 적합	303
lavaan을 이용한 SEM 적합	306
lavaan 문법	306

OpenMx와 lavaan의 비교 — 309
    lavaan 분석 결과 — 309
    OpenMx 분석 결과 — 310

요약 — 313

Chapter 8

모의실험 · 315

기초적인 샘플링 방법을 이용한 모의실험	316
의사난수	**317**
runif( ) 함수	320
베르누이 확률변수	325
이항 확률변수	327
포아송 확률변수	327
지수분포 확률변수	328
몬테카를로 모의실험	**329**
중심극한정리	330
mc2d 패키지 사용하기	334
일차원 몬테카를로 모의실험	335
이차원 몬테카를로 모의실험	338
그 외의 mc2d 함수들	343
mcprobtree( ) 함수	343
cornode( ) 함수	344
mcmodel( ) 함수	344
evalmcmod( ) 함수	345
데이터 시각화	346
다변량 노드	349
몬테카를로 적분	**352**
다중 적분	354
다른 밀도함수를 이용한 몬테카를로 적분	356
기각샘플링	**357**
중요샘플링	**363**
물리적 시스템 시뮬레이션하기	**365**
요약	**367**

Chapter 9
최적화 · 369

일차원 최적화 371
    황금분할법 371
    optimize( ) 함수 377
    뉴튼-랩슨 방법 378
    넬더-미드 심플렉스 방법 384
    optim( ) 함수가 제공하는 다양한 최적화 방법들 388
선형계획법 392
    정수계획법 397
    제약이 없는 변수 400
이차계획법 402
일반적인 비선형 최적화 404
요약 407

Chapter 10
고급 데이터 매니지먼트 · 409

R에서 데이터 정제하기 410
문자열 처리 및 패턴 매칭 412
    정규표현식 412
부동소수점 연산 및 수치 데이터 타입 418
R에서 메모리 관리 420
    메모리 관련 R 함수 421
    메모리에서 R 객체 다루기 422
결측 데이터 424
    R에서 결측 데이터의 계산적 측면 424
    결측 데이터의 통계적 처리 425
    제거법 427
        리스트별 제거법 혹은 완전자료분석법 427
        짝별 제거법 428
    결측 데이터의 시각화 428
    다중대체법에 대한 개관 430
        대체법의 기본 원리 430
        대체법에 대한 접근 방법들 430
Amelia 패키지 431
    다중대체된 데이터로부터 추정치 계산하기 435
        평균 추정치 구하기 435
        평균 추정치의 표준오차 계산하기 437
    mice 패키지 440
        mice 패키지의 대체 함수들 441
요약 443

주요 용어 인덱스 444
주석 인덱스 447

저자 서문

••• 통계 공용어, 오픈소스 R

오픈소스 컴퓨팅 환경인 R은 매우 빠른 속도로 통계 계산 분야의 공용어로 자리잡아가는 중이다. 강력한 기본 함수 및 통계 분석 도구들, 오픈소스로서의 특성, 열광적인 사용자층 덕분에 강력하고도 최첨단의 계량적 방법론까지 제공하는 확장성 있는 라이브러리를 갖추게 되었는데, 이는 여타 값비싼 상업용 통계 프로그램 사용자들이 기대할 수 없었던 것이다.

이 책을 통해 여러분은 R 자체에 대해서 뿐만 아니라 R을 이용해 개념적 질문, 과학적 원리에 대한 질문, 그리고 실험적 질문 등에 대해 어떻게 해답을 제시할 수 있는지를 배우게 될 것이다.

자료 타입, R프로그램의 흐름, 기본적인 코딩 기법 등을 포함하는 R에 대한 기본 개념에 대한 개관으로부터 시작하여 그룹 간 차이에 대한 통계적 분석, 자료 내 연관성 모델링 등과 같은 과학적 자료 분석 과업을 R을 사용해 어떻게 수행하는 지 배우게 될 것이다. 또한 이러한 작업을 위한 모수적 방법과 비모수적 방법을 모두 배우게 될 것이다.

R 문법 자체에 방점을 찍기보다는 선형대수와 행렬 연산 등을 심도있게 익히고, 이러한 개념들이 흔히 만나게 되는 계산 및 분석적 요구에 대해 어떻게 활용하는지 강조점을 두고 공부하게 될 것이다. 이 책은 행렬 연산을 이용해 다차원 자료의 구조를 파악하는 기법인 주성분 분석, 탐색적/확인적 요인 분석, 구조방정식 모형 등도 다룬다. 또한 모의실험의 방법들을 마스터하게 될 것이며, 고급 분석기법을 익히고, 현장의 분석가들이 매일 만나는 지저분하고 다루기 어려운 데이터셋을 다루는 고급 데이터 관리 단계까지 배우는 것으로 이 책을 마치게 될 것이다.

이 책을 마칠 무렵이면 당신은 어디에 내놓아도 손색이 없는 수준의 자료 분석 결과를 R을 이용해 내놓을 수 있게 될 것이다.

저자　Paul Gerrard · Radia M. Johnson

역자 서문

••• R을 분석도구로 하는 문제해결 안내서

이 책은 R에 대한 입문서이면서, 동시에 R을 이용해 중급 이상의 다양한 실제 연구 문제를 해결하는 방법에 대한 안내서로 사용할 수 있을 것으로 기대된다. 의과학 분야 전문가들이 저술한 책이지만 오히려 사회과학 분야의 자료분석 교과서로 활용도가 높을 것으로 판단된다. 무엇보다 실제적인 예제들을 활용해 분석 방법론들을 설명하고 있다는 점을 높이 평가할 수 있다. 특히 구조방정식 및 결측치 처리 등 사회과학에서 널리 사용되는 분석 방법들을 R로 구현한 예제들을 포함하고 있는 점이 주목할 만하다. 이 책에서 제공하는 소스 코드들을 일종의 템플릿처럼 활용한다면 수월하게 중급 수준 이상의 분석방법론을 구현할 수 있을 것이다. R을 분석 도구로 사용하는 통계 상담가들에게도 매우 유용한 책이 될 것으로 기대된다.

원저자들이 수학/통계학 전문가가 아니고 원서가 출판된 지 몇 달밖에 되지 않은 초판이기 때문에, 오류가 다수 발견되어 번역 과정에서 이들을 모두 수정해 옮겼다. 그러나 원저자들의 의도를 지키기 위해 노력했으며, 독자들의 이해를 돕기 위해 필요에 따라 역자 주를 첨부했다. 전문 용어는 되도록 학계에서 통용되는 해당 학문 분야의 용어 사전을 따르도록 노력했다.

마지막으로 이 책의 번역을 제안해주신 성안당 출판사와 조혜란 부장님께 감사의 마음을 전하고 싶다. 또한 번역 과정에서 많은 격려와 조언을 주신 한국외국어대학교 통계학과의 동료 교수님들께 심심한 감사를 전한다.

역자　정석오 · 최대우

이 책을 읽기 전에

이 책이 다루는 내용의 범위

'제1장 R로 프로그래밍하기'에서는 데이터 저장 및 입출력에 대한 개요를 다룬다. 내장 함수를 이용해 데이터를 R에서 로드하는 방법과 엑셀 워크시트를 손쉽게 가져오게 해주는 패키지들을 익힌다. 또한 당신의 프로그램을 보다 효율적으로 만드는 데 도움이 될 수 있도록 제어문과 함수를 활용하는 방법을 배우게 될 것이다.

'제2장 R로 배우는 통계적 방법론'에서는 자료 요약 및 이후 분석을 통해 유용한 통계적 정보를 얻는 방법에 대한 개괄을 제시한다. 도표 작성 방법, 확률분포로부터 통계적 정보를 얻는 방법, 자료의 분포가 알려진 확률분포에 부합하는지 검증하는 방법 등을 다룬다.

'제3장 선형모형'에서는 변수 간 관계를 연구하는 데 가장 널리 사용되는 통계방법론인 선형모형을 다룬다. '일반화선형모형' 절에서는 링크 함수와 정준링크 함수의 성질 등에 대한 논의와 함께 일반 R 관련서적보다 더 깊이 있는 내용을 파고들게 될 것이다.

'제4장 비선형 방법'에서는 이론에 기반한 분석 및 탐색적 분석을 위해 모수적 방법 및 비모수적 방법을 이용한 비선형 방법을 적용하는 것에 대해 고찰한다.

'제5장 선형대수학'은 R을 이용한 대수 기법을 다룬다. 전치행렬, 역행렬, 행렬곱, 다양한 행렬변환 등을 포함한 행렬 연산을 익히게 될 것이다.

'제6장 주성분분석과 요인분석'에서는 공분산 행렬과 상관계수 행렬에 선형대수학을 적용하는 것에 대한 이해를 돕게 될 것이다. 변수 내 총분산을 설명하기 위해 주성분분석을 활용하는 방법과 요인분석을 통해 변수 내 공통 분산을 모델링하는 기법 등을 다룬다.

'제7장 구조방정식 모형과 확인적 요인분석'에서는 그간 출간된 R을 이용한 구조방정식 모형을 다루는 책들이 간과했던 구조방정식의 기본 아이디어에 대한 내용과 함께 R에서 구조방정식 모델링이 어떻게 이루어지는지 깊이 있게 다룬다.

'제8장 시뮬레이션'에서는 기본적인 모의실험을 통한 표본 생성 방법 및 통계적 문제 해결을 위한 시뮬레이션 기법들을 설명한다. R을 이용한 난수 발생 방법과 더불어 주요 확률분포로부터 난수를 시뮬레이션 하는 방법을 배우게 될 것이다.

'제9장 최적화'에서는 다양한 목적 함수에 대한 최적화 방법 및 기법에 대해 여러모로 알아본다. 다양한 R 패키지와 함수들을 서로 다른 최적화 문제에 적용해 해결하고 시각화하는 방법을 다룬다.

'제10장 고급 데이터 매니지먼트'에서는 기본적인 데이터 조작 기법과 메모리 관리 문제에 대해 맛볼 수 있을 것이다.

 소프트웨어 요구 사항

이 책을 공부하기 위해서는 R 버전 3.0.1 이상, OpenMx 버전 1.4, RStudio가 필요하다.

 이 책을 누구에게

이 책은 강력한 R 언어와 오픈소스 R tool 에코시스템을 이용해 실용적 목적을 가진 체계적 질문에 대해 계량적 해답을 구하는 방법을 배우고 싶은 이들을 위한 책이다. R에 대한 약간의 지식을 가지고 있으며, 앞으로 데이터 분석에 R을 활용하기 원하는 과학자들에게 꼭 안성맞춤인 책이다. 약간의 R에 대한 경험은 도움이 되겠지만 꼭 필요한 것은 아니다.

 일러두기

이 책에서는 다른 종류의 정보를 구별해주는 몇 가지 텍스트 스타일을 사용한다. 이에 대한 몇 가지 예와 각각의 의미는 다음과 같다.

텍스트 안에 포함된 코드, 데이터베이스 테이블 이름, 폴더 이름, 파일 이름, 파일 확장자, 경로 명, 더미(dummy) URL, 사용자 입력, 트위터 핸들 등은 다음과 같이 나타낸다:

"또한 현재 사용환경 내에 저장된 객체들에 대한 추가적인 정보를 검색하려면 str() 함수를 사용하면 됩니다."

코드들로 구성된 문단은 다음과 같이 나타난다.

```
> integer_vector <- c(1L, 2L, 12L, 29L)
> integer_vector
[1]  1  2 12 29
```

새로운 용어와 **주요어**는 굵은 글씨로 나타낸다. 예를 들어, 메뉴 혹은 대화상자 내에 나오는 단어들은 텍스트 내에서 아래와 같이 나타낸다.

"윈도우에서 R을 설치하려면, **Download R for Windows**를 클릭하고 나서 다운로드 링크와 설치 명령용 **base**를 클릭한다."

 박스 내에 있는 경고 또는 유의사항은 이런 식으로 표시된다.

 각종 팁과 비법은 이런 식으로 표시된다.

독자 피드백

독자들의 피드백은 언제나 환영이다. 이 책에 대한 여러분의 생각을 알려주기 바란다. 독자 피드백은 여러분의 활용도를 극대화할 수 있는 교재를 개발하는 데 도움이 되기 때문에 중요하다.

일반적인 피드백을 보내려면 `feedback@packtpub.com`으로 책의 제목을 메일 제목으로 한 메일을 보내면 된다. 여러분의 전공 분야에 대한 책을 직접 쓰거나 저작에 참여를 원하는 경우 `www.packtpub.com/authors`의 `author guide`를 살펴보기 바란다.

고객 지원

Packt에서 출판한 책을 구매한 고객에게는 다음과 같은 혜택을 제공한다.

■ 예제 코드 내려받기

`http://www.packtpub.com`에서 여러분의 계정으로 구매한 Packt 출판사의 모든 책에 대

한 예제 코드 파일들을 내려받을 수 있다. 이 책을 다른 곳에서 구매했다면 http://www.packtpub.com/support를 방문해 등록 절차를 마치면 이메일로 직접 파일들을 받을 수 있다.

■ **이 책에 있는 컬러 이미지 내려받기**

이 책에 사용된 스크린샷 및 그림의 컬러 이미지를 pdf로 제공하고 있다. 이 컬러 이미지들은 출력물의 변화를 이해하는 데 도움이 될 것이다.

이 파일은 http://www.packtpub.com/sites/default/files/downloads/5253OS_ColoredImages.pdf에서 내려받을 수 있다.

 오타 정오표

만일 이 책에서 텍스트 혹은 코드의 실수를 발견했다면 본사로 알려주면 감사하겠다. 다른 독자들의 혼란을 막고 이 책의 이후 버전을 개선하는 데 도움을 줄 수 있다. 오타는 http://www.packtpub.com/submit-errata를 방문해, 해당 책 제목을 선택한 후 Errata Submission Form 링크를 클릭해 알려주기 바란다. 오타 내용이 확인되면 본사 웹사이트에 업로드되거나 해당 책의 기존 오타 정정 리스트에 추가될 것이다. 이미 제출된 오타 리스트를 보려면 http://www.packtpub.com/books/content/support에 방문해 검색창에 책 제목을 입력하면 된다. Errata 섹션에 필요한 정보가 있을 것이다.

 저작권 문제

Packt 사는 저작권 및 라이센스 보호를 매우 심각하게 처리하고 있다. 인터넷 상에서 어떠한 형태로든 본사 저작물에 대한 불법 복제물을 발견하게 되면 즉시 인터넷 주소 또는 웹사이트 이름을 본사로, 저작권 침해가 의심되는 경우 링크를 copyright@packtpub.com으로 보내주기 바란다.

 문의사항

이 책에 대한 문의 사항이 있는 경우 question@packtpub.com으로 연락하기 바란다.

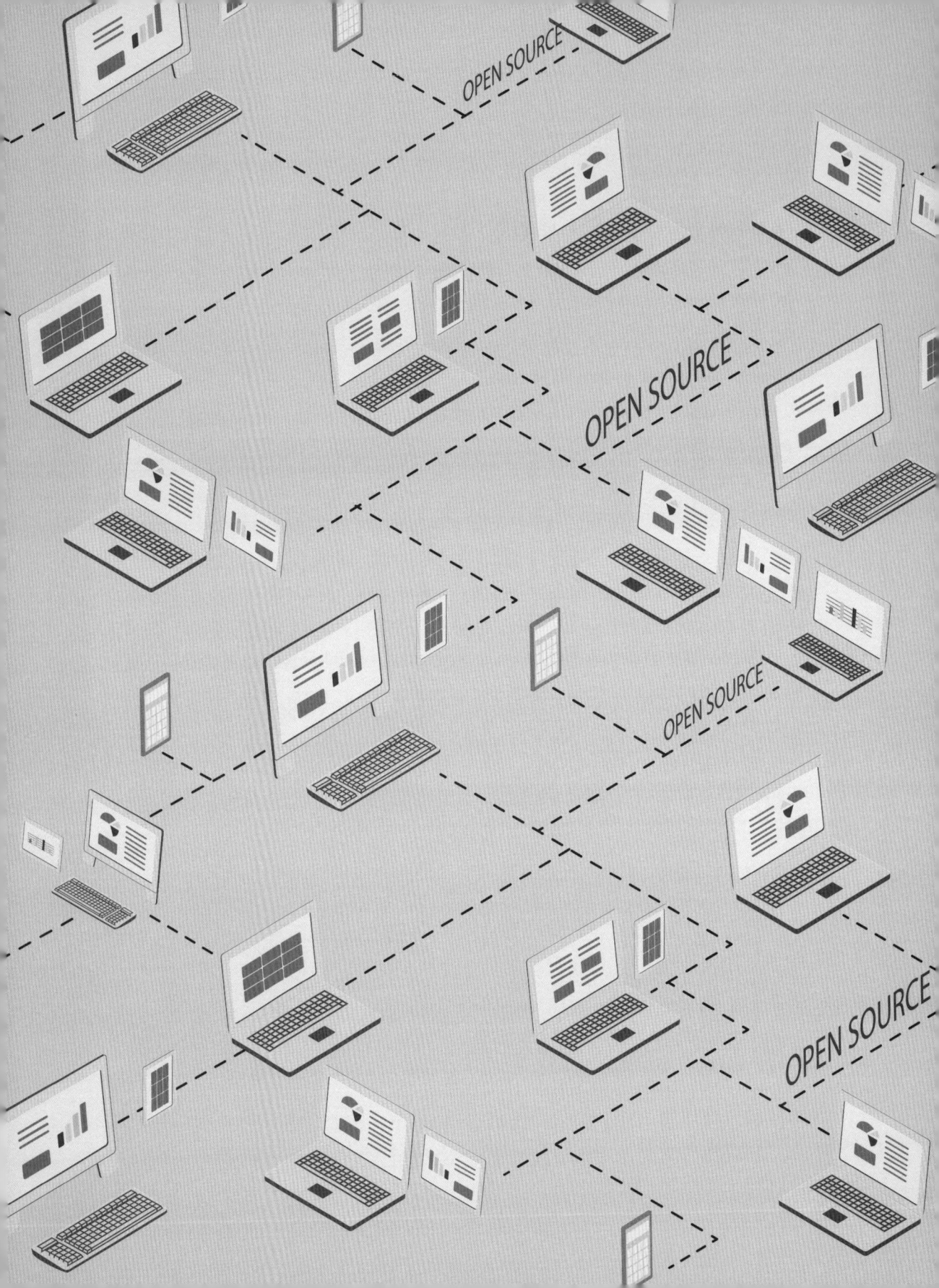

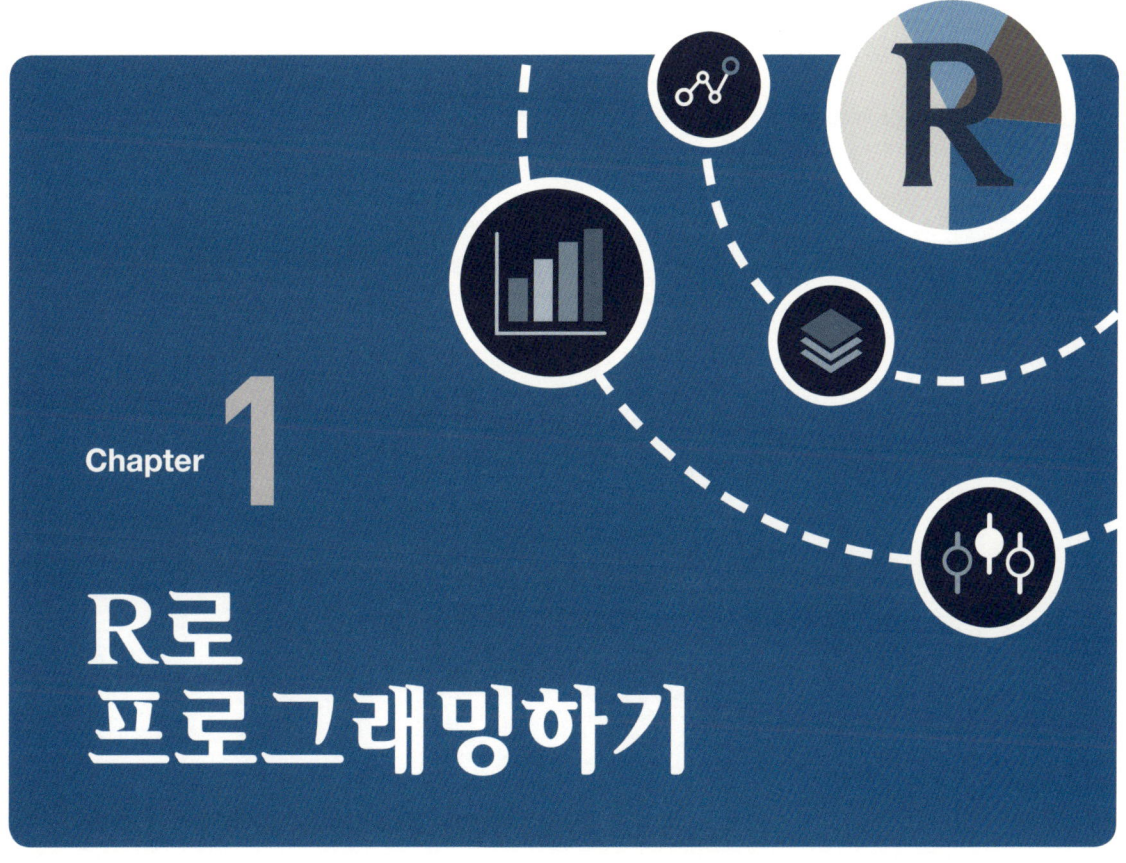

Chapter 1
R로 프로그래밍하기

첫 장에서는 R에서 데이터 저장 및 액세스 방법에 대한 개괄을 제시한다. 그리고 나서 R 내장 함수들과 패키지를 이용해 데이터를 로드(load)하는 법, 예를 들어 엑셀 워크시트로부터 데이터를 손쉽게 불러들이는 법을 익히게 될 것이다. 또한 ggplot2 패키지가 제공하는 그래픽 작성을 위한 함수들을 사용할 수 있도록 reshape2 패키지를 이용해 데이터를 변형하는 방법을 익히게 될 것이다. 그 다음에는 제어문 사용법 및 간명한 코딩을 위해 직접 함수를 작성하는 법, 그리고 보다 효율적인 프로그래밍 방법에 대해 배운다. 마지막으로 성공적인 R 프로그램을 위해 사용가능한 디버깅 도구에 대해 배울 것이다.

다음은 이 장에서 커버할 주제 목록이다.

- 벡터
- 리스트
- 객체 속성
- 인수
- 행렬과 배열
- 데이터프레임
- 도표 작성
- 제어문
- 함수
- 프로그래밍과 디버깅 도구

과학 계산(scientific computing)은 수리 모형 및 주어진 문제를 해석하고 시각화해 해법을 찾는 계량 분석 기법을 이용해 정보과학적으로 문제를 해결하는 접근법이다. 일반적으로 과학자와 데이터 분석가의 관심은 실험 또는 시뮬레이션에서 얻은 관측 결과를 이용해 특정 현상 또는 프로세스를 이해하는 데 있다. 예를 들어, 생물학자라면 유전자 표현에 어떤 변화를 주었을 때 정상세포가 암세포로 변하는지 관심이 있을 것이고, 물리학자라면 수치적 시뮬레이션을 통해 은하의 생애 주기에 대해 연구하고 싶을 것이다. 두 경우 모두 데이터를 수집해야 하고, 그 다음에는 그들이 가진 연구 문제에 맞도록 시각화하고 해석할 수 있도록 데이터를 조작하고 처리할 필요가 있다. 과학 계산은 이 모든 절차에 밀접하게 관련되어 있다.

R은 과학 계산을 위한 훌륭한 오픈소스 언어이다. R은 우수한 성능과 첨단 소프트웨어 사용 환경 덕분에 기업들과 대학에서 널리 사용되고 있다. 처음에는 통계적 모델링을 위한 소프트웨어 도구로서 고안되었으나 데이터마이닝과 애널리틱스(analytics)를 위한 강력한 도구로 진화해왔다. 기본적으로 제공되는 풍부한 수리 방법론과 기본적인 작업도구 뿐 아니라 최신식의 시각화 방법들, 특화된 자료 분석 도구들, 기계 학습, 심지어 인터랙티브 웹 애플리케이션을 구축할 수 있는 Shiny 패키지 등을 포함한 수백 개의 패키지를 제공한다. 이 책에서는 다양한 자료 탐색 및 시각화 기법을 활용해 데이터를 정의하고 조작할 수 있도록 R과 패키지들을 활용하는 방법을 가르치게 될 것이다. 이 책은 과학 계산에 요구되는 최신의 수학적, 통계학적 방법론을 제시할 것이다. 또한 R을 복잡한 산술 표현의 계산과 통계적 모델링에 이용하는 방법을 제시할 것이다. 그리고 결측 자료를 다루는 방법과 각자의 필요에 부응하는 자기만의 함수를 작성하는 데 필요한 절차들을 다룬다. 이 책을 끝낼 쯤이면 R을 편안하게 사용하게 될 뿐만 아니라 여러분의 과학적 문제들을 해결할 수 있는 코드를 직접 작성하는 능력을 갖추게 될 것이다.

첫 장에서는 R에서 데이터 저장 및 액세스 방법에 대한 개괄을 제시한다. 그리고 나서 R 내장 함수들과 패키지를 이용해 데이터를 로드(load)하는 법, 예를 들어 엑셀 워크시트로부터 데이터를 손쉽게 불러들이는 법을 익히게 될 것이다. 또한 ggplot2 패키지가 제공하는 그래픽 작성을 위한 함수들을 사용할 수 있도록 reshape2 패키지를 이용해 데이터를 변형하는 방법을 익히게 될 것이다. 그 다음에는 제어문 사용법 및 간명한 코딩을 위해 직접 함수를 작성하는 법, 그리고 보다 효율적인 프로그래밍 방법에 대해 배운다. 마지막으로 성공적인 R 프로그램을 위해 필요한 디버깅 도구에 대해 배울 것이다.

R의 자료구조에 대한 내용을 담은 다음 절로 넘어가기 전에, 혹시 아직 R을 설치하지 않았다면 http://cran.r-project.org에서 최신 버전을 다운로드해 설치하라. R은 리눅스, 맥, 그리고 윈도우 시스템에서 컴파일 및 실행이 가능하므로 여러분 컴퓨터에 설치할 수 있는 컴파일 전 바이너리 파일을 다운로드 받으면 된다. 예를 들어, http://cran.r-project.org에 가서 Download R for Linux를 클릭한 후 ubuntu를 클릭하면 Ubuntu에서 R을 설치하는 법에 대한 최신 업데이트된 설명을 얻을 수 있다. 윈도우에서 R을 설치하려면 Download for Windows를 클릭하고 base를 클릭하면 다운로드 링크와 함께 설치 방법에 대한 설명을 얻게 될 것이다. MAC OS 사용자는 Download R for(Mac) OS X를 클릭하면 다운로드 링크 및 설치 방법에 대한 안내를 받을 수 있다.

R 최신 버전 설치가 끝났다면 R을 보다 쉽고 재미있게 배울 수 있도록 강력한 사용자 환경을 제공하는 통합개발환경인 RStudio를 다운로드받고 싶을 것이다. RStudio의 중요한 한계점은 아주 큰 크기의 데이터셋을 로드할 때 힘들 수 있다는 점이다. 따라서 매우 큰 크기의 데이터셋을 가지고 작업하려면 R을 직접 이용하는 것이 낫다고 할 수 있다. 그렇다 할지라도 RStudio는 작업 중인 데이터 객체를 시각화하는 데 매우 훌륭한 도구이며, 탭을 이용해 도움말 페이지와 패키지의 탐색을 손쉽게 해준다. 기본적으로 RStudio는 데이터 분석에 필요한 모든 것을 한 눈에 제공한다. 다음 스크린샷은 이 장에서 R 코드를 실행할 때 RStudio 사용자 환경의 예이다.

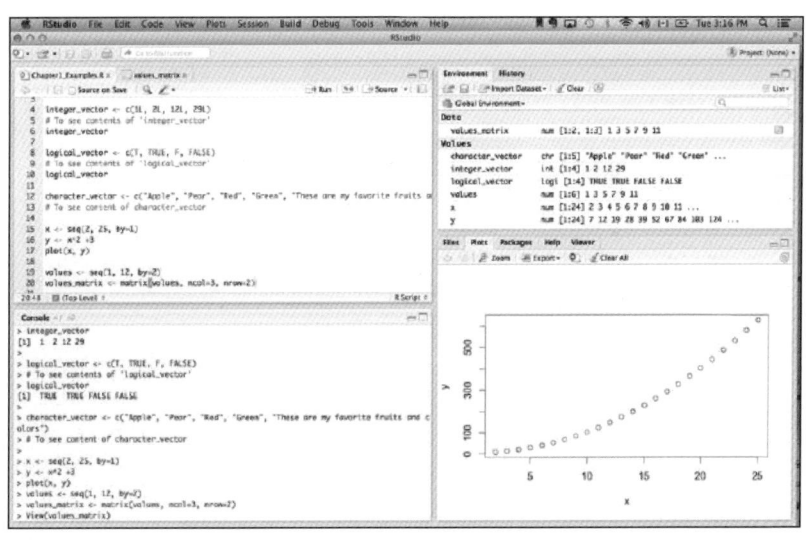

http://www.rstudio.com/products/rstudio/download/에 가면 모든 플랫폼을 위한 RStudio를 다운로드할 수 있다.

마지막으로, 이 책에서 사용할 폰트(font)에 대한 약속사항은 다음과 같다. R에 직접 타이핑하는 코드는 >로 시작하고 # 이후에 나오는 같은 줄에 있는 내용은 모두 주석(코멘트)으로 처리된다.

```
> The user will type this into R
This is the response from R
> # If the user types this, R will treat it as a comment
```

Note 이 책에 포함된 모든 코드는 R 버전 3.0.2를 기준으로 작성되었음.

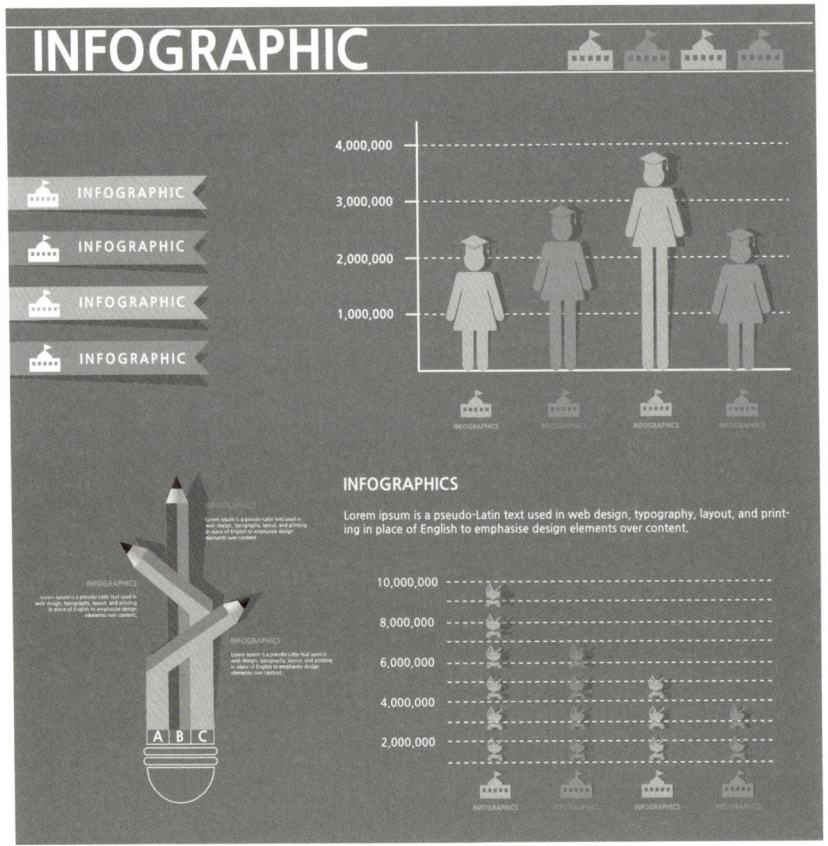

:: R의 자료구조

R 객체는 다음의 두 가지 범주로 구분할 수 있다.

- **동질적(homogeneous)**: 객체가 모두 같은 데이터 타입인 성분들로 구성되었을 때
- **이질적(heterogeneous)**: 객체가 다른 데이터 타입의 성분들로 구성되었을 때

벡터(atomic vectors), **행렬(matrices)**, **배열(arrays)** 등은 동질적인 데이터를 저장할 때, **리스트(lists)**, **데이터프레임(data frames)**은 보통 이질적 데이터를 저장할 때 사용된다. R 객체는 객체 내에 포함하고 있는 차원의 수에 따라 분류할 수도 있다. 예를 들어, 벡터와 리스트는 1차원 객체이고, 행렬과 데이터프레임은 2차원 객체이다. 그러나 배열은 필요한 만큼의 여러 차원을 가질 수 있다. Perl 등의 다른 프로그래밍 언어와는 달리 R은 스칼라 또는 0차원 객체의 개념은 없다. 단일 숫자와 문자열은 길이가 1인 벡터로 저장된다.

일반 벡터

벡터는 일반 벡터(atomic vector)와 리스트(list)를 포괄하는 개념으로써 R에서 기본이 되는 데이터 구조이다. 일반 벡터는 논리값(logical), 숫자(double), 정수(integer), 문자(character), 복소수(complex) 등 중에서 단일 속성을 갖는다. 벡터를 생성하려면 c() 함수를 이용하는데, 이는 원소들을 벡터로 묶는다(combine)는 의미이다.

```
> x <- c(1, 2, 3)
```

정수(integer) 벡터를 생성하려면 숫자 뒤에 L을 붙여주면 된다.

```
> integer_vector <- c(1L, 2L, 12L, 29L)
> integer_vector
[1]  1  2 12 29
```

논리값 벡터를 생성하려면, TRUE 또는 T와 FALSE 또는 F를 이용한다.

```
> logical_vector <- c(T, TRUE, F, FALSE)
> logical_vector
[1]  TRUE  TRUE FALSE FALSE
```

> **예제 코드 다운로드**
>
> 먼저 성안당 자료실(www.cyber.co.kr)을 이용바란다. Packt Publishing 홈페이지 http://www.packtpub.com의 당신의 계정에서 예제 코드를 다운로드 받을 수 있다. 이 책을 다른 곳에서 구매했다면 http://www.packtpub.com/support에 가서 등록하면 직접 이메일로 파일들을 받아볼 수 있다.

문자열(strings)로 된 벡터를 생성하려면 큰따옴표("") 안에 단어 혹은 구문을 넣어서 붙이면 된다.

```
> character_vector <- c("Apple", "Pear", "Red", "Green", "These are my favorite fruits and colors")
> character_vector
[1] "Apple"
[2] "Pear"
[3] "Red"
[4] "Green"
[5] "These are my favorite fruits and colors"
> numeric_vector <- c(1, 3.4, 5, 10)
> numeric_vector
[1]  1.0  3.4  5.0 10.0
```

R은 반복되는 원소들로 이뤄진 벡터를 만들 수 있는 rep() 함수와 수열을 생성해주는 seq() 함수를 제공한다.

```
> seq(1, 12, by = 3)
[1]  1  4  7 10
> seq(1, 12)
 [1]  1  2  3  4  5  6  7  8  9 10 11 12
```

seq() 함수 대신 콜론(:)을 사용할 수도 있는데, 1부터 12까지의 숫자를 벡터로 저장하고 싶으면 아래 코드처럼 하면 된다.

```
> y <- 1:12
> y
 [1]  1  2  3  4  5  6  7  8  9 10 11 12
> z <- c(1:3, y)
> z
 [1]  1  2  3  1  2  3  4  5  6  7  8  9 10 11 12
```

벡터 내 원소를 반복하려면 rep() 함수를 사용한다.

```
> x <- rep(3, 14)
> x
 [1] 3 3 3 3 3 3 3 3 3 3 3 3 3 3
```

복잡한 패턴도 반복할 수 있다.

```
> rep(seq(1, 4), 3)
 [1] 1 2 3 4 1 2 3 4 1 2 3 4
```

벡터는 한 가지 타입으로만 구성할 수 있기 때문에 만약 숫자와 문자열 등 다른 타입을 섞으면 가장 유연한 타입으로 강제로 변환된다. 가장 유연한 벡터 타입부터 그렇지 않은 순으로 늘어놓자면 **문자, 숫자**(double)**, 정수, 논리값** 순이다. 아래 다이어그램을 참조하라.

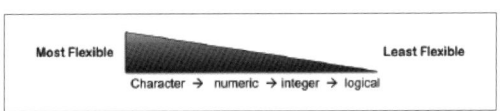

따라서 만일 숫자와 문자를 섞게 되면, 두 타입 중 유연성이 높은 문자형 벡터로 강제 변환될 것이다. 다음 문단에서 실제로 이러한 강제 변환이 일어나는 예를 보게 될 것이다. 첫 번째 예제는 문자벡터와 숫자벡터를 결합해 새로운 객체를 만들면 문자벡터가 보다 유연하기 때문에 새 객체는 문자벡터가 되는 것을 보여준다. 비슷한 예로 두 번째 예제에서는 숫자(double)벡터와 정수벡터를 결합해 생성한 새로운 객체 x의 클래스가 숫자(double)가 되는 것을 볼 수 있을 것이다.

예제 1

```
> mixed_vector <- c(character_vector, numeric_vector)
> mixed_vector
[1] "Apple"
[2] "Pear"
[3] "Red"
[4] "Green"
[5] "These are my favorite fruits and colors"
[6] "1"
[7] "3.4"
[8] "5"
[9] "10"
> class(mixed_vector)
[1] "character"
```

예제 2

```
> x <- c(integer_vector, numeric_vector)
> x
[1]  1.0  2.0 12.0 29.0  1.0  3.4  5.0 10.0
> class(x)
[1] "numeric"
```

객체를 여러 개 생성해 놓고 각각의 이름이나 내용물을 깜박 잊는 경우가 종종 있을 것이다. 이런 경우 R에서는 ls() 함수를 쓰면 그러한 정보를 즉시 확인할 수 있는데, 현재 작업공간(workspace) 또는 환경(environment) 하에 있는 객체들의 이름으로 구성된 벡터를 얻게 된다.

```
> ls()
 [1] "a"  "A"  "b"  "B"  "C"  "character_vector"  "influence.1"
 [8] "influence.1.2"  "influence.2"  "integer_vector"  "logical_vector"  "M"  "mixed_vector"
     "N"
[15] "numeric_vector"  "P"  "Q"  "second.degree.mat"  "small.network"  "social.network.mat"
     "x"
[22] "y"
```

작업공간 또는 환경은 여러분이 생성한 모든 객체를 저장한 공간이다. 보다 엄밀히 말하자면, 프레임 또는 이름이 붙은 객체들의 모둠과 해당 환경을 감싸고 있는 또 다른 환경(enclosing environment)에 대한 포인터로 구성되어 있다. 우리가 변수 x를 생성하면 보통은 이 변수를 전역 환경(global environment)에 추가하지만 새로운 환경을 만들어 거기에 저장할 수도 있다. 예를 들어, 숫자벡터 y를 생성해 environB라는 이름의 새로운 환경에 저장해보자. R에서 새로운 환경을 생성하려면 new.env() 함수를 사용한다.

```
> environB <- new.env()
> ls(environB)
character(0)
```

위에서 볼 수 있듯이 이 새로운 환경에는 아직 객체를 생성한 적이 없기 때문에 포함된 객체가 하나도 없다. 이제 숫자벡터 y를 생성한 후 assign() 함수를 사용해 environB에 할당해보자.

```
> assign("y", c(1, 5, 9), envir = environB)
> ls(environB)
[1] "y"
```

또는, $ 기호를 사용해 새로운 변수를 environB에 할당할 수도 있다.

```
> environB$z <- "purple"
> ls(environB)
[1] "y" "z"
```

y와 z에 저장된 내용을 보고 싶으면 get() 함수를 이용하거나 $ 기호를 사용한다.

```
> get('y', envir = environB)
[1] 1 5 9
> get('z', envir = environB)
[1] "purple"
> environB$y
[1] 1 5 9
```

환경에 저장된 객체들에 대한 추가적인 정보는 `str()` 함수를 이용해 확인할 수 있다. 이 함수는 객체 내의 구조를 살펴볼 수 있도록 각 내용물의 미리보기를 화면에 뿌려준다.

```
> str(character_vector)
 chr [1:5] "Apple" "Pear" "Red" "Green" "These are my favorite fruits and colors"
> str(integer_vector)
 int [1:4] 1 2 12 29
> str(logical_vector)
 logi [1:4] TRUE TRUE FALSE FALSE
```

벡터 내 포함된 원소의 개수를 알고 싶으면 `length()` 함수를 이용한다.

```
> length(integer_vector)
[1] 4
```

벡터로부터 특정 원소를 추출하려면 각괄호(`[ ]`)에 추출할 원소의 위치값을 이용한다.

```
> character_vector[5]
[1] "These are my favorite fruits and colors"
> numeric_vector[2]
[1] 3.4
> x <- c(1, 4, 6)
> x[2]
[1] 4
```

■ 벡터 간 연산

숫자 및 정수벡터 간의 기본적인 수학 연산은 우리가 보통 계산기를 사용할 때와 비슷한 방식으로 수행할 수 있다. R에서 사용하는 산술연산자는 다음 표와 같다.

산술연산자
+ x
− x
x + y
x − y
x * y
x / y
x ^ y
x %% y
x %/% y

예를 들어, 어떤 벡터에 2를 곱하면 모든 벡터 원소에 2를 곱하게 된다. 다음 예를 보자.

```
> x <- c(1, 3, 5, 10)
> x * 2
[1]  2  6 10 20
```

벡터들을 서로 더하면 각 원소별로 계산이 이루어지게 된다.

```
> x <- c(1, 3, 5, 10)
> y <- c(13, 15, 17, 22)
> x + y
[1] 14 18 22 32
```

벡터들의 길이가 서로 다른 경우, 길이가 짧은 벡터를 첫 번째 원소부터 다시 재사용해 길이를 늘여서 긴 벡터의 길이와 같아지도록 맞춘 후 계산한다. 그러나 이때, R은 경고 메시지를 주는데 길이가 서로 다른 벡터 간 덧셈을 사용자가 의도하지 않았을 경우를 고려한 것이다.

```
> x
[1]  1  3  5 10
> z <- c(1, 3, 4, 6, 10)
> x + z   # 1 was recycled to complete the operation.
[1]  2  6  9 16 11
Warning message:
In x + z: longer object length is not a multiple of shorter object length
```

표준적인 산술연산 외에, 정수 나눗셈의 나머지를 계산하는 %%, 정수 나눗셈의 몫을 계산하는 %/%이 있다.

```
> x %% 2
[1] 1 1 1 0
> x %/% 5
[1] 0 0 1 2
```

리스트

일반적인 벡터와 달리 리스트(list)는 다른 타입의 원소들(리스트를 포함)을 포함할 수 있다. 리스트를 생성하려면 다음과 같이 list() 함수를 이용한다.

```
> simple_list <- list(1:4, rep(3, 5), "cat")
> str(simple_list)
List of 3
 $: int [1:4] 1 2 3 4
 $: num [1:5] 3 3 3 3 3
 $: chr "cat"
> other_list <- list(1:4, "I prefer pears", logical_vector, x, simple_list)
> str(other_list)
List of 5
 $: int [1:4] 1 2 3 4
 $: chr "I prefer pears"
 $: logi [1:4] TRUE TRUE FALSE FALSE
 $: num [1:4] 1 3 5 10
 $ :List of 3
  ..$: int [1:4] 1 2 3 4
  ..$: num [1:5] 3 3 3 3 3
  ..$: chr "cat"
```

c() 함수를 사용하면 리스트와 일반 벡터를 결합하는 것이 가능한데, 이때 일반 벡터는 먼저 길이가 1인 리스트들로 강제 변환된 후 처리된다. 다음 예제를 통해 자세히 알아보자.

```
> new_list <- c(list(1, 2, simple_list), c(3, 4), seq(5, 6))
```

이제 R에 new_list를 입력해 출력물을 확인해보자.

```
> new_list
[[1]]
[1] 1

[[2]]
[1] 2
```

```
[[3]]
[[3]][[1]]
[1] 1 2 3 4

[[3]][[2]]
[1] 3 3 3 3 3

[[3]][[3]]
[1] "cat"


[[4]]
[1] 3

[[5]]
[1] 4

[[6]]
[1] 5

[[7]]
[1] 6
```

객체 new_list를 더 자세히 살펴보려면 str() 함수를 사용한다.

```
> str(new_list)
List of 7
 $ : num 1
 $ : num 2
 $ :List of 3
  ..$ : int [1:4] 1 2 3 4
  ..$ : num [1:5] 3 3 3 3 3
  ..$ : chr "cat"
 $ : num 3
 $ : num 4
 $ : int 5
 $ : int 6
```

일반 벡터를 리스트로 강제 변환하려면 다음과 같이 as.list() 함수를 이용하면 된다.

```
> x_as_list <- as.list(x)
> str(x_as_list)
List of 4
 $: num 1
 $: num 3
 $: num 5
 $: num 10
```

리스트 내의 원소들에 접근하려면 벡터에서의 경우와 마찬가지로 각괄호([ ]) 안에 인덱스 위치를 넣거나 이중 각괄호 [[ ]]를 사용하면 된다. 다음 예제를 보라.

```
> simple_list
[[1]]
[1] 1 2 3 4

[[2]]
[1] 3 3 3 3 3

[[3]]
[1] "cat"

> simple_list[3]
[[1]]
[1] "cat"
```

위에서 볼 수 있듯이 simple_list[3]을 입력하면 R은 "cat"을 단일 원소로 가지는 리스트를 리턴한다.

```
> str(simple_list[3])
List of 1
 $: chr "cat"
```

만일 이중 각괄호를 사용하면 R은 처음에 입력했던 객체 타입을 그대로 유지해 리턴한다. 따라서 이 예제의 경우 simple_list[[3]]을 입력하면 R은 문자벡터를 리턴할 것이고 simple_list[[1]]을 입력하면 정수벡터를 리턴하게 된다.

```
> str(simple_list[[3]])
 chr "cat"
> str(simple_list[[1]])
 int [1:4] 1 2 3 4
```

이들 원소를 새로운 객체로 할당하려면 다음과 같이 하면 된다.

```
> animal <- simple_list[[3]]
> animal
[1] "cat"
> num_vector <- simple_list[[1]]
> num_vector
[1] 1 2 3 4
```

리스트 내에 포함된 객체의 원소에 접근하려면 이중 각괄호 [[ ]] 다음에 각괄호 [ ]를 연이어 사용하면 된다.

```
> simple_list[[1]][4]
[1] 4
> simple_list[1][4] # Note this format does not return the element
[[1]]
NULL
> #Instead you would have to enter
> simple_list[1][[1]][4]
[1] 4
```

속성

R에서는 객체가 원래 갖고 있는 속성(attribute)에 추가적인 속성을 부여할 수 있는데 `attr()` 함수를 이용해 다음과 같이 하면 된다.

```
> attr(x_as_list, "new_attribute") <- "This list contains the number of apples eaten for 3 different days"
> attr(x_as_list, "new_attribute")
[1] "This list contains the number of apples eaten for 3 different days"
> str(x_as_list)
List of 4
 $: num 1
 $: num 3
 $: num 5
 $: num 10
 - attr(*, "new_attribute")= chr "This list contains the number of apples eaten for 3 different days"
```

`structure()` 함수는 아래에서 보는 바와 같이 객체에 원하는 속성을 부여해 리턴한다.

```
> structure(as.integer(1:7), added_attribute = "This vector contains integers.")
[1] 1 2 3 4 5 6 7
attr(,"added_attribute")
[1] "This vector contains integers."
```

`attr()` 함수로 새로이 속성을 생성할 수도 있지만, R에는 `class()`, `dim()`, `names()` 등의 함수에 의해 부여되는 내장(built-in) 속성이 있다. `class()` 함수는 객체의 클래스(타입)를 알려준다.

```
> class(simple_list)
[1] "list"
```

`dim()` 함수는 행렬, 데이터프레임, 다차원 배열 등과 같은 높은 차수의 객체의 차원(dimension)을 리턴한다. `names()` 함수는 벡터의 각 원소에 이름을 부여할 수 있게 해준다.

```
> y <- c(first = 1, second = 2, third = 4, fourth = 4)
> y
 first second  third fourth
     1      2      4      4
```

또한 setNames() 함수를 이용하면 벡터 원소의 이름을 수정할 수도 있다.

```
> setNames(y, c("alpha", "beta", "omega", "psi"))
alpha  beta omega   psi
    1     2     4     4
```

만일 이름이 부여되지 않은 원소가 있으면, names()은 결측으로 처리해 NA를 리턴한다.

```
> y <- setNames(y, c("alpha", "beta", "psi"))
> names(y)
[1] "alpha" "beta"  "psi"   NA
```

그러나 항상 벡터가 원소에 이름을 가져야 하는 것은 아니며, 이름을 하나도 부여하지 않은 벡터에 대해 names() 함수는 NULL을 리턴한다.

```
> x <- 1:12
> names(x)
NULL
```

부여된 원소 이름을 제거하고 싶으면 unname() 함수를 이용하거나 이름을 NULL로 대체하면 된다.

```
> unname(y)
[1] 1 2 4 4
> names(y) <- NULL
> names(y)
NULL
```

인수

범주형 자료를 다룰 때 R에서는 **인수(factor)**라고 불리는 문자형 데이터를 저장하는 새로운 방식의 프레임워크를 제공한다. **수준(level)**이라 부르는 특정한 값만을 포함하는 특별한 벡터이다. 예를 들어, 4명의 환자에게서 얻은 "placebo"와 "treatment"의 두 수준으로 된 데이터가 있다면, 이 정보를 문자형 벡터 대신 인수로 저장할 수 있다. 다음 코드를 보라.

```
> drug_response <- c("placebo", "treatment", "placebo", "treatment")
> drug_response <- factor(drug_response)
> drug_response
[1] placebo   treatment placebo   treatment
Levels: placebo treatment
```

각 수준에 사용될 정수값을 확인하려면 다음과 같이 `as.integer()` 함수를 이용하면 된다.

```
> as.integer(drug_response)
[1] 1 2 1 2
```

다만, 인수 데이터의 원소를 수정할 때 반드시 데이터 내에 수준으로 사용된 값으로만 가능하다. 예컨대, 네 번째 환자의 `drug_response` 값인 "treatment"를 "refused treatment"로 바꾸게 되면 다음과 같은 경고 메시지를 보게 될 것이다.

```
> drug_response[4] <- "refused treatment"
Warning message:
In `[<-.factor`(`*tmp*`, 4, value = "refused treatment") :
  invalid factor level, NA generated
```

이 에러를 바로 잡으려면 우선 `factor()` 함수의 `levels` 옵션을 이용해 새로운 수준값을 인수에 추가해야 한다.

```
> drug_response <- factor(drug_response, levels = c(levels(drug_response), "refused treatment"))
> drug_response[4] <- "refused treatment"
```

```
> drug_response
[1] placebo         treatment       placebo         refused treatment
Levels: placebo treatment refused treatment
> as.integer(drug_response)
[1] 1 2 1 3
```

다차원 배열

다차원 배열은 일반 벡터를 생성한 후 차원들을 부여해 만들어진다. 전산과학에서 배열은 최소한 하나 이상의 배열 인덱스로 구별 가능한 원소들로 이루어진 자료 구조로 정의된다. 따라서 일반 벡터는 1차원 배열로 볼 수 있다. 그러나 배열은 일차원보다는 더 높은 차원을 가질 수 있으며, 이러한 배열은 다차원 배열이라 한다. R에서는 array() 함수를 이용해 다차원 배열을 생성할 수 있다. 예를 들어, 3차원 배열을 만들려면 array() 함수에서 dim 옵션에 벡터값을 넣어 차원을 지정하면 된다. 각 차원의 최대 인덱스 값이 2, 8, 2인 3차원 배열을 만들어보자.

```
> coordinates <- array(1:16, dim=c(2, 8, 2))
> coordinates
, , 1

     [,1] [,2] [,3] [,4] [,5] [,6] [,7] [,8]
[1,]    1    3    5    7    9   11   13   15
[2,]    2    4    6    8   10   12   14   16

, , 2

     [,1] [,2] [,3] [,4] [,5] [,6] [,7] [,8]
[1,]    1    3    5    7    9   11   13   15
[2,]    2    4    6    8   10   12   14   16
```

객체를 다차원 배열로 바꾸려면 다음과 같이 dim() 함수를 이용한다.

```
> values <- seq(1, 12, by = 2)
> values
[1]  1  3  5  7  9 11
> dim(values) <- c(2,3)
> values
```

```
      [,1] [,2] [,3]
[1,]    1    5    9
[2,]    3    7   11
> dim(values) <- c(3,2)
> values
      [,1] [,2]
[1,]    1    7
[2,]    3    9
[3,]    5   11
```

다차원 배열 내의 원소에 접근하려면 해당 좌표를 다음과 같이 각괄호 [ ] 안에 표시하면 된다.

```
> coordinates[1, , ]
      [,1] [,2]
[1,]    1    1
[2,]    3    3
[3,]    5    5
[4,]    7    7
[5,]    9    9
[6,]   11   11
[7,]   13   13
[8,]   15   15
> coordinates[1, 2, ]
[1] 3 3
> coordinates[1, 2, 2]
[1] 3
```

■ 행렬

행렬(matrix)은 2차원 배열의 특별한 경우로 주로 `matrix()` 함수를 이용해 생성한다. 이때 `matrix()` 함수는 dim 옵션 대신 행과 열의 개수를 nrow와 ncol 옵션의 값으로 받는다. `cbind()` 함수 또는 `rbind()` 함수를 이용해 여러 개의 벡터를 열 방향 혹은 행 방향으로 묶는 방식으로 행렬을 만들 수도 있다.

```
> values_matrix <- matrix(values, ncol = 3, nrow = 2)
> values_matrix
      [,1] [,2] [,3]
[1,]    1    5    9
[2,]    3    7   11
```

rbind() 함수와 cbind() 함수를 이용해 행렬을 만드는 방법은 다음과 같다.

```
> x <- c(1,5,9)
> y <- c(3,7,11)
> m1 <- rbind(x, y)
> m1
  [,1] [,2] [,3]
x   1    5    9
y   3    7   11
> m2 <- cbind(x,y)
> m2
     x  y
[1,] 1  3
[2,] 5  7
[3,] 9 11
```

행렬 내 원소에 접근하려면 다음과 같이 해당 행과 열 번호를 인덱스로 이용하면 된다.

```
> values_matrix[2,2]
[1] 7
```

행렬과 배열은 벡터와 같은 방식의 인덱싱이 가능하기 때문에, (2, 2) 위치에 해당하는 값을 다음과 같이 얻을 수도 있다.

```
> values_matrix[4]
[1] 7
> coordinates[3]
[1] 3
```

또한, length() 함수를 이용하면 행렬이나 배열 내에 포함된 원소의 개수를 구할 수 있다. 이 성질은 for 루프를 사용할 때 매우 편리한데 다음 장의 제어문 절에서 확인할 수 있을 것이다. length() 함수의 사용 예는 다음과 같다.

```
> length(coordinates)
[1] 32
```

`length()` 함수와 `names()` 함수는 더 높은 차원으로 확장 가능한 속성을 갖고 있다. `length()` 함수는 행렬을 위한 `nrow()` 함수와 `ncol()` 함수로, 배열을 위한 `dim()` 함수로 확장된다. 비슷하게 `names()` 함수는 행렬을 위한 `rownames()` 함수와 `colnames()` 함수로, 고차원 배열을 위한 `dimnames()` 함수로 확장될 수 있다.

> **Note** `dimnames()` 함수는 배열의 각 차원별 이름에 대응되는 문자형 벡터들로 구성된 리스트를 입력받는다.

다음 예를 살펴보자.

```
> ncol(values_matrix)
[1] 3
> colnames(values_matrix) <- c("Column_A", "Column_B", "Column_C")
> values_matrix
     Column_A Column_B Column_C
[1,]        1        5        9
[2,]        3        7       11
> dim(coordinates)
[1] 2 8 2
> dimnames(coordinates) <- list(c("alpha", "beta"), c("a", "b", "c", "d", "e", "f", "g", "h"), c("X", "Y"))
> coordinates
, , X

      a b c d e  f  g  h
alpha 1 3 5 7 9 11 13 15
beta  2 4 6 8 10 12 14 16

, , Y

      a b c d e  f  g  h
alpha 1 3 5 7 9 11 13 15
beta  2 4 6 8 10 12 14 16
```

이 외에도 `t()` 함수를 이용하면 전치행렬을 얻을 수 있고, abind 패키지의 일부이기도 한 `aperm()` 함수를 이용하면 배열에 대해 같은 작업을 할 수 있다. abind 패키지의 흥미로운 또다른 도구로 abind() 함수가 있는데, cbind() 함수나 rbind() 함수로 벡터들을 묶을 때와 같은 방식으로 다차원 배열들을 묶을 수 있게 해준다.

어떤 객체가 배열인지 혹은 행렬인 지 여부를 확인하려면 is.matrix() 함수, is.array() 함수를 사용하면 되는데 TRUE, FALSE 값으로 알려준다. 또 객체의 차원별 원소의 개수를 알려면 dim() 함수를 이용한다. 마지막으로 소개할 함수는 as.matrix() 함수와 as.array() 함수로써 각각 객체를 행렬과 배열로 바꾸어준다. 이 함수들은 적용 대상이 되는 객체가 행렬 또는 배열과 같은 특정한 클래스이기를 요구하는 패키지 혹은 함수를 사용해 작업할 때 유용하다. 단순한 벡터라 해도 다양한 방식으로 저장 가능하다는 점, 그리고 개체와 함수는 클래스에 따라 다른 행태를 보임에 유의할 필요가 있다. 이는 매우 빈번히 프로그래밍 오류의 원인이 되는데, 기본 내장 함수 혹은 패키지 함수가 코드 실행을 위해 요구하는 객체의 클래스를 확인하지 않고 사용하기 때문이다.

다음은 벡터 c(1, 6, 12)를 단일 행 또는 열로 된 행렬, 혹은 1차원 배열로 저장할 수도 있음을 보여주는 예이다.

```
> x <- c(1, 6, 12)
> str(x)
 num [1:3] 1 6 12
> str(matrix(x, ncol = 1))
 num [1:3, 1] 1 6 12
> str(matrix(x, nrow = 1))
 num [1, 1:3] 1 6 12
> str(array(x, 3))
 num [1:3(1d)] 1 6 12
```

데이터프레임

R에서 데이터를 저장하는 데 가장 많이 쓰는 방식은 데이터프레임일 것이다. 데이터 분석을 훨씬 더 쉽게 해주기 때문인데 특히 범주형 자료를 다룰 때 더욱 그러하다. 데이터프레임은 각 열이 다른 타입의 데이터를 저장할 수 있는 점만 빼면 행렬과 비슷하다. data.frame() 함수를 사용해 데이터프레임을 구성할 수도 있고, 기존의 R 객체를 데이터프레임으로 변환하려면 as.data.frame() 함수를 사용하면 된다.

```
> students <- c("John", "Mary", "Ethan", "Dora")
> test.results <- c(76, 82, 84, 67)
> test.grade <- c("B", "A", "A", "C")
> thirdgrade.class.df <- data.frame(students, test.results, test.grade)
> thirdgrade.class.df
  students test.results test.grade
1     John           76          B
2     Mary           82          A
3    Ethan           84          A
4     Dora           67          C
> # see page 18 for how values_matrix was generated
> values_matrix.df <- as.data.frame(values_matrix)
> values_matrix.df
  Column_A Column_B Column_C
1        1        5        9
2        3        7       11
```

데이터프레임은 행렬 및 리스트와 성질들을 공유하기 때문에, rownames()와 colnames() 함수를 데이터프레임에 속성을 부여할 수 있다. 또한 행렬에서와 같이 ncol(), nrow() 함수를 사용해 데이터프레임을 구성하고 있는 열과 행의 개수를 알아볼 수 있다. 다음 예를 보라.

```
> rownames(values_matrix.df) <- c("Row_1", "Row_2")
> values_matrix.df
      Column_A Column_B Column_C
Row_1        1        5        9
Row_2        3        7       11
```

또한 rbind()와 cbind() 함수를 사용하면 행렬에서와 마찬가지로 데이터프레임에 열과 행을 추가해 붙이는 것이 가능하다.

```
> student_ID <- c("012571", "056280", "096493", "032567")
> thirdgrade.class.df <- cbind(thirdgrade.class.df, student_ID)
> thirdgrade.class.df
  students test.results test.grade student_ID
1     John           76          B     012571
2     Mary           82          A     056280
3    Ethan           84          A     096493
4     Dora           67          C     032567
```

그러나 결합시키고자 하는 객체들 중 데이터프레임인 것이 하나라도 있어야지 그렇지 않으면 cbind() 함수를 가지고 데이터프레임을 만들 수는 없다. 왜냐하면 cbind() 함수는 행렬을 기본(default)으로 리턴하기 때문이다. 다음 예를 보자.

```
> thirdgrade.class <- cbind(students, test.results, test.grade, student_ID)
> thirdgrade.class
     students test.results test.grade student_ID
[1,] "John"   "76"         "B"        "012571"
[2,] "Mary"   "82"         "A"        "056280"
[3,] "Ethan"  "84"         "A"        "096493"
[4,] "Dora"   "67"         "C"        "032567"
> class(thirdgrade.class)
[1] "matrix"
```

또 하나 유의할 사항이 있는데, R은 문자 벡터를 데이터프레임에 포함시킬 때 자동으로 인수(factor)로 변환한다는 것이다. 따라서 문자열이 인수로 변환되는 것을 원하지 않는 경우에는 data.frame() 함수에 다음과 같이 stringAsFactors 옵션을 사용해야 한다.

```
> thirdgrade.class.df <- data.frame(students, test.results, test.grade, student_ID,
stringsAsFactors=FALSE)
> str(thirdgrade.class.df)
'data.frame': 4 obs. of  4 variables:
 $ students    : chr  "John" "Mary" "Ethan" "Dora"
 $ test.results: num  76 82 84 67
 $ test.grade  : chr  "B" "A" "A" "C"
 $ student_ID  : chr  "012571" "056280" "096493" "032567"
```

transform() 함수를 사용해 문자형으로 저장하고 싶은 열들을 지정하려면 as.character() 또는 as.factor() 함수를 사용하면 된다. 이는 각 행과 열을 일반 벡터로 볼 수 있기 때문이다. 다음 예제를 보자.

```
> modified.df <- transform(thirdgrade.class.df, test.grade = as.factor(test.grade))
> str(modified.df)
'data.frame': 4 obs. of  4 variables:
 $ students    : chr  "John" "Mary" "Ethan" "Dora"
```

```
$ test.results: num  76 82 84 67
$ test.grade : Factor w/ 3 levels "A","B","C": 2 1 1 3
$ student_ID : chr  "012571" "056280" "096493" "032567"
```

데이터프레임 내의 원소에 접근할 때 행렬에서 행과 열의 위치를 이용할 때와 같은 방법을 사용하면 된다.

```
> modified.df[3, 4]
[1] "096493"
```

열 또는 행 인덱스를 비워놓으면 해당 열 전체 혹은 행 전체에 접근할 수 있다.

```
> modified.df[, 1]
[1] "John"  "Mary"  "Ethan" "Dora"
> str(modified.df[,1])
 chr [1:4] "John" "Mary" "Ethan" "Dora"
> modified.df[1:2,]
  students test.results test.grade student_ID
1     John           76          B     012571
2     Mary           82          A     056280
> #Notice the command now returns a data frame
> str(modified.df[1:2,])
'data.frame': 2 obs. of  4 variables:
 $ students    : chr  "John" "Mary"
 $ test.results: num  76 82
 $ test.grade  : Factor w/ 3 levels "A","B","C": 2 1
 $ student_ID  : chr  "012571" "056280"
```

행렬과 달리 object_name$column_name 속성을 이용해 각 열에 접근할 수도 있다.

```
> modified.df$test.results
[1] 76 82 84 67
```

:: R로 데이터 로드하기

R로 데이터를 로드(load)하는 여러 가지에 대해 알아보자. 가장 널리 쓰는 방법인 read.table() 함수를 위시해 .csv 파일을 불러올 때 쓰는 read.csv() 함수, .txt 파일을 위한 read.delim() 함수 등이 있다. gdata 또는 XLConnect 패키지를 사용하면 .xls 또는 .xlsx 포맷의 엑셀 파일을 직접 불러들일 수도 있다. 미니탭 파일(.mtp)과 SPSS(.spss) 파일 등 다른 포맷은 foreign 패키지를 이용해 열 수 있다.

R 내에서 패키지를 다운로드해 설치하려면 install.packages() 함수를 아래와 같이 사용하면 된다.

```
> install.packages(pkgname.tar.gz, repos = NULL, type = "source" )
```

그 다음에 library() 또는 require() 함수를 써서 설치된 패키지를 로드하게 된다. 해당 패키지가 설치되어 있지 않은 경우 library() 함수는 에러 메시지를 주는 반면, require() 함수는 다른 함수들 내부에서 사용될 때 FALSE 값과 경고 메시지만 리턴하도록 고안되었다. 각 R 세션마다 한번씩만 패키지를 로드하면 된다.

파일을 로드하기 전에 가장 먼저 할 일은 R이 원하는 작업 디렉토리(working directory)에 위치해 있는 지 확인하는 것이다. getwd() 함수를 이용하면 파일 입출력의 기본(default)이 될 위치를 알 수 있다. 원한다면 setwd() 함수를 이용해 위치를 변동시킬 수 있다. 작업 디렉토리를 지정할 때에는 전체 경로를 사용해 Error in setwd("new_directory") : cannot change working directory 와 같은 에러 메시지를 피하도록 한다.

예를 들어, Mac OS를 사용하는 사용자라면 다음 함수들을 실행해보자.

```
> getwd()
[1] "/Users/johnsonR/"
> setwd("/Users/johnsonR/myDirectory")
```

윈도 버전 R을 사용하는 경우에는 C:드라이브의 myDirectory 폴더 안에 있는 데이터를 가지고 작업하기 위해서는 다음과 같이 작업 디렉토리를 지정해야 한다.

```
> setwd("C:/myDirectory")
```

그리고 나서 데이터를 로드하려면 read.table() 함수를 다음과 같이 사용하면 된다.

```
#To specify that the file is a tab delimited text file we use the sep
argument with "\t"
> myData.df <- read.table("myData.txt", header = TRUE, sep = "\t")
> myData.df
  A  B C
1 12  6 8
2  4  9 2
3  5 13 3
```

아니면 대신에 read.delim() 함수를 사용해도 된다.

```
> read.delim("myData.txt", header = TRUE)
  A  B C
1 12  6 8
2  4  9 2
3  5 13 3
> myData2.df <-read.csv("myData.csv", header = FALSE)
> myData2.df
  V1 V2 V3
1  A  B  C
2 12  6  8
3  4  9  2
4  5 13  3
```

이상의 함수들은 데이터프레임을 리턴하는 것을 기본으로 하는데, read.table(), read.delim(), read.csv() 함수에 stringsAsFactors=FALSE로 지정하지 않으면 문자열을 포함한 열들을 인수(factor)로 변환해 저장한다. 다음 예를 보자.

```
> str(myData2.df)
'data.frame':   4 obs. of  3 variables:
 $ V1: Factor w/ 4 levels "12","4","5","A": 4 1 2 3
 $ V2: Factor w/ 4 levels "13","6","9","B": 4 2 3 1
```

```
 $ V3: Factor w/ 4 levels "2","3","8","C": 4 3 1 2
> myData2.df <-read.csv("myData.csv", header = FALSE,
stringsAsFactors = FALSE)
> str(myData2.df)
'data.frame': 4 obs. of 3 variables:
 $ V1: chr "A" "12" "4" "5"
 $ V2: chr "B" "6" "9" "13"
 $ V3: chr "C" "8" "2" "3"
```

gdata 패키지를 사용해 엑셀 시트를 업로드하려면 R에 해당 패키지를 로드한 후 read.xls() 함수를 사용한다.

```
> library("gdata")
> myData.df <- read.xls("myData.xlsx", sheet=1) #also uploads .xls
files and returns a data frame
```

아니면 XLConnect 패키지를 사용하면 전체 워크북을 업로드해서 각 워크시트를 따로 읽어들일 수도 있다. 다음의 예를 보라.

```
> library("XLConnect")
> myData.workbook <- loadWorkbook("myData.xlsx")
> myData3.df <- readWorksheet(myData.workbook, sheet = "Sheet1")
```

확장자가 .mtp, .spss인 파일을 읽을 때는 foreign 패키지의 read.mtp(), read.spss() 함수를 이용한다. 이 함수들은 리스트를 리턴하는 것을 기본으로 하기 때문에 나중에 데이터프레임으로 변환해야 할 수 있다. 그러나 .spss 파일의 경우에는 read.spss() 함수에서 to.data.frame 옵션을 사용해 데이터프레임으로 데이터를 리턴하게 할 수 있다.

```
> myData4.df <- read.spss("myfile.spss", to.data.frame = TRUE)
```

데이터프레임 저장하기

객체, 특히 행렬 또는 데이터프레임을 저장하기 위해, write.table() 함수를 써서 .txt 파일 혹은 다른 구분자를 사용한 파일을 만들 수 있다. row.names와 col.names 옵션을 TRUE로 지정하면 행이름과 열이름을 포함하게 할 수 있다. 출력 파일은 현재 작업 디렉토리에 저장된다. write.table() 함수는 보통 문자벡터를 따옴표와 함께 저장함에 유의할 필요가 있다. 따라서 텍스트 편집 프로그램으로 출력된 파일을 열었을 때 따옴표를 보고 싶지 않으면 quote 옵션을 FALSE로 지정하기 바란다. 예제들을 살펴보자.

```
> write.table(myData.df, file = "savedata_file.txt", quote = FALSE, sep = "\t", row.names
= TRUE, col.names = TRUE, append = FALSE)
```

행이름이 나오는 열은 열이름이 지정되지 않는 것이 기본이기 때문에 위 구문에 의해 출력된 파일은 다음과 같은 모습일 것이다.

```
    V1   V2   V3
1   A    B    C
2   12   6    8
3   4    9    2
4   5    13   3
```

출력된 파일을 엑셀 등 스프레드시트 뷰어에서 볼 때 이런 문제를 해결하려면 다음 예제와 같이 write.table() 함수에서 col.names=NA, row.names=TRUE로 지정하면 된다.

```
> write.table(myData.df, file = "savedata_file.txt", quote = FALSE, sep
= "\t",col.names = NA, row.names = TRUE, append=FALSE)
    V1   V2   V3
1   A    B    C
2   12   6    8
3   4    9    2
4   5    13   3
```

아니면 write.csv() 함수를 사용하는 방법이 있는데, 이 함수는 col.names=NA 와 row.names=TRUE가 기본으로 지정되어 있다.

```
> write.csv(myData.df, file = "savedata_file.csv") #same output as above
```

여러 개의 데이터프레임을 하나의 엑셀 워크북으로 저장하려면 WriteXLS 패키지를 사용하면 작업이 매우 간단하다. 다음 코드는 두 개의 데이터프레임(df1, df2)을 combined_dfs_workbook.xls라는 이름의 엑셀 파일에다 시트 이름을 df1_results와 df2_results로 지정해 저장하는 예제이다.

```
> library("WriteXLS")
> dfs.tosave <- c("df1", "df2")
> sheets.tosave <- c("df1_results", "df2_results")
> WriteXLS(dfs.tosave, ExcelFileName = "combined_dfs_workbook.xls", SheetNames = sheets.tosave)
```

R 객체를 저장했다가 나중에 다시 로드하려면 dump() 함수와 source() 함수를 사용하면 된다. 예를 들어, 반복적인 분석을 위한 중요한 데이터를 포함하는 리스트 객체를 여러 개 생성했다고 가정하자. 리스트 객체를 스프레드시트나 .txt 파일로 저장하게 되면 나중에 다시 로드할 때 불편할 수 있다. 왜냐하면 대부분의 읽기 함수는 데이터프레임을 리턴하기 때문이다. 대신 리스트 객체를 다른 세션에 다시 열 수 있도록 파일로 덤프(dump)하는 것이 보다 간단한 방법일 것이다. 다음의 예를 보라.

```
> dump("myData.df", "myData.R")
> #Or if you would like to save all objects in your session:
> dump(list=objects(), "all_objects.R")
```

위 코드를 실행하면 나중에 그 리스트 객체를 다시 만들 때 필요한 명령어들을 포함한 myData.R이라는 이름의 파일이 생성된다. 나중에 다음 코드를 실행하기만 하면 데이터를 다시 불러올 수 있다.

```
> source("mydata.R")
```

혹은 save() 함수와 load() 함수를 사용해 객체를 저장하고 나중에 다시 불러오는 방법도 있다.

```
> save(myData.df, file = "myData.R")
> load("myData.R")
```

save(), load() 함수에 대한 좋은 대안은 saveRDS()와 readRDS()이다. saveRDS()는 객체와 객체의 이름을 저장하는 대신 그 객체의 개념표현(representation)만을 저장한다. 따라서 그 데이터를 readRDS() 함수로 사용해 다시 불러오면 객체로 저장할 필요가 있다. 다만 save() 함수와는 달리 saveRDS() 함수를 사용하면 한 번에 한 개의 객체만 저장할 수 있다. 예를 들어, myData.df 객체를 저장했다가 나중에 다시 불러오려면 아래 코드를 실행하면 된다.

```
# To save the object
> saveRDS(myData.df, "myData.rds")
# To load and save the object to a new object
> myData2 <- readRDS("myData.rds")
```

또한 sink(file="filename") 함수를 이용하면 R 출력물(output)을 내보내 외부 파일에 기록하게 만들 수 있다.

```
> sink("data_session1.txt")
> x <- c(1,2,3)
> y <- c(4,5,6)
> #This is a comment
> x+y #Note the sum of x+y is redirected to data_session1.txt
```

이를 중지하고 화면에 새로운 출력물(output)을 프린트하게 하려면 그냥 인수를 표시하지 않고 다음과 같이 sink() 함수를 실행시키면 된다.

```
> sink()
> 3+4
[1] 7
```

data_session1.txt 파일을 열어보면 명령어 및 주석문은 제외하고 x+y를 실행한 결과만 저장되어 있음을 확인할 수 있을 것이다.

다음은 data_session1.txt 파일에 저장된 내용이다.

```
[1]   5 7 9
```

위에서 볼 수 있듯이 주석문 및 표준적인 입력 내용은 출력 내용에 포함되어 있지 않으며, 오로지 출력 결과만 sink() 함수로 지정한 파일에 프린트된다.

∷ 기본 도표 및 ggplot2 패키지

이 절에서는 R의 내장 함수를 사용해 기본적인 도표들을 작성하는 방법과 ggplot2 패키지를 사용해 그래픽 도표를 작성하는 방법에 대해 알아본다.

R의 기본 도표로는 우선 히스토그램(histogram)과 산점도(scatterplot)가 있다. 히스토그램을 그리려면 hist() 함수를 사용한다.

```
> x <- c(5, 7, 12, 15, 35, 9, 5, 17, 24, 27, 16, 32)
> hist(x)
```

실행 결과는 아래 그림과 같이 나타난다.

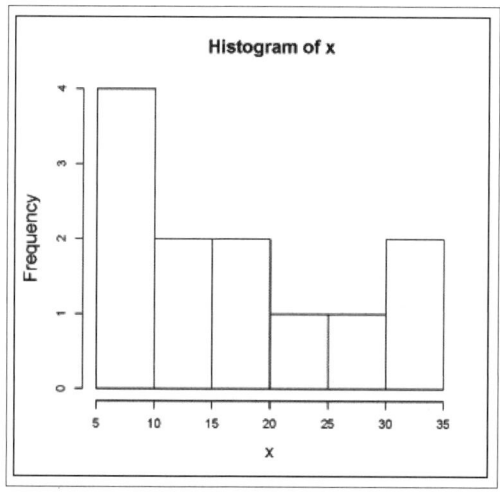

plot() 함수를 사용하면 수학 공식을 그림으로 표시할 수 있다.

```
> x <- seq(2, 25, by=1)
> y <- x^2 +3
> plot(x, y)
```

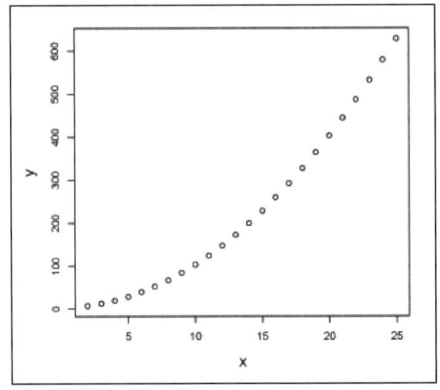

curve() 함수를 사용하면 단변량 수학 함수의 그래프를 from과 to값으로 지정된 구간에서 작성할 수 있다. expr 인수는 수치 벡터 또는 수치 벡터를 리턴하는 함수를 출력물로 지정할 수 있게 해 준다. 다음 예를 보라.

```
> # For two figures per plot.
> par(mfrow = c(1,2))
> curve(expr = cos(x), from = 0, to = 8*pi)
> curve(expr = x^2, from = 0, to = 32)
```

다음 그림에서 왼쪽 그림은 cos(x)의 곡선을, 오른쪽 그림은 x^2 곡선을 나타낸 것이다. 그림에서 보는 바와 같이 from과 to값을 사용해 그림에서 보여지는 x값의 범위를 지정할 수 있다.

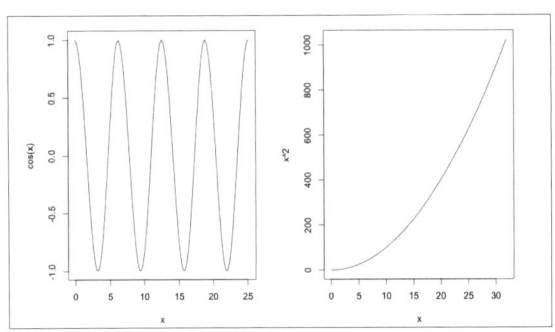

plot() 함수를 사용해 산점도를 그릴 수도 있다. 예를 들어, R 내장 데이터인 iris 데이터의 Sepal.Length와 Sepal.Width 간의 산점도를 다음과 같이 그릴 수 있다.

```
> plot(iris$Sepal.Length, iris$Sepal.Width, main = "Iris sepal length vs width measurements", xlab = "Length", ylab = "Width")
```

실행 결과는 아래 그림과 같다.

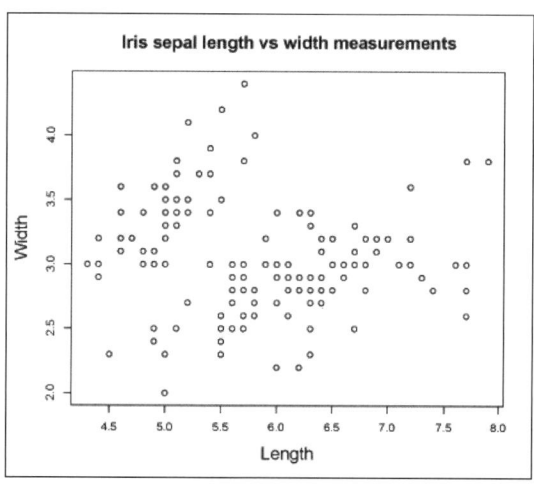

R에는 이외에도 barplot(), dotchart(), pie(), boxplot() 등 다른 그래픽 타입의 도표를 작성할 수 있는 내장 함수들을 제공한다. 다음은 VADeaths 데이터셋을 사용한 몇 가지 예이다.

```
> VADeaths
      Rural Male Rural Female Urban Male Urban Female
50-54      11.7          8.7       15.4          8.4
55-59      18.1         11.7       24.3         13.6
60-64      26.9         20.3       37.0         19.3
65-69      41.0         30.9       54.6         35.1
70-74      66.0         54.3       71.1         50.0
> barplot(VADeaths, beside=TRUE, legend=TRUE, ylim = c(0, 100), ylab = "Deaths per 1000 population", main = "Death rate in VA") #Requires that the data to plot be a vector or a matrix.
```

실행 결과는 아래 그림과 같다.

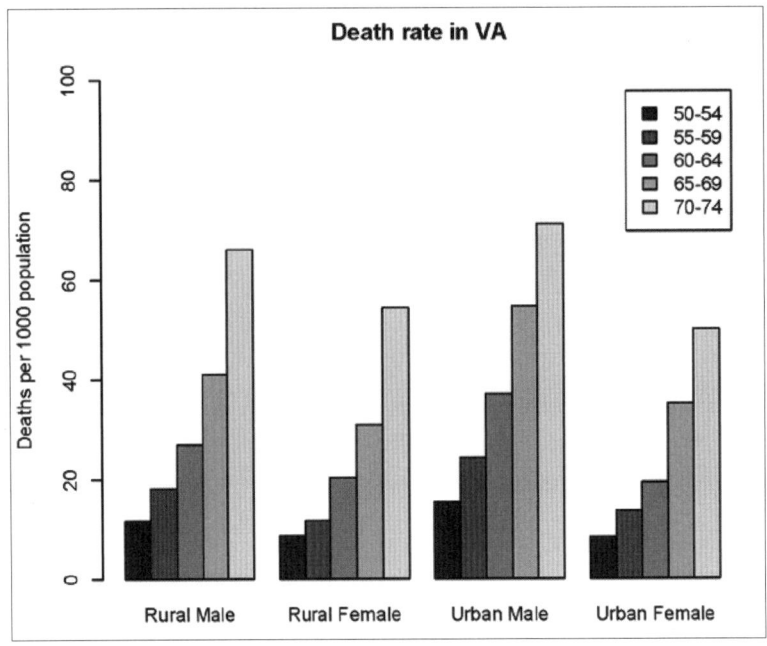

다만 데이터프레임을 가지고 작업할 때 막대그래프를 그리기 위해서는 ggplot2 패키지를 이용하는 것이 훨씬 간단한 경우가 종종 있는데, 데이터를 미리 벡터나 행렬로 변환할 필요가 없기 때문이다. 그러나 ggplot2는 데이터가 wide 포맷이 아닌 long 포맷의 데이터프레임으로 저장되어 있어야 한다.

다음은 데이터가 wide 포맷으로 저장되었을 때의 예이다. 이 예는 두 개의 다른 세포라인에 대해 48시간 동안 drug1과 drug2의 약물 처리 후 측정한 MYC, BRCA2 유전자 발현 수준이다.

```
> geneExpdata.wide <- read.table(header = TRUE, text = '
cell_line gene control drug1 drug2
    CL1 MYC 20.4 15.9 1.5
    CL2 MYC 26.9 18.1 6.7
    CL1 BRCA2 109.5 18.1 89.8
    CL2 BRCA2 121.3 24.4 120.2
')
```

다음은 이 데이터를 long 포맷으로 다시 작성한 것이다.

```
> geneExpdata.long <- read.table(header = TRUE, text = '
cell_line gene variable value
 1 CL1 MYC control 20.4
 2 CL2 MYC control 26.9
 3 CL1 BRCA2 control 109.5
 4 CL2 BRCA2 control 121.3
 5 CL1 MYC drug1 15.9
 6 CL2 MYC drug1 18.1
 7 CL1 BRCA2 drug1 18.1
 8 CL2 BRCA2 drug1 24.4
 9 CL1 MYC drug2 1.5
10 CL2 MYC drug2 6.7
11 CL1 BRCA2 drug2 89.8
12 CL2 BRCA2 drug2 120.2
')
```

위와 같이 데이터프레임을 수동으로 직접 작성하는 대신, reshape2 패키지의 melt() 함수를 사용하면 같은 일을 자동으로 할 수 있다.

```
> library("reshape2")
> geneExpdata.long <- melt(geneExpdata.wide, id.vars = c("cell_line","gene"), measure.vars = c("control", "drug1", "drug2" ), variable.name = "condition", value.name = "gene_expr_value")
```

이제 ggplot2를 이용해 데이터를 그림으로 나타낼 수 있다.

```
> library("ggplot2")
> ggplot(geneExpdata.long, aes(x = gene, y = gene_expr_value)) + geom_bar(aes(fill = condition), colour = "black", position = position_dodge(), stat = "identity")
```

실행 결과는 다음 그림과 같다.

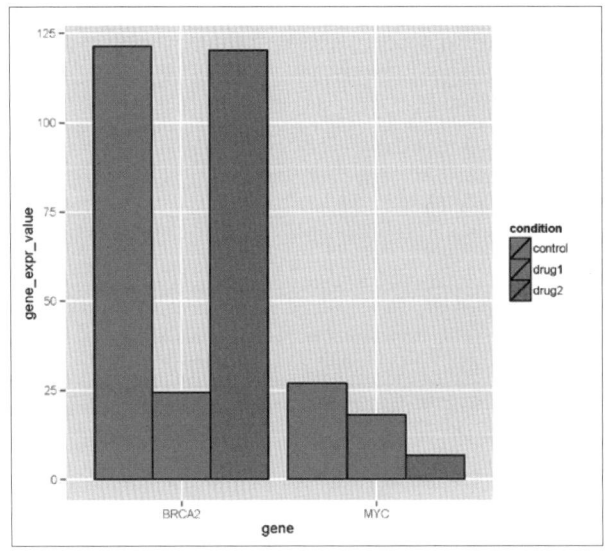

또다른 유용한 비법인 오차막대(error bars)를 막대그래프에 얹는 법을 알아보자. 다음은 geneExpdata.long 데이터셋의 표준편차(sd), 표준오차(se), 신뢰구간(ci) 등의 요약 통계량 값으로 구성된 데이터프레임이다.

```
> geneExpdata.summary <- read.table(header = TRUE, text = '
    gene condition N gene_expr_value sd se ci
  1 BRCA2 control 2 115.40 8.343860 5.90 74.96661
  2 BRCA2 drug1 2 21.25 4.454773 3.15 40.02454
  3 BRCA2 drug2 2 105.00 21.496046 15.20 193.13431
  4 MYC control 2 23.65 4.596194 3.25 41.29517
  5 MYC drug1 2 17.00 1.555635 1.10 13.97683
  6 MYC drug2 2 4.10 3.676955 2.60 33.03613
  ')
> #Note the plot is stored in the p object
> p <- ggplot(geneExpdata.summary, aes(x = gene, y = gene_expr_value, fill = condition)) + geom_bar(aes(fill = condition), colour = "black", position = position_dodge(), stat = "identity")
> #Define the upper and lower limits for the error bars
> limits <- aes(ymax = gene_expr_value + se, ymin = gene_expr_value - se)
> #Add error bars to plot
> p + geom_errorbar(limits, position=position_dodge(0.9), size = .3, width = .2)
```

실행 결과는 다음 그림과 같이 나타난다.

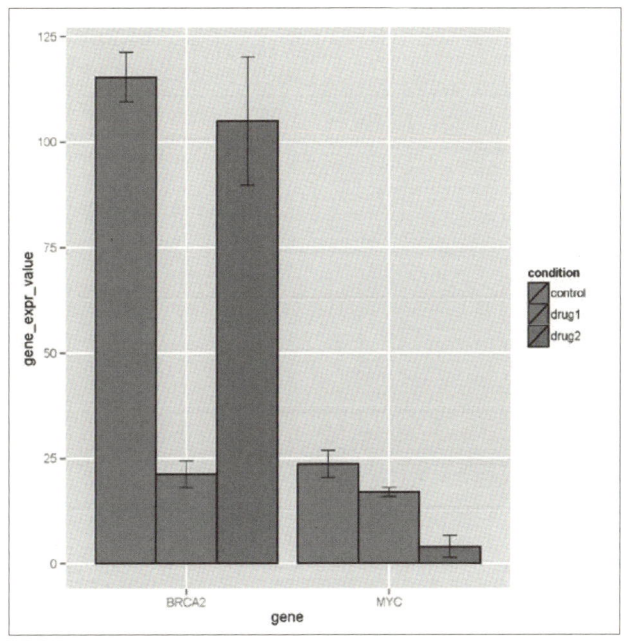

VADeaths 예제로 돌아가서 다음과 같은 클리블랜드 점 도표(dot chart)를 작성해보자.

```
> dotchart(VADeaths, xlim = c(0, 75), xlab = "Deaths per 1000", main = "Death rates in VA")
```

Note) 내장 함수인 dotchart()는 데이터가 벡터 또는 행렬로 저장되어 있어야 한다.

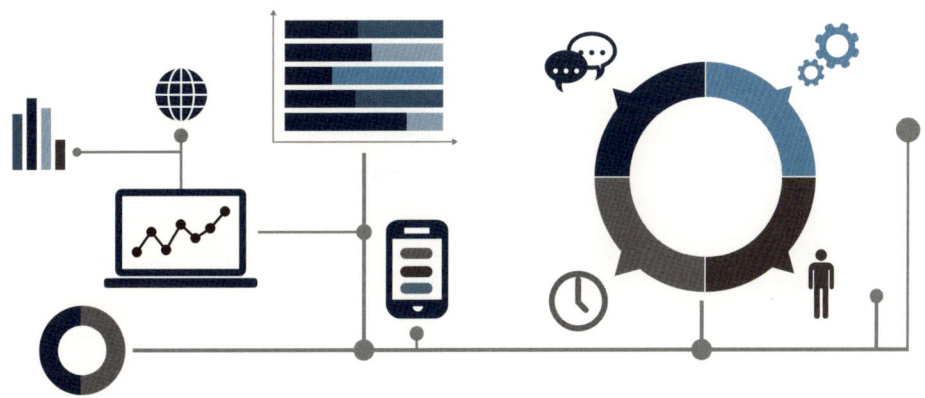

실행 결과는 다음 그림과 같다.

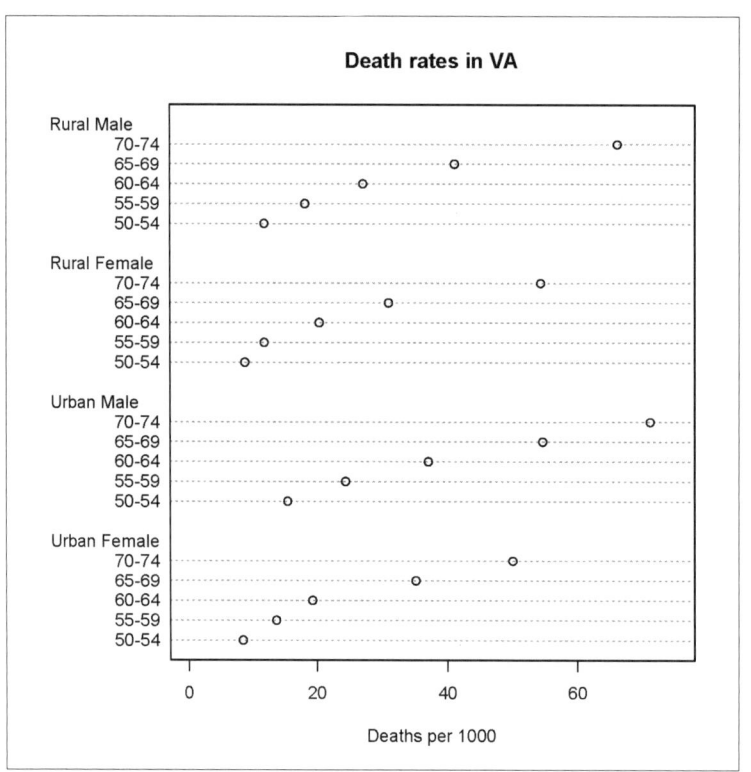

다음은 R 내장 함수로 만들 수 있는 다른 그래픽들이다.

pie() 함수로 원형 차트를 그릴 수 있다.

```
> labels <- c("grp_A", "grp_B", "grp_C")
> pie_groups <- c(12, 26, 62)
> pie(pie_groups, labels, col=c("white", "black", "grey")) #Fig. 3B
```

boxplot() 함수를 이용하면 상자그림(box-and-whisker plot)을 그릴 수 있다.

```
> boxplot(gene_expr_value ~ condition, data = geneExpdata.long, subset = gene == "MYC", ylab
= "expression value", main = "MYC Expression by Condition", cex.lab = 1.5, cex.main = 1.5)
```

> **Note** 다른 R의 그래픽용 내장 함수와는 달리 boxplot() 함수는 데이터프레임을 입력값으로 받는다.

세포라인 약물처리 실험 데이터를 이용해 실험 조건에 따른 MYC 발현값의 그래프를 작성할 수 있다. 실행 결과는 다음 그림과 같다.

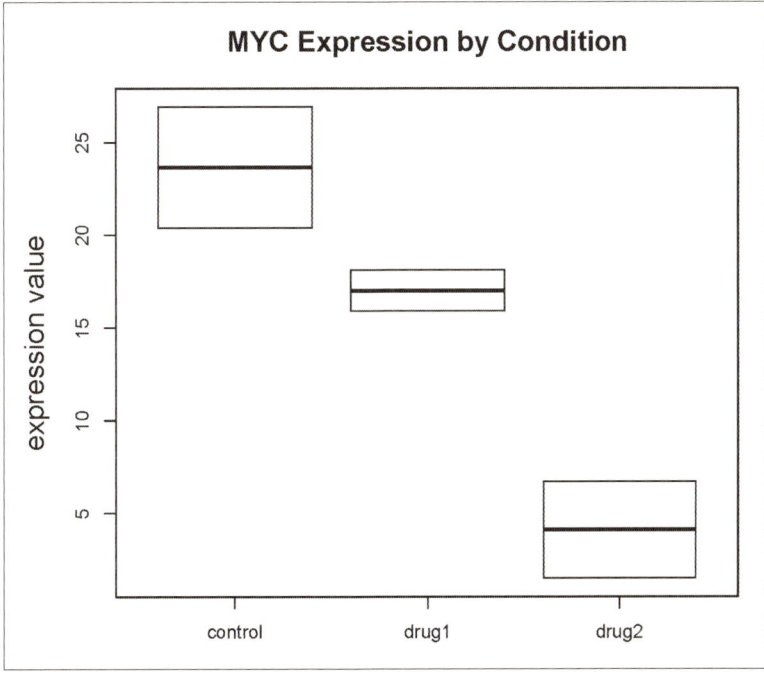

다음은 iris 데이터셋을 사용해 Species 별로 Petal.Width에 대한 상자그림을 작성하는 예이다.

```
> boxplot(Petal.Width ~ Species, data = iris, ylab = "petal width", cex.lab = 1.5, cex.main = 1.5)
```

실행 결과는 다음 그림과 같다.

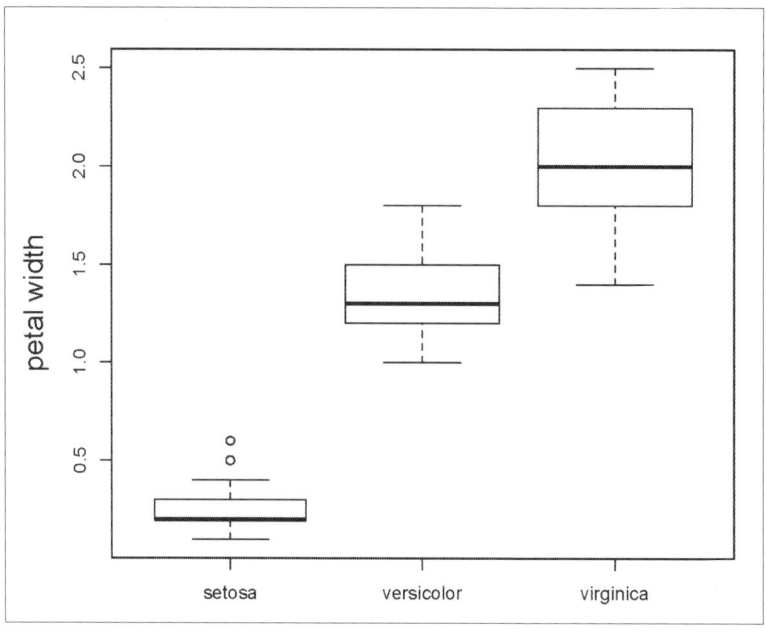

∷ 제어문

 이 절에서는 반복적인 작업을 단순화하거나 코드의 가독성을 향상시킬 수 있도록 할 때 사용하는 제어문에 대해 배운다. R로 프로그래밍을 하는 것은 컴퓨터가 어떤 작업을 수행하도록 하는 지시사항을 한데 모으는 것과 관련이 있다. 이제까지 배운 것처럼 R 명령어는 주로 표현식과 함수들로 구성되어 있다. 대부분의 프로그램들은 반복적이며 작업을 수행하기 전에 이루어지는 사용자 입력에 의존한다. 제어문은 특히 이 과정에서 중요한데 표현식이 얼마나 많이 반복되어야 하는 지, 또는 문장이 언제 실행되어야 하는 지를 컴퓨터에게 알려주는 역할을 하기 때문이다. 이 장의 나머지 부분에서는 제어문과 직접 프로그램을 작성하거나 디버그(debug)할 때 유용한 팁들을 다루게 될 것이다.

for( ) 루프

 for (i in vector) {commands} 문은 중괄호({}) 안에 있는 코드를 괄호() 안에 있는 벡터의 각 원소에 대해 반복적으로 수행할 수 있게 해 준다.

for() 루프를 수식 계산에 사용할 수 있다. 예를 들어, 피보나치 수열, 즉 직전 두 개의 숫자의 합으로 값을 정하는 방식으로 만들어지는 수열을 살펴보자. 다음 코드를 사용하면 (1, 1)로 시작하는 피보나치 수열을 15항까지 계산할 준비가 된다.

```
> # First we create a numeric vector with 15 elements to store the data generated.
> Fibonacci <- numeric(15)
> Fibonacci
 [1] 0 0 0 0 0 0 0 0 0 0 0 0 0 0 0
```

그 다음에 피보나치 수열을 생성하는 코드를 작성해야 한다. 처음 두 항이 (1, 1)이고 이어지는 숫자는 직전 두 숫자의 합이 되므로, 셋째 항은 1+1=2, 넷째 항은 1+2=3 등으로 주어진다.

이제 Fibonacci 벡터의 처음 두 원소를 다음과 같이 지정하자.

```
> Fibonacci[1:2] <- c(1,1)
```

그리고 나서 i = 3 부터 i = 15(처음에 만들기로 한 피보나치 수열의 길이)까지 i-2 번째 항과 i-1 번째 항을 더해 i 번째 항을 계산하는 for() 루프를 만들어보자.

```
> for(i in 3:length(Fibonacci)){Fibonacci[i] <- Fibonacci[i-2] + Fibonacci[i-1]}
> Fibonacci
 [1]   1   1   2   3   5   8  13  21  34  55  89 144 233 377 610
```

위 예에서는 for() 루프가 3:length(Fibonacci)의 벡터에 대해 수행되지만, c(3, 4, 5, 6, 7, 8, 9, 10, 11, 12, 13, 14, 15) 또는 seq(3, 15, by=1)과 같이 지정한 벡터에 대해 수행될 수도 있다. 코드를 간결하게 만들기 위해 이 벡터를 미리 따로 만들어 for()문을 작성할 수도 있다.

```
> Fibonacci_terms <- seq(3, 15, by=1)
> for(i in Fibonacci_terms){Fibonacci[i] <- Fibonacci[i-2] + Fibonacci[i-1]}
```

for() 루프에 항상 수치(혹은 정수) 벡터만 사용해야 하는 것은 아니다. 다음은 for() 루프에 문자벡터를 사용해 다른 벡터 안에 있는 문자열을 업데이트하는 예이다.

```
> fruits <- c("apple", "pear", "grapes")
> other_fruits <- c("banana", "lemon")
> for(i in fruits){other_fruits <- c(other_fruits, i)} #appends fruits to other_fruits
vector
> other_fruits
[1] "banana" "lemon"  "apple"  "pear"   "grapes"
```

apply() 함수

apply() 함수는 행렬 또는 배열에 대해 행 방향이나 열 방향으로, 또는 양 방향으로 반복적으로 함수를 적용할 수 있게 해주는데, for() 루프에 대한 좋은 대안이 된다. 어떤 행렬의 각 행에 대해 평균을 계산하는 예를 apply() 함수를 이용해 만들어 보자. 우선 다음과 같이 행렬을 하나 만들어보자.

```
> m1 <- matrix(1:12, nrow = 3)
> m1
     [,1] [,2] [,3] [,4]
[1,]   1    4    7   10
[2,]   2    5    8   11
[3,]   3    6    9   12
```

apply() 함수의 두 번째 인수인 MARGIN의 값이 1인 경우는 행 방향으로, 2인 경우는 열 방향으로, c(1,2)인 경우에는 양 방향으로 지정된 함수를 반복 적용한다. 우리는 행 방향으로 평균을 계산하고 싶으므로 MARGIN 값으로 1을 사용한다.

```
> meanByrow <- apply(m1, 1, mean)
> meanByrow
[1] 5.5 6.5 7.5
```

apply() 함수의 마지막 인수는 FUN인데, 행렬에 대해 반복 적용할 함수를 지정하는 인수이다. 위 예에서는 mean() 함수를 지정했다. 그런데 사용자가 직접 작성한 함수를 포함해 어떠한 함수라도 지정할 수 있다. 예를 들어, 함수 x+3을 행렬의 모든 원소에 적용해 보자.

```
> # Notice there is no comma between function(x) and x+3 when defining the function in
apply()
> m1plus3 <- apply(m1, c(1,2), function(x) x+3)
> m1plus3
     [,1] [,2] [,3] [,4]
[1,]    4    7   10   13
[2,]    5    8   11   14
[3,]    6    9   12   15
```

함수 내의 특정 인수값을 지정하고 싶은 경우에는 FUN 인수를 지정한 뒤에 하면 된다. 예를 들어, 새로 행렬을 하나 만든 뒤 그 행렬의 각 열의 평균을 계산하되 na.rm 인수를 기본값인 FALSE 대신 TRUE로 지정하고 싶은 경우, 다음의 예제 코드를 보라.

```
> z <- c(1, 4, 5, NA, 9, 8, 3, NA)
> m2 <- matrix(z, nrow = 4)
> m2
     [,1] [,2]
[1,]    1    9
[2,]    4    8
[3,]    5    3
[4,]   NA   NA
> # Notice you need to separate the argument from its function with a comma
> meanByColumn <- apply(m2, 2, mean, na.rm = TRUE)
> meanByColumn
[1] 3.333333 6.666667
```

if() 문

if(condition){commands} 문을 사용하면 중괄호 안에 있는 명령을 조건에 따라, 즉 condition의 논리값이 TRUE인 경우에만 수행한다. else{commands} 문을 덧붙이면 if() 문의 condition 값이 FALSE인 경우에 {} 안의 명령들을 수행하도록 할 수 있다.

```
> x <- 4
> # we indent our code to make it more legible
> if(x < 10) {
    x <-x+4
    print(x)
}
[1] 8
```

else{} 문을 실행하기 전에 여러 개의 조건문을 고려하고 싶으면 다음과 같이 else if(condition){commands} 문을 사용한다.

```
> x <- 1
> if(x == 2) {
    x <- x+4
    print("X is equal to 2, so I added 4 to it.")
} else if(x > 2) {
    print("X is greater than 2, so I did nothing to it.")
} else {
    x <- x -4
    print("X is not greater than or equal to 2, so I subtracted 4 from it.")
}
[1] "X is not greater than or equal to 2, so I subtracted 4 from it."
```

while() 루프

while(condition){commands} 문은 코드의 블록을 괄호 안의 condition 값이 FALSE가 될 때까지 반복할 수 있게 해 준다. 앞의 Fibonacci 수열 예제를 while() 루프를 사용해 다시 프로그램을 작성할 수 있다.

우선 Fibonacci 수열의 처음 두 항의 숫자를 저장하는 객체를 생성한다.

```
> num1 <- 1
> num2 <- 1
```

그 다음 그 두 숫자를 Fibonacci 수열의 처음 두 원소로 갖는 수치 벡터를 만든다.

```
> Fibonacci <- c(num1, num2)
```

그리고 나서 Fibonacci 수열에 추가된 숫자의 개수를 저장하는 count 값을 2로 시작하자.

```
> count <- 2 #set count to start from 2
> while(count < 15) {
#We update the count number so that we can track the number of times the loop is
repeated.
count <- count +1
#Next we make sure to store the 2nd number in a new object before it is overwritten.
oldnum2 <- num2
#Then we calculate the next number in the Fibonacci sequence.
num2 <- num1 + num2
#Then we update the Fibonacci vector with the 2nd number each time the loop is repeated.
Fibonacci <- c(Fibonacci, num2)
#Lastly, we assign the 2nd number as the new first number to use in the next iteration
of the loop.
num1 <- oldnum2
}
> Fibonacci
 [1]   1   1   2   3   5   8  13  21  34  55  89 144 233 377 610
```

repeat{}, break문

repeat{commands} 문은 조건을 설정할 필요가 없는 것만 빼면 while() 루프와 유사한데, break 문을 포함시키지 않으면 계속 코드를 무한히 반복 실행하게 된다. 보통 repeat{} 문은 if(condition) break 라인을 포함하게 되지만 꼭 그래야만 하는 것은 아니다. break 문은 루프를 즉시 끝내도록 하는 효과가 있다.

위의 피보나치 수열 예제를 다음과 같이 작성할 수도 있다.

```
> num1 <- 1
> num2 <- 1
> Fibonacci <- c(num1, num2)
> count <- 2
> repeat {
count <- count +1
oldnum2 <- num2
num2 <- num1 + num2
Fibonacci <- c(Fibonacci, num2)
num1 <- oldnum2
if(count >= 15) { break }
}
> Fibonacci
 [1]   1   1   2   3   5   8  13  21  34  55  89 144 233 377 610
```

∷ 함수

함수(function)는 특정 작업을 수행하고 그 결과를 출력하거나 객체 형태로 리턴해 주는 짧은 코드들을 의미한다. 함수를 작성하는 것은 같은 내용의 코드를 반복해서 여러 번 작성하는 것을 피하는 데 특히 유용하다. 즉, 특정한 작업을 수행하고 싶을 때마다 그 함수를 호출해 사용할 수 있도록 함수를 만들어둘 수 있다. 실제로 이 책의 예제에 사용된 코드들은 내장 함수 혹은 여러 개발자들이 만든 R 패키지에 있는 함수를 호출해 사용한 것이다.

다음 코드를 사용해 x의 평균값을 구해보자.

```
> x <- c(2, 6, 7, 12)
> mean(x)
[1] 6.75
```

위 코드는 실은 `mean()` 함수를 호출하도록 R에게 요청한 것이다. 각 함수는 인수(argument)들을 넘겨받는다. 만일 특정 R 함수가 어떤 인수들을 넘겨받는지 알고 싶다면 도움말(help) 페이지를 이용하면 된다. R에서 도움말 매뉴얼에 접근하는 방법은 여러 가지가 있다. 우선 `help()` 함수를 이용하는 방법이 있다.

```
> help(mean)
Description
Generic function for the (trimmed) arithmetic mean.
Usage
mean(x, ...)
## Default S3 method:
mean(x, trim = 0, na.rm = FALSE, ...)
Arguments
x An R object. Currently there are methods for numeric/logical
vectors and date, date-time, and time interval objects. Complex
vectors are allowed for trim = 0, only.
trim the fraction(0 to 0.5) of observations to be trimmed from each
end of x before the mean is computed. Values of trim outside that
range are taken as the nearest endpoint.
na.rm a logical value indicating whether NA values should be stripped
before the computation proceeds.
... further arguments passed to or from other methods.
[...]
```

혹은 다음과 같이 ? 기호를 사용해 mean() 함수에 대한 도움말을 얻는 방법도 있다.

```
> ?mean #Returns the same output as above
```

또는 다음 스크린샷과 같이 mean이라는 단어에 관련된 도움말 주제들을 검색하려면 다음과 같이 ?? 기호를 사용하면 된다.

```
> ??mean
```

Topic	Package	Description
DateTimeClasses	base	Date-Time Classes
Date	base	Date Class
colSums	base	Form Row and Column Sums and Means
difftime	base	Time Intervals
mean	base	Arithmetic Mean
sunspot	boot	Annual Mean Sunspot Numbers
runmean	caTools	Mean of a Moving Window
dates	chron	Generate Dates and Times Components from Input
CKME	clue	Cassini Data Partitions Obtained by K-Means
meanabsdev	cluster	Internal cluster functions
effectiveSize	coda	Effective sample size for estimating the mean
dispersionPlot	cummeRbund	Mean count vs dispersion plot
IDate	data.table	Integer based date class
fitDispersionFunction	DEXSeq	Fit the mean-variance function.
dglmStdResid	edgeR	Visualize the mean-variance relationship in DGE data using standardized residuals
loessByCol	edgeR	Locally Weighted Mean By Column
binMeanVar	edgeR	Explore the mean-variance relationship for DGE data
ghMoments	fBasics	Generalized Hyperbolic Distribution Moments
ghtMoments	fBasics	Generalized Hyperbolic Student-t Moments
hypMoments	fBasics	Hyperbolic Distribution Moments
nigMoments	fBasics	Moments for the Normal Inverse Gaussian
%in%-methods	flowCore	Filter-specific membership methods
kmeansFilter	flowCore	Class "kmeansFilter"

앞의 스크린샷에서 볼 수 있듯이 R은 사용자 컴퓨터에 설치되어 있는 모든 패키지에 대해 "mean"이라는 단어에 매칭되는 검색 결과를 담은 표를 리턴한다.

도움말 페이지는 함수가 입력받을 객체의 타입 및 입력받을 인수의 목록을 알려주기 때문에 매우 유용하다. 또한 그 함수가 입력받을 인수들에 사용되는 기본값도 알려준다. mean() 함수의 도움말 페이지를 보면 trim = 0, na.rm = FALSE 등의 기본값을 알 수 있을 것이다. trim 값이 0으로 지정되면 평균값을 계산하기 전에 제외되는 관측치는 없게 된다. 또한 na.rm이 FALSE로 지정되면 평균값을 계산하기 전에 모든 NA 원소들이 제외되지 않고 그대로 남아있게 된다. 다음 예를 보자.

```
> x <- c(2, 6, 7, 12, NA, NA)
> mean(x)
[1] NA
```

만약 na.rm = TRUE로 지정하면 NA 값들이 무시되므로 다음과 같은 결과를 준다.

```
> mean(x, na.rm = TRUE)
[1] 6.75
```

이제까지는 기본값들을 바꿀 때 na.rm = TRUE처럼 어느 인수를 바꿀지 명시적으로 지정하는 방식을 사용했다. 그러나 R은 인수 위치만을 사용해 기본값을 바꿀 수도 있게 해준다. 즉, 위 코드를 다음과 같이 다시 작성할 수도 있다.

```
> #notice "," is used to specify unchanged missing arguments in the order they appear
in the function definition on the help page
> mean(x, ,TRUE)
[1] 6.75
```

이것은 사용자가 작성한 함수에도 동일하게 적용된다. 벡터 안에 숫자 3을 포함하고 있는지 여부를 확인해 주는 vectorContains()라는 이름의 함수를 작성해보자. R에서 함수를 정의하려면 function이라고 쓴 뒤 () 안에 인수들의 목록을 포함시킨 후, 실행하고 싶은 명령어 코드를 중괄호 안에 넣으면 된다. 이제 벡터 안에 3이 있는지 확인하는 코드를 작성해보자. 다음은 입력 벡터에 특정 값(여기서는 3)을 포함하고 있는지 확인하는 함수를 작성하기 위한 단계를 정리한 것이다.

❶ vectorContains라 불리는 함수를 만들고 value.to.check라는 인수(변수)에 확인하고자 하는 값을 저장하도록 한다.

❷ 입력 객체의 타입이 수치형인지 is.numeric() 함수를 사용해 확인한다.

❸ any() 함수와 is.na() 함수를 사용해 결측치(NA)가 없는 것을 확인한다. any() 함수는 원소를 하나씩 일일이 참값이 있는 지 확인하는 함수이고, is.na() 함수는 NA가 있으면 TRUE값을 리턴한다. NA가 없을 경우 TRUE를 리턴하기 원하기 때문에 any(is.na()) 명령어 앞에 !기호를 사용한다.

❹ 벡터가 수치형이 아니거나 NA 값을 포함한 경우 stop() 함수를 이용해 에러 메시지를 리턴할 수 있도록 if else() 문을 사용한다.

❺ 확인 대상 값이 발견되었는 지 여부를 추적하는 value.found라는 이름의 객체를 생성한다. 벡터 내에 그 값이 없다는 것을 가정해 value.found의 초기값은 FALSE로 지정한다.

❻ for() 루프를 사용해 입력 벡터의 각 원소의 값을 체크한다. i 번째 값이 value.to.check 값과 일치하면 value.found의 값을 "yes"로 지정하고 for() 루프를 빠져나온다.

❼ value.found의 값이 "yes"인 지 "no"인 지에 따라 TRUE 또는 FALSE 값을 리턴한다.

```
> vectorContains <- function(v1, value.to.check=3){
    if(is.numeric(v1) && !any(is.na(v1))) {
      value.found <- "no"
      for(i in v1){
        if(i == value.to.check) {
          value.found <- "yes"
          break
        }
      }
      if(value.found == "yes") {
        return(TRUE)
      } else {
        return(FALSE)
      }
    } else {
      #When it exits the function it will print the following error message
      stop("This function takes a numeric vector without NAs as input.")
    }
  }
```

이제 이 함수를 시험해보자.

```
> x <- c(2, 6, 7, 12, NA, NA)
> vectorContains(x)
Error in vectorContains(x) :
   This function takes a numeric vector without NAs as input.
> y <- c(1, 4, 6, 8, 3, 12, 15)
> vectorContains(y)
[1] TRUE
```

3 대신 값 6을 포함한 벡터를 검정해 보고 싶다면, 3부터 6까지를 다음과 같이 기본 설정된 value.to.check를 쉽게 변경할 수 있다.

```
> vectorContains(y, 6)
[1] TRUE
> vectorContains(y, value.to.check=17)
[1] FALSE
```

위 예제에서 개별 명령어들을 사용하는 대신 함수를 만들어 사용하는 것의 장점을 발견했으면 한다. 벡터가 어떤 특별한 값을 포함하는지를 확인하는 데 이 함수를 다시 사용할 수 있기 때문이다. 더욱이 이 코드를 텍스트 문서(예를 들어, vectorfunction.R)로 저장해 두면 이 함수를 다시 코딩하는 대신, 아래와 같이 source() 함수를 써서 이후 세션에서 다시 불러올 수 있다.

```
> source("/PathToFile/vectorfunction.R")
```

:: 프로그래밍 및 디버깅 도구

이 장에서는 R 프로그래밍에 대한 개관을 목표로 하기 때문에 프로그램을 작성하는 방법에 대한 자세한 내용을 다루지는 않겠지만, 성공적인 프로그램 작성을 위한 몇 가지 일반적인 조언을 제시하고자 한다.

우선, 문제를 잘 이해하는 것이 기본이다. R은 사용자가 지시한 작업만 수행하기 때문이다. 따라서 문제에 대해 분명히 이해하지 못하고 있다면, 일단 프로그래밍을 멈추고 프로그램으로 어떤 일을 하기를 원하는지, 그리고 어느 R 도구 또는 패키지가 그 작업의 완수를 위해 도움이 될 지에 대해 생각해보는 것이 좋다. 일단 문제를 해결하는 데 도움이 되는 R 함수와 패키지를 탐색한 후, 문제 해결을 위한 일반적인 단계와 이 과정에서 사용할 함수들을 적어봄으로써 문제를 단순화하고 나서 일반적인 아이디어를 자세한 코드로 구현한다.

프로그램으로 구현하는 작업을 할 때 좋은 전략은 마치 에세이 아웃라인을 잡을 때와 같이 프로그램을 몇 개의 단계별로 작성해 구성하는 "top-down" 방식을 사용하는 것이다. 그리고 각 단계를 추가적인 핵심 단계로 가지고 확장하고 전체 프로그램을 이룰 때까지 계속 확장해가면 된다. 시간을 절약하고 코드를 보다 읽기 좋게 만들려면 각 핵심 단계를 쪼개어 함수로 만든 후 각 함수를 반복적으로 실행해가면서 확인하는 것을 권한다. 경험에 의한 제안을 하자면, 만약 함수가 수십 라인 정도로 길이가 긴 경우 그 함수를 작은 여러 개의 함수들 혹은 서브함수(subfunction)로 쪼개는 방식을 고려하는 것이 좋다. 에세이를 쓸 때 긴 문단을 짧은 문단으로 쪼개는 것과 마찬가지이다.

프로그래밍의 매력은 함수를 작성해 나중에 여러 프로그램에서 다시 사용하는 데 있다. 특정 작업을 위한 범용(generic) 함수들을 작성해두면 다음 코드를 실행할 때 다른 프로그램에서 그 코드를 다시 사용할 수 있다.

```
> source("someOtherfunctions.R")
```

프로그래밍을 할 때 가장 짜증이 나는 부분은 에러를 찾아 해결하는 디버깅일 것이다. 다음은 버그를 해결하는 일반적인 단계를 정리한 것이다.

❶ 프로그램에 버그가 있는 것을 인지하라. 이것은 에러 메시지 혹은 경고 메시지가 주어지는 경우는 매우 쉬운 일이겠지만, 기대하는 출력 결과 또는 제대로 된 답이 아닌 출력 결과가 주어진 경우는 어려울 수 있다.

❷ 버그를 재현 가능하도록 만들어라. 어떻게 버그를 유발할 수 있는지 안다면 고치는 것이 훨씬 쉽다.

❸ 버그의 원인을 식별하라. 예를 들어, 함수 안에서 사용자가 바라는 방식대로 업데이트되지 않은 변수 때문이거나, 절대로 TRUE 값을 리턴할 수 없는 조건문 때문이었을 수 있다. 초보자가 흔하게 범하기 쉬운 오류의 또다른 원인은 if(x==12) 대신 if(x=12)를 사용해 일치성(등식)을 확인하는 코드를 작성하거나 결측 자료(NA 값) 처리가 불가능한 코드를 작성하는 것이다.

❹ 코드 내 오류를 고친 후 제대로 고쳤는지 시험해보라.

❺ 코드의 다른 부분에 비슷한 오류가 있는지 살펴보라.

 traceback() 함수를 이용하면 에러 메시지의 원인을 찾는 데 도움을 받을 수 있다. 예를 들어 vectorContains(x)를 실행했는데 "This function takes a numeric vector as input." 과 같은 에러 메시지가 주어졌다고 하자. 에러 메시지가 어디에서 나온 것인지 알고 싶다면 traceback()을 실행하면 그 위치를 알 수 있다.

```
> traceback()
2: stop("This function takes a numeric vector as input.") at #38
1: vectorContains(x)
```

또다른 유용한 함수로 browser() 함수와 debug() 함수가 있다. browser() 함수는 사용자가 작성한 함수 실행을 잠시 멈추고 로컬 변수를 검사하거나 바꿀 수 있게 해주고, 심지어 다른 R 명령어들을 실행할 수 있게 해 준다. browser() 함수를 사용해 앞에서 작성한 vectorContains() 함수를 검사해보자.

```
> x <- c(2, 6, 7, 12, NA, NA)
> browser()
# We have now entered the Browser mode.
Browse[1]> vectorContains(x)
Error in vectorContains(x) :
This function takes a numeric vector without NAs as input.
Browse[1]> x <- c(1, 2, 3)
Browse[1]> vectorContains(x)
[1] TRUE
Browse[1]> Q #To quit browser()
```

 browser 모드에서 값을 바꿨던 변수 x는 현재 작업공간에 저장됨을 기억하자. 따라서 browser 모드를 끝낸 후 x를 입력하면 다음과 같이 browser 모드에서 저장했던 값이 리턴될 것이다.

```
> x
[1] 1 2 3
```

debug() 함수를 호출하게 되면 browser 모드로 들어가게 된다. 이 상태에서 n을 입력하면 next의 의미로 코드를 라인별로 한 줄씩 실행하고, c를 입력하면 continue의 의미로 계속해서 그 함수를 실행하며, Q를 입력하면 browser 모드에서와 같이 그 함수를 중지한다. 매번 호출할 때마다 undebug() 함수를 실행하지 않는 한 browser 모드로 들어가게 됨에 유의하자.

다음은 debug 함수를 이용해 vectorContains() 함수를 검사하는 예이다.

```
> debug(vectorContains)
> x <- c(1, 2, 3, 9)
> vectorContains(x)
debugging in: vectorContains(x)
debug at #1: {
    if(is.numeric(v1) && !any(is.na(v1))) {
            value.found <- "no"
            for(i in v1) {
                    if(i == value.to.check) {
                            value.found <- "yes"
                            break
                    }
            }
            if(value.found == "yes") {
                    return(TRUE)
            }
            else {
                    return(FALSE)
            }
    }
    else {
            stop("This function takes a numeric vector as input.")
    }
}
Browse[2] > c
exiting from: vectorContains(x)
[1] TRUE
> undebug(vectorContains)
> vectorContains(x)
[1] TRUE
```

> **Note** debug는 vectorContains() 함수를 호출할 때만 browser 모드로 들어가게 함에 유의하자.

:: 요약

이 장에서는 R에서 데이터를 저장하고 접근하는 방법을 살펴보았다. 또한 함수를 작성하는 방법에 대해 논의했다. 이제 독자 여러분은 벡터, 배열, 데이터프레임으로 되어 있는 데이터를 만들고 접근할 수 있게 되었으며, 데이터를 R로 로드하는 것도 할 수 있다. R의 내장 함수와 ggplot2 패키지를 이용해 기본적인 도표들을 그리는 방법을 배웠다. 여러분의 코드에 제어문을 사용하는 법과 함수를 작성하는 법, 그리고 코드에 있는 문제를 해결하는 내장 도구의 사용법을 알게 되었다.

R 데이터 구조의 기본을 알게 되었으므로 다음 장에서는 통계 방법론으로 옮겨 가서, 데이터셋으로부터 유용한 통계적 정보를 획득하고 데이터를 알려진 확률분포에 적합시키는 방법을 익히게 될 것이다.

Chapter 2
R로 배우는 통계 방법론

   이 장에서는 자료를 요약하고 분석하기 위해 필요한 통계적 정보를 얻는 방법에 대한 개괄을 제시한다. 도표를 작성하고 확률분포에 기반해 통계적 정보를 얻는 방법을 배우게 될 것이며, 자료의 분포가 주요 확률분포에 잘 적합되는 지를 확인하는 방법에 대해 익히게 될 것이다. 그리고 스튜던트 t-검정(Student t-test), 윌콕슨 순위합 검정(Wilcoxon rank-sum test), z-검정, 카이제곱 검정, 피셔의 정확 검정(Fisher's exact test), F-검정 등의 가설 검정을 수행하는 데 사용되는 함수들을 만나게 될 것이다.

우선 ArrayExpress 웹사이트의 E-GEOD-19577 프로젝트(과제명: "MLL 파트너 유전자와 소아과 AML의 생물학적/임상학적 시그너처 - AIEOP 연구")에서 얻은 유전자 발현 프로파일 데이터를 로드해 예제 데이터로 사용하게 될 것이다. 이 데이터가 만들어진 과정에 대한 자세한 설명은 생략하기로 한다. 다만 42명의 백혈병 환자 샘플의 54,675개의 프로브(probe)에서 얻은 데이터임을 밝힌다. 이 연구과제에 대해 더 자세히 알아보려면 http://www.ebi.ac.uk/arrayexpress/experiments/E-GEOD-19577을 방문하기 바란다. 이제 이 데이터를 다음 절차에 따라 R에 로드해보자.

❶ R ExpressionSet(E-GEOD-19577.eSet.r)을 다운로드하라.

❷ load() 함수를 이용해 데이터셋을 로드하라. 이 명령어를 수행하면 처리되지 않은 원 실험데이터의 값을 담은 객체 study가 생성될 것이다.

❸ 객체 study의 이름을 MLLpartner.dataset으로 바꾸라.

❹ Biobase와 affy라는 이름의 bioconductor 패키지들을 로드하라.

❺ rma() 함수를 이용해 자료를 정규화하라.

❻ 데이터를 점검해보라.

이상의 절차를 R로 구현하면 다음과 같다.

```
> load(url("http://www.ebi.ac.uk/arrayexpress/files/E-GEOD-19577/E-
GEOD-19577.eSet.r"))
> MLLpartner.ds <- study
> library("affy")
> library("Biobase")
> AEsetnorm = rma(MLLpartner.ds)
Background correcting
Normalizing
Calculating Expression
> head(exprs(AEsetnorm)) #output shown truncated
         GSM487973 GSM487972 GSM487971 GSM487970 GSM487969
1007_s_at  4.372242  4.293080  4.210850  4.707231  4.345101
1053_at    8.176033  8.541016  8.338475  7.935021  7.868985
117_at     5.730343  8.723568  5.172717  5.404062  5.731468
121_at     7.744487  6.951332  7.202343  7.158402  6.959318
1255_g_at  2.707115  2.717625  2.699625  2.698669  2.701679
1294_at    9.077232  7.611238  9.649630  7.911132  9.732346
```

이제 예제로 사용할 두 개의 프로브에서 얻은 유전자 발현 값을 얻어내 보자.

```
probeA <- as.numeric(exprs(AEsetnorm)[1,])
probeA <- setNames(probeA, colnames(exprs(AEsetnorm)))
probeB <- as.numeric(exprs(AEsetnorm)[2,])
probeB <- setNames(probeB, colnames(exprs(AEsetnorm)))
```

42명의 환자 샘플의 프로브에서 얻은 발현 값을 가지고 행렬을 만들어 보자.

```
> MLLpartner.mx <- as.matrix(exprs(AEsetnorm))
> # Lets save the object to our session
> dump("MLLpartner.mx", "MLLpartner.R")
> class(MLLpartner.mx)
[1] "matrix"
> dim(MLLpartner.mx)
[1] 54675    42
```

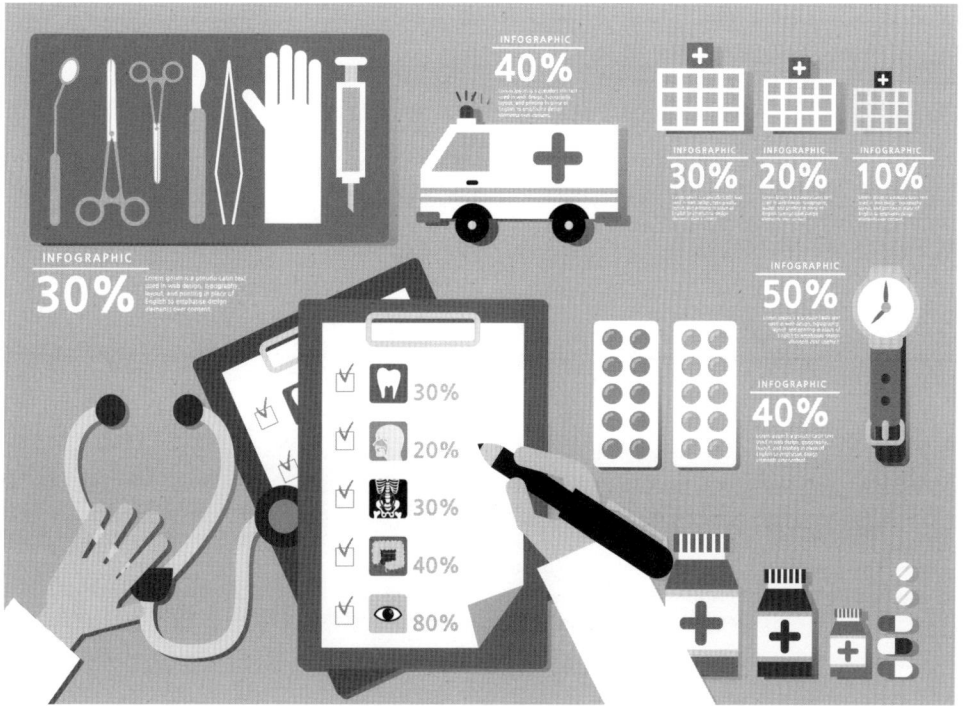

:: 기술통계량

summary() 함수는 본격적인 분석에 들어가기 전에 여러분의 데이터를 살펴보는 데 매우 유용하다. 즉, 자료에 대한 비모수적 기술통계량(descriptive statistics) 값을 다음과 같이 제공한다.

```
> summary(probeA)
   Min. 1st Qu.  Median    Mean 3rd Qu.    Max.
  4.211   4.645   4.774   4.774   4.892   5.231
```

또한 행렬 형태의 자료에 대해 summary() 함수를 사용하면 각 열(column)별로 요약한 결과를 얻을 수 있다.

```
> summary(MLLpartner.mx) #output truncated
   GSM487973        GSM487972        GSM487971
 Min.   : 2.112   Min.   : 1.805   Min.   : 1.994
 1st Qu.: 3.412   1st Qu.: 3.410   1st Qu.: 3.411
 Median : 4.736   Median : 4.745   Median : 4.731
 Mean   : 5.342   Mean   : 5.346   Mean   : 5.355
 3rd Qu.: 6.870   3rd Qu.: 6.851   3rd Qu.: 6.933
 Max.   :14.449   Max.   :14.453   Max.   :14.406
```

mean(), median(), min(), max(), quantile() 등과 같은 개별 함수를 호출해 위와 동일한 정보를 얻을 수도 있다.

```
> min(probeA)
[1] 4.21085
> max(probeA)
[1] 5.231199
> mean(probeA)
[1] 4.773866
> median(probeA)
[1] 4.774236
> quantile(probeA)
      0%      25%      50%      75%     100%
4.210850 4.644994 4.774236 4.892259 5.231199
```

probs 인수에 확률 값을 직접 지정할 수도 있다.

```
> quantile(probeA, probs = c(0.1, 0.2, 0.6, 0.9))
     10%      20%      60%      90%
4.375377 4.576501 4.821101 5.118735
```

round() 함수를 이용하면 출력 시 길게 표시되는 자릿수를 원하는 길이에 맞도록 지정할 수 있다.

```
> round(mean(probeA), 2)
[1] 4.77
```

42명의 환자 표본에 drugA라는 이름의 처치를 시행해 얻은 반응값 정보가 있을 때, 이를 probeA와 probB 유전자 발현 정보에 결합시키려면 다음과 같이 하면 된다.

```
> df <- data.frame(expr_probeA = probeA, expr_probeB = probeB,
drugA_response = factor(rep(c("success", "fail"), 21)))
> head(df)
          expr_probeA expr_probeB drugA_response
GSM487973    4.372242    8.176033        success
GSM487972    4.293080    8.541016           fail
GSM487971    4.210850    8.338475        success
GSM487970    4.707231    7.935021           fail
GSM487969    4.345101    7.868985        success
GSM487968    4.586062    7.909702           fail
```

그리고, drugA 처치에 의한 반응값별로 각 열에 대한 요약 정보를 얻으려면 다음과 같이 by() 함수를 사용하면 된다.

```
> by(df, df$drugA_response, summary)
df$drugA_response: fail
  expr_probeA     expr_probeB    drugA_response
 Min.   :4.293   Min.   :6.960   fail   :21
 1st Qu.:4.687   1st Qu.:7.935   success: 0
 Median :4.766   Median :8.245
 Mean   :4.786   Mean   :8.201
 3rd Qu.:4.895   3rd Qu.:8.575
```

```
Max.   :5.218   Max.   :8.926
-----------------------------------------------
df$drugA_response: success
  expr_probeA     expr_probeB    drugA_response
 Min.   :4.211   Min.   :6.652   fail   : 0
 1st Qu.:4.571   1st Qu.:7.597   success:21
 Median :4.776   Median :7.921
 Mean   :4.762   Mean   :7.950
 3rd Qu.:4.885   3rd Qu.:8.338
 Max.   :5.231   Max.   :9.033
```

자료의 변이 정도

mean(), median(), quantile() 등의 함수로부터 얻을 수 있는 일반적인 정보 외에 데이터 값들이 서로 얼마나 다른 지에 대한 정보가 궁금할 때가 있다. 이를 위한 가장 간단한 측도로 자료값의 최대값과 최소값의 차이인 범위(range)가 있는데, 직접 자료값의 최대값에서 최소값을 뺄셈하여 계산할 수도 있고 아래 코드처럼 간단히 range() 함수를 이용해 얻을 수도 있다.

```
> max(probeA) - min(probeB)
[1] 1.02035
> range(probeA)
[1] 4.210850 5.231199
```

또다른 자료의 변이 정도(data variability)에 대한 측도로는 분산(variance)과 표준편차(standard deviation)가 있다. 분산은 자료값의 평균 값에 대한 편차(deviation)의 제곱값의 평균으로 정의된다. 보다 엄밀히 모분산(population variance)을 정의하면 다음과 같다.

$$\sigma^2 = \frac{1}{N}\sum_{i=1}^{N}(x_i - \mu)^2$$

위 공식에서 N은 모집단(population)의 크기, μ는 모집단의 모든 값들을 가지고 구한 평균을 나타낸다. 표본분산(sample variance)의 정의는 다음과 같다.

$$s^2 = \frac{1}{n-1}\sum_{i=1}^{n}(y_i - \overline{y})^2$$

여기서 n은 모집단에서 추출한 표본의 크기를 나타내는데 따라서 n보다 작은 값이며, $\overline{y}$는 표본평균을 나타낸다.

다시 말하면, 모분산은 제곱합을 값의 개수(n)로 나누어 계산하고, 표본분산은 제곱합을 자유도(degrees of freedom, n-1)로 나누어 계산한다. 평균값은 아래와 같이 mean() 함수를 이용해 구할 수 있다.

```
> mean(probeA)
[1] 4.773866
```

R에서 제곱합은 sum() 함수를 이용해 다음과 같이 계산하면 된다.

```
> probeA.soq <- sum((probeA-mean(probeA))^2)
[1] 2.734039
```

제곱합을 자유도 n-1로 나누면 모분산에 대한 불편(unbiased) 추정치인 표본분산을 계산할 수 있다. n은 벡터 probeA의 길이로서 length() 함수를 이용해 얻는다.

```
> d.f. <- length(probeA) - 1
> probeA.soq/(d.f)
[1] 0.06668388
```

표본분산을 보다 간편하게 구하려면 다음 예와 같이 var() 함수를 이용하면 된다.

```
> var(probeA)
[1] 0.06668388
```

또다른 자료 변이 정도에 대한 측도인 **표준편차(standard deviation)**는 분산의 제곱근으로 정의된다. probeA 자료의 표준편차를 계산하려면 분산값에 제곱근을 적용하도록 sqrt() 함수를 이용한 공식을 작성하거나 간단히 sd() 함수를 이용하면 된다.

```
> sqrt(var(probeA))
[1] 0.2582322
> sd(probeA)
[1] 0.2582322
```

우리는 종종 측정값의 신뢰도를 정하기 위해 아래 코드와 같이 **표본평균에 대한 표준오차 (standard error of the mean)**, 즉 분산을 표본 크기로 나눈 값의 제곱근을 계산할 때가 있다.

```
> sqrt(var(probeA)/length(probeA))
[1] 0.0398461
```

■ 신뢰구간

측정값의 신뢰도를 평균에 대한 신뢰구간을 이용해 평가할 수도 있다. **신뢰구간(confidence interval, CI)**은 해당 실험이나 시행이 반복적으로 이루어진다고 가정할 때 평균값이 속할 것으로 예상되는 구간을 추정한 것이다. 자유도가 41인 t-분포의 0.025, 0.975 분위수를 표준오차에 곱하면 평균에 대한 95% 신뢰구간의 양 끝점을 구할 수 있다. 평균에 대한 신뢰구간은 표준오차와 유의수준 α에 대응되는 t분포의 분위수(quantile) 값을 곱해 계산한다. 다음은 t-분포의 분위수를 계산해 주는 qt() 함수를 이용해 신뢰구간을 계산하는 예이다.

```
> std.err.s2A <- sqrt(var(probeA)/length(probeA)
> qt(.975, d.f.) * std.err.s2A
[1] 0.08047082
```

따라서 위의 42명의 환자 샘플을 이용해 구한 probeA의 유전자 발현 값의 평균에 대한 95% 신뢰구간은 4.77±0.080이 된다.

:: 확률분포

R을 이용하면 다양한 확률분포에 대한 그래프 작성 및 통계적 정보 추출이 매우 쉽다. 확률분포에 익숙하지 않은 사용자라면, 확률분포를 통계적 실험 결과와 그 결과가 발생할 확률을 연결시켜주는 표 또는 수식이라고 이해하면 된다. R에서 커버하는 많은 확률분포들을 정리하면 오른쪽 표와 같다.

확률분포	R 이름
베타(Beta)	beta
이항(Binomial)	binom
코쉬(Cauchy)	cauchy
카이제곱(Chi square)	chisq
지수(Exponential)	exp
F	f
감마(Gamma)	gamma
기하(Geomertic)	geom
초기하(Hypergeometric)	hyper
로지스틱(Logistic)	logis
로그정규(Lognormal)	lnorm
음이항(Negative binomial)	nbinom
정규(Normal)	norm
포아송(Poisson)	pois
스튜던트 t(Student t)	t
균일(Uniform)	unif
튜키(Tukey)	tukey
와이불(Weibull)	weib
윌콕슨(Wilcoxon)	wilcox

위 정리 결과는 R에서 help("distributions")를 입력해도 얻을 수 있다. 그 외 확률분포 및 관련 패키지에 대한 내용은 http://cran.r-project.org/web/views/Disrtibutions.html을 방문해 CRAN distributions 페이지를 참조하기 바란다.

각 확률분포에 대해 확률질량함수 또는 확률밀도함수를 계산해 주는 함수는 해당 분포의 R 이름 앞에 d를, 누적분포함수는 p를, 분위수함수는 q를 덧붙이면 얻을 수 있다. 그리고 해당 분포로부터 난수를 생성하려면 R이름 앞에 r을 덧붙이면 된다. 예를 들어, qnorm()은 정규분포의 분위수함수이고, rpois()는 포아송분포로부터 난수를 생성하는 함수이다.

평균이 7.5이고 표준편차가 4인 정규분포의 0.65 분위수는 아래와 같이 입력해 얻을 수 있다.

```
> qnorm(0.65, mean = 7.5, sd = 4)
[1] 9.041282
```

λ(lambda) 값이 4인 포아송분포에서 7개의 난수를 생성하는 코드는 다음과 같다.

```
> rpois(7, lambda = 4)
[1] 2 3 5 4 6 3 5
```

이제 확률밀도함수를 이용해 문제를 해결하는 보다 구체적인 예제를 살펴보자. 12세 미만인 어린이가 보통 하루에 마시는 물의 양이 평균이 7.5이고 표준편차가 1.5인 정규분포를 따른다고 가정하자. 3-시그마 법칙(three-sigma rule) 혹은 경험 법칙(empirical rule)으로도 알려진 68-95-99.7 법칙에 따르면, 정규분포에서 생성한 난수가 평균으로부터 표준편차의 세 배 이내의 범위 안에 포함될 확률은 99.7퍼센트이다. 따라서 그래프에 나타낼 x값의 범위를 대략 설정하는 데 사용할 값들을 다음과 같이 계산하면 된다.

```
> ld.mean <- 7.5
> ld.sd <- 1.5
> ld.mean+3*ld.sd
[1] 12
> ld.mean-3*ld.sd
[1] 3
```

위 계산 결과에 의하면 대부분의 난수들이 2와 12 사이에서 발생될 것이므로 [0, 16] 구간을 그래프의 범위로 사용하면 될 것이다.

```
> x <- seq(0, 16, length = 100)
```

dnorm() 함수와 해당 평균 및 표준편차 값을 사용해 12세 미만 어린이들이 하루에 마시는 물의 양의 확률밀도함수를 계산해보자.

```
> nd.height <- dnorm(x, mean = 7.5, sd = 1.5)
```

이제 정규분포 곡선을 plot() 함수를 이용해 그릴 수 있게 되었다. 아래 코드는 plot() 함수에서 type = "l"로 지정해 점을 찍는 대신 실선을 그리도록 한 것이다.

```
> plot(x, nd.height, type = "l", xlab = "Liters per day", ylab = "Density", main = "Liters of water drank by school children < 12 years old")
```

이렇게 얻은 정규곡선의 그래프는 다음과 같다.

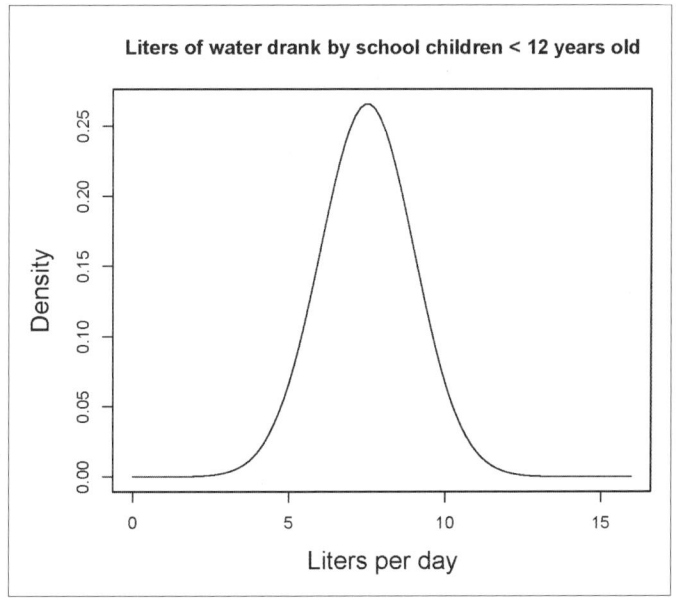

어린이가 4리터 이하의 물을 마실 확률을 계산하기 원한다고 하자. 이 정보는 위 그래프에서 4보다 왼쪽 영역에 있는 정규곡선의 아래 부분의 면적으로 계산할 수 있는데, 아래 코드와 같이 누적분포함수를 리턴하는 pnorm() 함수를 이용하면 된다. 곡선의 왼쪽 부분의 넓이를 계산해야 하므로 pnorm() 함수에서 lower.tail=TRUE(기본값)으로 지정한다. 만일 lower.tail=FALSE로 지정하면 오른쪽 부분의 면적을 계산하게 된다.

```
> pnorm(4, mean = 7.5, sd = 1.5, lower.tail = TRUE)
[1] 0.009815329
```

다음 코드는 누적분포 함수의 그래프를 그리기 위한 코드이다.

```
> ld.cdf <- pnorm(x, mean = 7.5, sd = 1.5, lower.tail = TRUE)
> plot(x, ld.cdf, type = "l", xlab = "Liters per day", ylab = "Cumulative Probability")
```

실행 결과인 그래프는 다음과 같다.

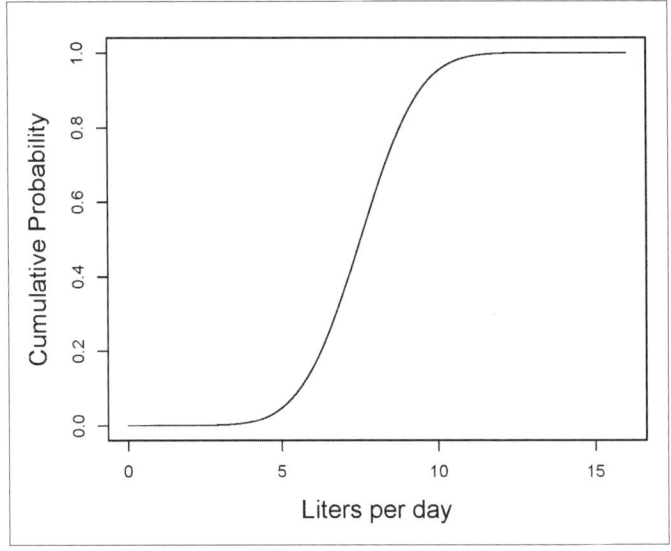

polygon() 함수를 사용하면 어린이가 8리터 이상 물을 마실 확률을 정규곡선에 해당 영역을 지정해 색칠하는 방식으로 표시할 수도 있다. 위 누적분포곡선을 보면 어린이가 15리터보다 많은 물을 마실 확률은 거의 0이 됨을 알 수 있으므로 상한을 15로 정하자.

우선 plot() 함수를 사용해 정규곡선을 그려보자.

```
> plot(x, nd.height, type = "l", xlab = "Liters per day", ylab = "Density")
```

색칠할 영역의 하한과 상한을 다음과 같이 설정한다.

```
> ld.lower <- 8
> ld.upper <- 15
```

8과 15 사이에 있는 x 값들을 모아보자.

```
> i <- x >= ld.lower & x <= ld.upper #returns a logical vector
```

이제 어린이가 물을 8리터보다 많이 마시는 것에 해당하는 곡선 부분의 아래 영역을 polygon() 함수를 사용해 빨간색으로 표시할 수 있게 되었다.

```
> polygon(c(ld.lower,x[i], ld.upper), c(0, nd.height [i],0), col = "red")
> abline(h = 0, col = "gray")
```

어린이가 물을 8리터보다 많이 마시는 확률을 계산해보자.

```
> pb <- round(pnorm(8, mean = 7.5, sd = 1.5, lower.tail = FALSE), 2)
> pb
[1] 0.37
```

paste() 함수를 사용해 pb 값과 텍스트를 붙인 문자형 벡터를 만든다.

```
> pb.results <- paste("Cumulative probabily of a child drinking > 8L/day", pb, sep = ": ")
```

pb.results를 그래프의 제목으로 얹어보자.

```
> title(pb.results)
```

그 결과는 다음과 같다.

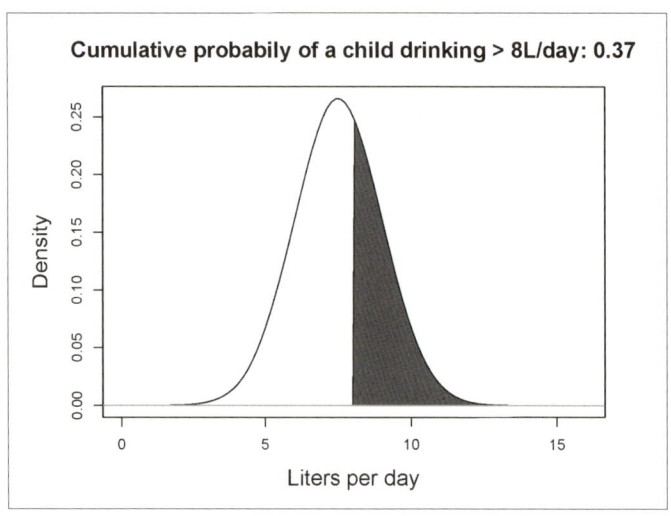

:: 데이터에 분포를 적합(fit) 시키기

우리는 이제 그래프 및 확률분포를 이용해 통계적 정보를 얻는 방법을 알게 되었고, 다음으로 R을 사용해 데이터를 이론적 분포에 적합시키는 방법을 배우게 될 것이다. 표본의 분포가 이론적인 분포에 잘 적합되었는 지를 확인하는 데 사용 가능한 몇 가지 방법이 있다. 예를 들어, **분위수-분위수 그림(Q-Q plot, Quantile-Quantile plot)**을 그리면 자료의 분포가 정규분포에 잘 적합되었는지 알 수 있다. R에서는 qqnorm() 함수를 이용하면 Q-Q plot을 그릴 수 있다. 보다 일반적인 이론적인 분포에 대해 사용 가능한 qqplot() 함수도 있다. 이들 함수를 사용하는 예제로서 probeA의 유전자 발현값이 정규분포 또는 감마분포에 잘 적합되는 지 확인하기 위한 Q-Q plot을 작성해보자.

우선, 같은 레이아웃에 두 그림을 보여줄 수 있도록 세팅한다.

```
> par(mfrow=c(1,2))
```

qqnorm()을 사용해 데이터가 정규분포에 잘 적합되는지 알아본다.

```
> qqnorm(probeA)
```

기본값인 제1, 제3사분위수를 사용해 정규분포 하에서의 이론적인 실선을 얻어보자.

```
> qqline(probeA, distribution = qnorm, probs = c(0.25, 0.75))
```

데이터가 감마분포에 잘 적합되는지 알아보기 위해 우선 MASS 패키지의 fitdistr() 함수를 이용해 shape 모수와 rate 모수를 추정해보자.

```
> require("MASS")
> fitdistr(probeA, 'gamma')
     shape          rate
   341.75868     71.58950
  ( 74.52444)  ( 15.62234)
```

이 감마모수들을 나중에 다시 사용할 수 있도록 객체로 저장해두자.

```
> gamma.par <- fitdistr(probeA, 'gamma')
```

객체 gamma.par에 어떤 내용이 저장되어 있는 지 알아보려면 제1장 R 프로그래밍에서 언급한 적이 있는 str() 함수를 사용하면 된다.

```
> str(gamma.par)
List of 5
 $ estimate: Named num [1:2] 341.8 71.6
  ..- attr(*, "names")= chr [1:2] "shape" "rate"
 $ sd: Named num [1:2] 74.5 15.6
  ..- attr(*, "names")= chr [1:2] "shape" "rate"
 $ vcov: num [1:2, 1:2] 5554 1163 1163 244
  ..- attr(*, "dimnames")=List of 2
  .. ..$: chr [1:2] "shape" "rate"
  .. ..$: chr [1:2] "shape" "rate"
 $ loglik: num -2.37
 $ n: int 42
 - attr(*, "class")= chr "fitdistr"
```

gamma.par의 구조를 살펴보면 shape 모수와 rate 모수의 값을 추출하는 방법을 알 수 있다. 즉, 다음과 같이 숫자 혹은 인덱스 이름으로 gamma.par$estimate을 인덱싱해야 한다.

```
> gamma.par$estimate['shape'] #or gamma.par$estimate[1]
   shape
341.7587
> s <- gamma.par$estimate['shape']
> r <- gamma.par$estimate['rate']
```

이제 추정된 shape 모수 및 rate 모수의 값에 따른 이론적인 감마분포의 분위수들을 다음과 같이 계산할 수 있다.

```
> theoretical.probs <- seq(1:length(probeA))/(length(probeA)+1)
> theoretical.quantiles <- qgamma(theoretical.probs, shape = s, rate = r)
> plot(theoretical.quantiles, sort(probeA), xlab = "Theoretical Quantiles", ylab =
"Sample Quantiles", main = "Gamma QQ-plot")
```

이제 qqline() 함수를 이용해 제1사분위수와 제3사분위수를 잇는 실선을 그어보자. qqline() 함수의 distribution 인수에 기본값인 qnorm을 사용하면 안되기 때문에, 다음과 같이 qgamma() 함수와 추정된 감마모수값을 이용한 세팅을 새로 만들어 입력해야 한다.

```
> qF <- function(p) qgamma(p, shape = s, rate = r)
> qqline(y = sort(probeA), distribution = qF)
```

이상의 절차에 의해 작성된 정규분포 Q-Q plot과 감마분포 Q-Q plot은 다음 그림과 같다.

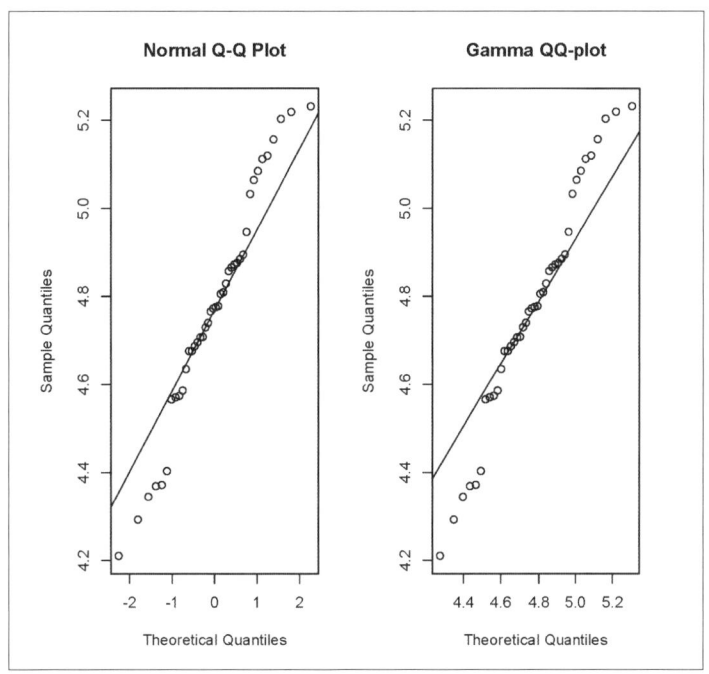

이후 작업을 위해 plot 모수의 세팅을 par() 함수를 사용해 기본값으로 되돌려 놓아야 한다.

```
> par(mfrow=c(1,1))
```

Q-Q plot를 사용하는 대신 분포 적합에 대한 통계적 검정법인 **콜모고로프-스미르노프(Kolmogorov-Smirnov) 검정, 앤더슨-달링(Anderson-Darling) 검정, 카이제곱(Chi-square) 검정법** 등을 고려할 수 있다. 예를 들어, probeA 데이터의 분포가 shape 모수가 3이고 rate 모수가 2인 감마분포에 잘 적합되는 지 알아보기 위해 콜모고로프-스미르노프 검정을 하려면 다음과 같이 ks.test() 함수를 사용하면 된다.

```
> ks.test(probeA, "pgamma", 3, 2)
One-sample Kolmogorov-Smirnov test
data: probeA
D = 0.9901, p-value = 2.22e-16
alternative hypothesis: two-sided
```

또는 앤더슨-달링 검정을 이용해 probeA 데이터가 정규분포에 잘 적합되는 지 알아보려면 nortest 패키지의 ad.test() 함수를 사용하면 된다.

```
> require("nortest")
> ad.test(probeA)
Anderson-Darling normality test
data: probeA
A = 0.378, p-value = 0.3923
```

높은 차수의 적률(moments)

데이터의 높은 차수의 적률은 종종 왜도(skewness)나 첨도(kurtosis)와 같은 형태(shape) 모수를 추정할 때, 또는 정규분포와 얼마나 거리가 있는지를 측정하는 데 사용된다. 예를 들어, probeA 데이터 분포가 정규분포에 비해 왼쪽으로 긴 꼬리를 갖는 형태(음의 왜도)인지, 오른쪽으로 꼬리가 긴 형태(양의 왜도)인지 알고 싶을 수 있다. 이 치우친 정도는 fBasics 패키지의 skewness() 함수를 사용해 계산할 수 있는데, 왜도가 0인 정규분포를 기준으로 데이터셋 분포의 치우침이 유의한지 여부에 대한 검정을 해볼 수도 있다.

다음 코드를 살펴보자.

```
> require("fBasics")
> skewness(probeA)
[1] -0.1468461
attr(,"method")
[1] "moment"
```

이제 왜도 -0.147의 절대값이 0과 유의하게 다른지 여부를 t-검정을 실시해 알아보자. 왜도의 표준오차는 6을 표본크기로 나눈 값의 제곱근으로 잘 근사된다.

```
> abs(skewness(probeA))/sqrt(6/length(probeA))
[1] 0.3885183
attr(,"method")
[1] "moment"
```

이제 왜도가 실제로는 0인데 t-값이 우연히 0.389가 될 확률을 계산하기만 하면 된다.

```
> 1- pt(0.389, 41)
[1] 0.3496446
```

p-값이 0.05보다 크므로 귀무가설을 기각할 수 없으며, 왜도는 0과 유의하게 다르지 않다고 결론을 내린다. 따라서 probeA 데이터 분포의 치우친 정도는 정규분포와 크게 다르지 않다.

분포의 뾰족한 성질 또는 평평한 정도를 알려주는 첨도값을 계산할 수 있다. 정규곡선은 첨도값이 0이며, 표본으로 구한 첨도값의 표준오차는 24를 표본크기로 나눈 값의 제곱근으로 잘 근사된다. R에서 첨도값을 계산하려면 fBasics 패키지의 kurtosis() 함수를 사용하면 된다.

```
> kurtosis(probeA)
[1] -0.5670091
attr(,"method")
[1] "excess"
> abs(kurtosis(probeA))/sqrt(24/length(probeA))
[1] 0.7500826
attr(,"method")
[1] "excess"
> 1-pt(0.750, 41)
[1] 0.2287686
```

p-값이 0.05보다 크므로 귀무가설을 기각할 수 없으며, 따라서 데이터의 첨도는 정규분포에 비해 크게 다르지 않다고 결론을 내리게 된다.

분포 적합도를 검정하는 방법들

R에는 자료 분포를 여러 가지 타입의 분포에 적합시킬 수 있는 함수들이 있다. 편의상 분포 적합에 관련된 R 함수들을 모아 다음 표에 정리해두었다. 또한 http://cran.r-project.org/doc/contrib/Ricci-distributions-en.pdf에 있는 비토 리치(Vito Ricci)가 분포 적합에 관련해 작성한 문서를 참조하면 보다 자세한 정보를 얻을 수 있다.

검정법	함수	패키지
앤더슨–달링(Anderson-Darling) 검정 – 정규성	ad.test()	nortest
카이제곱 검정	chisq.test()	stats
크레이머–폰미제스(Cramer-von Mises) 검정 – 정규성	cvm.test()	nortest
경험누적분포함수(empirical cumulative distribution)	ecdf()	stats
단변량분포의 최대우도 적합	fitdistr()	MASS
계수형 자료 분포에 대한 적합도(goodness-of-fit) 검정	goodfit()	vcd
자끄–베라(Jarque-Bera) 검정 – 정규성	jarque.bera.test()	tseries
증강 디키–풀러(Augmented Dickey-Fuller) 검정	adf.test()	tseries
콜모고로프–스미르노프(Kolmogorov-Smirnov) 검정	ks.test()	stats
첨도 계산	kurtosis()	fBasics
릴리포어즈(Lilliefors) 정규성 검정	lillie.test()	nortest
모수 최대우도 추정	mle()	stats4
피어슨(Pearson)의 카이제곱 검정 – 정규성	pearson.test()	nortest
정규 Q–Q plot	qqnorm()	stats
두 데이터셋의 Q–Q plot	qqline(), qqplot()	stats
샤피로–프란치아(Shapiro-Francia) 검정 – 정규성	shapiro.test()	stats
왜도 계산	skewness()	fBasics

■ **propagate 패키지**

propagate 패키지는 데이터에 여러 가지 분포를 한꺼번에 적합시킨 후 가장 적절한 분포를 고를 수 있도록 해 준다는 점에서 정말 유용하다. 예를 들어, fitDistr() 함수를 사용하면 데이터를 다양한 분포에 적합시켜 볼 수 있다. 각 적합 결과는 AIC**(Akaike information criterion)** 값의 순서대로 오름차순으로 정렬되는데 AIC 값이 최소인 것이 좋은 모형이다. AIC는 적합도(goodness-of-fit)와 모형의 복잡도(complexity) 간의 타협점(trade-off)을 설명해준다. 다음 예제를 보라.

```
> install.packages("propagate")
> library("propagate")
```

fitDistr() 함수는 관측치로 이루어진 벡터 또는 propagate() 함수에 의해 생성된 객체에 대해 적용 가능하다. 첫 번째 간단한 예제로서 rnorm() 함수를 이용해 생성한 10,000개의 난수를 고려한다. 다음 예제를 살펴보라.

```
> set.seed(275) #so you get the same results
> observations <- rnorm(10000, 5)
> distTested <- fitDistr(observations)
Fitting Normal distribution...Done.
Fitting Skewed-normal distribution...Done.
Fitting Generalized normal distribution..........10.........20.......
Done.
Fitting Log-normal distribution...Done.
Fitting Scaled/shifted t- distribution...Done.
Fitting Logistic distribution...Done.
Fitting Uniform distribution...Done.
Fitting Triangular distribution...Done.
Fitting Trapezoidal distribution...Done.
Fitting Curvilinear Trapezoidal distribution...Done.
Fitting Generalized Trapezoidal distribution...Done.
Fitting Gamma distribution...Done.
Fitting Cauchy distribution...Done.
Fitting Laplace distribution...Done.
Fitting Gumbel distribution...Done.
Fitting Johnson SU
distribution..........10.........20.........30.........40.........50
.........60.........70.........80.Done.
Fitting Johnson SB
distribution..........10.........20.........30.........40.........50
.........60.........70.........80.Done.
Fitting 3P Weibull distribution..........10.........20.......Done.
Fitting 4P Beta distribution...Done.
Fitting Arcsine distribution...Done.
Fitting von Mises distribution...Done.
```

fitDistr() 함수는 자동으로 AIC 값에 기초해 가장 좋은 분포를 그려준다. 이러한 그림을 원하지 않는다면 plot = FALSE로 지정하면 된다. 위 예제의 실행 결과 그려지는 그림은 오른쪽과 같다.

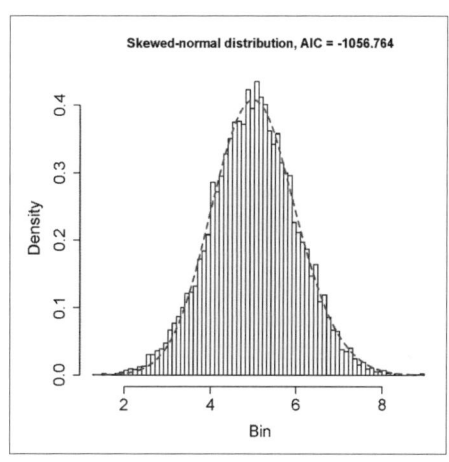

적합된 분포들의 AIC값을 보고 싶으면 distTested 객체의 aic 데이터프레임을 들여다 보면 된다. 다음 예를 보라.

```
> distTested$aic
Distribution AIC
2  Skewed-normal -1056.7637
16 Johnson SU -1055.2898
3  Generalized normal -1055.1193
17 Johnson SB -1053.0655
19 4P Beta -1051.5507
11 Generalized Trapezoidal -1049.0981
1  Normal -1047.0616
5  Scaled/shifted t- -1046.9436
18 3P Weibull -1005.1263
12 Gamma -998.3562
6  Logistic -984.4944
21 von Mises -947.3471
8  Triangular -941.3394
9  Trapezoidal -940.3361
4  Log-normal -929.9566
15 Gumbel -809.9676
14 Laplace -733.8516
13 Cauchy -650.7236
10 Curvilinear Trapezoidal -581.6016
7  Uniform -391.3259
20 Arcsine -261.7417
```

propagate() 함수로부터 얻은 결과를 fitDistr() 함수를 사용해 적합시킬 수도 있다. 다음 예제를 보라.

$$x^{3y} - 1$$
$$\mu_x = 6, \sigma_x = 0.1$$
$$\mu_y = 2, \sigma_y = 0.1$$

우선 expression() 함수를 이용해 R에 수식을 입력하고, x변수와 y변수의 평균과 표준편차를 수치 벡터 형태로 저장하자.

```
> EXPR <- expression(x^(3 * y)-1)
> x <- c(6, 0.1)
> y <- c(2, 0.1)
```

그리고 첫 번째 행에 각 변수의 평균값들을, 두 번째 행에 표준편차값들을 저장하는 행렬을 하나 만든다.

```
> DF <- cbind(x, y)
```

그 다음에 propagate() 함수를 사용하면 몬테카를로 시뮬레이션에 의해 자료값이 생성되며, 이 값들을 fitDistr() 함수에 사용할 수 있다.

```
> RES <- propagate(expr = EXPR, data = DF, type = "stat", do.sim = TRUE, verbose = TRUE)
```

이제 fitDistr() 함수를 이용해 이 데이터를 21개의 분포에 적합시켜볼 수 있다.

```
> testedDistrEXPR <- fitDistr(RES)
Fitting Normal distribution...Done.
Fitting Skewed-normal distribution...Done.
Fitting Generalized normal distribution..........10.........20.......
Done.
Fitting Log-normal distribution...Done.
Fitting Scaled/shifted t- distribution...Done.
Fitting Logistic distribution...Done.
Fitting Uniform distribution...Done.
Fitting Triangular distribution...Done.
Fitting Trapezoidal distribution...Done.
Fitting Curvilinear Trapezoidal distribution...Done.
Fitting Generalized Trapezoidal distribution...Done.
Fitting Gamma distribution...Done.
Fitting Cauchy distribution...Done.
Fitting Laplace distribution...Done.
Fitting Gumbel distribution...Done.
Fitting Johnson SU
distribution..........10.........20.........30.........40.........50
.........60.........70.........80.Done.
```

```
Fitting Johnson SB
distribution..........10.........20.........30.........40.........50
.........60.........70.........80.Done.
Fitting 3P Weibull distribution..........10.........20.......Done.
Fitting 4P Beta distribution...Done.
Fitting Arcsine distribution...Done.
Fitting von Mises distribution...Done.
```

가장 적합이 잘된 경우에 대한 그림이 아래 그래프와 같이 생성된다.

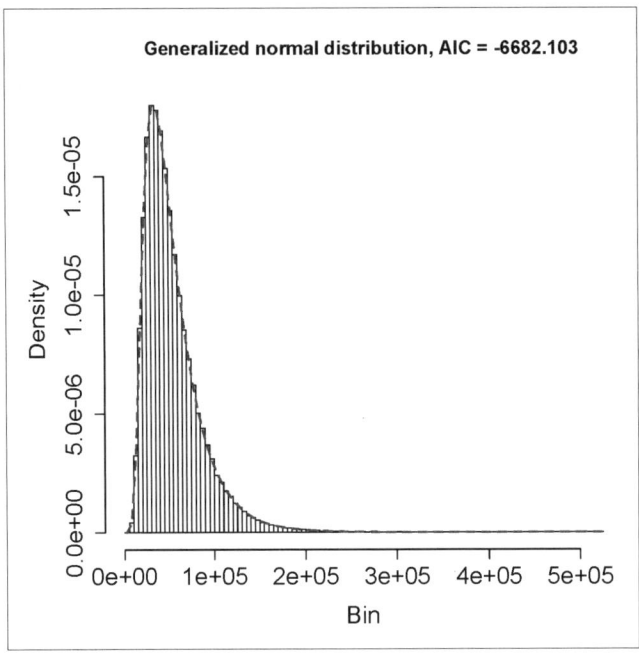

고려된 모든 분포에 대한 AIC 값은 다음과 같다.

```
> testedDistrEXPR$aic
        Distribution       AIC
3    Generalized normal  -6682.103
16          Johnson SU   -6680.099
4            Log-normal  -6670.469
2         Skewed-normal  -5847.043
18           3P Weibull  -5691.254
12               Gamma   -5667.074
```

```
15              Gumbel  -5611.167
9           Trapezoidal -5541.594
5       Scaled/shifted t- -5284.617
6              Logistic -5274.231
1               Normal  -5256.894
14              Laplace -5220.417
13               Cauchy -5216.931
11 Generalized Trapezoidal -5105.354
20              Arcsine -4674.931
7               Uniform -4661.630
8            Triangular -4661.388
10 Curvilinear Trapezoidal -4603.581
21            von Mises -4603.451
17           Johnson SB -4602.456
19              4P Beta -4599.451
```

:: 가설 검정

자료를 분석하다보면 종종 자료의 평균이 어떤 이론적인 값 혹은 기대되는 평균값과 같은지 다른지 알고 싶을 때가 있다. 여성 12명의 키를 잰 후 계산한 평균값이 이론적인 여성의 평균 키인 171cm와 유의하게 다른 것인지를 알아보고 싶다고 하자. **윌콕슨 부호-순위 검정**(wilcoxon signed-rank test)은 이를 위한 간단한 검정 방법이다. R에서 이 검정을 시행하려면 wilcox.test() 함수를 사용하되 mu 인수값을 171로 지정하면 된다.

```
> female.heights <- c(117, 162, 143, 120, 183, 175, 147, 145, 165, 167, 179, 116)
> mean(female.heights)
[1] 151.5833
> wilcox.test(female.heights, mu = 171)
 Wilcoxon signed rank test with continuity correction
data:  female.heights
V = 11.5, p-value = 0.0341
alternative hypothesis: true location is not equal to 171

Warning message:
In wilcox.test.default(female.heights, mu = 171) :
  cannot compute exact p-value with ties
```

p-값이 0.05보다 작기 때문에 대립가설 즉, 자료의 평균값이 171이 아니라는 가설을 채택하게 된다. 출력 결과 마지막에 데이터에 동점(tie)이 있으면 정확한 p-값을 계산할 수 없다는 경고 메시지가 있는 것을 확인할 수 있을 것이다. 이것은 예제 데이터에 부호-순위에 동점이 있기 때문에 생성된 메시지이다. 데이터에 동점이 있는 경우, `wilcox.test()` 함수는 p-값과 함께 인수로 지정한 경우에 한해 정규근사에 기초한 신뢰구간도 계산해 준다. 다음 예를 보라.

```
> wilcox.test(female.heights, mu = 171, conf.int = TRUE, conf.level = 0.99)

        Wilcoxon signed rank test with continuity correction

data:  female.heights
V = 11.5, p-value = 0.0341
alternative hypothesis: true location is not equal to 171
99 percent confidence interval:
 120 175
sample estimates:
(pseudo)median
      151.9893
Warning messages:
1: In wilcox.test.default(female.heights, mu = 171, conf.int = TRUE,  :
  cannot compute exact p-value with ties
2: In wilcox.test.default(female.heights, mu = 171, conf.int = TRUE,  :
  cannot compute exact confidence interval with ties
```

연속성 수정 윌콕슨 부호-순위 검정을 사용하는 대신 부트스트랩(bootstrap) 접근법을 사용해 자료의 평균값이 이론적인 평균값인 171과 다른 지 검정할 수도 있다. 즉 `female.heights` 데이터셋으로부터 크기가 12인 표본을 여러 번(이 예제에서는 10,000번) 다시 추출하여 매번 평균값을 계산해 얻은 10,000개의 평균값을 이용하게 된다. R에서는 `sample()` 함수에 `replacement = TRUE`인 수를 사용하면 12개의 값이 매번 똑같이 추출되는 것을 막아 줄 수 있다.

R을 사용해 부트스트랩 방법으로 자료의 평균값이 이론적인 평균값과 유의하게 다른지 검정하는 코드는 다음과 같다.

우선 female.heights 데이터로부터 재추출해 계산한 10,000개의 평균값을 저장할 수치 벡터를 생성한다.

```
> f <- numeric(10000)
> for(i in 1:10000) {
    f[i] <- mean(sample(female.heights, replace = TRUE))
  }
> hist(f, xlab = "bootstrap means")
```

실행 결과는 다음 그림과 같이 나타난다.

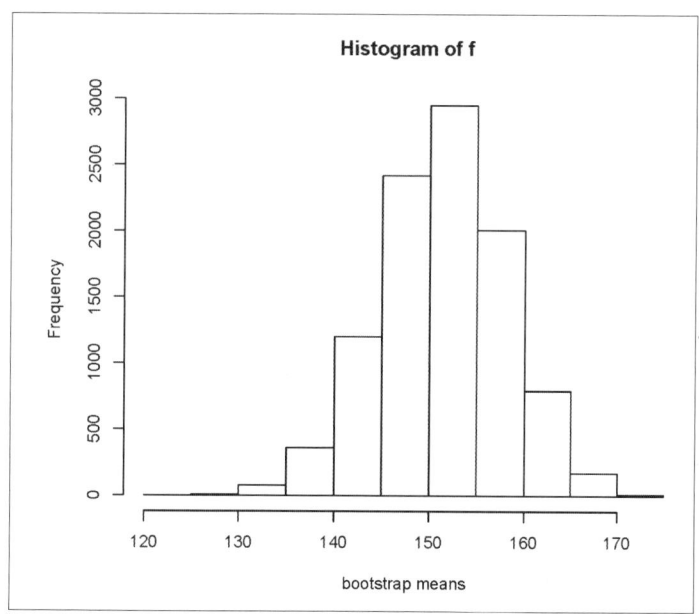

이제, t-검정을 이용해 자료의 평균값이 이론적인 평균값과 다른지 여부를 검정해 보자. 이를 위해 t.test() 함수를 이용하되 mu 인수값은 171로 지정한다.

```
> t.test(female.heights, mu = 171)
    One Sample t-test
data:  female.heights
t = -2.7861, df = 11, p-value = 0.01771
alternative hypothesis: true mean is not equal to 171
```

가설 검정 101

```
95 percent confidence interval:
 136.2446 166.9221
sample estimates:
mean of x
 151.5833
```

p-값이 0.05보다 작으므로 대립가설을 채택하며, 따라서 이 데이터셋에 있는 여성들의 키는 이론적인 평균값과 유의하게 다르다고 결론을 내리게 된다.

두 분포의 평균을 비교하는 대신, **F-검정(F-test)**을 통해 분산을 비교하고 싶을 수 있다. R에서는 var.test() 함수를 사용해 이 검정을 수행할 수 있다.

```
> var.test(probeA, probeB)
    F test to compare two variances
data: probeA and probeB
F = 0.2301, num df = 41, denom df = 41, p-value = 7.182e-06
alternative hypothesis: true ratio of variances is not equal to 1
95 percent confidence interval:
 0.1236921 0.4281015
sample estimates:
ratio of variances
         0.2301147
```

정규성 가정 없이 두 분포가 같은 지 알아보기 위한 또다른 유용한 통계적 검정 방법은 **크루스칼-월리스 검정(Kruskal-Wallis test)**[1] 이다. probeA와 probeB에 대한 유전자 발현값으로 구성된 데이터프레임(df)의 예를 다시 고려하자. probeA의 평균 발현치가 drugA에 대한 반응에 따라 달라지는지 알아보려면 kruskal.test() 함수를 사용하면 된다. 다음 결과를 보라.

---

1 역자 주: 크루스칼-월리스 검정(Kruskal-Wallis test)은 두 개 이상의 자료 분포를 비교하는 데 사용 가능한 방법이다.

```
> head(df)
           expr_probeA  expr_probeB drugA_response
GSM487973     4.372242     8.176033       success
GSM487972     4.293080     8.541016          fail
GSM487971     4.210850     8.338475       success
GSM487970     4.707231     7.935021          fail
GSM487969     4.345101     7.868985       success
GSM487968     4.586062     7.909702          fail
> kruskal.test(expr_probeA ~ drugA_response, data = df)
Kruskal-Wallis rank sum test
data: expr_probeA by drugA_response
Kruskal-Wallis chi-squared = 0.0571, df = 1, p-value = 0.8111
```

p-값이 0.05보다 크기 때문에 귀무가설을 기각할 수 없으며, 따라서 drugA에 대한 반응별 probeA 발현치는 같은 모집단에서 나온 것으로 결론을 내리게 된다.

비율에 대한 검정

개별 측정값이 아닌 비율에 대한 추론이 필요할 때가 있다. 데이터셋으로부터 관측된 비율이 이론적인 값과 유의하게 다른 지 알아보기 위한 통계적 검정법은 여러 가지가 있다. 그 중 두 가지 유용한 방법 즉 전통적인 **Z-검정법(Z-test)**과 **이항검정(binomial exact test)**을 소개한다. 50퍼센트의 환자가 의사를 만나기 위해 4시간보다 긴 시간 대기하는 지 검정하고 싶다고 하자. 이를 위해 11명의 환자의 대기시간을 기록한 후 수치 벡터로 다음과 같이 저장할 수 있다.

```
> waiting.period <- c(3, 5, 4, 5.5, 3.5, 2.5, 3, 5, 4.5, 3, 3.5)
```

그 다음, 아래 명령어들을 사용해 표를 작성하면 대기 시간이 4시간보다 길었던 환자의 수를 계수할 수 있다.

```
> above4.hrs <- ifelse(waiting.period > 4, "yes", "no")
> above4hs.table <- table(above4.hrs)
> above4hs.table
above4.hrs
 no yes
  7   4
```

이제 의사를 만나기까지 대기 시간이 4시간보다 길어지는 비율이 50퍼센트임을 가정하고 prop.test() 함수를 이용해 z-검정을 시행해보자.

```
> prop.test(4, n = 11, p = 0.5, alternative = "two.sided", correct = FALSE)
    1-sample proportions test without continuity correction
data:  4 out of 11, null probability 0.5
X-squared = 0.8182, df = 1, p-value = 0.3657
alternative hypothesis: true p is not equal to 0.5
95 percent confidence interval:
 0.1516647 0.6461988
sample estimates:
        p
0.3636364
```

prop.test() 함수에 명시적으로 correct=FALSE와 같이 지정하면 Z-값을 구하는 과정에서 연속성 수정이 적용되지 않게 된다. waiting.period 데이터셋의 표본 크기가 작기 때문에(n=11), correct 인수를 TRUE로 지정해 연속성 수정을 적용한 Z 값을 사용하는 것이 더 나은 생각일 것이다.

```
> prop.test(4, n = 11, p = 0.5, alternative = "two.sided", correct = TRUE)
    1-sample proportions test with continuity correction
data:  4 out of 11, null probability 0.5
X-squared = 0.3636, df = 1, p-value = 0.5465
alternative hypothesis: true p is not equal to 0.5
95 percent confidence interval:
 0.1236508 0.6838637
sample estimates:
        p
0.3636364
```

검정 결과 귀무가설을 채택하게 되며, 즉 환자가 의사를 만나기 위해 4시간보다 더 오랫동안 기다릴 확률이 50%가 아니라는 주장을 위한 충분한 증거는 없다고 결론을 내린다. 사실, 95% 신뢰구간을 구해보면 환자의 대기시간이 네 시간보다 길어지는 비율은 0.12에서 0.68 사이이다. 연속성 수정 Z-검정 대신 **이항검정(binomial exact test)**을 시행하려면 binom.test() 함수를 사용하면 된다.

```
> binom.test(4, n = 11, p = 0.5)

    Exact binomial test

data:  4 and 11
number of successes = 4, number of trials = 11, p-value = 0.5488
alternative hypothesis: true probability of success is not equal to 0.5
95 percent confidence interval:
 0.1092634 0.6920953
sample estimates:
probability of success
             0.3636364
```

마찬가지로 이항 검정 결과 역시 귀무가설을 기각하기에 충분한 증거가 없음을 알려주고 있으며, 대기 시간이 4시간을 넘는 환자의 비율이 11%에서 69% 사이가 될 것임을 제시하고 있다.

두 표본을 비교하기 위한 검정들

이제까지는 하나의 표본 분포에 대한 통계적 가설 검정에 대해 배워왔다. 그러나 이들 검정 방법은 두 개의 표본의 분포를 비교하는 데에도 적용 가능하다. 예를 들어, probeA의 분포의 평균값과 probeB의 분포의 평균값이 유의하게 다른 지 검정해볼 수 있다. 양쪽 표본의 오차가 정규분포를 따른다고 가정하면, 두 평균값의 비교를 위해 t-검정을 시행할 수 있는데 이를 위해 t.test() 함수를 다음과 같이 사용하면 된다.

```
> t.test(probeA, probeB)
    Welch Two Sample t-test
data: probeA and probeB
t = -35.8398, df = 58.92, p-value < 2.2e-16
alternative hypothesis: true difference in means is not equal to 0
95 percent confidence interval:
 -3.486162 -3.117460
sample estimates:
mean of x mean of y
 4.773866  8.075677
```

만약 오차항이 정규분포를 따른다는 보장이 없으면, 아래와 같이 윌콕슨 순위합 검정을 실행한다.

```
> wilcox.test(probeA, probeB)
    Wilcoxon rank sum test
data: probeA and probeB
W = 0, p-value < 2.2e-16
alternative hypothesis: true location shift is not equal to 0
```

두 표본이 짝을 이루고 있다면 대응 t-검정(paired t-test)을 시행하거나 윌콕슨 부호-순위 검정에서 paired 인수를 TRUE로 지정해 실행한다.

```
> wilcox.test(probeA, probeB, paired=T)
    Wilcoxon signed rank test
data: probeA and probeB
V = 0, p-value = 4.547e-13
alternative hypothesis: true location shift is not equal to 0
```

두 모집단의 평균을 비교하는 대신 prop.test() 함수를 이용한 이항 검정을 통해 두 비율을 비교하는 것에 관심이 있을 수 있다. 가령 A 회사가 승진 시 남성보다 여성을 선호하는지 여부를 검정하고 싶다고 하자. 올해 430명의 여성 직원 중 16명이 승진했고, 남성 직원의 경우 1,053명 중 63명이 승진했다고 할 때, prop.test() 함수를 사용해 이항 검정을 시행해 보자. A 회사에서 올해 승진한 남녀 직원 수로 구성된 벡터와 전체 남녀 직원 수를 저장한고 있는 벡터를 이용한다. 다음 코드를 살펴보라.

```
> promoted.employees <- c(16, 63)
> total.employees <- c(430, 1053)
> prop.test(promoted.employees, total.employees)

    2-sample test for equality of proportions with continuity correction

data:  promoted.employees out of total.employees
X-squared = 2.6653, df = 1, p-value = 0.1026
alternative hypothesis: two.sided
95 percent confidence interval:
 -0.04717571  0.00193619
sample estimates:
    prop 1     prop 2
0.03720930 0.05982906
```

분할표(contingency table) 분석에서 독립성을 검정하기 위해 **카이제곱(chi-sguared) 검정**과 **피셔의 정확검정(Fisher's exact test)**을 수행하려면 chisq.test(), fisher.test() 함수를 이용한다. 예를 들어, 백인 남성 96명에 대해 눈 색깔이 푸른색, 갈색인 경우와 머리카락이 금발, 갈색인 경우를 계수해 행렬을 만들었다고 하자. 눈 색깔과 머리카락 색깔이 서로 독립인지를 검정하기 위해 chisq.test() 함수를 사용해 카이제곱 검정을 시행할 수 있다.

```
> trait.counts <- matrix(c(24, 14, 11, 47), nrow = 2)
> colnames(trait.counts) <- c("Blue eyes", "Brown eyes")
> rownames(trait.counts) <- c("Blond hair", "Dark brown hair")
> trait.counts
                Blue eyes      Brown eyes
Blond hair          24             11
Dark brown hair     14             47
> chisq.test(trait.counts)

    Pearson's Chi-squared test with Yates' continuity correction

data:  trait.counts
X-squared = 17.4938, df = 1, p-value = 2.882e-05
```

위에서 보듯이 예이츠의 연속성 수정이 기본으로 적용된다. 예이츠의 연속성 수정을 하지 않으려면 correct = FALSE로 지정하기만 하면 된다.

```
> chisq.test(trait.counts, correct = FALSE)
    Pearson's Chi-squared test
data:  trait.counts
X-squared = 19.3544, df = 1, p-value = 1.086e-05
```

p-값이 0.05보다 작기 때문에 눈 색깔과 머리카락 색깔이 서로 독립이라는 귀무가설을 기각하게 된다.

카이제곱 검정 대신 피셔의 정확검정을 사용해보고 싶을 수 있다. 이 검정은 보통 분할표의 각 셀의 기대도수 중 하나라도 5 미만인 것이 있을 때 사용된다. fisher.test() 함수의 사용 예를 보여주기 위해 가상의 데이터로 구성된 2×2 행렬을 만들어보자.

```
> data.counts <- matrix(c(7, 5, 2, 6), nrow = 2)
> fisher.test(data.counts)
    Fisher's Exact Test for Count Data
data:  data.counts
p-value = 0.1968
alternative hypothesis: true odds ratio is not equal to 1
95 percent confidence interval:
  0.438792 55.616983
sample estimates:
odds ratio
  3.895711
```

> **Note** 물론 2×2보다 큰 크기의 행렬에도 fisher.test() 함수를 사용할 수 있으며, 행렬이 아닌 두 형질별로 인자(factor) 수준으로 구성한 두 개의 벡터를 사용하면 형질의 각 조합에 대해 계수하는 수고를 덜 수 있다.

단위근 검정(Unit root tests)

R은 다양한 통계적 가설검정을 수행할 수 있는 많은 패키지를 갖고 있다. 예를 들어 tseries 패키지는 자기상관 모형을 이용해 시계열이 비정상(nonstationary)인지를 검정하는 단위근 검정(unit root test)을 수행할 수 있게 해 준다. **증강 디키-풀러(augmented Dickey-Fuller, ADF)** 검정이 대표적인 예이다. 이 검정의 귀무가설은 시계열이 정상성을 만족하지 않는다는 것이다. AFD 검정통계량의 값이 음수이면서 절대값이 클수록 귀무가설을 기각할 강한 증거가 되어 단위근이 존재한다고 보기 어렵게 된다.

미 보건부가 http://www.health.ny.gov/statistics/vital_statistics/에 제공하는 연간 인구 동태 통계표를 가지고, 뉴욕시에 거주하는 35세에서 39세 사이, 그리고 40세에서 44세 사이 여성을 대상으로 1997년부터 2012년까지 조사한 출산율(fertility rate)을 가지고 시계열 자료를 만들어보자. 이 통계표가 제공하는 출산율은 35세에서 39세 사이, 40세에서 44세 사이의 여성 1,000명당 출산 수에 기초한 수치이다. 이 데이터에 대한 요약 정보는 https://www.packtpub.com/books/content/support/19729/fertilityData.xlsx 에서 다운로드 받을 수 있다. 이 파일을 현재 작업 디렉토리에 저장하려면 우선 다음 코드를 실행하라.

```
> setwd("/directory_where_file_was_downloaded/")
```

 getwd() 함수를 사용하면 현재 작업 디렉토리의 경로를 알 수 있고 setwd() 함수는 작업 디렉토리를 바꾸는 데 사용한다.

다음은 gdata 패키지의 read.xls() 함수를 이용해 데이터를 당신의 작업 디렉토리로 가져와야 한다.

```
> library("gdata")
> fertility_rates.df <- read.xls("fertilityData.xlsx")
# Change the colnames for the two time series accordingly.
> colnames(fertility_rates.df)[2:3] <- c("Age 35-39", "Age 40-44")
```

head() 함수를 사용해 이 데이터프레임을 한번 훑어보자.

```
> head(fertility_rates.df)
  year Age 35-39   Age 40-44
1 1997      46.4        12.4
2 1998      48.1        12.8
3 1999      49.7        12.3
4 2000      49.8        13.5
5 2001      49.2        13.2
6 2002      49.4        13.5
```

다음으로 각 나이 그룹별 출산율로 이루어진 시계열 객체를 ts() 함수를 사용해 만들어야 한다. 기본적으로 ts() 함수는 관측치의 처음과 마지막 시점, 관측 빈도수를 start, end, frequency 인수를 통해 지정할 수 있게 해준다. 관측 빈도는 단위 시간 당 관측치의 수를 의미하므로, 1이면 연간 데이터임을, 4이면 분기별 데이터임을, 12이면 월별 데이터임을 나타낸다. 우리의 데이터프레임으로부터 시계열을 생성하려면 year 열을 삭제하고 frequency=1로 두어 빈도수를 연간으로 지정해야 한다.

```
> fertilityRates.ts <- ts(fertility_rates.df[, 2:3], start = c(1997, 1), end = c(2012,
1), frequency = 1)
```

이 시계열 객체를 살펴보기 위해 다음과 같이 화면에 출력해보자.

```
> fertilityRates.ts
Time Series:
Start = 1997
End = 2012
Frequency = 1
     Age 35-39  Age 40-44
1997     46.4      12.4
1998     48.1      12.8
1999     49.7      12.3
2000     49.8      13.5
2001     49.2      13.2
2002     49.4      13.5
2003     51.6      14.8
2004     52.5      14.2
2005     52.0      14.3
2006     53.5      14.5
2007     53.6      15.0
2008     54.5      15.0
2009     58.2      17.1
2010     63.6      18.2
2011     65.2      18.0
2012     66.9      19.1
```

시계열 도표를 그리려면 plot() 함수를 사용하면 되는데, 이렇게 하면 plot.ts() 함수를 호출해 다음과 같은 시계열 객체의 그래프를 생성하게 된다.

```
> plot(fertilityRates.ts, main = "Fertility Rates for Females in NYC from 1997 to 2012",
xlab = "Year")
```

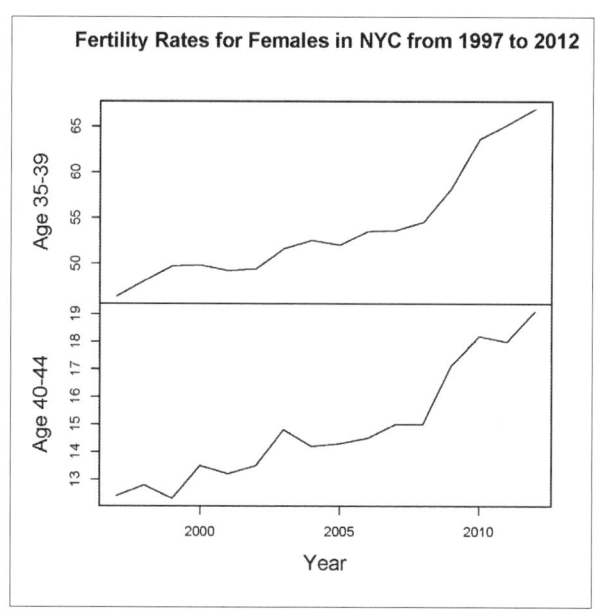

이제 ADF 검정을 실시해 이 시계열들이 정상인지 각 연령 그룹별로 tseries 패키지의 adf.test() 함수를 적용해보자. 이 함수는 단변량 시계열 자료에만 적용할 수 있으므로 각 그룹별로 따로 적용할 것이다. 다음 함수를 보라.

```
> library("tseries")
```

우선 35세에서 39세 여성 시계열 자료에 대해 다음 코드를 사용한다.

```
> adf.test(fertilityRates.ts[, 1])
    Augmented Dickey-Fuller Test

data: fertilityRates.ts[, 1]
Dickey-Fuller = 0.3567, Lag order = 2, p-value = 0.99
alternative hypothesis: stationary

Warning message:
In adf.test(fertilityRates.ts[, 1]): p-value greater than printed
p-value
```

40세에서 44세 여성 자료에 대한 코드는 다음과 같다.

```
> adf.test(fertilityRates.ts[, 2])
    Augmented Dickey-Fuller Test
data: fertilityRates.ts[, 2]
Dickey-Fuller = -0.3712, Lag order = 2, p-value = 0.9805
alternative hypothesis: stationary
```

두 경우 모두 귀무가설을 기각할 수 없다. 따라서, 두 시계열 모두 비정상이라는 결론을 내린다. 실제로 그래프를 보면 두 연령 그룹 모두 출산율이 2000년대 초반에 증가하는 것을 볼 수 있다. 이제 1997년부터 2003년까지 40세에서 44세 여성의 출산율에만 관심이 있다면 어떻게 되겠는가? 이 시계열에 대해 다음과 같이 검정을 시행할 수 있다.

```
> testTS <- ts(fertility_rates.df[1:7, 2], start = c(1997, 1),
frequency = 1)
> adf.test(testTS)
    Augmented Dickey-Fuller Test
data: testTS
Dickey-Fuller = -7.4101, Lag order = 1, p-value = 0.01
alternative hypothesis: stationary
Warning message:
In adf.test(testTS): p-value smaller than printed p-value
```

이 경우 p-값이 0.05보다 훨씬 작은 값을 가지므로 귀무가설을 기각하고, 따라서 1997년부터 2003년 사이 40세에서 44세 사이 여성의 출산율 시계열은 정상성을 만족한다고 결론을 내린다.

`adf.test()` 함수를 사용해 주식의 종가가 주어진 시구간 내에서 정상인 지 궁금할 수 있다. 다음 예제로 2012-06-18부터 2014-11-28까지의 페이스북 주가가 정상성을 만족하는 지 검정하는 문제를 생각해보자. 주가 자료는 `quantmod` 패키지의 `getSymbols()` 함수를 사용해 Yahoo!로부터 다운로드할 수 있다. 아래 코드를 보라.

```
> install.packages("quantmod")
> library("quantmod")
```

나스닥 거래소에서 페이스북 사의 주식 심볼은 "FB"이다.

```
> fbstock <- getSymbols("FB", src = "yahoo", from = '2012-06-18', end = '2014-11-28',
auto.assign = FALSE)
```

head() 함수를 사용해 처음 6일 간 자료를 화면에 출력해 살펴보자.

```
> head(fbstock)
           FB.Open  FB.High  FB.Low  FB.Close  FB.Volume  FB.Adjusted
2012-06-18   29.96    32.08   29.41     31.41   42978900        31.41
2012-06-19   31.54    32.18   30.70     31.91   30849000        31.91
2012-06-20   31.92    31.93   31.15     31.60   15553600        31.60
2012-06-21   31.67    32.50   31.51     31.84   21875300        31.84
2012-06-22   32.41    33.45   32.06     33.05   74834000        33.05
2012-06-25   32.86    33.02   31.55     32.06   24352900        32.06
```

quantmod 패키지의 chartSeries() 함수를 사용하면 fbstock 데이터를 그림으로 나타낼 수 있다. 종가와 거래량만을 보여주면 되므로 네 번째와 다섯 번째 열만 그림으로 나타내기로 한다.

```
> chartSeries(fbstock[, 4:5], theme = "white", up.col = "black")
```

그림은 다음과 같이 나타난다.

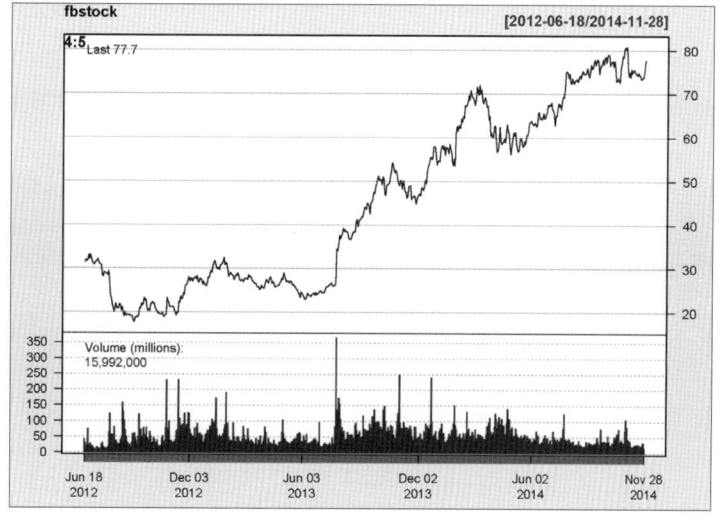

아니면 as.ts() 함수를 사용해 확장된 시계열(xts) 객체인 fbstock 데이터를 표준 시계열(ts)로 변환한 후, plot.ts() 함수를 이용해 시계열 도표를 작성하는 방법도 있다.

```
> plot.ts(as.ts(fbstock[, 4:5]), main = "FACEBOOK Stock Information from 2012-06-18 to
 2014-11-28")
```

위 코드의 실행 결과로 생성된 그림은 다음과 같다.

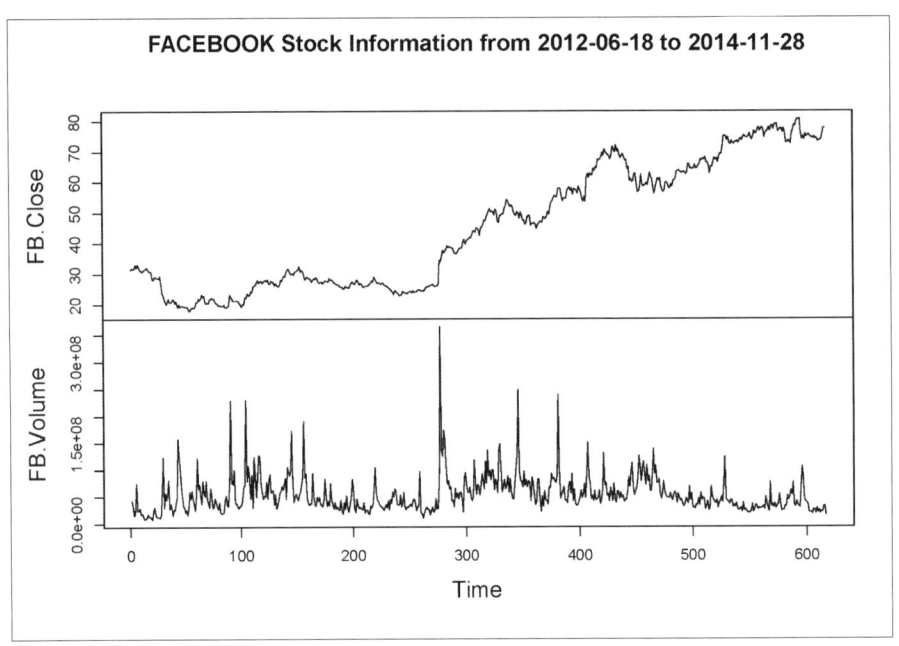

이제, tseries 패키지의 adf.test() 함수를 이용해 ADF 검정을 시행해 보자.

```
> require(tseries)
> adf.test(fbstock[, 4])
        Augmented Dickey-Fuller Test
data:  fbstock[, 4]
Dickey-Fuller = -3.4002, Lag order = 9, p-value = 0.05341
alternative hypothesis: stationary
```

p-값에 의해 귀무가설을 기각할 수 없으며, 따라서 이 시계열은 정상시계열이 아니고 단위근이 존재한다고 결론을 내리게 된다. ADF 검정 결과는 **퀴아트코우스키-필립스-슈미트-신(Kwiatkowski-Phillips-Schmidt-Shin, KPSS) 검정**을 통해 다시 한번 확인할 수 있다. KPSS 검정은 이 시계열이 정상시계열인 지 검정하는 데 사용되나 다만, 이 데이터의 경우 귀무가설은 '관측된 시계열이 결정적 추세(deterministic trend) 주변에서 정상성을 만족한다'가 된다. `fbstock` 데이터에 대해 KPSS 검정을 수행하려면 `tseries` 패키지의 `kpss.test()` 함수를 사용하면 된다.

종가에 대해 분석해야 하므로 네 번째 열에 대해 KPSS 검정을 시행한다.

```
> kpss.test(fbstock[, 4])
KPSS Test for Level Stationarity
data:  fbstock[, 4]
KPSS Level = 12.0851, Truncation lag parameter = 6, p-value = 0.01
Warning message:
In kpss.test(fbstock[, 4]): p-value smaller than printed p-value
```

위에서 보듯이 p-값은 0.05보다 작으므로 귀무가설을 기각할 수 있으며, 2012-06-18부터 2014-11-28 사이의 페이스북 종가 시계열은 비정상시계열이라고 결론을 내리게 된다.

> **Note** 시계열 분석을 위한 패키지들에 대해 관심이 있다면 CRAN R 프로젝트의 시계열 웹사이트 http://cran.r-project.org/web/views/TimeSeries.html을 참조하기 바란다.

∷ 요약

이 장에서는 자료의 분포와 확률분포로부터 유용한 통계적 정보를 얻는 방법을 배웠다. 데이터를 요약해 평균, 중앙값, 분산 등 유용한 통계 정보를 얻는 방법을 알게 되었다. 또한 자료를 도표화하고 이론적인 확률분포로부터 유용한 통계를 얻을 수 있게 되었고, 표본 자료를 이론적인 확률분포에 적합시키고, 모수적 방법과 비모수적 가설 검정을 수행할 수 있게 되었으며, 시계열 자료를 도표화하고 정상시계열 여부를 통계적으로 검정하는 방법을 익혔다.

이제 여러분의 데이터에 통계 방법론을 적용하는 방법에 대한 기초를 갖추었으므로, 다음 장에서는 선형 모형을 이용해 변수들 간의 관계를 규명하는 방법을 배우게 될 것이다.

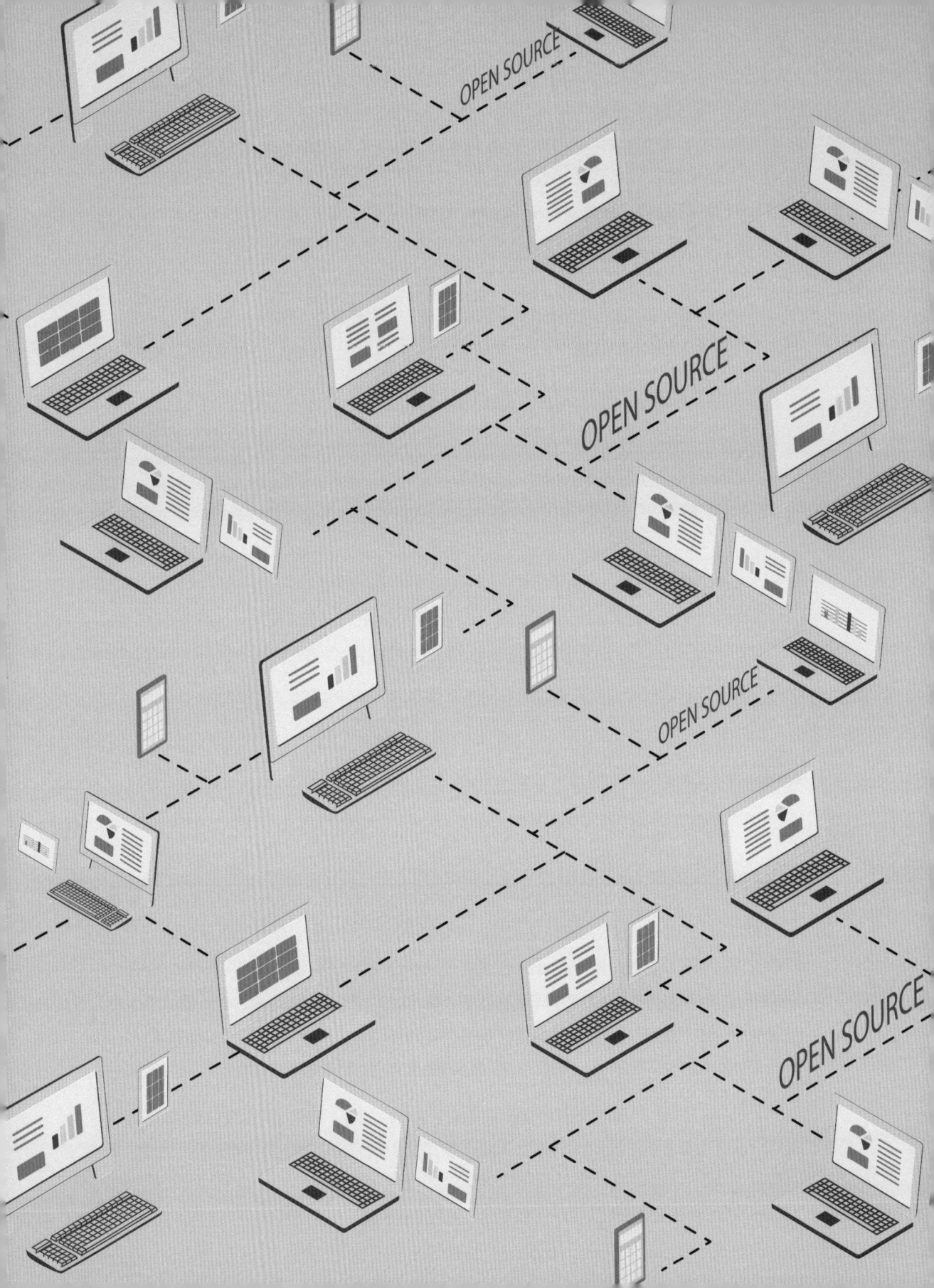

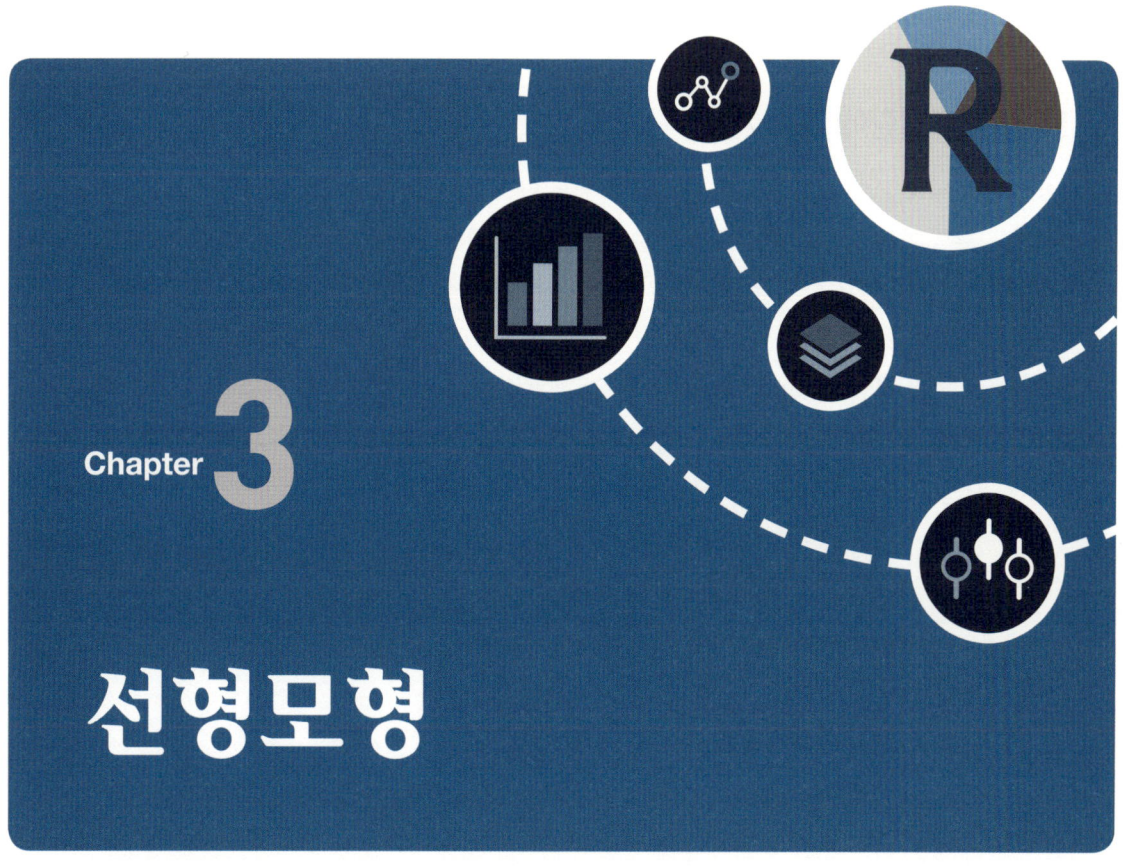

Chapter 3

선형모형

이 장에서는 변수 간 관계에 대해 연구할 때 가장 흔히 사용되는 방법론인 선형모형(linear model)을 다룬다. 일반화선형모형(generalized linear model) 절에서는 보통의 R 관련 서적에서 자세히 다루지 않는 연결함수(link function)와 정준연결함수(canonical link function)의 성질에 대한 논의 등을 포함해 좀 더 깊이있는 내용을 다루게 될 것이다.

- 선형회귀(Linear regression)
- 분산분석 모형
- 연결함수, 정준연결함수
- 주성분분석(Principal component analysis)
- 판별분석(Discriminant analysis)
- 선형모형의 적합
- 일반화선형모형
- 일반화가법모형(Generalized additive models)
- 군집분석(Clustering)

:: 통계 모델링에 대한 개괄

우리는 데이터값과 실험 조건들 사이의 관계를 탐색할 때 보통 통계적 모델링에 의존하게 된다. R의 가장 중요한 목표 중의 하나는 당신의 데이터가 여러 가지 모형에 얼마나 잘 적합되는 지를 평가하고, 내장 함수와 인수들을 사용해 수월하게 최적화할 수 있도록 하는 것이다. 데이터를 가장 잘 표현하는 모형을 골라내는 것이 중요하기는 하지만, 모형을 선택할 때 간명의 원칙(principle of parsimony)도 중요함을 잊지 말아야 한다. 기본적으로 모형의 적합도를 현저히 향상시킬 수 있을 때에만 설명변수(explanatory variable)를 모형에 포함시켜야 한다. 따라서 이상적인 모형이라면 다음 목록에 있는 기준들을 시도하고 충족시켜야 할 것이다.

- n 개의 모수보다는 n−1 개의 모수를 포함하도록
- k 개의 설명변수보다는 k−1 개의 설명변수를 포함하도록
- 곡선보다는 선형이 되도록
- 요인 간의 교호작용(interaction)은 포함하지 않도록

다시 말하면 유의하지 않은 교호작용 항들과 설명변수들을 제거하거나, 실질적으로 서로 다르지 않은 인자 수준 혹은 모형에 새로운 정보를 더해주지 못하는 인자 수준을 통합하는 등의 방식으로 모형을 단순화할 수 있다는 말이다. 이 장에서 선형모형에 데이터를 적합하는 단계를 거쳐, 다음 장에서는 비선형 방법을 통해 자료를 탐색하는 방법을 배우게 된다.

모형식

시작하기 전에 R에서 통계 모델링을 위해 사용하는 모형식(model formula)과 관례들에 대해 알아보자. 모형식은 모형을 정의하는 함수의 인수가 된다. 통계 모델링에 대한 자세한 개요는 마이클 J. 크롤리의 『Statistics: An Introduction using R』의 7장을 참고하기 바란다. 간단히 말해, R에서 통계 모형의 기본 구조는 다음과 같이 지정한다.

response_variable ~ explanatory_variable

틸드(~(tilde)) 기호는 반응변수(response variable)가 설명변수(explanatory variable)의 함수로 모델링됨을 나타낸다. 모형식의 우변에는 다음과 같은 요소들이 표시된다.

- 연속형 혹은 범주형 설명변수의 개수와 그 변수들의 속성들
- 설명변수 간의 교호작용
- 비선형 항들(필요한 경우에)
- 오차항의 오프셋값(특별한 경우에 한해)

반응변수와 설명변수 모두 변환된 식, 특히 멱변환(power) 혹은 다항식 등으로도 입력할 수 있다는 것을 기억하는 것은 중요하다. 또한 수학 기호들의 의미가 모형식에 있는 산술식과 다르다. 아래 표에서 R에서 통계 모델링을 위해 사용되는 기호들을 살펴보자.

기호	설명
+	해당 설명변수를 모형식에 추가하기
-	해당 설명변수를 모형식에서 제외하기
*	해당 설명변수들과 교호작용을 모형에 포함시키기
/	해당 설명변수 네스팅하기
|	조건을 나타냄(예) y~x|z는 y가 z값이 주어졌을 때 x의 함수임을 의미
:	교호작용을 나타냄(예) A:B는 A와 B의 이차(two-way) 교호작용을 가리킴
I	모형식에 포함된 기호를 산술연산자로 해석하도록 강제함

다음은 위의 기호들이 통계 모델링에 어떤 식으로 사용되는지 이해를 돕는 예제들이다.

예를 들어, *y~1/x*는 절편항 내에 x를 네스트시켜 적합시키는 것이다. 반면에 *y~I(1/x)* 는 *1/x*를 설명변수로 적합시키라는 뜻이다.

범주형 변수 *A*와 *B*가 있을 때, *y~A/B*는 *A* 안에서 *A+B*를 적합하라는 의미이다. 이 모형식은 다음의 식들과 같이 작성할 수도 있다.

y ~ A + A:B
y ~ A + B%in%A

모형에 포함시킬 교호작용의 수준을 ^ 연산자를 사용해 지정할 수도 있다. 예를 들어 *(A+B+C)^3*이라고 쓰면 주효과(main effect)와 삼차까지의 모든 교호작용을 포함해 모형을 적합시키라는 의미가 된다. 즉, *(A+B+C)^3* 대신 *A*B*C* 또는 *A+B+C+A:B+A:C+B:C+A:B:C*와 같이 작성해도 된다는 것이다. 만일 삼차교호작용(three-way interaction)을 제외하기 원한다면, *(A+B+C)^2*과 같이 작성하면 주효과와 이차교호작용까지만 고려한 모형을 적합시키게 된다. 따라서 *(A+B+C)^2*은 *A*B*C-A:B:C*와 같은 의미이다. 다음 표는 모형식을 R에서 해석하는 법에 대한 예들을 보여준다.

A 내에서 A+B를 적합
y ~ A/B
y ~ A + A:B
y ~ A + B% in %A
모든 주효과와 모든 교호작용을 포함해 적합
(A+B+C)^3
A*B*C
A+B+C+A:B+A:C+B:C+A:B:C
모든 주효과와 이차교호작용까지만 모형에 포함(삼차교호작용은 제외)
(A+B+C)^2
A*B*C-A:B:C

설명변수 간의 교호작용

모형식을 작성할 때 기억해야 할 또다른 사항은 범주형 변수는 연속형 변수와 다른 방식으로 적합된다는 점이다. 예를 들어, $y{\sim}A*B$는 A와 B의 주효과의 평균값과 $A{:}B$ 교호작용의 평균값, 따라서 $A+B+A{:}B$를 모형에 포함시키라는 의미이다. 이때 A와 B의 인자수준 수를 각각 a, b라 하면 $A{:}B$에 해당하는 교호작용 항의 개수는 $(a-1)(b-1)$이 된다. 즉, 요인 A의 수준의 개수가 2이고 요인 B의 수준 수는 4라면 $(2-1)(4-1)=3$개의 $A{:}B$ 교호작용 모수를 추정하게 된다. 반면에 x와 z가 연속형 변수이면 $y{\sim}x*z$는 $x+z+x{:}z$를 적합시키라는 의미인데, 이 경우에는 두 벡터 x와 z의 성분별 곱을 직접 $xz.prod <- x*z$와 같이 새로운 변수로 만들어 적합시킨 것과 동일한 결과를 준다. 즉, $y{\sim}x+z+x{:}z$는 $y{\sim}x+z+xz.prod$와 동일한 코드이다.

$y{\sim}A*x$와 같이 범주형 변수(A: n 수준)와 연속형 변수(x) 간의 교호작용이 있으면, R은 자료를 이용해 n개의 회귀식과 모수들, 즉 n개의 기울기와 n개의 절편을 추정하게 된다.

오차항

모형에 네스팅이 있거나 의사 반복(pseudo replication)을 고려하는 경우 모형식에 Error 함수를 모함시킬 수 있다. 예를 들어, 범주형 변수 A, B, C로 된 3요인실험계획(three factorial experiment) 모형에 오차항을 포함시키되 요인별로 다른 그림 크기, 오차분산을 고려하려면 모형식을 $y{\sim}A*B*C+Error(A/B/C)$와 같이 작성한다.

절편은 모수 1로 처리

귀무모형(null model)은 오로지 하나의 모수, 즉 상수항만으로 구성되며 y의 값은 여타 설명변수들과 무관함을 의미한다. 데이터에 귀무모형을 적합시키는 모형식은 $y{\sim}1$과 같이 작성하며, 모형적합 결과는 전체 y값의 평균값이 된다. 그러나 범주형 변수들로부터 모수 1을 제거하면 이와는 다른 일이 일어난다. 예를 들어, 3개의 수준을 갖는 범주형 변수 genotype이 있을 때, 모형식 $y{\sim}genotype-1$은 전체 y의 평균 말고 각 genotype 수준별로 계산한 y값의 평균을 요약표에 제공한다.

선형모형에서 $y{\sim}x-1$은 직선이 원점을 지나감을 나타낸다. 즉, 모수 1을 제거함으로써 회귀직선이 원점을 지나도록 강제하는 것이다.

■ 모형 업데이트

R에서 모형을 수정하는 것은 update() 함수를 이용하면 매우 수월하다. 마침표(.)를 ~의 우변에 사용하면 수정 대상인 원래 모형과 같은 모형을 사용한다는 뜻이 된다. 따라서 *model <- lm(y ~ A*B*C)*와 같이 정의된 원래 모형에서 A:B 항을 제거하고 싶다면 다음 코드와 같이 하면 된다.

```
> model2 <- update(model, ~ . - A:B)
# no need to repeat the response variable y
```

Note R에서의 모형식 클래스에 대한 자세한 정보는 > ?formula를 입력한 후 도움말 페이지를 참조하기 바란다.

선형회귀

회귀분석(regression analysis)은 연속형 변수들 사이의 연관성을 추정하는 데 사용되는 통계적 방법이다. 선형회귀(linear regression)는 가장 간단하고 자주 쓰이는 회귀분석 유형이다. 선형회귀의 목적은 반응변수 y를 하나 혹은 여러 개의 설명변수들(x1, x2, x3, ...)의 선형결합(linear combination)을 통해 설명하는 것이다. 즉, 설명변수들에 일종의 가중치를 부여한 후 종합하는 방식이다. 예를 들어, 가장 간단한 선형모형인 $y=a+bx$를 가정하자. 이때 모수 a와 b는 각각 절편과 기울기를 의미한다. R에서 이 관계를 나타내는 모형식은 y~x이다. 모수들이 모형식에 나타나지 않음에 유의하자. 따라서 만일 모형이 $y=a+bx+cz$였다면 모형식은 y~$x+z$가 된다.

직선을 그림으로 나타내기

선형회귀분석에 대한 구체적인 예로 들어가기 전에 기울기, 즉 y의 증가분을 x의 증가분으로 나눈 것을 그림으로 나타내는 방법에 대해 알아보는 것이 유용할 것이라 생각한다. 평면좌표계에 있는 (3, 7)과 (4, 4)에 의해 정의되는 직선을 그림으로 나타내보자. 그림에 나타낼 x값은 3과 4이고 y값은 7과 4이다. 다음 코드를 보라.

```
> plot(c(3,4), c(7,4), ylab="y", xlab = "x", main = "Slope from coordinates(3, 7) and(4,4)",
  ylim = c(0,10), xlim = c(0, 10))
```

> **Note** plot() 함수에 들어갈 인수는 평면좌표값이 아닌 각 축에 대한 벡터가 된다.

y값의 증가분과 x값의 증가분을 나타내기 위해 lines() 함수를 다음과 같이 사용한다.

```
> lines(c(3,3), c(7,4))
> lines(c(3,4), c(4,4))
```

여기에 text() 함수를 이용해 "delta y"와 "delta x"라는 텍스트를 얹을 수 있는데, 이 함수의 처음 두 인수로 텍스트가 놓일 위치를 지정하게 된다. 즉, "delta y"를 $x=2, y=5.5$의 위치에 놓고 "delta x"를 $x=3.5, y=3.5$의 위치에 놓는 코드는 다음과 같다.

```
> text(2, 5.5, "delta y")
> text(3.5, 3.5, "delta x")

#To plot a red line of width = 3 between the two coordinates
> lines(c(3,4), c(7,4), col = "red", lwd=3)
```

기울기 b의 값을 계산하려면 y의 증가분을 해당 x값의 증가분으로 나누면 되는데, 이 예에서는 (4-7)/(4-3)이 된다.

```
>(4-7)/(4-3)
[1] -3
```

그리고 $y = a + bx$를 a에 대해 풀면 절편값도 알 수 있다. 좌표평면값(4, 4)로부터 $x = 4$, $y = 4$인 것과 기울기가 -3임을 이용하면 $a = y - bx$의 식을 가지고 a 값을 계산할 수 있다. 다음 코드를 보라.

```
> 4 -(-3)*(4)
[1] 16
```

이제 abline() 함수를 사용해 직선을 그림으로 나타내 보자. 이 함수의 첫 번째 인수는 절편 값을, 두 번째 인수는 기울기값을 지정한다.

```
> abline(16, -3)
```

이제까지 작업한 결과로 작성된 그림은 다음과 같다.

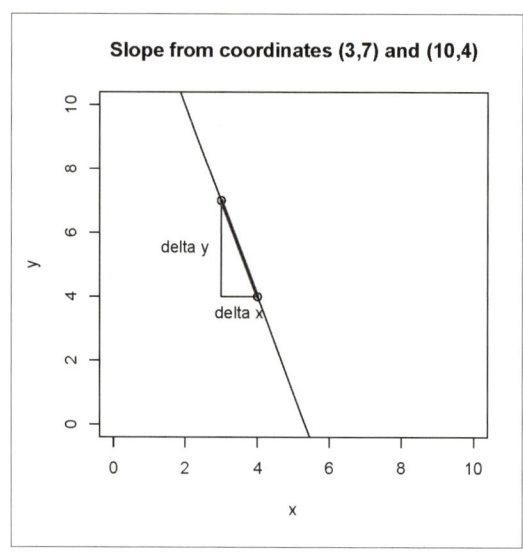

이제 R에서 선형회귀분석을 실행하는 예제를 살펴보자. GAPDH 발현을 계량화한 표준적인 곡선을 생성하기 위해 실시한 실시간 폴리메라아제 연쇄반응 실험에서 만들어진 데이터를 사용하게 될 것이다. 이 예에서는 RNA의 양과 사이클값의 역치(Ct) 간에 선형 관계가 있을 것으로 기대한다. Ct 값은 세 개의 값으로 측정되며 *A1*, *A2*, *A3* 열에 저장된다. 이 데이터에 회귀분석을 실시해 표준 곡선의 기울기와 절편값에 대한 최대우도추정치(maximum likelihood estimates)[2]를 구한다.

우선 데이터를 데이터프레임으로 만들어 로드하고, 선형회귀분석에 사용할 연속형 변수가 될 *RNA_ng*, *A1*, *A2*, *A3* 열이 수치벡터로 잘 저장되었는지 그 구조를 살펴보자. 다음 코드를 보라.

```
> gapdh.qPCR <- read.table(header = TRUE, text = '
   GAPDH RNA_ng A1 A2 A3
```

---

[2] 역자 주: 선형회귀모형의 오차항에 정규분포를 가정하고 얻은 우도함수(likelihood function)를 최대로 하는 값을 의미

```
      std_curve 50 16.5 16.7 16.7
      std_curve 10 19.3 19.2 19
      std_curve 2 21.7 21.5 21.2
      std_curve 0.4 24.5 24.1 23.5
      std_curve 0.08 26.7 27 26.5
      std_curve 0.016 36.5 36.4 37.2
      ')
> str(gapdh.qPCR)
'data.frame':  6 obs. of  5 variables:
 $ GAPDH: Factor w/ 1 level "std_curve": 1 1 1 1 1 1
 $ RNA_ng: num  50 10 2 0.4 0.08 0.016
 $ A1   : num  16.5 19.3 21.7 24.5 26.7 36.5
 $ A2   : num  16.7 19.2 21.5 24.1 27 36.4
 $ A3   : num  16.7 19 21.2 23.5 26.5 37.2
```

*A1, A2, A3*은 설명변수 Ct_Value의 서로 다른 수준으로 생각할 수 있으므로, reshape2 패키지의 melt() 함수를 사용해 gapdh.qPCR 데이터를 와이드(wide) 포맷에서 롱(long) 포맷으로 변환하자. 이를 위해 작성된 코드는 다음과 같다.

```
> library("reshape2")
> gapdh.qPCR <- melt(gapdh.qPCR, id.vars = c("GAPDH", "RNA_ng"), value.name = "Ct_Value")
> str(gapdh.qPCR)
'data.frame':  18 obs. of  4 variables:
 $ GAPDH   : Factor w/ 1 level "std_curve": 1 1 1 1 1 1 1 1 1 ...
 $ RNA_ng  : num  50 10 2 0.4 0.08 0.016 50 10 2 0.4 ...
 $ variable: Factor w/ 3 levels "A1","A2","A3": 1 1 1 1 1 1 2 2 2 2 ...
 $ Ct_Value: num  16.5 19.3 21.7 24.5 26.7 36.5 16.7 19.2 21.5 24.1 ...
```

attach() 함수를 사용하면 gapdh.qPCR에 포함된 벡터들을 불러올 때 긴 이름(예: gapdh.qPCR$RNA_ng)을 사용하거나 data 인수(data = gapdh.qPCR)를 쓰는 대신 열 이름(예: RNA_ng)만 사용해도 되기 때문에 작업을 간단하게 만들 수 있다. 아래 코드들을 살펴보라.

```
> attach(gapdh.qPCR)
> names(gapdh.qPCR)
[1] "GAPDH"    "RNA_ng"   "variable" "Ct_Value"
```

이제 Ct_Values를 RNA_ng의 함수로 보는 산점도를 그려 Ct 값과 RNA의 양 사이의 관계를 쉽게 시각적으로 파악할 수 있다.

```
> #plots two graphs side by side
> par(mfrow = c(1,2))
> plot(RNA_ng, Ct_Value)
```

데이터의 원래 값으로 산점도를 그리게 되면 곡선 모형을 따르는 것처럼 보이는데, 간명의 원칙을 지키고자 한다면 피해야 하는 상황이다. 따라서 다음과 같이 설명변수 RNA_ng에 대해 로그 변환을 시도해보자.

```
> plot(log(RNA_ng), Ct_Value)
```

결과는 아래 그림과 같다.

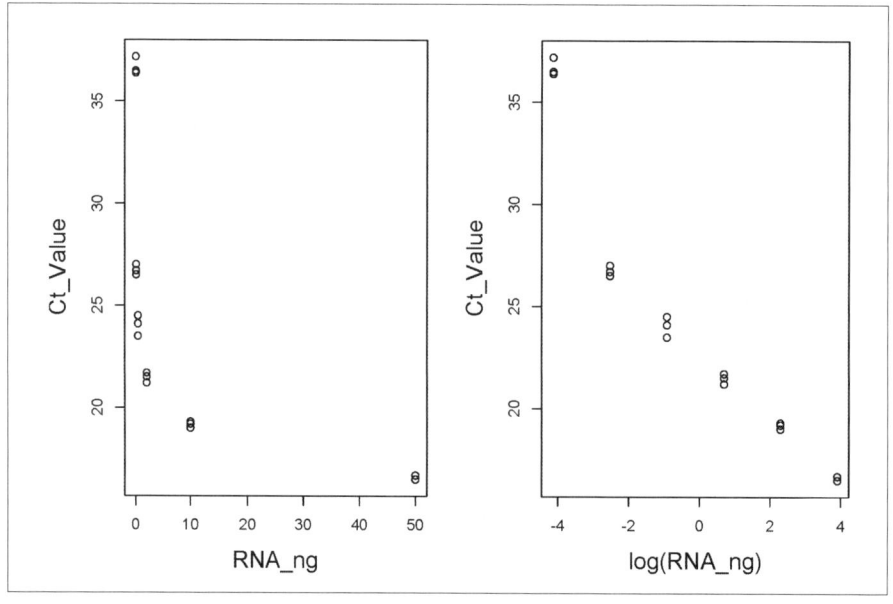

이제 lm() 함수를 사용해 선형모형을 적합시킬 준비가 되었다.

```
> lm(Ct_Value ~ log(RNA_ng))

Call:
lm(formula = Ct_Value ~ log(RNA_ng))

Coefficients:
(Intercept)  log(RNA_ng)
      23.87        -2.23
```

R은 절편값 a와 기울기값 b를 계수(coefficients)로 리포트한다. 이 모형에서는 a의 최대우도추정치는 23.87, b의 추정치는 −2.23이다.

잔차표준오차(residual standard error), 수정 R제곱값(adjusted R-square) 등과 같이 모형에 대한 더 많은 정보를 얻고 싶으면, 이 모형을 객체로 저장한 후 summary() 함수를 적용하면 된다. 다음 코드 및 실행 결과를 보라.

```
> model <- lm(Ct_Value ~ log(RNA_ng))
> summary(model)

Call:
lm(formula = Ct_Value ~ log(RNA_ng))

Residuals:
    Min      1Q  Median      3Q     Max
-3.0051 -1.7165 -0.1837  1.4992  4.1063

Coefficients:
            Estimate Std. Error t value Pr(>|t|)
(Intercept)  23.8735     0.5382   44.36  < 2e-16 ***
log(RNA_ng)  -2.2297     0.1956  -11.40 4.33e-09 ***
---
Signif. codes:  0 '***' 0.001 '**' 0.01 '*' 0.05 '.' 0.1 ' ' 1

Residual standard error: 2.282 on 16 degrees of freedom
Multiple R-squared:  0.8903,    Adjusted R-squared:  0.8835
F-statistic: 129.9 on 1 and 16 DF,  p-value: 4.328e-09
```

또한 summary.aov() 함수를 사용하면 분석 결과에 대한 **분산분석표(Anova table)**를 볼 수 있다.

```
> summary.aov(model)
            Df Sum Sq Mean Sq F value   Pr(>F)
log(RNA_ng)  1  676.1   676.1   129.9 4.33e-09 ***
Residuals   16   83.3     5.2
---
Signif. codes:  0 '***' 0.001 '**' 0.01 '*' 0.05 '.' 0.1 ' ' 1
```

데이터가 선형모형을 위한 여러 가지 가정, 즉 등분산성, 오차항의 정규성 등에 부합하는지 확인할 수 있는 그림을 그리려면 다음과 같이 하면 된다.

```
> par(mfrow = c(2,2))
> plot(model)
```

실행 결과 생성되는 그림은 다음과 같다.

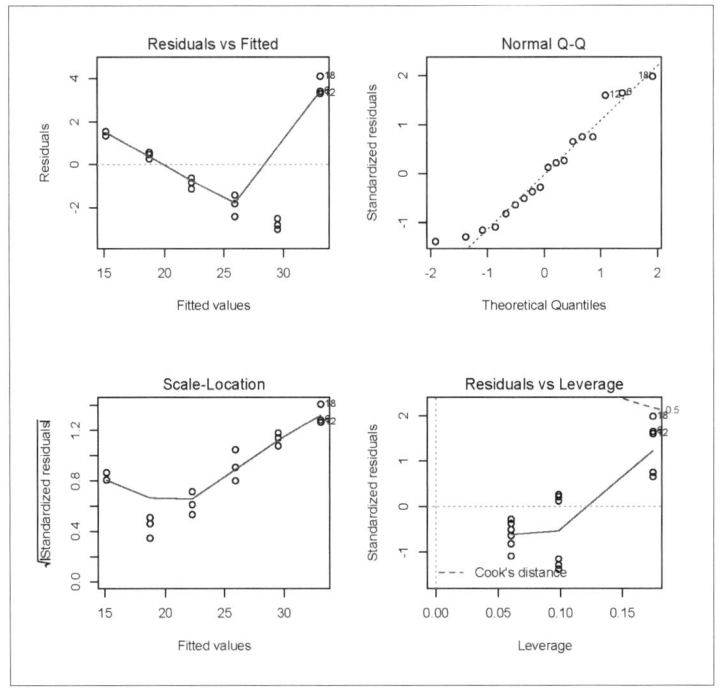

앞에 있는 네 개의 그림은 적합된 모형을 보다 자세히 진단할 수 있게 해준다. 처음 그림은 잔차(residuals)와 예측값(fitted values) 사이의 산점도이다. 적합된 모형이 유효하다면 잔차들은 평균이 0이고 등분산성을 만족해야 하며, 따라서 0을 중심으로 랜덤하게 골고루 흩어져 있어야 한다. 이 예에서는 잔차가 랜덤하게 흩어져 있는 것처럼 보인다. 잔차가 예측값에 대해 증가하거나 감소하는 추세를 보이는 상황을 피하고 싶을 것인데, 왜냐하면 이러한 패턴은 오차항이 등분산성을 만족하지 않을 수 있음을 보여주는 것이기 때문이다. 두 번째 그림은 qqnorm 그림인데 오차항의 정규성을 확인해준다. 오차항의 분포가 대칭성을 만족하려면 점들이 직선을 따라 도열되어 있어야 한다. 세 번째 그림은 첫 번째 그림의 세로축을 표준화잔차 크기의 제곱근으로 대체해 다시 그린 그림이다. 역시 특정한 추세가 보이지 않아야 한다. 예를 들어, 잔차들이 적합된 값에 대해 증가하는 부분에 뿌려져 있는 점들이 이루는 삼각형 내에 모든 점들이 들어가 있다면 문제가 있는 것이다. 마지막으로 네 번째 그림은 잔차 대 레버리지 값 사이의 산점도 위에 쿡 거리(Cook's distance)를 표시한 것이다. 쿡 거리는 모수 적합 결과에 큰 영향을 끼친 자료 점들을 알려준다. 이 예제의 경우에서 가장 큰 영향을 준 자료점은 18번이다. 이 자료점의 인덱스인 18을 이용하면 다음과 같이 간단히 자료값을 확인할 수 있다.

```
> RNA_ng[18]
[1] 0.016
> Ct_Value[18]
[1] 37.2
```

만일 이 점을 제거했을 때 수정 R제곱값에 미치는 효과를 확인하고 싶다면 아래 코드와 같이 모형 업데이트 후 요약 정보를 확인하면 된다.

```
> model2 <- update(model, subset = (Ct_Value !=37.2))
> summary(model2)

Call:
lm(formula = Ct_Value ~ log(RNA_ng), subset = (Ct_Value != 37.2))

Residuals:
   Min      1Q  Median      3Q     Max
-2.373  -1.422  -0.470   1.033   4.275
```

```
Coefficients:
            Estimate Std. Error t value Pr(>|t|)
(Intercept)  23.6135     0.4970   47.51  < 2e-16 ***
log(RNA_ng)  -2.0825     0.1878  -11.09 1.26e-08 ***
---
Signif. codes:  0 '***' 0.001 '**' 0.01 '*' 0.05 '.' 0.1 ' ' 1

Residual standard error: 2.047 on 15 degrees of freedom
Multiple R-squared:  0.8913,    Adjusted R-squared:  0.8841
F-statistic:   123 on 1 and 15 DF,  p-value: 1.259e-08
```

위 결과에서 볼 수 있듯이 자료점(0.016, 37.2)을 제거하고 나면 수정 R제곱 값이 0.8835에서 0.8841로 약간 증가하는 데 그쳤다. 또한 이러한 변화가 기울기 추정치에 미친 효과는 아래 코드의 결과에서 확인할 수 있다.

```
> model2

Call:
lm(formula = Ct_Value ~ log(RNA_ng), subset = (Ct_Value != 37.2))

Coefficients:
(Intercept)  log(RNA_ng)
     23.613       -2.083
```

위에서 보듯 기울기는 −2.23에서 −2.083으로 변했다. 따라서 이 경우에는 그냥 18번 자료점이 영향점이라고 의미를 부여하는 정도만 하고 넘어가거나 데이터를 더 모아보기로 의사 결정을 할 수 있다. 그러나 만일 자료점을 제거하는 것이 모형의 적합도를 현저히 향상시키는 경우에는 그 자료점을 제거해 적합시킨 모형을 사용해야 할 것이다.

분산분석

분산분석(analysis of variance, Anova)은 모든 설명변수가 범주형 변수일 때 선형모형을 적합시키는 방법이다. 이때 범주형 설명변수는 요인(factor)이라고 부르며 각 요인은 2개 이상의 수준(level)[3]을 갖는다. 설명변수로 세 개 이상의 수준을 갖는 요인을 선형모형에 포함하는 경우 일원배치(one-way) 분산분석 모형을 사용한다. 만약 그 요인의 수준 수가 두 개인 경우에는 스튜던트 t-검정을 사용하면 된다. 두 개 이상의 요인을 포함시키는 경우에는 이원배치(two-way), 삼원배치(three-way) 등의 분산분석을 사용하면 된다. R에서의 분산분석은 aov() 함수를 이용하면 간단히 수행할 수 있다.

첫 번째 예제로 drugA 투여량(drugA_dose)이 피로도 수준(fatigue)에 미치는 영향을 20명의 환자에게서 보고된 결과를 통해 살펴보자.

일원배치 분산분석 결과를 보다 간결하게 살펴보려면 다음과 같이 summary() 함수를 이용한다.

```
> patient.fatigue <- read.table(header = TRUE, text = '
  patients  fatigue  drugA_dose
1       1      low         0.2
2       2      low         0.2
3       3      med         0.2
4       4      med         0.2
5       5      med         0.2
6       6      low         0.4
7       7      low         0.4
8       8      low         0.4
9       9      med         0.4
10     10      med         0.4
11     11      med         0.8
12     12     high         0.8
13     13      med         0.8
14     14      med         0.8
15     15     high         0.8
16     16     high         1.2
17     17     high         1.2
18     18     high         1.2
19     19     high         1.2
20     20      med         1.2 ')
> attach(patient.fatigue)
> aov(drugA_dose ~ fatigue)
Call:
```

---

3 역자 주: 요인의 수준이란 범주형 변수가 가질 수 있는 개별 값을 가리키는 용어이다. 예를 들어, "Male", "Female"로 기록된 성별 정보를 담은 gender라는 범주형 변수가 있다고 하자. 이때 이 요인의 수준의 개수는 두 개가 된다.

```
        aov(formula = drugA_dose ~ fatigue)

Terms:
                 fatigue Residuals
Sum of Squares  1.666444  1.283556
Deg. of Freedom        2        17

Residual standard error: 0.2747786
Estimated effects may be unbalanced
```

```
> summary(aov(drugA_dose ~ fatigue))
            Df Sum Sq Mean Sq F value   Pr(>F)
fatigue      2  1.666  0.8332   11.04 0.000847 ***
Residuals   17  1.284  0.0755
---
Signif. codes:  0 '***' 0.001 '**' 0.01 '*' 0.05 '.' 0.1 ' ' 1
```

분석 결과에서 피로도의 수준은 drugA_dose와 관계가 있는 것을 알 수 있다. 이제 이 모형을 그림으로 나타내 모형에 대한 가정들, 즉 등분산성, 오차의 정규성 등을 만족하는 지 확인해 보자. 다음 코드와 이후 결과를 보라.

```
> modelA <- aov(drugA_dose ~ fatigue)
> par(mfrow = c(2,2))
> plot(modelA)
```

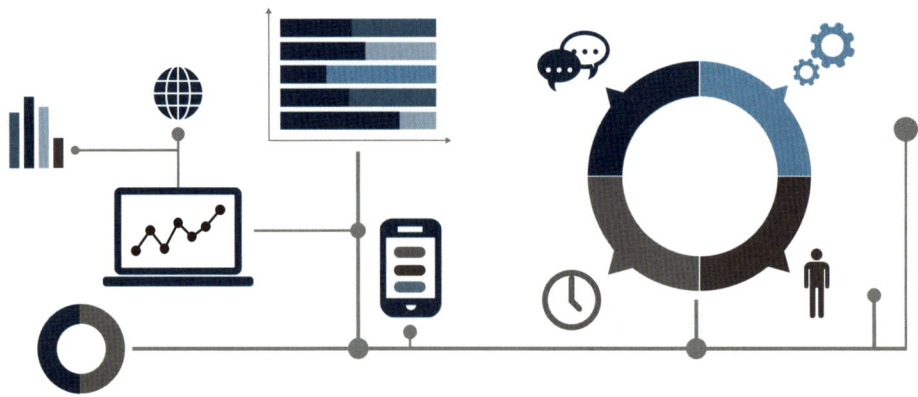

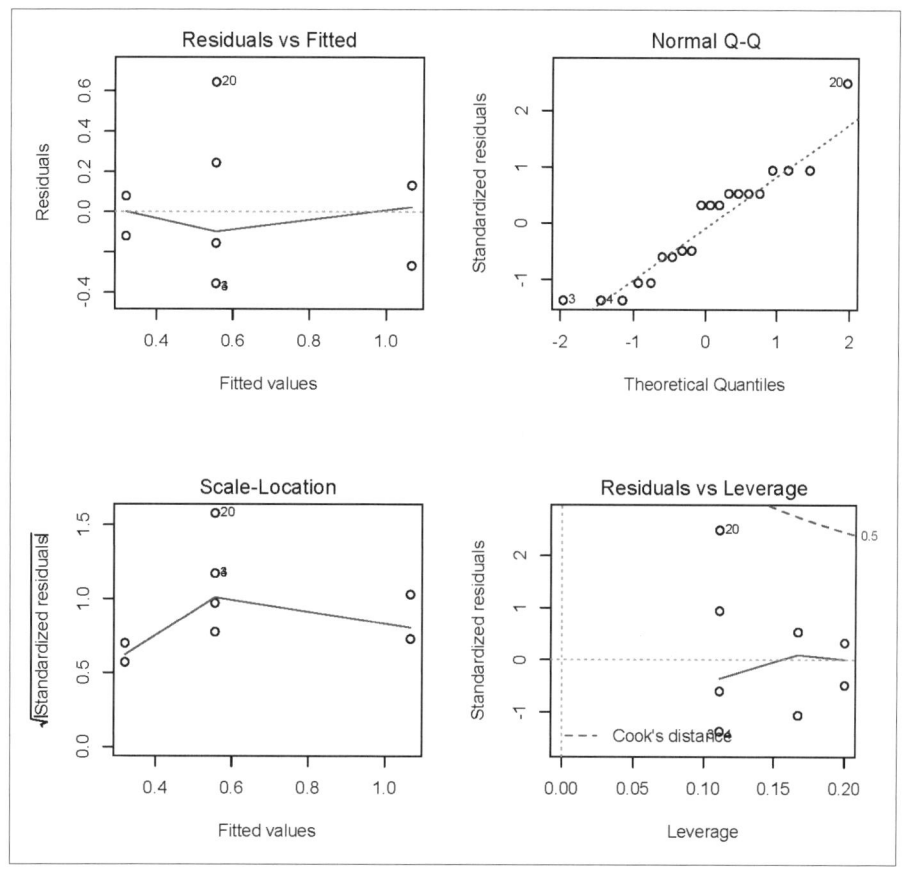

잔차-레버리지값 그림을 보면 20번 환자의 피로도 수준의 영향이 매우 큰 것을 확인할 수 있다. 이 자료점을 제거하면 어떻게 되는지 알아보자. 아래 코드와 결과를 확인하라.

```
> modelB <- update(modelA, subset = (patients != 20))
> summary(modelB)
          Df Sum Sq Mean Sq F value   Pr(>F)
fatigue    2 1.8152  0.9076   17.79 8.57e-05 ***
Residuals 16 0.8163  0.0510
---
Signif. codes:  0 '***' 0.001 '**' 0.01 '*' 0.05 '.' 0.1 ' ' 1
```

위 내용을 보면 이전 결과와 비교해 p-값은 변했지만 결과에 대한 해석은 그대로 유지된다. 또한 각 수준별 효과를 알아보려면 summary.lm() 함수를 사용하면 된다.

```
> summary.lm(modelB)

Call:
aov(formula = drugA_dose ~ fatigue, subset =(patients != 20))

Residuals:
    Min      1Q  Median      3Q     Max
-0.2750 -0.1933  0.0800  0.1333  0.3250

Coefficients:
            Estimate Std. Error t value Pr(>|t|)
(Intercept)  1.06667    0.09221  11.567 3.50e-09 ***
fatiguelow  -0.74667    0.13678  -5.459 5.25e-05 ***
fatiguemed  -0.59167    0.12199  -4.850 0.000177 ***
---
Signif. codes:  0 '***' 0.001 '**' 0.01 '*' 0.05 '.' 0.1 ' ' 1

Residual standard error: 0.2259 on 16 degrees of freedom
Multiple R-squared:  0.6898,    Adjusted R-squared:  0.651
F-statistic: 17.79 on 2 and 16 DF,  p-value: 8.575e-05
```

이 결과의 계수들의 의미를 해석하려면 우선 lm(y ~ x)가 y = a + bx(단, a는 절편, b는 기울기)로 해석되었던 것을 기억할 필요가 있다. 마찬가지로 aov(y ~ x)는 y = a + bx1 + cx2로 해석된다. 따라서 위 표에서 intercept는 a값 혹은 세 개의 피로도 수준 중 알파벳순으로 가장 앞에 있는 수준을 가리킨다. 즉, 위 요약표의 coefficients 부분의 intercept는 fatiguehigh에 해당한다. 피로도 외에 각 환자의 성별 요인을 모형에 추가하고 싶다면 이원배치 분산분석을 원래 자료를 그대로 이용해 다음과 같이 하면 된다.

```
> patient.sex <- as.factor(c("F", "F", "F", "M", "M", "F", "M", "M", "M", "F", "F", "M",
"M", "F", "F", "F", "M", "M", "F", "M"))
> modelC = aov(drugA_dose ~ fatigue*patient.sex)
> summary(modelC)
                    Df Sum Sq Mean Sq F value  Pr(>F)
fatigue              2 1.6664  0.8332   9.243 0.00276 **
patient.sex          1 0.0067  0.0067   0.075 0.78842
fatigue:patient.sex  2 0.0148  0.0074   0.082 0.92158
Residuals           14 1.2620  0.0901
---
Signif. codes:  0 '***' 0.001 '**' 0.01 '*' 0.05 '.' 0.1 ' ' 1
```

이 요약표에서 성별과 피로도 수준의 영향은 가법성을 만족하지 않음을 알 수 있다. 즉, drugA_dose와 patient.sex 간에는 유의한 연관성이 없음을 확인할 수 있다. 위의 두 모형을 비교해 보려면 다음과 같이 anova() 함수를 사용하면 된다.

```
> anova(modelA, modelC)
Analysis of Variance Table

Model 1: drugA_dose ~ fatigue
Model 2: drugA_dose ~ fatigue * patient.sex
  Res.Df    RSS Df Sum of Sq      F Pr(>F)
1     17 1.2836
2     14 1.2620  3  0.021556 0.0797   0.97
```

위 결과에서 보듯 p-값이 0.97로 두 모형이 서로 크게 다르지 않다. 따라서 데이터를 설명하는 보다 간단한 모형을 선택할 수 있다.

일반화선형모형

이제까지 우리는 선형회귀를 사용해 데이터에 모형을 적합시키는 방법을 살펴보았다. 그러나 적합한 모형의 유효성을 담보하려면 등분산성과 오차의 정규성 등을 가정해야 함도 알게 되었다. **일반화선형모형(generalized linear model, GLM)**은 선형회귀에 대한 대안으로써 오차항의 분포가 정규분포가 아닌 경우를 허용하는 방법이다. GLM은 통상적으로 반응변수가 계수자료(count data)이거나 이항(binary)인 경우에 사용된다. R에서 데이터에 GLM을 적합시키려면 glm() 함수를 사용하면 된다.

GLM은 다음과 같은 세 가지 중요한 특성을 포함하고 있다.

- 오차 구조(error structure)
- 선형 예측량(linear predictor)
- 연결함수(link function)

오차 구조는 모델링에 사용할 오차항의 분포에 대한 정보를 담고 있으며, family 인수로 지정한다. 예를 들어, 계수 자료의 오차항으로 포아송분포를 사용하고 싶을 수도 있고, 변동계수(coefficient of variation)가 상수인 자료를 모델링하기 위해 감마분포를 사용하고 싶을 수 있다.

```
glm(y ~ z, family = poisson)
glm(y ~ z, family = Gamma)
```

선형 예측량은 모형에 포함된 독립변수들에 대한 정보에 관련된 것으로, 설명변수들의 효과의 선형결합으로 정의된다. 연결함수는 선형 예측량와 반응변수의 평균 사이의 관계를 지정한다. 여러 서로 다른 연결함수를 사용해보고 그 성능을 비교해볼 수 있다. 가장 좋은 연결함수는 잔차편차값(residual deviance)을 최소로 만들어주는 것인데, 편차(deviance)는 적합도 통계량 값의 질로 정의되며 가설 검정에서 자주 쓰인다. 정준연결함수(canonical link function)는 각 오차구조에 해당하는 데 필요한 기본 함수이다. 다음 표를 살펴보자.

오차구조	정준연결함수
이항분포	link = "logit"
정규분포	link = "identity"
감마분포	link = "inverse"
역정규(inverse Gaussian)분포	link = "1/mu^2"
포아송	link = "log"
준(quasi)정규분포	link = "identity", variance = "constant"
준(quasi)이항분포	link = "logit"
준(quasi)포아송분포	link = "log"

GLM 모형을 적합시킬 때 위 표에 나오지 않은 다른 연결함수를 사용하려면 link 인수를 다음과 같이 다르게 지정하면 된다.

```
glm(y, family = binomial(link = probit))
```

이제 R에서 GLM을 적합시키는 구체적인 예를 다뤄보자. 첫 번째 예제는 합성약물 투여량이 쥐 20마리의 치사율에 미치는 영향을 살피는 문제이다. 다음 코드를 살펴보자.

```
> cmp1.ld <- read.table(header=TRUE, text = '
lethaldose sex numdead numalive
1  0 M  1 19
2  1 M  3 17
3  2 M  9 11
4  3 M 14  6
5  4 M 17  3
6  5 M 20  0
7  0 F  0 20
8  1 F  2 18
9  2 F  2 18
10 3 F  3 17
11 4 F  4 16
12 5 F  6 14
')
> attach(cmp1.ld)
```

약물 투여량과 사망률을 암수별로 관계를 살피기 위해 그림을 그려볼 수 있다. 아래 코드를 보라.

```
> proportion_dead <- numdead/20
> plot(proportion_dead ~ lethaldose, pch = as.character(sex))
```

결과는 다음 그림과 같다.

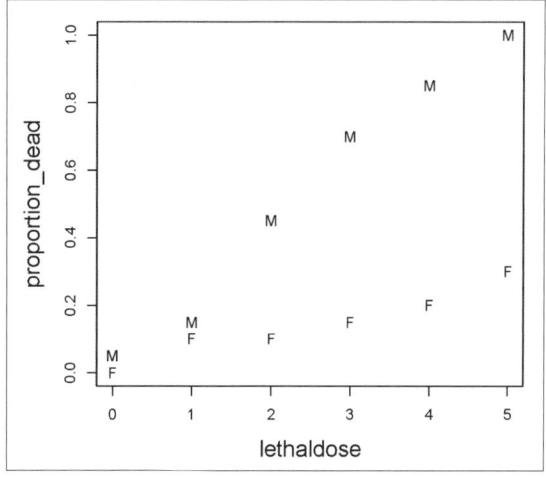

이제 데이터를 GLM 모형에 적합시키게 된다. 우선 죽은 쥐의 마릿수와 생존한 쥐의 마릿수를 결합해 counts라는 이름의 행렬을 만들어보자.

```
> counts <- cbind(numdead, numalive)
> cmp1.ld.model <- glm( counts ~ sex * lethaldose, family = binomial)
```

이 GLM 적합 결과를 summary() 함수로 요약하면 다음과 같다.

```
> summary(cmp1.ld.model)

Call:
glm(formula = counts ~ sex * lethaldose, family = binomial)

Deviance Residuals:
     Min       1Q   Median       3Q      Max
-1.23314  -0.14226  -0.03905  0.17624  1.11956

Coefficients:
                 Estimate Std. Error z value Pr(>|z|)
(Intercept)       -3.2507     0.6774  -4.799 1.59e-06 ***
sexM               0.3342     0.8792   0.380  0.70387
lethaldose         0.4856     0.1812   2.681  0.00735 **
sexM:lethaldose    0.7871     0.2804   2.807  0.00500 **
---
Signif. codes:  0 '***' 0.001 '**' 0.01 '*' 0.05 '.' 0.1 ' ' 1

(Dispersion parameter for binomial family taken to be 1)

    Null deviance: 125.811  on 11  degrees of freedom
Residual deviance:   3.939  on  8  degrees of freedom
AIC: 40.515

Number of Fisher Scoring iterations: 4
```

위 결과를 언뜻 보면 sex와 lethaldose 간에 유의한 교호작용(p - 값 = 0.0050)이 있는 것처럼 보인다. 그러나 이렇게 결론을 내리기 전에 데이터에 **과대산포(overdispersion)** 문제, 즉 사용한 모형에서 기대되는 변이(variability) 정도에 비해 데이터의 변이 정도가 지나치게 큰 문제가 있는 지 확인할 필요가 있다. 과대산포는 다음 코드와 같이 잔차편차 값을 자유도로 나누어 간단히 확인할 수 있다.

```
> 3.939/8
[1] 0.492375
```

이 값이 1보다 작으면 과대산포에 문제가 없음을 뜻한다. 그러나 1보다 큰 경우에는 과대산포를 고려하는 오차구조인 준이항을 이용해 다시 모형을 적합시킬 수 있다. 논의를 위해 이항분포 대신 준이항 오차구조를 사용해 모형 적합이 더 좋아지는지 한번 시험해보자.

```
> summary(glm( counts ~ sex * lethaldose, family = quasibinomial))

Call:
glm(formula = counts ~ sex * lethaldose, family = quasibinomial)

Deviance Residuals:
    Min       1Q   Median       3Q      Max
-1.23314  -0.14226  -0.03905   0.17624   1.11956

Coefficients:
                Estimate Std. Error t value Pr(>|t|)
(Intercept)      -3.2507     0.3957  -8.214 3.61e-05 ***
sexM              0.3342     0.5137   0.651  0.53355
lethaldose        0.4856     0.1058   4.588  0.00178 **
sexM:lethaldose   0.7871     0.1638   4.805  0.00135 **
---
Signif. codes:  0 '***' 0.001 '**' 0.01 '*' 0.05 '.' 0.1 ' ' 1

(Dispersion parameter for quasibinomial family taken to be 0.3413398)

    Null deviance: 125.811  on 11  degrees of freedom
Residual deviance:   3.939  on  8  degrees of freedom
AIC: NA

Number of Fisher Scoring iterations: 4
```

위에서 보듯 설명변수들의 p-값이 달라진 것을 제외하고는 오차구조를 바꾼 것이 큰 차이를 만들지는 못했다. 이제 sex:lethaldose 교호작용 항을 모형에서 제거하면 어떻게 되는 지 알아보자. 다음 코드를 보라.

```
> cmp1.ld.model3 <- update(cmp1.ld.model, ~ . -sex:lethaldose )
> summary(cmp1.ld.model3)

Call:
glm(formula = counts ~ sex + lethaldose, family = binomial)

Deviance Residuals:
    Min      1Q   Median      3Q     Max
-1.2468  0.6442   0.1702  0.6824  1.8965

Coefficients:
            Estimate Std. Error z value Pr(>|z|)
(Intercept) -4.8871     0.6169  -7.922 2.34e-15 ***
sexM         2.7820     0.4310   6.455 1.08e-10 ***
lethaldose   0.9256     0.1373   6.740 1.58e-11 ***
---
Signif. codes:  0 '***' 0.001 '**' 0.01 '*' 0.05 '.' 0.1 ' ' 1

(Dispersion parameter for binomial family taken to be 1)

    Null deviance: 125.811  on 11  degrees of freedom
Residual deviance:  11.975  on  9  degrees of freedom
AIC: 46.551

Number of Fisher Scoring iterations: 5
```

가장 먼저 눈에 띄는 것은 편차값/자유도 값이 1보다 커서 과대산포의 가능성을 시사하는 점이다.

```
> 11.975/9
[1] 1.330556
```

이제 이 두 적합된 모형이 유의하게 다른 지 여부를 anova() 함수를 사용해 통계적으로 검정해보자. 이항 오차구조를 가진 경우이므로 test 인수를 카이제곱으로 지정한다. 다음 코드를 보라.

```
> anova(cmp1.ld.model, cmp1.ld.model3, test = "Chi")
Analysis of Deviance Table

Model 1: counts ~ sex * lethaldose
Model 2: counts ~ sex + lethaldose
  Resid. Df Resid. Dev Df Deviance Pr(>Chi)
1         8      3.939
2         9     11.975 -1  -8.0356 0.004587 **
---
Signif. codes:  0 '***' 0.001 '**' 0.01 '*' 0.05 '.' 0.1 ' ' 1
```

이 분석 결과에 의해 두 모형이 서로 유의하게 다름을 알 수 있다. 두 번째 모형이 과대산포 가능성이 있었으므로 처음에 적합시켰던 모형을 더 나은 것으로 판단한다. 기억해야 할 중요한 점은 모형의 간명성(parsimony)을 최대화하면서 가장 작은 잔차편차값(적합도, goodness of fit)을 갖는 모형을 고르면 가장 좋은 모형이라는 것이다.

∷ 일반화가법모형

일반화가법모형(generalized additive model, GAM)은 GLM의 비모수적 확장으로, 선형 예측자가 예측변수의 부드러운 함수에 선형 의존성을 갖는 모형이다. GAM은 반응변수와 연속형인 설명변수들 간의 관계에 대해 아무런 함수적 형태도 미리 지정하지 않기 때문에 데이터가 스스로 자신의 모습을 있는 그대로 표현("speak for themselves")하게 할 때 사용된다. 데이터를 GAM에 적합시키려면 mgcv 패키지의 gam() 함수를 사용한다. glm() 함수와 사용법이 비슷한데, 평활법을 적용하고 싶은 설명변수에 대해 s()를 추가하는 것이 다르다. 예를 들어, y와 x, z, w 변수의 함수 간 관계를 설명하고 싶다면 model <- gam(y ~ s(x) + s(z) + s(w))와 같이 입력하면 된다. 구체적인 예를 살펴보자.

이 예제는 300마리의 쥐로부터 조사한 임신횟수(pregnancies)와 여러 가지 측정치 사이의 관계를 살피는 예이다.

우선 300마리에 대한 pregnancies를 반응변수로, glucose, pressure, insulin, weight 등을 설명변수로 하는 데이터셋을 모의실험을 통해 만들어보자. sample() 함수와 rnorm() 함수를 가지고 의사난수를 생성해 자료를 만들기 때문에, 다음 코드를 R에서 실행하면 매번 다른 결과를 얻게 될 것이다. 다음 코드를 사용해 변수들을 생성해보자.

```
> pregnancies <- sample(0:25, 300,replace = T)
> glucose <- sample(65:200, 300,replace = T)
> pressure <- sample(50:120, 300,replace = T)
> insulinD <- abs(rnorm(150, 450, 100))
> insulinN <- abs(rnorm(150, 65, 75))
> insulin <- c(insulinD, insulinN)
> weight <- sample(20:70, 300,replace = T)
```

이제 mgcv 패키지의 gam() 함수를 사용해 pregnancies와 glucose, pressure, insulin, weight 간의 관계를 다음과 같이 탐색해보자.

```
> library("mgcv")
> mouse.data.gam <- gam(pregnancies ~ s(glucose) + s(pressure) +
s(insulin) + s(weight))
> summary(mouse.data.gam)

Family: gaussian
Link function: identity

Formula:
pregnancies ~ s(glucose) + s(pressure) + s(insulin) + s(weight)

Parametric coefficients:
            Estimate Std. Error t value Pr(>|t|)
(Intercept)  13.3467     0.4149   32.17   <2e-16 ***
---
Signif. codes: 0 '***' 0.001 '**' 0.01 '*' 0.05 '.' 0.1 ' ' 1

Approximate significance of smooth terms:
              edf Ref.df     F p-value
s(glucose)  3.225  3.995 1.270   0.282
s(pressure) 1.088  1.171 0.216   0.681
s(insulin)  1.000  1.000 1.080   0.300
s(weight)   1.000  1.000 1.562   0.212

R-sq.(adj) =  0.0118   Deviance explained = 3.26%
GCV = 52.936  Scale est. = 51.646    n = 300
```

앞의 GAM 모형 요약 결과에서 볼 수 있듯이, R은 **유효 자유도(effective degrees of freedom, edf)**를 포함해 GAM 모형 적합에 대한 여러 가지 유용한 정보를 리턴한다. 보통의 **최소제곱회귀모형(least sguares linear regression)**과는 달리 자유도 값이 모형에 사용된 예측변수의 개수에 상응하는 값이 아닌데, 평활법을 사용한 것을 반영하기 때문이다. 평활법에 관련된 항들은 각각 적당한 수준으로 페널티를 받게 되고 이것이 edf의 값에 반영된다. GAM 적합 결과를 평가할 때 고려해야 하는 또 다른 중요한 용어는 **일반화교차확인(generalized cross validation, GCV)** 점수인데, 평균제곱예측오차(mean square prediction error)의 예측치에 해당한다. GCV는 여러 모형을 비교할 때 사용되는데, GCV 값이 작을수록 좋은 모형이다. gam() 함수가 리턴하는 정보에 대해 자세히 알고 싶으면 도움말 페이지를 참조하기 바란다.

```
> ?summary.gam
```

곡선 구조가 실제로 의미가 있는지 알아보기 위해 95% 베이지안 신뢰구간을 검사하기 위한 그림을 그리는 코드는 다음과 같다.

```
> par(mfrow = c(2,2))
> plot(mouse.data.gam)
```

위 코드에 의해 작성된 그림은 다음과 같다.

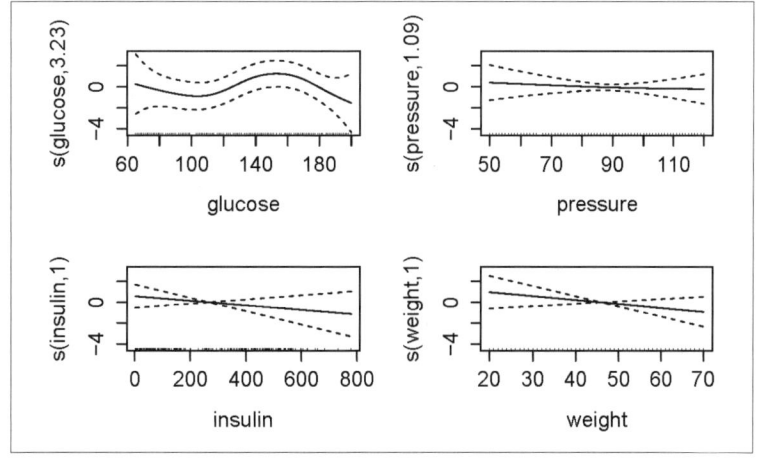

또는 vis.gam() 함수를 이용하면 두 개의 주효과 항의 효과를 투시도(perspective plot)로 시각화할 수 있다. 위 예제에서 주효과 항은 glucose와 pressure이다.

```
> par(mfrow = c(1,1))
> vis.gam(mouse.data.gam, theta = -35, color = "topo")
```

실행 결과는 다음 그림과 같다.

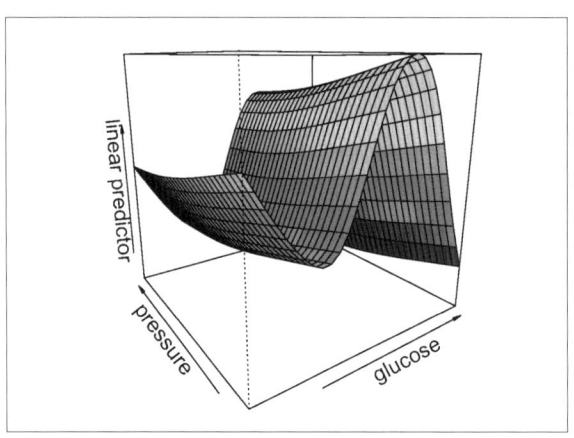

다음은 gam.check() 함수를 이용해 모형을 점검한 결과이다.

```
> gam.check(mouse.data.gam)

Method: GCV Optimizer: magic
Smoothing parameter selection converged after 13 iterations.
The RMS GCV score gradiant at convergence was 1.813108e-06 .
The Hessian was positive definite.
The estimated model rank was 37(maximum possible: 37)
Model rank =  37 / 37

Basis dimension(k) checking results. Low p-value(k-index<1) may
indicate that k is too low, especially if edf is close to k'.

               k'    edf k-index p-value
s(glucose)  9.000  3.225   1.030    0.70
s(pressure) 9.000  1.088   0.999    0.44
s(insulin)  9.000  1.000   1.106    0.96
s(weight)   9.000  1.000   1.058    0.82
```

유의하지 않은 설명변수를 제거하면 모형 적합이 어떻게 되는지 알아보자.

```
> mouse.data.gam2 <- gam(pregnancies ~ s(insulin))
> summary(mouse.data.gam2)

Family: gaussian
Link function: identity

Formula:
pregnancies ~ s(insulin)

Parametric coefficients:
            Estimate Std. Error t value Pr(>|t|)
(Intercept)  13.3467     0.4174   31.97   <2e-16 ***
---
Signif. codes:  0 '***' 0.001 '**' 0.01 '*' 0.05 '.' 0.1 ' ' 1

Approximate significance of smooth terms:
            edf Ref.df     F p-value
s(insulin)    1      1 0.918   0.339
R-sq.(adj) =  -0.000276   Deviance explained = 0.307%
GCV = 52.626  Scale est. = 52.275    n = 300
```

두 모형을 더 잘 비교해보려면 AIC() 함수를 이용해 모형의 적합도와 복잡도를 동시에 고려하는 기준인 **아카이케 정보기준(Akaike information criterion, AIC)**을 계산할 수 있다. 일반적으로 좋은 GAM은 낮은 AIC 값을 가지며 자유도도 낮다. 다음 코드를 보라.

```
> AIC(mouse.data.gam, mouse.data.gam2)

                      df      AIC
mouse.data.gam  8.313846 2045.909
mouse.data.gam2 3.000000 2044.313
```

위에서 보듯 mouse.data.gam2의 자유도 값과 AIC 값이 약간 더 낮기 때문에 두 번째 적합한 모형이 더 나은 모형이라 할 수 있다. GAM은 본격적인 분석의 이전 단계에서 반응변수와 설명변수들 간에 숨겨진 연관관계를 탐색적으로 알아보는 데 매우 좋은 방법이다. 어떤 이들은 GAM으로 곡선의 형태를 발견하는 데 유용하게 사용한 후 곡선의 형태에 맞는 모수적 모형을 찾아 GLM을 적합시킨다. 복잡한 GAM보다는 GLM이 더 선호할 만하기 때문이며, 보통은 해석 및 요약이 어려운 복잡한 모형보다는 간단하고 이해하기 쉬운 모형을 이용해 미래를 예측하는 것이 선호할 만하다.

∷ 선형판별분석

선형판별분석(linear discriminant analysis, LDA)은 데이터셋 내의 그룹 정보를 가장 잘 구별해 낼 수 있는 설명변수의 선형결합을 찾는 데 사용된다. LDA는 데이터를 사용해 분류모형을 구축할 때 사용하는 선형 지도학습 분류법(supervised classifier)이다. 예를 들어, 물고기를 길이와 무게 그리고 물에서 헤엄치는 속력에 따라 분류하는 데 LDA를 사용할 수 있다.

온타리오 호수의 따뜻한 물에 사는 어종인 블루길(Bluegill), 아미아(Bowfin), 잉어(Carp), 골드아이(Goldeye), 입큰송어(Largemouth Bass)에 대한 자료를 시뮬레이션해 데이터셋을 만들어보자.

```
> set.seed(459)
> Bluegill.length <- sample(seq(15, 22.5, by = 0.5), 50, replace = T)
> Bluegill.weight <- sample(seq(0.2, 0.8, by = 0.05), 50, replace = T)
> Bowfin.length <- sample(seq(46, 61, by = 0.5), 50, replace = T)
> Bowfin.weight <- sample(seq(1.36, 3.2, by = 0.5), 50, replace = T)
> Carp.length <- sample(seq(30, 75, by = 1), 50, replace = T)
> Carp.weight <- sample(seq(0.2, 3.5, by = 0.1), 50, replace = T)
> Goldeye.length <- sample(seq(25, 38, by = 0.5), 50, replace = T)
> Goldeye.weight <- sample(seq(0.4, 0.54, by = 0.01), 50, replace = T)
> Largemouth_Bass.length <- sample(seq(22, 55, by = 0.5), 50, replace = T)
> Largemouth_Bass.weight <- sample(seq(0.68, 1.8, by = 0.01), 50, replace = T)

> weight <- c(Bluegill.weight, Bowfin.weight, Carp.weight, Goldeye.weight, Largemouth_
Bass.weight)

> length <- c(Bluegill.length, Bowfin.length, Carp.length, Goldeye.length, Largemouth_
Bass.length)

> speed <- rnorm(50*5, 7.2, sd = 1.8)

> fish <- c(rep("Bluegill", 50), rep("Bowfin", 50), rep("Carp", 50), rep("Goldeye", 50),
rep("Largemouth_Bass", 50))
> fish.data <- data.frame(length, weight, speed, fish)

> str(fish.data)
```

```
'data.frame': 250 obs. of  4 variables:
 $ length: num  17 19 21.5 22.5 19.5 21.5 15 20.5 18.5 15.5 ...
 $ weight: num  0.5 0.5 0.7 0.3 0.75 0.35 0.45 0.5 0.5 0.65 ...
 $ speed: num  6.78 7.74 5.43 4.76 9.03 ...
 $ fish : Factor w/ 5 levels "Bluegill","Bowfin",..: 1 1 1 1 1 1 1 1 1 1 ...
```

scatterplot3d 패키지를 사용해 데이터를 3차원 산점도로 시각화해 보자. 네 개의 3차원 산점도를 작성할 계획이기 때문에, 새로운 함수를 하나 작성해 각 그림별로 매번 호출해 사용할 수 있게 한다. 다음 코드를 보라.

```
> plot3DfishData <- function(x, y, z, data=fish.data)
  {
    require("scatterplot3d")
    #To store the axis labels
    fish.variable <- colnames(data)
    scatterplot3d(data[, x], data[, y], data[, z], mer = mar0, color = c("blue", "black", "red",
    "green", "turquoise")[data$fish], pch = 19, xlab=fish.variable[x], ylab = fish.variable[y], zlab = fish.
    variable[z])
  }
> # Load the scatterplot3d package
> library("scatterplot3d")
```

이제 plot3DfishData() 함수를 사용해 length, weight, speed 간의 관계를 그림으로 나타내보자.

```
> par(mfrow = c(1, 1))
> plot3DfishData(1, 2, 3)
```

그림에 범례(legend)를 넣으려면 다음 코드를 실행한 후 그림 위에서 범례를 놓고 싶은 자리를 마우스로 클릭하면 된다.

선형판별분석 147

```
> legend(locator(1),levels(fish.data$fish),
        col = c("blue", "black", "red", "green", "turquoise"),
        lty = c(1, 1, 1, 1, 1), lwd = 3,
        box.lwd = 1, box.col = "black", bg = "white")
```

실행 결과는 다음 그림과 같다.

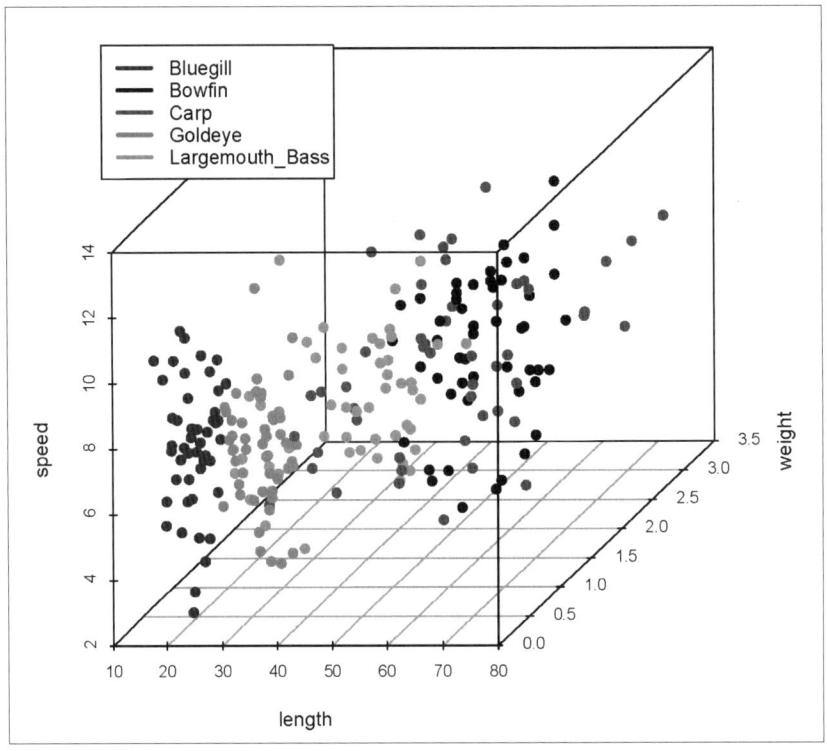

네 개의 그림을 한 장에 그리려면 다음 코드를 사용하면 된다.

```
> par(mfrow = c(2, 2))
> plot3DfishData(1, 2, 3)
> plot3DfishData(2, 3, 4)
> plot3DfishData(3, 4, 1)
> plot3DfishData(4, 1, 2)
```

결과는 다음과 같다.

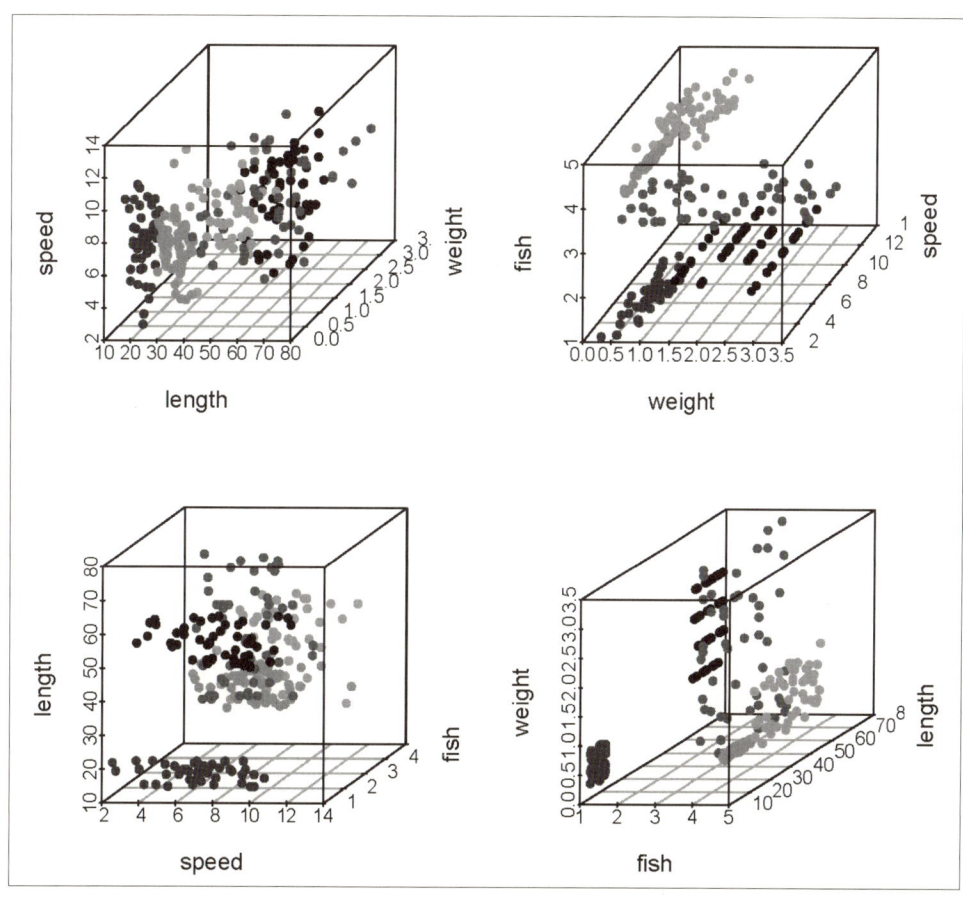

이제 MASS 패키지의 lda() 함수를 사용해 fish.data에 대한 LDA를 수행해보자. 클래스 멤버십에 대한 사전확률을 지정하려면 prior 인수를 사용한다. 이 예제에서는 다섯 종의 물고기를 분류하는 경우이므로 각 종별 사전확률은 1/5로 둔다.

> **Note** prior 인수에 사전확률을 입력할 때에는 요인 수준의 순서대로 입력해야 한다.

다음 코드를 보라.

```
> library("MASS")
> fish.lda <- lda(fish ~ ., data=fish.data, prior = c(1,1,1,1,1)/5)
> fish.lda
Call:
lda(fish ~ ., data = fish.data, prior = c(1, 1, 1, 1, 1)/5)

Prior probabilities of groups:
      Bluegill          Bowfin            Carp         Goldeye
           0.2             0.2             0.2             0.2
Largemouth_Bass
           0.2

Group means:
                length weight    speed
Bluegill         19.25 0.5280 7.222587
Bowfin           53.57 2.1600 7.243531
Carp             52.26 1.7320 7.588852
Goldeye          31.87 0.4748 7.122371
Largemouth_Bass  40.11 1.2428 7.163396

Coefficients of linear discriminants:
               LD1          LD2          LD3
length  0.10121664 -0.067114012  0.003296811
weight  1.17216477  1.335393654  0.011024527
speed  -0.02745768 -0.009936134 -0.555543270

Proportion of trace:
   LD1    LD2    LD3
0.9730 0.0256 0.0014
```

lda() 함수는 각 클래스별 사전확률($prior), 클래스별 공변량들의 평균($means), 선형 분류방법에 대한 계수들($scaling), 트레이스 비율 등을 리턴한다. 각 클래스별 마릿수는 $counts로, 선형 판별변수들의 그룹 간 표준편차와 그룹 내 표준편차의 비인 특이값(singular value, svd)은 $svd로 알 수 있다.

```
> fish.lda$counts
       Bluegill          Bowfin            Carp         Goldeye Largemouth_Bass
             50              50              50              50              50
> fish.lda$svd
[1] 16.1282733  2.6175620  0.6155127
```

predict() 함수를 사용하면 새로운 데이터셋에 대한 분류 결과 및 클래스별 사후확률을 얻을 수 있다. 예를 들어, fish.data에서 100마리를 선택해 선형판별방법을 학습(train) 시킨 후 나머지 150마리에 대해 예측을 실시해보자.

데이터셋에서 100마리를 선택하는 코드는 다음과 같다.

```
> set.seed(10)
> train100 <- sample(1:nrow(fish.data), 100)
```

다음은 선택된 표본의 분포를 정리한 표를 얻는 코드이다.

```
> table(fish.data$fish[train100])
       Bluegill          Bowfin            Carp         Goldeye
             18              25              16              20
Largemouth_Bass
             21
```

fish.data로부터 선택해 LDA에 사용할 부분표본의 인덱스를 subset 인수를 사용해 제공한다.

```
> fish100.lda <- lda(fish ~ ., data = fish.data, prior = c(1,1,1,1,1)/5, subset = train100)
```

위에서는 prior 인수를 사용해 모든 그룹에 동일한 사전확률을 지정했으나, 지정하지 않으면 R은 표본 내 그룹 비율을 사전확률로 사용한다.

이제 predict() 함수를 사용해 표본에 포함된 100마리에 대한 분류 결과에 대한 정보를 얻어보자.

```
> predict.fish100 <- predict(fish100.lda)
> table(fish.data$fish[train100], predict.fish100$class)

                  Bluegill Bowfin Carp Goldeye Largemouth_Bass
  Bluegill              18      0    0       0               0
  Bowfin                 0     15    9       0               1
  Carp                   0      5    7       0               4
  Goldeye                1      0    0      19               0
  Largemouth_Bass        2      0    2       2              15
```

앞에서 보듯이 몇몇 물고기는 잘못 분류된 경우가 있다. 분류 결과를 시각화할 수 있도록 다음과 같이 그림을 작성해 보자.

```
> par(mfrow = c(1, 1))
> plot(predict.fish100$x,
        type = "n", xlab="LD1", ylab = "LD2",
        main = "TrainingSetLDA Results(n = 50)")
> text(predict.fish100$x,
        as.character(predict.fish100$class),
        col = as.numeric(fish.data$fish[train100]), cex = 1.5)
> abline(h = 0, col = "gray")
> abline(v = 0, col = "gray")
```

실행 결과는 다음 그림과 같다.

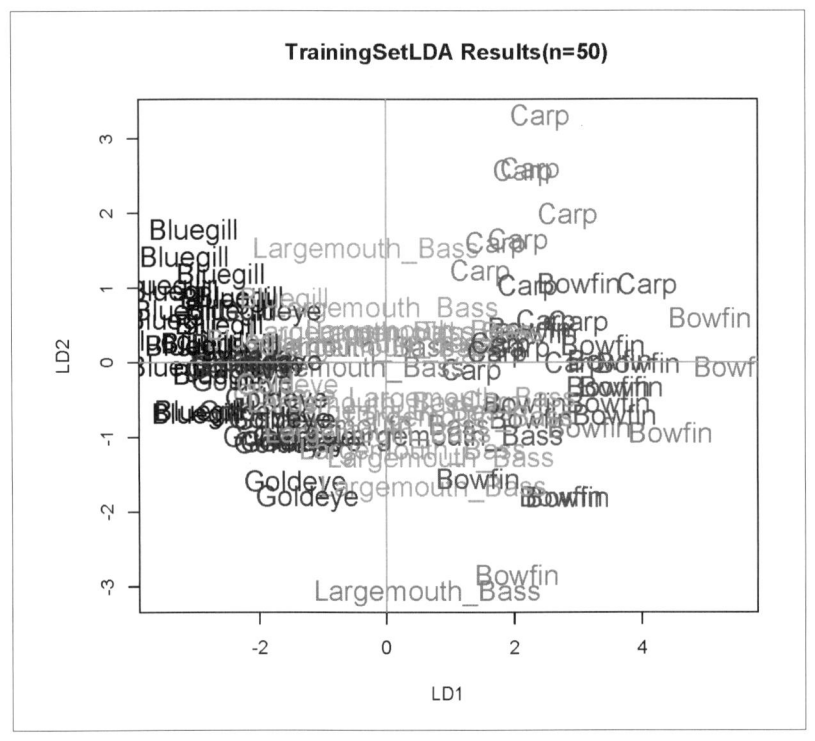

또는 ggplot2 패키지의 ggplot() 함수를 가지고 그림을 작성할 수도 있다.

```
> library("ggplot2")
> p <- ggplot(as.data.frame(predict.fish100$x), aes(x = LD1, y = LD2, col = fish.
data$fish[train100])))
> p <- p + geom_point() + geom_text(aes(label = as.character(predict.fish100$class)))
> # Adjust legend size
> p <- p + theme(legend.title = element_blank(), legend.text = element_text( size = 20,
face = "bold"))
> # Adjust axis labels
> p <- p + theme(axis.title = element_text(face = "bold", size = 20), axis.text =
element_text(size = 18))
> # Display plot
> p
```

실행 결과는 다음 그림과 같다.

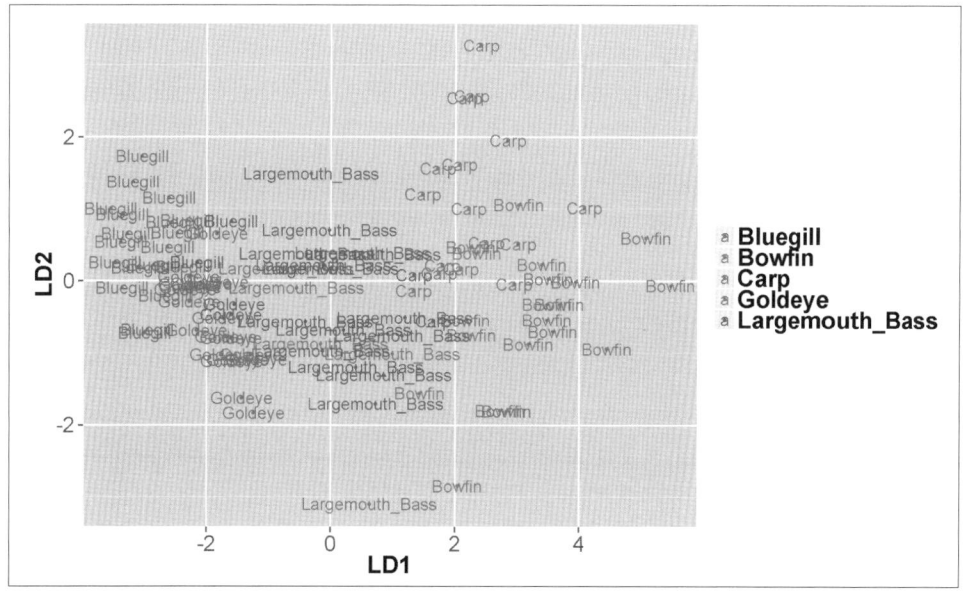

이제 predict() 함수로 나머지 데이터를 분류해보자.

```
> predict.new <- predict(fish100.lda, newdata = fish.data[-train100, ])
```

분류결과($class)와 사후확률($posterior)을 확인해보고 싶으면 `predict.new$class`와 `predict$posterior`를 입력하면 된다. 또 분류가 얼마나 잘 되었는지 보여주는 표를 이용할 수도 있다. 다음 코드를 보라.

```
> table(fish.data$fish[-train100], predict.new$class)

                Bluegill Bowfin Carp Goldeye Largemouth_Bass
Bluegill              32      0    0       0               0
Bowfin                 0     11   13       0               1
Carp                   0     16    5       3              10
Goldeye                0      0    0      30               0
Largemouth_Bass        3      0    3       5              18
```

이제 오분류율(misclassification rate)을 계산해보자.

```
> TAB <- table(fish.data$fish[-train100], predict.new$class)
> mcrlda <- 1 - sum(diag(TAB))/sum(TAB)
> mcrlda
[1] 0.36
```

이러한 결과가 모의자료가 아닌 실제 실험 데이터였다면 오분류율을 낮출 수 있도록 추가적인 변수를 분류 알고리즘에 포함시키는 것을 고려할 수 있을 것이다.

∷ 주성분분석

주성분분석(principal component analysis, PCA)이 그룹별로 자료를 분류하는 문제에 활용 가능한 또다른 탐색적 방법이다. PCA는 상관관계가 있을 것으로 예상되는 관측 변수들을 주성분(principal component)이라 불리는 선형종속성이 없는 새로운 변수들로 변환해 준다. PCA는 데이터 시각화에 유용한 차원축소(dimension reduction)를 위해 널리 사용된다. PCA는 그룹정보를 활용하지 않고 변수값과 그룹변수 간의 관계를 탐색한다는 점에서 LDA와 다르다. 앞에서 사용한 시뮬레이션 데이터인 `fish.data`를 탐색하기 위해 PCA를 적용해보자. PCA를 시행하기 전에, 변수들의 척도와 치우침이 도출되는 주성분에 많은 영향을 준다는 점에 주의해야 한다. 그러므로 데이터를 표준화하고 적절히 변환할 필요가 있다.

우선(필요한 경우) 데이터에 로그변환을 적용할 것을 추천한다. 그 후에 prcomp() 함수를 이용해 PCA를 실행한다.

```
> fish.data.mx <- as.matrix(fish.data[, 1:3])
> fish.data.log <- log(fish.data.mx)
> fish.log.pca <- prcomp(fish.data.log, scale=T, center = T)
> summary(fish.log.pca)
Importance of components:
                          PC1    PC2    PC3
Standard deviation     1.2563 0.9953 0.6566
Proportion of Variance 0.5261 0.3302 0.1437
Cumulative Proportion  0.5261 0.8563 1.0000
```

위의 요약표 대신 각 주성분의 표준편차와 회전행렬(rotation, 또는 적재계수 loadings) 즉, 연속형 변수들의 선형결합에 사용된 계수들을 알고 싶은 경우가 있다. 이러한 정보를 얻으려면 다음과 같이 print() 함수를 이용하면 된다.

```
> print(fish.log.pca)

Standard deviations:
[1] 1.2563128 0.9952860 0.6565698

Rotation:
             PC1         PC2         PC3
length 0.7012316 -0.09252202  0.70690444
weight 0.7016076 -0.08648088 -0.70729617
speed  0.1265742  0.99194795  0.00427102
```

또한 각 주성분에 관계된 분산을 그림으로 나타낼 수도 있다.

```
> plot(fish.log.pca, ylim = c(0, 2)) #plot not shown
```

이제 ggplot2 패키지의 qplot() 함수를 이용해 첫 번째 주성분에 대한 적재계수들을 시각화해보자.

```
> library("ggplot2")
> loadings <- as.data.frame(fish.log.pca$rotation)
> # Add a column with the name of each variable to the loadings data frame.
> loadings$variables <- colnames(fish.data[,1:3])
> # Plot figure with qplot()
> q <- qplot(x = variables, y = PC1, data = loadings, geom = "bar", stat = "identity")
> # Adjust axis label sizes
> q + theme(axis.title = element_text(face = "bold", size = 20), axis.text = element_text(size = 18))
```

실행 결과는 다음 그림과 같다.

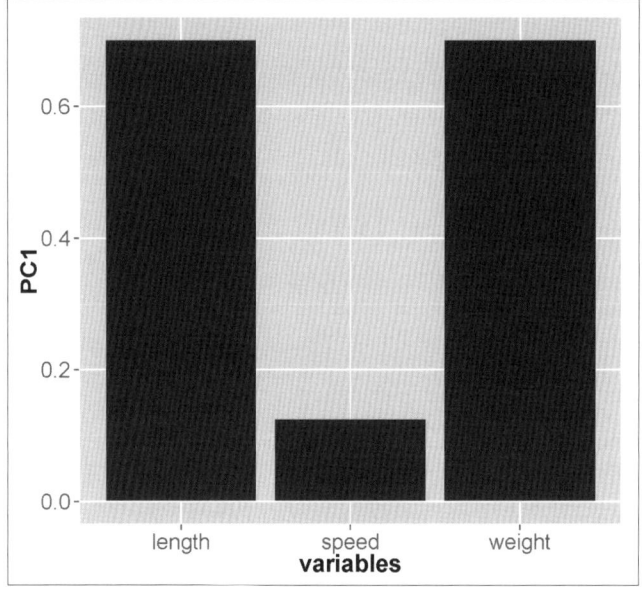

PCA 결과 도출된 주성분 점수를 그림으로 나타낼 수도 있다.

```
> scores <- as.data.frame(fish.log.pca$x)
> q2 <- qplot(x = PC1, y = PC2, data = scores, geom = "point", col = fish.data$fish)
> q2 <- q2 + theme(legend.title=element_blank(), legend.text = element_text( size = 20, face = "bold"))
> q2 <- q2 + theme(axis.title = element_text(face = "bold", size = 20), axis.text = element_text(size = 18))
> q2
```

결과 그림은 다음과 같다.

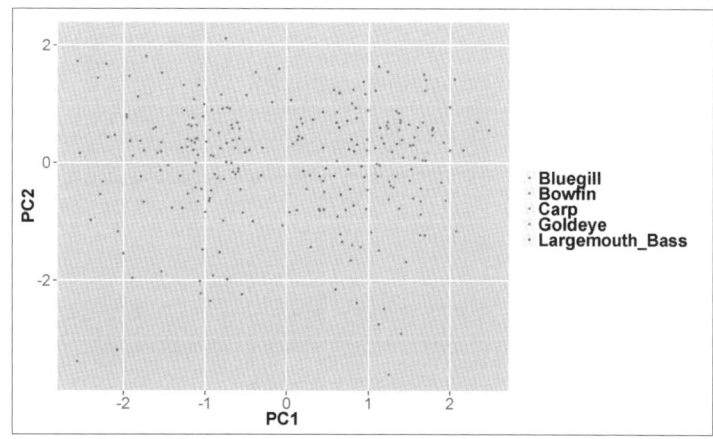

biplot() 함수를 사용해 PCA 결과를 시각화하는 방법도 있다. 행렬도(biplot)는 두 변수를 동시에 시각화할 수 있게 해준다. 표현 방식은 조금 전에 qplot() 함수로 그린 그림과 비슷한데 벡터로 변수를 표현한다는 점만 다르다.

```
> biplot(fish.log.pca)
```

결과는 다음 그림과 같다.

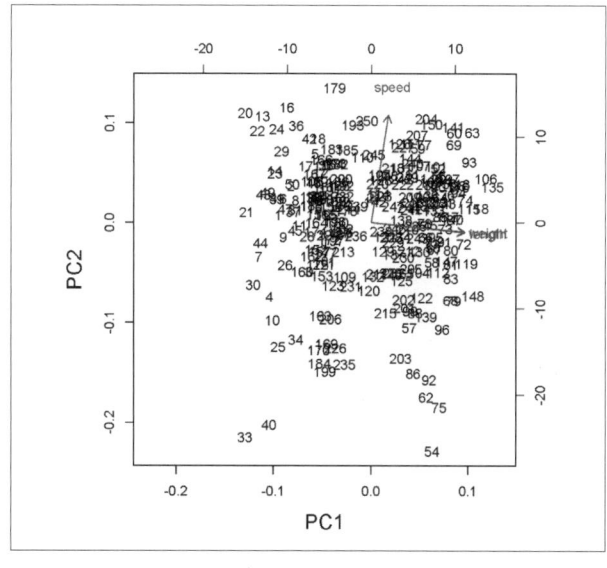

앞 그림에서 보듯 각 자료값은 점으로, 원 자료의 변수들(speed, length, width)은 벡터로 표현된다.

ggbiplot 패키지(https://github.com/vqv/ggbiplot)의 ggbiplot() 함수의 장점을 잘 활용하면 다음과 같이 훨씬 더 멋진 그림을 만들 수 있다.

```
> library("devtools")
> install_github("ggbiplot", "vqv")
> library("ggbiplot")
> fish.class <- fish.data$fish
> g <- ggbiplot(fish.log.pca, obs.scale = 1, var.scale = 1, groups = fish.class, ellipse = TRUE, circle = TRUE)
> g <- g + scale_color_discrete(name = '')
> g <- g + theme(legend.direction = 'horizontal', legend.position = 'top')
> g <- g + theme(legend.title = element_blank(), legend.text = element_text( size = 20, face = "bold"))
> g <- g + theme(axis.title = element_text(face = "bold", size = 20), axis.text = element_text(size = 18))
> g
```

결과는 다음 그림과 같다.

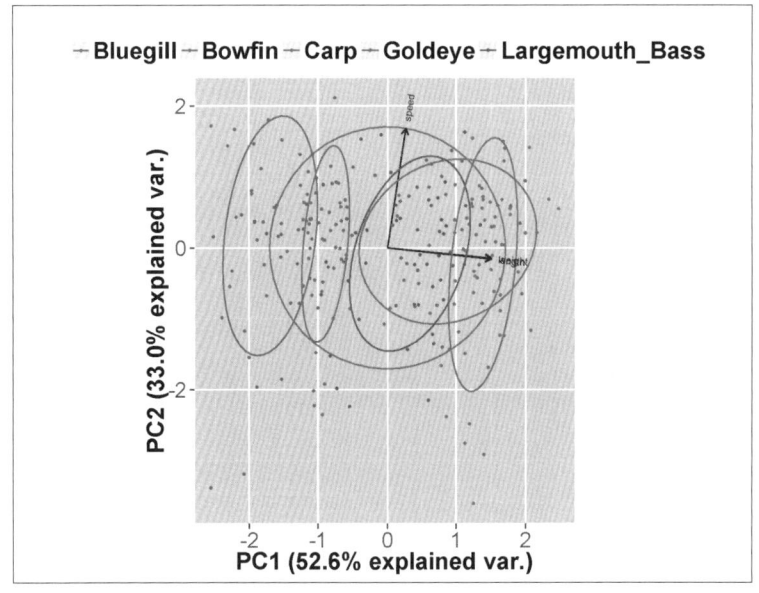

rgl 패키지의 plot3d()을 사용해 주성분을 3차원으로 시각화할 수도 있다. plot3d() 함수는 인터랙티브한 3D 산점도를 만들어준다. 즉, 그림을 이리저리 돌려보면서 주성분에 의해 자료가 잘 구별이 잘 되는 지를 살펴볼 수 있다. 다음 코드를 보라.

```
> library(rgl)
> fish.pca.col = c("red", "blue", "green", "magenta", "black")
> plot3d(fish.log.pca$x[,1:3], col=fish.pca.col[sort(rep(1:5, 50))])
```

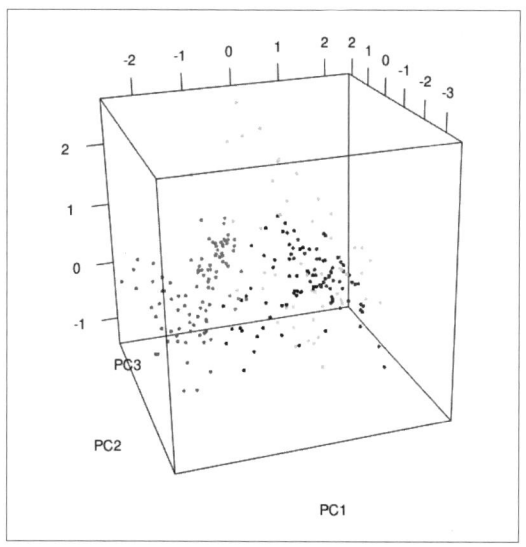

이미지 파일로 저장하려면 다음과 같이 rgl.snapshot() 함수를 사용하면 된다.

```
> rgl.snapshot("PCAfigure1.png")
```

⁚⁚ 군집분석

k-평균 군집분석(k-means clustering)은 데이터를 군집의 기준점 역할을 하는 평균값에 가까운 관측치들로 이루어진 k개의 군집(cluster)으로 쪼개는 데 사용하는 비지도(unsupervised) 방법이다. kmeans() 함수를 이용해 k-평균 군집분석을 수행할 수 있으며 그 결과를 plot3d() 함수로 시각화할 수 있다.

```
> set.seed(44)
> cl <- kmeans(fish.data[,1:3],5)
> fish.data$cluster <- as.factor(cl$cluster)
> plot3d(fish.log.pca$x[,1:3], col = fish.data$cluster, main = "k-means clusters")
```

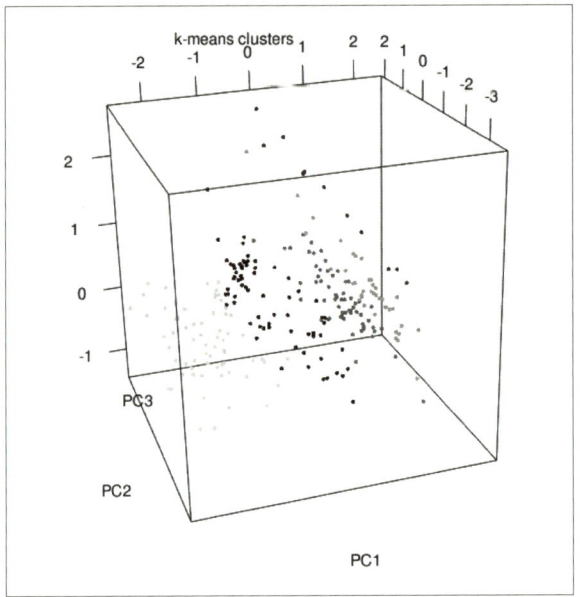

Note 위 그림의 그룹별 색깔 구성은 앞에서 본 PCA 결과로 작성된 3D 그림과 다르다. 그러나 전체적인 그룹 분포는 유사하다.

이제 데이터를 얼마나 잘 그룹화했는지 다음 표를 통해 확인해보자.

```
> with(fish.data, table(cluster, fish))
       fish
cluster Bluegill Bowfin Carp Goldeye Largemouth_Bass
      1        0      0   14      39              18
      2        0     27   12       0              22
      3        0     23   13       0               2
      4        0      0   11       0               0
      5       50      0    0      11               8
```

앞에서 보듯 블루길 어종은 잘 그룹화되었지만 다른 어종들은 제대로 그룹화가 이루어지지 않았다.

그룹화 결과를 보다 향상시키기 위해 다른 군집분석 방법인 계층화 군집분석(hierarchical clustering)을 실시해보자.

```
> di <- dist(fish.data[,1:3], method = "euclidean")
> tree <- hclust(di, method = "ward.D")

> fish.data$hcluster <- as.factor((cutree(tree, k = 5)-2) %% 3 +1)
> plot(tree, xlab = "", cex = 0.2)
```

다섯 개의 계층적 군집을 상자로 표시해보자.

```
> rect.hclust(tree, k = 5, border="red")
```

결과는 다음 그림과 같다.

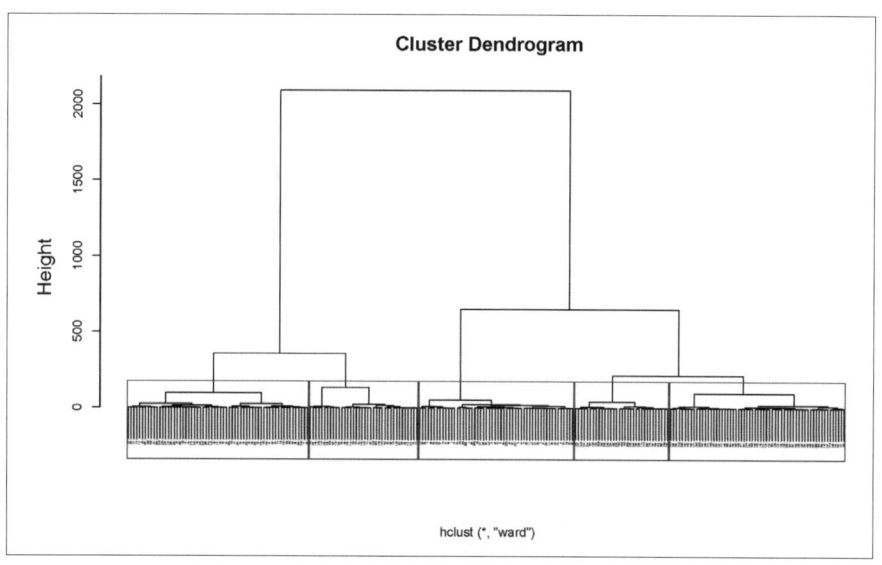

이제 위의 계층적 군집분석이 물고기들을 얼마나 잘 그룹화했는지 살펴볼 수 있는 표를 작성해보자.

```
> with(fish.data, table(hcluster, fish))
        fish
hcluster Bluegill Bowfin Carp Goldeye Largemouth_Bass
       1        0     35   17      41             32
       2        0     15   23       0              0
       3       50      0   10       9             18
```

위에서 보듯 계층적 군집분석 역시 물고기 그룹화 결과를 썩 향상시키지는 못했다. 따라서 length, weight, speed 외에 그룹화에 도움이 될 만한 추가적인 정보를 모으는 것을 고려할 수 있다.

:: 요약

이 장에서는 통계 모델링에 대한 개관과 R에서 모형식을 작성하는 방법을 배우는 것으로 시작해 선형 방법론을 사용하여 데이터를 적합시키는 방법에 대해 배웠다. 좀더 구체적으로 말하자면, 선형회귀, 일반화선형모형, 일반화가법모형 등을 데이터에 적합하는 방법과 최적 모형을 찾기 위해 모형의 적합도를 통계적 방법을 이용해 측정하는 방법에 대해 배웠다. 다음으로 설명변수들이 모두 범주형인 경우 선형모형을 적합시키기 위해 분산분석을 사용하는 법을 익혔다. 마지막으로 선형판별분석, 주성분분석, 계층적군집분석 등의 탐색적 방법을 이용하는 법에 대해 공부했다. 과학 계산에서 선형모형이 통계적 모형 중 가장 널리 사용되기는 하지만 비선형방법이 더 선호되는 경우가 있다. 데이터 모델링에 선형방법을 사용하는 방법을 배웠으므로, 다음 장에서는 비선형 방법으로 넘어가서 탐색적 분석을 위한 비모수 회귀분석의 활용법을 익혀보자.

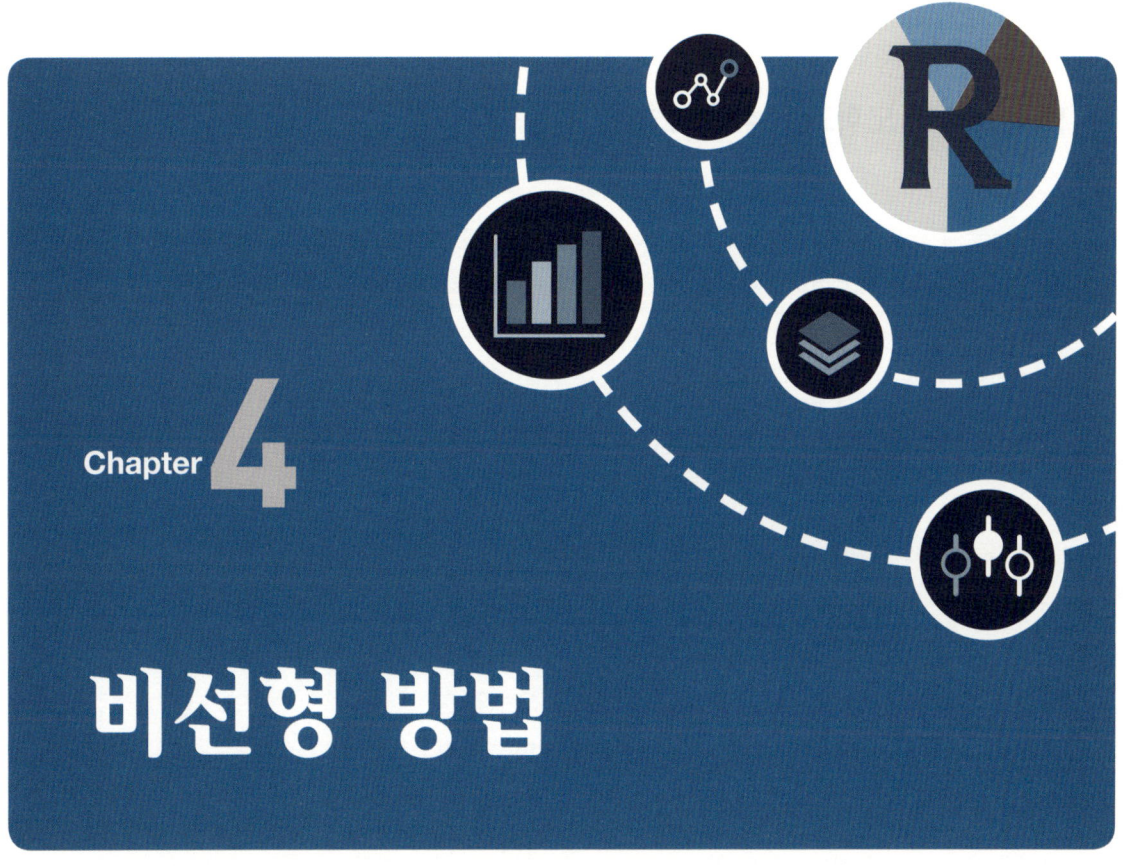

Chapter 4

비선형 방법

앞 장에서는 선형 모형 추정에 R을 사용하는 방법을 익혔는데, 이는 대부분 자료 분석의 기본이 된다. 그러나 두 변수 간의 관계가 선형이 아닌 경우에는 어찌해야 할까? 이때 비선형 방법론을 사용해야 하는데, 이것이 본 장의 주된 주제이다.

선형회귀분석을 확장한 방법론들로부터 시작해 비모수 회귀분석으로 넘어가게 될 것이다. 이 장에서는 다음과 같은 주제들을 커버한다.

- 다항회귀(Polynomial regression)
- 일반적인 회귀분석의 프레임워크
- 커널 회귀(Kernel regression)
- 스플라인 회귀(Spline regression)
- 점별 회귀(Pointwise regression)
- 국소다항회귀(Local polynomial regression)

:: 비모수적 모형과 모수적 모형

통계학에서 비선형 방법론의 역할은 규정하는 것은 여전히 논쟁거리이다. 대부분 시각화 도구로서 탐색적 분석을 목적으로 사용되며, 이때문에 비선형 통계 방법론은 데이터 시각화와 밀접하게 연결되어 있다. 그러나 통계 모형을 개발하는 데 비선형 방법론이 쓰일 수 있는 지에 의문을 가지는 사람들도 있다.

비선형 모형은 크게 비모수적(혹은 준모수적) 모형과 모수적 모형으로 구분할 수 있다. 통계적 방법론을 논하는 과정에서 사용되었을 때의 '모수적'이라는 용어는 이를테면 그룹 간 차이를 검정에 사용되었을 때와 완전히 다른 의미를 갖는다. 통계적으로 유의한 차이가 있는 지를 알아보기 위한 '모수적' 검정은 표본의 분포에 대해 모수적 모형을 가정한다는 것을 의미한다. 예를 들어, t-검정은 실은 관측치 자체의 차이를 보는 것이 아니라, 관측 데이터에 기초해 모수를 추정한 결과를 이용해 두 그룹의 분포 사이에 차이가 있는지를 검정하는 것이다. 다시 말해 만일 자료 분포에 관련된 모수의 추정치만 알고 있으면, t-분포를 실행하기 위해서 굳이 원 자료값 전체가 필요한 것이 아니다.

'모수적'이라는 용어가 회귀분석에 적용될 때에는 자료의 분포가 아닌 통계 모형에 대한 것이다. 즉, 모수적 회귀모형은 몇 개의 모형 모수들에 의해 완전히 모형이 설명되기 때문에 그렇게 불리는 것이다. 예를 들어 선형회귀의 경우, 모형이 선형임을 알게 된 이상 두 개의 모수값만 알면 된다. 하나는 절편이고 다른 하나는 기울기로써 이 두 값만 있으면 회귀직선 전체를 그릴 수 있게 된다. 반면에, 회귀함수의 형태를 정하지 않은 채 곡선을 직접 적합시켜 회귀곡선을 그리려면 곡선 위의 모든 점의 x값과 y값이 필요하게 되는데 이러한 경우 '비모수적' 모형이라 부른다. 비모수적 회귀모형이라 해도 자료의 분포에 대해서는 특정한(모수적) 모형을 가정할 수 있다.

모수적 회귀모형은 비모수적 회귀모형에 비해 여러 가지 장점을 갖고 있다. 해석이 용이하며 적합된 모형은 일반적인 이론을 개발하는 데 사용 가능하지만 비모수적 회귀모형에서는 이런 일이 항상 가능하지는 않다. 또한 분산분석을 이용해 적합된 모수적 모형이 데이터를 얼마나 잘 설명하는 지 쉽게 알 수 있지만, 비모수적 모형의 경우 그러한 용도의 통계량이 딱히 없다. 마지막으로, 모수적 모형은 데이터셋의 크기가 작은 경우 혹은 낮은 신호 대 잡음비(signal-to-noise ratio)를 보이는 자료에도 잘 사용할 수 있는데, 이는 모형의 함수적 형태에 대해 강력한 가정을 함으로써 이러한 상황에 대한 추정 결과의 민감도를 완화시킬 수 있기 때문이다. 모수적 모형의 단점은 여러 변수들 사이의 함수적 형태를 미리 가정해야 한다는 점이다. 다만 다항회귀와 같은 비선형 회귀 모형은 예측변수에 비선형 변환을 적용하면 선형모형으로 간주할 수 있으며, 따라서 선형모형에서 사용했던 모든 가정들을 사용할 수 있다는 점을 인지할 필요가 있다. 그런 이유 때문에 '비선형 회귀'라는 용어는 비모수적 회귀모형을 가리키도록 매우 제한적으로 사용될 때도 있으나, 이 책에서는 모수적 모형과 비모수적 모형을 모두 지칭하는 용어로 사용할 것이다.

R에서의 비선형 방법의 이론 및 실제적인 적용으로 넘어가기 전에, 우선 맥락에 기반해 자료 분석 문제에 사용할 방법론을 식별하고 다음과 같은 질문에 대해 검토하는 것이 중요하다. 즉, 방법론의 용도는 무엇인가? 이 질문에 대한 두 가지 가능한 대답이 있으며, 이 대답들은 방법론들을 실행하기 위해 R을 어떻게 사용할 지에 대한 실제적인 함의를 가진다.

- 비모수적 모형은 단순히 탐색적 도구이고 변수들이 서로 어떤 식으로 연관성을 갖는 지에 대한 전반적인 감각을 얻기 위해 사용할 수 있다.
- 비모수적 모형은 선형모형에 대한 강력한 일반화이며, 변수들 사이의 관계를 정확히 그리고 특정 형태의 모형식에 매이지 않고 유연하게 모형화할 수 있게 해준다.

:: 흡착 데이터셋과 체위 데이터셋

이 절에서는 다음의 두 데이터셋을 사용하게 될 것이다.

- 흡착 데이터셋(adsorption.txt)은 다음 사이트에서 다운로드할 수 있다.

    http://scholar.harvard.edu/gerrard/mastering-scientific-computation-r

    이 데이터는 50가지의 다른 수치의 압력에 대한 고체 표면의 가스 흡착 면적으로 구성되어 있으며, 다음 네 개의 변수를 포함하고 있다.
    - P는 측정이 이루어진 가스 압력이다.
    - T1, T2, T3는 온도가 각각 1, 2, 3 수준일 때 가스 흡착 면적이다.

- 2011-2012 질병관리센터 국가 보건영양검사에서 얻은 인체측정학적(anthropometric) 데이터 (nhanes_body.txt)로 http://scholar.harvard.edu/gerrard/mastering-scientific-computation-r에서 콤마(,)가 구분자인 텍스트 파일 즉, CSV 파일 형태로 다운로드받을 수 있다. 분석을 위해 클리닝 및 전처리가 이루어진 데이터셋으로서 8,602명에 대한 다음의 4개 변수를 담고 있다.
    - Gender: 성별(1은 남성, 2는 여성)
    - Age: 나이
    - Height: 키
    - Weight: 몸무게

:: 이론에 기반한 비선형회귀

과학 연구에서 이론에 기반한 자료 분석이 어떻게 수행되는지에 대한 의견은 분분하지만, 잘 고안된 이론적 모형을 실제 자료에 적용하는 것이 이상적이라는 데 대부분의 과학자가 동의할 것이다. 비선형회귀를 확실히 사용해야 하는 경우는 이론적으로 변수들 사이의 관계를 알고 있고 그 관계가 선형이 아닐 때이다. '랭뮤어(Langmuir)의 흡착 모형'으로 알려진 가스흡착에 대한 고전적인 모형이 좋은 예가 될 것이다.

흡착(adsorption)은 가스가 물체의 표면에 집중되는 현상이다. 공학에서 가스 분리에 관련해 응용된다. 랭뮤어 모형을 어떻게 유도할 수 있는지에 대한 자세한 설명은 생략하지만, 그 공식은 다음과 같다.

$$\Theta = \frac{\alpha P}{1 + \alpha P}$$

앞 식에서 Θ는 고체 표면의 가스 흡착면적을 나타내고, α는 주어진 온도에서 고체와 상호작용을 하는 가스에 의해 결정되는 상수이고, P는 압력이다.

이 등식에서 보듯이 압력 Θ와 흡착면적 P 사이의 관계는 비선형이다. 화학공학에서는 주어진 온도에서 관측된 흡착면적에 기초해 상수 α를 추정한다.

 실제 실험은 고체의 무게를 측정하게 될 아주 예민한 저울을 담고 있는 가스 실린더를 일정한 온도로 관리하고 다양한 압력 조건에서 고체 시료의 무게를 측정하는 방식으로 이루어진다. 자료 분석에 집중하고 비공학도의 이해를 위해 물리적 측정의 자세한 내용에 대한 설명은 생략한다.

다음을 순서대로 시행한다.

❶ 데이터셋을 다음 코드를 사용해 로드한다.

```
adsorption <- read.csv('adsorption.txt')
```

❷ R에서 이 등식을 적합시키는 가장 간단한 방법은 nls() 함수를 사용하는 것인데, 데이터에 대해 사용자가 지정한 모형식을 적합시켜준다. adsorption 데이터에는 세 가지 다른 온도 조건 하에서 측정한 세 개의 다른 Θ 값인 T1, T2, T3가 포함되어 있다. 각 온도별 랭뮤어 공식에 있는 α의 추정치는 다음과 같이 하면 구할 수 있다.

```
langmuir.T1 <- 'T1 ~(alpha.1 * P) /(1 + alpha.1 * P)'
langmuir.T2 <- 'T2 ~(alpha.2 * P) /(1 + alpha.2 * P)'
langmuir.T3 <- 'T3 ~(alpha.3 * P) /(1 + alpha.3 * P)'
fit.T1 <- nls(langmuir.T1, start = list(alpha.1 = 1), data = adsorption)
fit.T2 <- nls(langmuir.T2, start = list(alpha.2 = 1), data = adsorption)
fit.T3 <- nls(langmuir.T3, start = list(alpha.3 = 1), data = adsorption)
```

❸ 위 함수들은 랭뮤어 흡착모형에 기초한 세 개의 서로 다른 비선형 회귀식(온도별로 하나씩)을 정의한다. nls() 함수가 리턴한 객체들을 출력하면 온도별 α의 추정치를 알 수 있으며, summary() 함수를 사용하면 추정치의 표준오차를 알 수 있다.

```
fit.T1
fit.T2
fit.T3
```

주의할 점은 초기치를 너무 엉뚱하게 잡으면 수렴하지 않을 수 있다는 것이다. 따라서 여러 개의 초기치를 사용해 보고 최종 값들을 비교해보는 것이 좋다.

∷ 시각화를 통해 비선형성 탐색하기

키, 몸무게, 나이, 성별 간의 관계에 대해 알고 싶다고 가정하자. 일단 우리는 이 변수들이 서로 어떤 관계를 갖고 있는 지에 대해 어느 정도 미리 알고 있기는 하다. 예를 들어, 키가 클수록 몸무게는 많이 나가기 마련이다. 다음 단계에 따라 분석을 시작해보자.

❶ 다음 코드를 이용해 데이터를 로드하고, 데이터프레임을 attach하자.

```
body.measures <- read.csv('nhanes_body.txt')
attach(body.measures)
```

❷ 이제 자료 분석에서 가장 중요한 단계라 할 수 있는 데이터의 시각적 확인 단계이다. 다음 코드를 실행해 보자.

```
plot(age, height, xlab = 'Age', ylab = 'Height', main = 'Height vs Age')
```

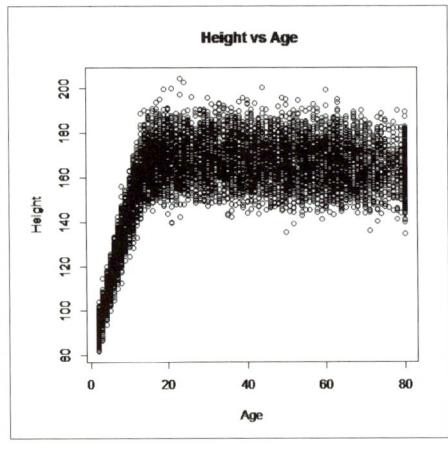

데이터셋이 수천 개의 자료점으로 구성되어 있고 기본 그래픽 옵션만 사용했기 때문에 그림이 다소 깔끔하지 못한 면이 있지만, 두 변수의 관계가 선형이 아닌 것은 확실히 파악할 수 있다. 이 그림에서 뚜렷이 관측되는 바는 키와 나이 사이의 관계가 선형은 아니지만 자료의 구획을 나누어보면 각각 선형모형에 의해 성공적으로 모델링이 될 수 있을 것이라는 점이다. 예상하는 대로 상대적으로 어린 나이의 사람들은 성인에 다다른 사람들에 비해 키가 작다. 그리고 성인이 된 이후 나이가 들어가면서 키가 조금씩 줄어드는 경향도 보이는 듯하다.

고도로 밀집된 데이터를 위한 R 시각화 도구가 있는가?

고도로 밀집된 데이터를 살펴보기 위한 시각화 도구에는 hexbin과 ggplot2를 비롯해 몇 가지 있다. 이러한 패키지들은 출판에 사용할 만한 고품질의 도표들을 작성할 수 있게 해준다.

다음 세 개의 패키지를 이용하면 고도로 밀집된 데이터를 2차원 도표로 시각화할 수 있으며 자료점의 개수를 시각적으로 표현할 수 있도록 음영을 도표에 넣을 수도 있다.

아래 코드와 같이 hexbin 패키지를 이용할 수 있다.

```
library(hexbin)
bin <- hexbin(age, height)
plot(bin, xlab = 'Age', ylab = 'Height', main = 'Height vs Age')
```

ggplot2 패키지를 사용하는 예는 다음과 같다.

```
library(ggplot2)
qplot(age, height, data = body.measures, geom="hex",
      xlim = c(0, 80), ylim = c(80, 200), binwidth = c(5, 5))
```

다음은 graphics 패키지를 사용하는 예이다.

```
smoothScatter(height ~ age, xlab = 'Age', ylab = 'Height', main = 'Height vs Age')
```

데이터의 전체적인 패턴을 시각화하고 싶으면 scatter.smooth() 함수를 사용하면 된다. 이 함수는 여러 개의 옵션이 필요한 복잡한 명령어 대신 최소한의 코드만으로 두 변수 사이의 관계를 빠르게 확인할 수 있도록 해준다. 일반적으로 자료점은 연한 색으로 지정하는 것이 평활 곡선이 잘 보이도록 하는 데 도움이 된다. 그림의 품질은 다소 떨어지고 아래 그림에서 볼 수 있듯이 그림에 있는 곡선을 그대로 사용하기 보다는 더 나은 통계 모델링이 필요할 수 있지만, 빠르게 데이터를 시각적으로 살펴볼 수 있는 방법이다.

```
scatter.smooth(age, height, xlab = 'Age', ylab = 'Height', main = 'Height vs Age', col = 'gray', pch = 16)
```

결과는 다음 그림과 같다.

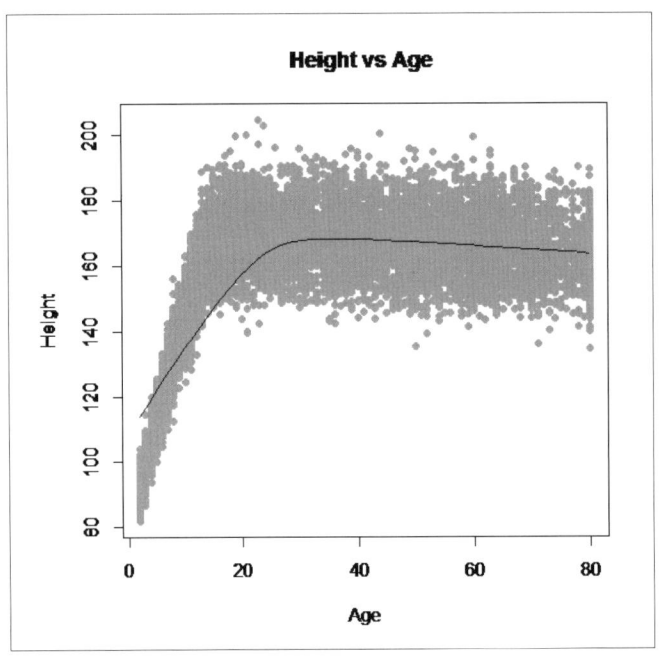

이어지는 다음 절들에서 논의하게 될 것이지만, 우리는 개별 자료점들에 대해 얼마나 민감해야 하는 지에 대한 의사결정을 많이 내리게 될 것이다. 이 문제는 데이터 내에 있는 개별 자료점들의 특성을 최대한 반영할지, 아니면 데이터 전체 수준에서 오차를 최소화할 수 있는 모델링을 할 것인지를 결정하는 것과 동일한 문제이다. 둘 중 한쪽 측면을 잘 하려면 다른 한쪽을 댓가로 치러야 하는 문제가 있다. 만일 설명변수들에 대한 반응변수의 변화가 매우 클 것으로 예상되고 이러한 변화가 진정 모델링할 가치가 있는 현상이라면, 신호 대 잡음비(signal-to-ratio)가 크다고 믿고 관측치 변화에 민감한 방법론을 사용하면 될 것이다. 반대로 설명변수에 대한 반응변수의 변화가 상대적으로 작을 것으로 예상되고 오히려 랜덤오차에 의한 변동의 영향이 큰 경우라면, 자료값 변동에 둔감한 모형이 더 좋은 모형이 될 것이다.

비모수적 방법론에 대해 알아보기 전에, 우선 선형모형을 비선형 관계에 확장 적용하는 방법에 대해 논의해보자.

∷ 선형 프레임워크 확장하기

3장에서 논의한 바와 같이 선형회귀에 깔려있는 기본 아이디어는 아래와 같은 식으로 변수값들을 예측할 수 있다는 것이다.

$$Y = \alpha + B_1 X_1 + B_2 X_2 + B_3 X_3 + \ldots$$

여기서 종속변수 Y는 X값들과 선형 관계를 갖고 있다(즉, X값들의 차수는 모두 1). 물론, X 변수들은 다른 예측변수들의 비선형함수가 될 수 있으며, 따라서 예측변수들에 대해 비선형 변환을 실시한 후 선형회귀를 실시하면 이들 변수 사이의 비선형 관계를 모델링할 수 있게 된다.

다항회귀

다항회귀(polynomial regression)는 선형 프레임워크를 비선형 관계로 확장하는 가장 간단한 방법이다. 회귀식 내 몇몇 예측변수들에 대한 제곱 또는 세제곱 항이 포함되어 있으면, 그 항들을 새로운 예측변수처럼 취급하면 된다는 것이 아이디어이다. 예를 들어, 다음과 같은 이차다항식으로 된 회귀식을 적합시키고 싶다고 하자.

$$Y = \alpha + B_1 X_1 + B_2 X_2 + B_3 X_2^2$$

이 식은 선형 회귀식이 아니지만 X_2^2을 새로운 변수 X_3으로 세팅하면 다음과 같은 회귀식을 얻는다.

$$Y = \alpha + B_1 X_1 + B_2 X_2 + B_3 X_3$$

즉, $X_3 = X_2^2$ 이다. 이렇게 하면 보통의 선형회귀에서 사용하는 최소제곱법으로 α, B_1, B_2, B_3의 값을 구할 수 있게 된다.

R에서 다항회귀 실시하기

앞의 도표에서 본 바와 같이 키와 나이 사이의 관계는 분명히 비선형이다. 우선 선형회귀를 적용하면 어떻게 되는지 보자.

```
> fit.linear <- lm(height ~ age)
> summary(fit.linear)

Call:
lm(formula = height ~ age)

Residuals:
    Min      1Q  Median      3Q     Max
-56.087 -12.657   2.087  14.693  54.811

Coefficients:
             Estimate Std. Error t value Pr(>|t|)
(Intercept) 1.370e+02  3.691e-01   371.1   <2e-16 ***
age         5.524e-01  9.012e-03    61.3   <2e-16 ***
---
Signif. codes:  0 '***' 0.001 '**' 0.01 '*' 0.05 '.' 0.1 ' ' 1

Residual standard error: 19.85 on 8600 degrees of freedom
Multiple R-squared:  0.3041,	Adjusted R-squared:  0.304
F-statistic: 3758 on 1 and 8600 DF,  p-value: < 2.2e-16
```

결정계수(R square) 값이 0.304임을 보고 데이터가 선형모형에 잘 적합되었다고 생각할 수도 있다. 그러나 이는 사실이 아닌 것이, 자료 분석 전에 실시했던 데이터에 대한 시각적 탐색 결과 비선형 관계를 확인했기 때문이다. 직선 적합은 어렸을 때의 급격한 키의 변화와 나이가 든 후의 완만한 움직임을 제대로 표현할 수 없다. 다음 코드를 실행하면 직선식은 키와 나이 사이의 모형식으로는 형편없는 것임을 알 수 있다.

```
> plot(age, height, pch = 16, col = 'gray', xlab = 'Age', ylab = 'Height', main =
'Height vs Age')
> points(age, fit.linear$fitted, pch = 16, cex = 0.1)
```

실행 결과는 다음 그림과 같다.

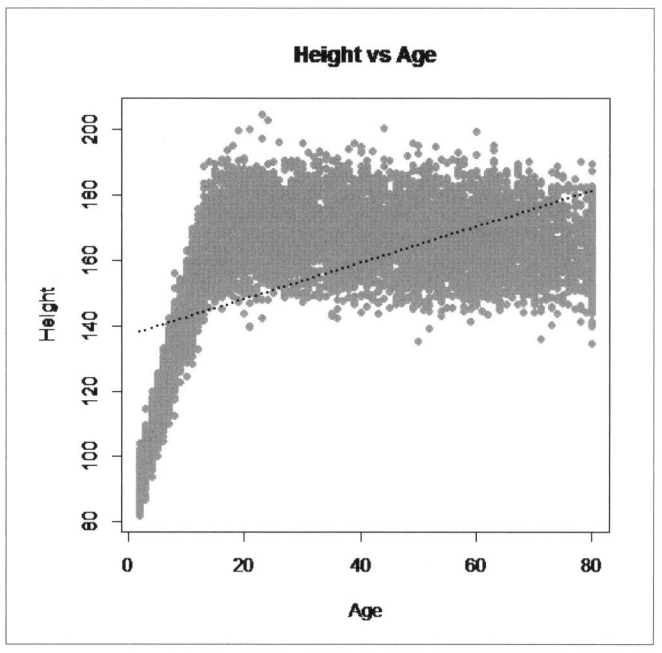

회귀 진단(regression diagnostics)을 위한 시각화 방법을 사용해도 같은 결론을 얻을 수 있다. 다음은 잔차그림 즉, 잔차 대 예측치 산점도를 작성하는 코드인데, 잔차그림은 이후 계속되는 모델링에서도 살피게 될 것이다.

```
> plot(fit.linear, which = 1)
```

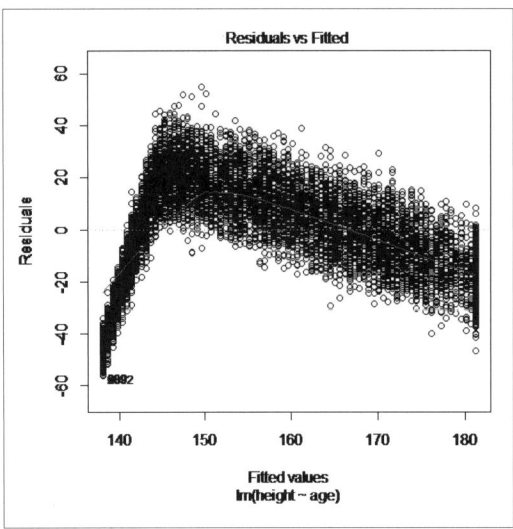

이 그림에서 잔차가 예측치에 따라 음에서 양으로, 다시 양에서 음으로 옮겨가는 분명한 패턴을 볼 수 있다.

그렇다면 이들 두 변수에 대한 이론적 배경공식이 없이 어떻게 모형을 적합시킬 수 있을까? 답은 다항회귀이다. 다항회귀는 실은 일종의 선형회귀이며, 다만 회귀식이 기저함수(basis function)의 결합 형태로 구축된 것으로 볼 수 있다. 이때 기저함수는 X변수에 대한 거듭제곱을 통해 얻는다.

불행하게도 실제로는 몇 차 다항식이 필요한지 미리 알지 못하며, 따라서 낮은 차수의 다항식들로 출발해 차수로 높여가며 진행하게 된다. 이때 I() 함수를 사용하면 괄호 안에 있는 내용의 수식을 R에게 알려주어 회귀식으로 넘겨줄 수 있다.

```
> fit.quadratic <- lm(height ~ age + I(age^2))
> plot(fit.quadratic, which = 1)
> fit.cubic <- lm(height ~ age + I(age^2) + I(age^3))
> plot(fit.cubic, which = 1)
> fit.quartic <- lm(height ~ age + I(age^2) + I(age^3) + I(age^4))
> plot(fit.quartic, which = 1)
> fit.quintic <- lm(height ~ age + I(age^2) + I(age^3) + I(age^4) + I(age^5))
> plot(fit.quintic, which = 1)
> fit.sextic <- lm(height ~ age + I(age^2) + I(age^3) + I(age^4) + I(age^5) + I(age^6))
> plot(fit.sextic, which = 1)
> fit.septic <- lm(height ~ age + I(age^2) + I(age^3) + I(age^4) + I(age^5) + I(age^6) +
I(age^7))
> plot(fit.septic, which = 1)
```

공간을 낭비하지 않기 위해 모든 그림을 다 싣지는 않는다. 다만 아래 그림에서 볼 수 있는 것처럼 높은 차수의 다항식을 사용하면 잔차그림은 좋아지게 된다.

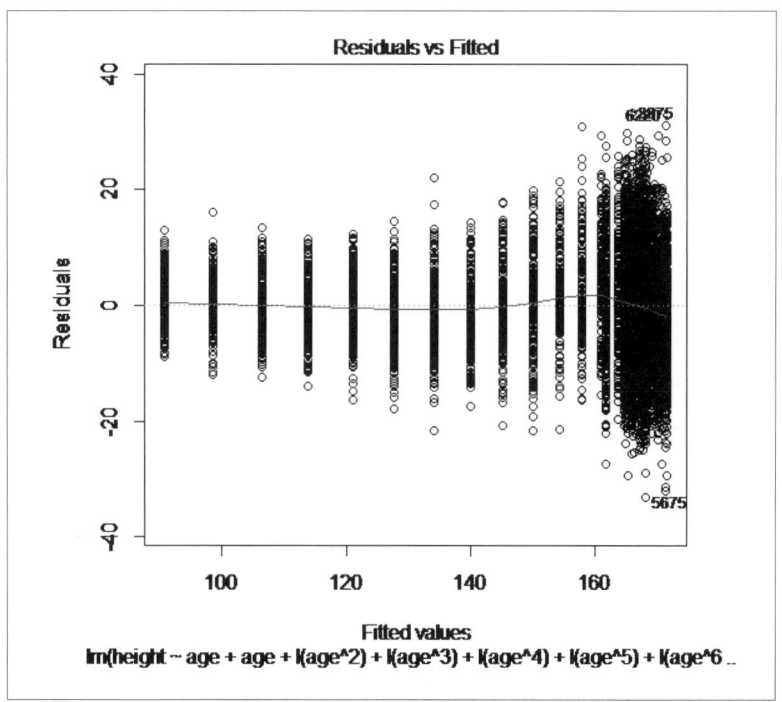

무조건 높은 차수의 다항식을 적합시키는 접근법은 독자들의 심기를 불편하게 만들 것이다. 우선 그저 어리석은 일처럼 보인다. 또한, 일단 4차 다항식을 적합시킨 결과를 얻은 후 그보다 더 높은 차수의 다항식으로 나아갔을 때 더 좋은 적합을 얻을 수 있을 지 확실하지가 않다. 일반적으로 비수렴(nonconvergence) 문제를 피하려면 3차식 이하를 사용할 것을 권고한다.

비수렴 문제는 많은 추정 알고리즘에서 발생하는데 특히 높은 차수의 다항식을 사용할 때 문제가 된다. 쉽게 말하면 자료점 사이를 거칠게 왔다갔다 하는 보간값(interpolated values)을 만들게 된다. 이 문제는 다항식의 차수를 3차까지로 제한하는 방식으로 회피하기도 한다. 보다 중요한 것은 보간점(interpolation points)을 어떻게 분포시키느냐에 있다. 런지 현상(Runge's phenomenon, 비수렴 문제의 전형적인 예)을 보여주는 다음 예제 코드를 시험해 보라.

등간격으로 지정한 보간점을 데이터로 해 다항식을 적합시켜 보자.

```
> runge <- function(x) {return(1/(1+x^2))}
> x <- seq(-5, 5, 0.5)
> y <- runge(x)
> plot(y~x)
> fit.runge <- lm(y~x+I(x^2)+I(x^3)+I(x^4)+I(x^5)+I(x^6))
> lines(fit.runge$fitted ~ x)
```

실제 함수값을 나타내는 작은 동그라미들이 이룬 형태로 보아 종 모양의 곡선임을 짐작하게 하는데 반해, 적합된 다항식은 꼬리 부분에서 심하게 요동치고 있음을 확인하게 된다.

이러한 현상을 완화시키려면 다음과 같이 양쪽 끝 부분에 더 많은 보간점들을 배치해 빽빽하게 채우고 중앙 부분에는 점을 듬성듬성 조금만 배치해주면 된다.

```
> x2 <- c(seq(-5, -4.05, 0.05), seq(-4, 4, 1), seq(4.05, 5, 0.05))
> y2 <- runge(x2)
> fit.runge.2 <- lm(y2~x2+I(x2^2)+I(x2^3)+I(x2^4)+I(x2^5)+I(x2^6))
> lines(fit.runge.2$fitted ~ x2, col = 'red')
```

이러한 테크닉은 보간점을 직접 선택할 수 있는 인위적인 데이터를 다루는 경우 비수렴성을 해결하는 데에는 도움을 줄 수 있다. 그러나 실제 데이터에서는 보간점들의 위치를 직접 선택할 수 없기 때문에 사용 불가능한 방법이다.

실은 시각적으로 확인한 키와 나이 사이의 관계가 통상적인 다항함수처럼 보이지 않으며 그렇기 때문에 전체 나이 영역에 대해 다항회귀를 시행하는 것이 온당치 않다는 것이다. 좀 더 나은 접근법은 두 개의 나이 영역이 있음을 인정하는 것으로, 하나는 사람들이 성장하고 성숙해가는 시기이고, 다른 하나는 성장이 멈추고 오히려 감소세를 보이는 나이 영역이다. 나이에 따라 데이터를 두 개로 쪼개는 것으로 시작하자.

- 18세까지 성장 중에 있을 것으로 기대되는 사람들
- 18세를 넘겨 성장이 끝난 것으로 기대되는 사람들

다음 코드를 이용해 데이터를 둘로 나누어 보자.

```
> detach(body.measures)
> youths <- which(body.measures$age %in% c(2:18))
> adults <- which(body.measures$age %in% c(19:80))
> body.measures.youths <- body.measures[youths,]
> body.measures.adults <- body.measures[adults,]
> attach(body.measures.youths)
> plot(height ~ age)
```

실행 결과는 다음 그림과 같다.

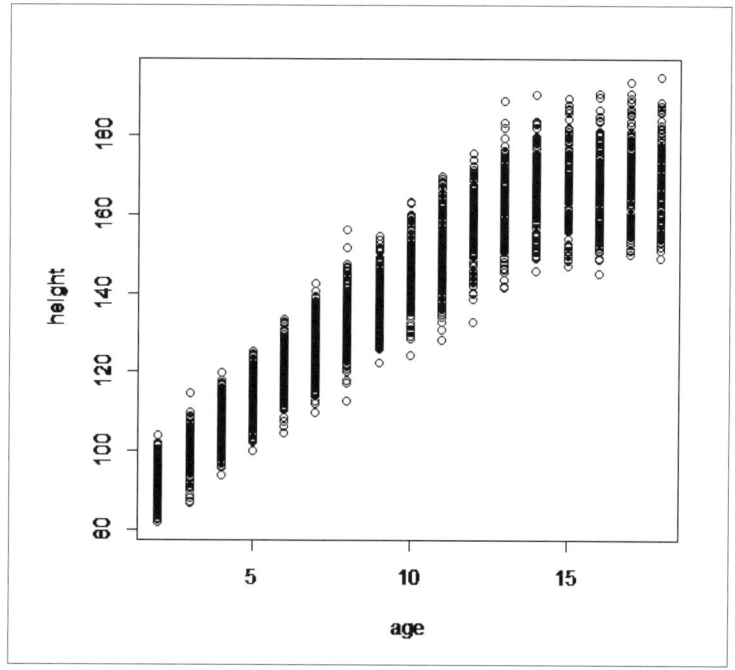

위 그림으로부터 나이와 키 사이에 곡선식 관계가 있는 것을 확인할 수 있으며, 더 나아가 다항식으로 모형화하는 것이 자연스러운 종류의 곡선임도 알 수 있다. 다음 코드를 보라.

```
> fit.cubic.youths <- lm(height ~ age + I(age^2)+ I(age^3))
> plot(fit.cubic.youths, which = 1)
```

잔차들 역시 어떤 패턴을 형성하기 보다는 랜덤한 오차처럼 흩어져 있는 매우 훌륭한 잔차그림을 볼 수 있을 것이다. 예측 모형과 데이터를 비교해보자.

```
> plot(age, height, pch = 16, col = 'gray', xlab = 'Age', ylab = 'Height', main =
'Height vs Age(in youths)')
> points(fit.cubic.youths$fitted ~ age, pch = 16, cex = 1)
```

실행 결과는 다음 그림과 같다.

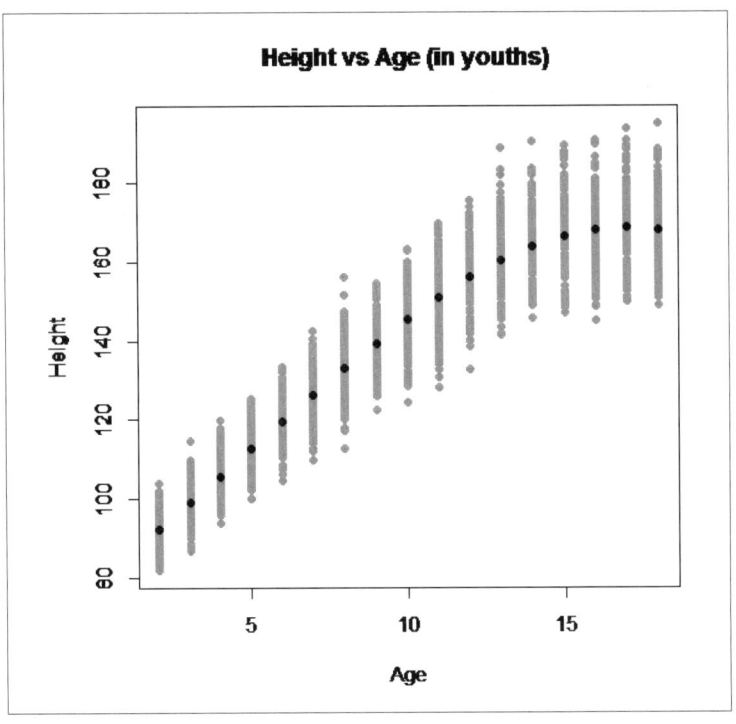

또한 모수 추정치 및 분산분석 결과를 확인할 수 있으며, 특히 R제곱 값이 0.93임을 알게 될 것인데 이는 매우 훌륭한 수준에 해당한다. 선형회귀에서와 마찬가지로 summary() 함수를 사용하면 된다('Chapter 3. 선형모형' 참조).

```
> summary(fit.cubic.youths)
```

같은 절차를 19세 이상 데이터에 대해 적용하자.

```
> detach(body.measures.youths)
> attach(body.measures.adults)
> fit.cubic.adults <- lm(height ~ age + I(age^2)+ I(age^3))
> plot(age, height, pch = 16, col = 'gray', xlab = 'Age', ylab = 'Height', main =
'Height vs Age(in adults)')
> points(fit.cubic.adults$fitted ~ age, pch = 16, cex = 1)
```

실행 결과는 다음 그림과 같다.

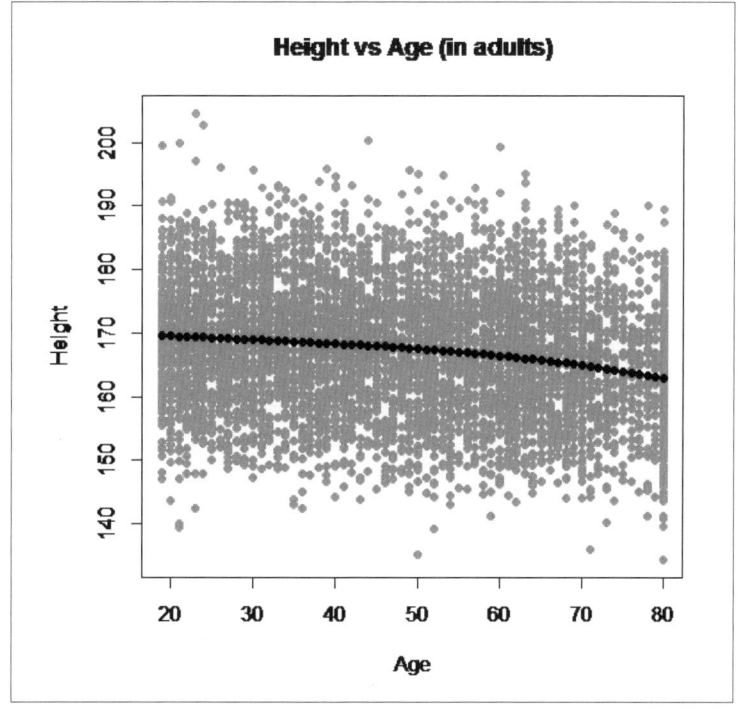

결과적으로 키를 예측하는 두 개의 서로 다른 함수를 만들었는데, 18세 이하 사람들을 위한 함수와 19세 이상을 위한 것이다. 이러한 회귀분석 접근법은 스플라인(spline)에 대한 기본 아이디어가 된다.

스플라인 회귀

고차의 다항식을 사용하지 않고 곡선 관계를 적합시키기 위해 스플라인(spline)을 사용할 수 있다. 스플라인은 기본적으로 X값에 따라 회귀식이 변하는 조각별(piecewise) 함수이다. 스플라인을 위한 다양한 접근법이 있으며, 다행히 R은 앞에서 우리가 사용했던 접근법보다 정교한 스플라인 접근법들을 제공한다.

회귀함수를 쪼개는 기준점을 매듭점(knot)이라 한다. 앞에서 우리가 사용한 접근법은 18과 19 사이에 한 개의 매듭점을 지정한 것으로 생각할 수 있다. 다만 앞 절에서 실시한 조각별 회귀분석에서는 18에서의 예측값과 19에서의 예측값이 완전히 다른 값으로 나올 수 있다. 원래 스플라인은 매듭점에서 연속인 함수일 것을 요구한다.

이 장을 시작하는 부분에서 잠깐 논의하기도 했지만 비선형 방법의 역할은 토론의 대상이며, 우리도 이 책을 진행해가는 동안 이론에 기반한 사용보다는 점점 탐색적 태도로 비선형 방법을 사용하는 쪽으로 흘러가는 중이다. 이러한 흐름에 맞추려 하다 보면 스플라인 방법은 모수적 프레임워크를 사용하되 데이터를 여러 조각으로 쪼개야 하다 보니 회귀함수를 표현하는 데 필요한 모수의 개수가 많아지게 된다.

R 베이스 패키지의 `smooth.spline()` 함수는 R에서 스플라인을 손쉽게 적합시킬 수 있는 함수들 중 하나이다. 실제 활용 예를 보여줄 수 있도록 전체 데이터셋으로 돌아가자.

```
> detach(body.measures.adults)
> attach(body.measures)
> fit.spline.smooth <- smooth.spline(height ~ age, nknots = 4)
> plot(age, height, pch = 16, col = 'gray', xlab = 'Age', ylab = 'Height', main = 'Height vs Age')
> lines(fit.spline.smooth, pch = 16)
```

실행 결과는 다음 그림과 같다.

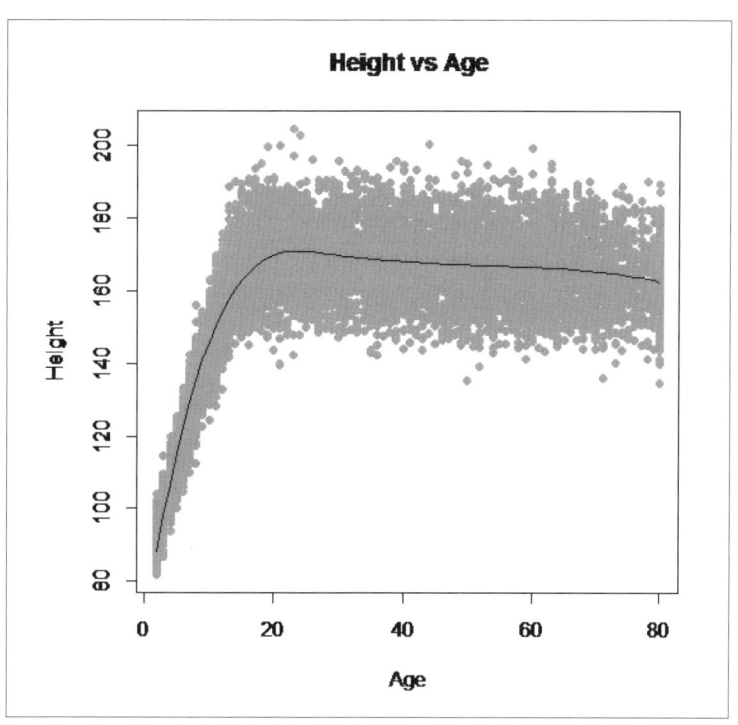

이 그림은 데이터의 행태를 잘 적합시킨 것으로 보이는 부드러운 함수 형태를 제공해준다. 그러나 데이터의 수학적인 성질에 대해서 아무 얘기도 해 줄 수 없으나, 탐색적 분석에는 매우 적절해 보인다.

:: 비모수적 비선형 방법론

아주 일반적인 맥락에서 선형모형에 대해 살펴보는 것으로 시작하자. 왜냐하면 많은 비선형 모형들이 선형모형의 일반화로 볼 수 있기 때문이다.

우리는 전통적으로 선형모형을 변수 Y를 선형 예측식으로 표현한 다음의 식으로 나타낸다.

$$Y = \alpha + BX$$

이 식은 직선을 표현할 때 고전적으로 사용되는 수식이다. 그러나 회귀식을 직선 또는 보다 일반적 프레임워크를 사용한 다른 형태로 잡을 수 있다. 만일 Y와 X의 관계식을 실제로는 알 수 없다면 어떻게 될까? 관계식을 모를지라도 주어진 X값에 대한 Y값을 예측하는 것은 여전히 가능하다. 즉, X값의 관측치 그리고 X가 주어진 경우 관측한 Y값들을 이용할 수만 있다면 해당 X값에서 관측된 Y값의 평균으로 예측값을 정하면 된다.

$$\hat{m}(x) = E(Y_x) = \frac{1}{n_x}\sum_{i=1}^{n_x} Y_i$$

위 공식은 일종의 점별(pointwise) 회귀 또는 점별 평균 회귀를 나타낸 것이다. 함수 $\hat{m}(x)$는 주어진 X값에 대한 Y의 기댓값에 대한 추정치로 정의된다. 이렇게 되면 특정 X값에서 예측된 Y값은 다른 X값들에 대해 예측된 Y값과 전혀 무관할 것이다. R에서 이러한 종류의 회귀방법은 비교적 쉽게 구현 가능하다. 다음을 보라.

```
pointwise.regression <- function(x, y) {
    X <- c(min(x):max(x))
    Y <- vector('numeric', length(X))
    for(i in X) {
            Y[i-min(x)+1] <- mean(y[x == i])
    }
    return.frame <- data.frame(X, Y)

    return(return.frame)
}
```

이 함수는 x와 y 두 개의 벡터를 입력받은 후, 각기 다른 x값에 대응하는 y값의 평균값을 계산하고, 각 x값과 대응되는 y의 평균값을 데이터프레임으로 리턴한다(함수 내에 x와 X, Y와 y 대소문자 구별에 유의하라).

TIP

R에서 루프를 사용해 여러 개의 구성원을 가진 데이터 객체(예: 벡터, 행렬, 데이터프레임 등)를 반복적으로 구축하는 방법은 여러 가지가 있다. 일반적으로 이런 작업을 가장 느리게 하는 방법은 각 반복에서 데이터 객체의 길이를 늘려가는 방식인데, 왜냐하면 이 방법은 커다란 크기의 객체를 위한 공간을 시스템 메모리에 매 반복마다 재할당하기 때문이다. 보다 빠른 방법은 필요한 만큼의 크기를 가진 객체를 미리 생성해 놓고 적절한 값들을 채워가는 방식이다.

앞에서 작성한 점별 회귀를 위한 함수를 사용해 각 나이에 따른 평균 키를 나타내는 그림을 작성할 수 있다. 자료점들을 바탕에 깔고 회귀식을 그리기 위해 R은 각 추정된 점들을 짧은 선분들을 연결하는 방식으로 그림을 그리는데, 우리는 이 그림을 비모수적 곡선이 데이터의 추세를 나타낸 것이라고 느끼게 된다.

```
> expected.height <- pointwise.regression(age, height)
> plot(age, height, pch = 16, col = 'gray', xlab = 'Age', ylab = 'Height', main = 'Height vs Age')
> lines(expected.height)
```

결과는 다음과 같다.

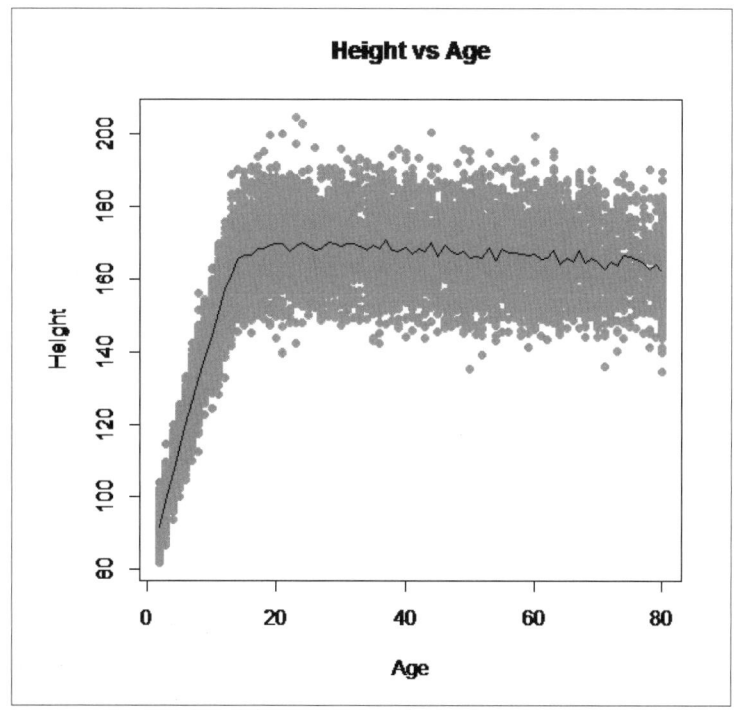

물론 위의 점별 회귀를 위한 함수를 확장해 t-분포 혹은 사용자가 선택한 분포에 기초한 95% 신뢰구간을 추가로 계산하게 만들 수 있다.

```
pointwise.confint <- function(x, y) {
  X <- c(min(x):max(x))
  Y.list <- list('numeric', length(X))
  for(i in X) {
    t.temp <- t.test(y[x == i])
    Y.list[[(i-min(x)+1)]] <- c(t.temp$estimate[[1]],
                                t.temp$conf.int[1],
                                t.temp$conf.int[2])
  }
  Y.mat <- do.call('rbind', Y.list)
  return.frame <- data.frame(cbind(X, Y.mat))
  names(return.frame) <- c('X', 'Y', 'Lower.Y', 'Upper.Y')
  return(return.frame)
}
```

데이터의 비선형 관계를 모델링하는 데 더 유용한 방법론들이 여럿 있는데 pointwise. confint() 함수는 이들 방법에 쉽게 확장 가능하다는 면에서 유용하다. 즉, Y.list의 원소들을 사용자가 사용하기 원하는 다른 함수를 이용한 결과로 대신 채울 수도 있다.

'점별 회귀'는 데이터 분석에서 자주 사용되는 용어는 아니지만, 상자그림(box and whisker plot), 촛대차트(candlestick chart) 등의 시각화 도구로 자주 사용된다. R은 상자그림을 위한 베이스 함수를 제공한다.

```
> boxplot(height ~ age, xlab = 'Age', ylab = 'Height', main = 'Height vs Age')
```

실행 결과는 다음 그림과 같다.

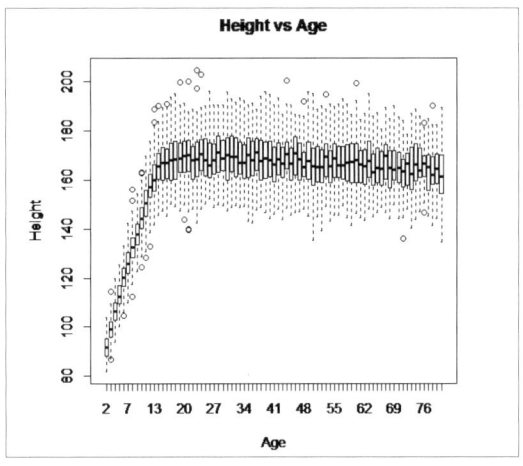

상자그림은 직사각형의 상자를 각 X값마다 그려준다. 상자 중앙을 지나는 선은 중앙값(median)이고 상자의 밑변과 윗변은 각각 제1사분위수, 제3사분위수 값이다. 상자 바깥의 수염(whisker)은 사분위수범위(interquartile range)의 1.5배(즉, 상자 길이의 1.5배)만큼 그리는 것이 기본 규칙이며, 수염 바깥의 개별 점들은 이상점(outlier)을 나타낸다.

 R에서 boxplot() 함수에 add = TRUE로 인수를 설정하면 기존 그림에 상자그림을 추가할 수 있게 해준다. 그러나 기존 그림에서 사용하는 X값이 1로 시작하지 않으면 boxplot() 함수를 겹쳐 그릴 수 없다. 다른 값으로 시작하는 경우에는 아래와 같이 at 인수를 boxplot() 함수에 지정해 주어야 한다.

```
plot(height ~ age, col = 'gray', pch = 16, xlim = c(2, 80),
     xlab = '', ylab = '', xaxt = 'n')
boxplot(height ~ age, xlab = 'Age', ylab = 'Height',
        main = 'Height vs Age', add = TRUE, at = c(2:80))
```

이상의 회귀 추정 또는 상자그림을 위한 점별 접근법에서 가장 주목할 만한 특징은 각 X값에 대한 Y 추정치를 다른 X값에서의 Y값과 완전히 무관한 것으로 취급한다는 점이다. 이는 중요한 정보를 무시하는 면이 있다. 예를 들어, 현재 키가 5피트인 50세 남성이 작년에 키가 5피트 1인치였을 수는 있지만 6피트였을 가능성은 없다. 이렇듯 특정 X값에서의 Y값을 모델링할 때 인접한 X값에서의 관계까지 고려하는 것은 의미가 있는데, 이는 관측된 자료점 간의 관계를 기술해주는 함수를 가정하는 방식으로 가능하다. 각 X값에 대한 Y값의 예측치가 다른 X값에서의 Y예측치와 적당한 방식으로 연결되어 있도록 해 주면 모형에 추가적인 정보를 얹어줄 수 있다.

$$\widehat{m}(x) = \sum_{i=1}^{n} w_i(x) y_i$$

만약 함수를 다음과 같이 정의하면, 선형회귀에 의한 직선식을 얻게 된다.

$$w_i(x) = \frac{1}{n} + \frac{(x_i - \overline{x})(x - \overline{x})}{\sum_{i=1}^{n}(x_i - \overline{x})^2}$$

다음 절에서는 주어진 X값에 해당하는 Y값과 근처에 있는 값들을 연관시켜주는 가중치 함수를 사용하는 방법에 대해 논의한다.

점별 회귀는 두 변수 간의 관계의 모든 국소적 구조를 잡아낸다. 그 모든 국소적 구조가 중요하다면 좋은 일이겠으나 보통의 경우 그 국소적 구조는 오차에 의한 것이며, 그러한 측면에서 가중치 함수가 유용하다.

커널 회귀

커널 회귀(kernel smoothng regression)는 비선형 자료에 부드러운 함수를 적합시키게 해주는 유연한 방법론이다. 각 X값에서 Y의 평균값을 추정할 때 특정 X값에서의 Y값만이 아닌 주변 값들의 가중분포 정보를 이용하는 방법이다. 주변 값들에 가중치를 부여하는 방식은 어떤 커널(kernel) 함수를 선택하느냐에 따라 달라진다.

앞 절에서 논의한 바와 같이 회귀함수 추정치는 관측된 Y값에 가중치 함수를 곱해 합산한 값으로 생각할 수 있다. 나다라야-왓슨(Nadaraya-Watson) 커널 회귀추정치[4]는 다음과 같이 주어진다.

$$\widehat{m}(x) = \frac{\sum_{i=1}^{n} K\left(\frac{x_i - x}{h}\right) y_i}{\sum_{i=1}^{n} K\left(\frac{x_i - x}{h}\right)}$$

여기서 K는 커널함수, h는 평활량(bandwidth, smoothing parameter)을 나타낸 것이다. 예를 들어, 가우시안(Gaussian) 커널 평활법을 적용하려면 K로 표준정규분포의 확률밀도함수를 사용하면 된다. 평활량은 고정값을 쓸 수도 있고 최근접이웃방법(nearest neighbors)에 의해 정할 수도 있다. 고정 평활량 방법은 정한 범위 내에 있는 모든 자료점을 사용하는 반면 최근접이웃방법은 회귀함수 값을 추정할 x점에 가장 가까운 일정 비율의 자료점만 사용한다. 예를 들어, 키와 나이 데이터의 평활량을 10으로 고정하고 균일분포 커널을 사용하는 것은

---

[4] 역자 주: 가중치 함수가 $w_i(x) = \dfrac{K\left(\dfrac{x_i - x}{h}\right)}{\sum_{i=1}^{n} K\left(\dfrac{x_i - x}{h}\right)}$ 인 경우에 해당함.

각 나이 앞뒤로 10년 이내에 해당하는 사람의 평균 키를 계산해 추정하는 것과 동일한 이야기이다. 반면에 0.25 최근접이웃방법으로 평활량을 정하고 균일분포 커널을 사용한다면, 각 나이별로 전체 자료의 25%에 해당하는 개수만큼 가까운 나이인 사람들의 키를 가지고 구한 평균값으로 추정하는 것이 된다. R에서 나다라야-왓슨 공식에 기초해 커널 회귀를 적용하는 가장 간단한 방법은 내장함수인 ksmooth()를 사용하는 것인데, 이 함수는 고정 평활량을 사용한다. 이 방법은 앞 절에서 살펴봤던 한 점에 기초해 추정치를 계산하는 대신 인접한 점들을 이용하는 점별 회귀의 변형이라 생각할 수 있다.

```
> smooth.height <- ksmooth(age, height, bandwidth = 10, kernel = 'normal')
```

이 함수에는 데이터를 지정하는 인수 외에도 평활량 및 커널 등 명시적으로 지정해야 할 중요한 인수가 있다. bandwidth 인수는 R에게 어느 정도 범위의 국소(local) 영역에 속한 자료점들을 사용해 회귀분석을 실시할 것인 지를 알려준다. ksmooth() 함수는 이 평활량 값을 수동으로 직접 입력할 것을 요구하는데, 평활량을 크게 할수록 모델링 노이즈를 줄여 더 부드러운 곡선을 얻게 되고 반면에 평활량 값이 작을수록 울퉁불퉁한 모양의 곡선을 얻게 된다. 적절한 크기의 평활량을 선택하는 것은 매우 중요한 문제임은 명백하다. 위에서는 임의로 평활량 값을 10으로 지정했지만, 이후에 R에 구현되어 있는 최적의 평활량을 선택해 주는 방법들에 대해 간단히 논의할 것이다.

위 예에서 kernel 인수는 'normal'로 지정되어 있다. 다른 가능한 옵션으로는 'box'(다른 곳에서는 rectangular 커널이라고도 불림)가 있다. normal 커널을 사용하면 데이터에 적용될 가중치가 정규분포 곡선에 의해 결정되고, box 커널이 선택되면 bandwidth 범위 내에 있는 모든 자료점에 동일한 가중치가 부여되고 바깥에 있는 자료점에는 0의 가중치가 부여된다.

커널 회귀에 의해 어떻게 회귀곡선이 만들어지는지 살펴보자.

```
> plot(age, height, xlab = 'Age', ylab = 'Height', main = 'Height vs Age in Males', col = 'gray', pch = 16)
> lines(smooth.height, col = 'red')
```

실행 결과는 다음 그림과 같다.

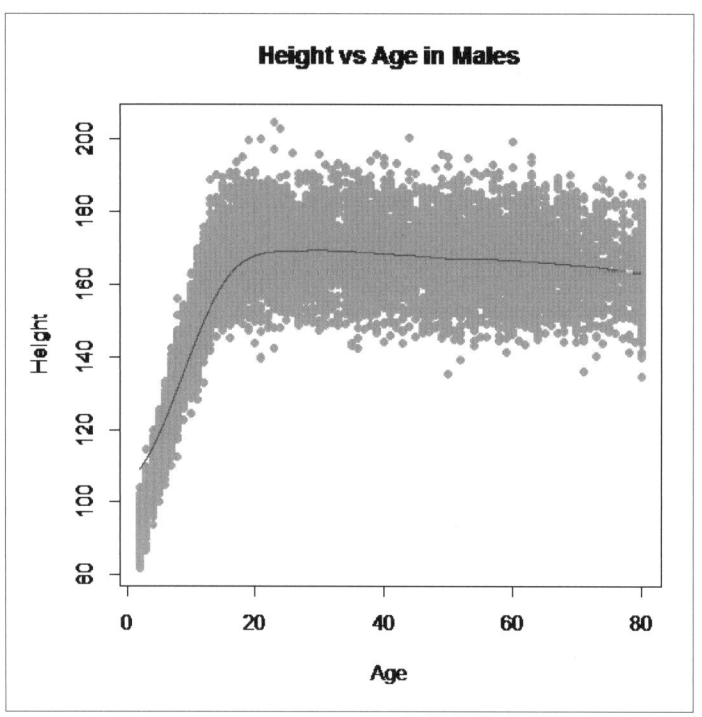

위 그림에 있는 곡선은 데이터에 비교적 잘 적합된 것으로 보이지만 아직 완전히 만족스러운 수준은 아니다. 앞에서 논의된 것처럼 비선형 모형을 사용하는 이유 중 하나는 선형 모형이 제공할 수 있는 것보다 더 나은 적합도를 주기 때문인데, 전체적으로는 적합도가 좋지만 왼쪽 영역의 최소 나이 근처에서 키를 과대추정하는 것으로 나타났다. 이것은 상당 부분 과다평활에 의한 것이기 때문에 평활량을 줄이면 개선될 수 있다.

```
> plot(age, height, xlab = 'Age', ylab = 'Height', main = 'Height vs Age', col = 'gray',
  pch = 16)
> smooth.height <- ksmooth(age, height, bandwidth = 2, kernel = 'normal')
> lines(smooth.height, col = 'red')
```

실행 결과는 다음 그림과 같다.

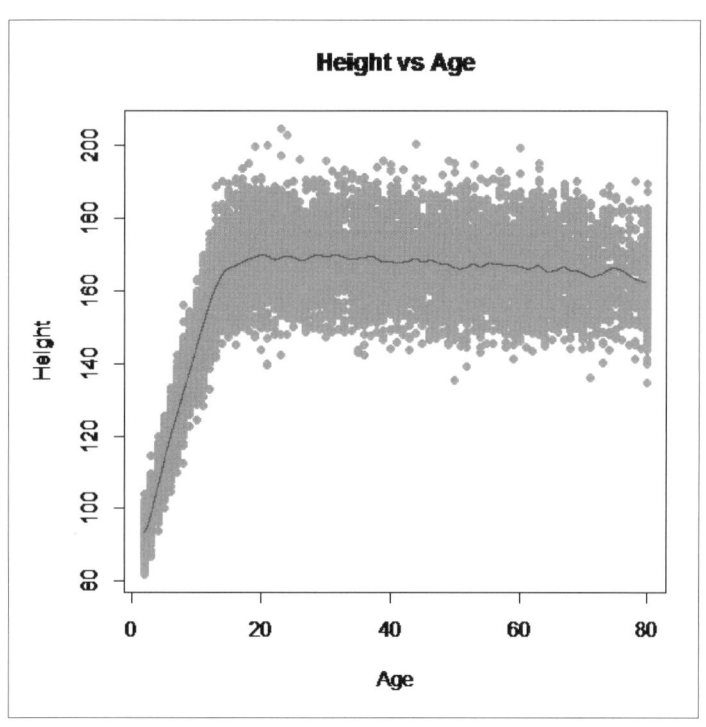

이상 몇 차례의 시도로 데이터를 더 잘 적합시키는 평활량을 찾게 된 것처럼도 보이지만, 데이터에 있는 오차까지 모형화한 것으로 의심된다. 또한 나이가 많은 사람들의 경우에 대해 예상되었던 키가 조금씩 줄어드는 모습이 잘 드러나지 않는다. 이를 해결하기 위해 무엇을 할 수 있을지 논의하기 전에 우리가 지금 무엇을 하고 있는지에 대해 곰곰이 생각해볼 필요가 있다.

우리는 어린이들이 작은 키에서 출발해서 사춘기가 끝날 때까지 키가 자라고 성인기의 대부분을 같은 키로 지내다가 노년에 키가 약간 줄어든다는 것을 알고 있다. 지금 우리는 이러한 키와 나이에 대한 사전 지식에 부합하는 곡선을 찾고 있다. 즉, 전체 나이 영역에서 이들 두 변수 사이에 전반적으로 성립할 것으로 기대되는 관계에 대한 그림과 함께, 좁은 영역에서 성립할 것으로 기대하는 관계에 대한 그림 역시 가지고 있다. 아쉽게도 고정 평활량을 사용하는 ksmooth() 함수는 커널을 이용한 추정 결과의 전반적인 형태만 조절할 수 있게 해줄 수 있기 때문에, 곡선을 적합시킬 때 전체 구간에 대한 기대와 부합시킬지 아니면 국소적 예상과 부합시킬 지를 선택해야 하며, 둘 다 부합토록 하는 것은 불가능하다.

커널을 이용한 국소다항회귀

앞에서 나다라야–왓슨 커널추정법을 구현한 `ksmooth()` 함수에 대해 논의했다. 매우 빠르고 간단히 데이터의 추세를 확인할 수 있는 방법으로 추세선에 대한 사전 정보나 함수형태에 대한 가정이 필요없다. 그러나 두 변수 간 관계에 대한 구체적인 기대를 반영할 수 있는 커널 회귀 방법을 찾는다면 KernSmooth 패키지의 `locpoly()` 함수를 사용하면 된다.

`locpoly()` 함수는 전통적인 커널 회귀를 확장한 것으로, ksmooth처럼 단순한 가중평균 값을 사용하기 보다는 가중국소다항회귀 방법을 사용한다. 이 장에서 나중에 다항회귀에 대해 심도있게 논의할 것이기는 하지만, 지금은 일단 다항회귀는 이차항, 삼차항, 또는 고차항을 이용해 곡선을 적합시킨다는 것을 제외하면 기본적으로 선형회귀와 같다는 점만 확인한다. 보통 이차다항식을 커널회귀에 많이 사용하지만[5], 일차식 혹은 결과적으로 나다라야–왓슨 방법과 같은 경우에 해당하는 0차식 역시 사용할 수 있다.

`locpoly()` 함수는 각 점마다 다른 평활량 값을 지정할 수 있는 장점이 있다. 기본적으로 인생의 첫 20년 동안의 키의 변화는 민감하게 추정 모형에 반영할 필요가 있는데, 이는 실제로 키가 많이 변화하는 현상을 고려하기 위한 것이다. 반면에 20세 이후 키의 변화는 랜덤한 오차에 기인한 것이라 생각할 수 있기 때문에 보다 둔감하게 반영할 필요가 있다. 이를 위해 커널 회귀에서 평활량을 조절하되 나이대별로 다른 평활량의 값을 지정할 방도가 필요하며 `locpoly()` 함수가 바로 그러한 도구이다. 물론 고정 평활량을 사용하게 할 수도 있다. 다음 코드를 보라.

```
> library(KernSmooth)
> plot(age, height, xlab = 'Age', ylab = 'Height', main = 'Height vs Age', col = 'gray',
pch = 16)
> bandwidth.vals <- c(rep(1, 20), rep(5, 30))
> smooth.height <- locpoly(age, height, gridsize = 50, bandwidth = bandwidth.vals)
> lines(smooth.height, col = 'red')
```

`locpoly()` 함수에는 `ksmooth()` 함수에 없는 인수들이 몇 개 있다. 무엇보다 꼭 단일한 평활량 값을 지정할 필요가 없고 각 x값마다 다르게 평활량을 지정할 수 있다는 장점이 있다. `gridsize` 인수는 R에게 커널 회귀추정을 수행할 x값을 등간격으로 몇 개를 지정할지 알

---

[5] 역자 주: 저자들의 오해인 듯하다. 국소선형회귀와 나다라야–왓슨 방법이 가장 널리 쓰이고 있다.

려준다. 이때 bandwidth 인수에는 길이가 gridsize(앞의 예에서는 50)인 벡터가 입력되어야 한다. 처음 20개의 점에는 bandwidth 값을 1로, 나머지 30개에는 5로 지정해 어린 나이의 키의 변화에는 민감하되 나중에는 둔감해지도록 정했다. 이 코드에 의한 곡선은 여전히 삐쭉빼쭉한 부분이 있긴 하지만 전체적으로 데이터의 특징 즉, 15세 혹은 20세까지의 급성장, 이후에 급격히 찾아오는 정체기, 그리고 노년에 키가 줄어드는 경향을 잘 잡아낸 것으로 판단된다.

 평활량을 크게 잡으면 각 점에서 커널 평활에 사용되는 자료점의 개수가 많아진다. 따라서 국소적으로 다른 평활량을 정하기 전에 hexbin() 함수를 사용해 각 점에서 자료점의 개수를 살펴보는 것은 중요하다. 위 예제의 경우 그림 왼쪽 영역의 자료값의 밀도가 상대적으로 높기 때문에 평활량을 국소적으로 작게 정해도 잘 작동했지만, 그 영역에 상대적으로 작은 개수의 자료값이 분포되어 있을 때도 잘 작동할 지는 확실치 않다.

■ 최적의 평활량 선택하기

이제까지 우리는 원하는 수준의 곡선을 얻기 위해 평활량을 임의로 조절해 보았다. 이는 데이터 내 관계를 탐색하는 데엔 완벽히 합리적인 방법이지만 그리 과학적으로 보이지는 않는 접근법이다. 실은 과학 연구에서 데이터 내 관계를 탐색하기 위한 접근법이 생각보다 자주 사용되기는 하지만, 최적의 평활량을 선택할 수 있는 보다 체계적인 방법이 있다면 좋은 일일 것이다.

최근 이삼십년 사이에 여러 가지 다양한 평활량 선택법이 개발되었는데, 평균제곱오차를 최소로 하는 것을 목표로 하는 플러그인(plug-in) 방법이 있다. KernSmooth 패키지는 플러그인 방법에 기초해 최적의 평활량을 제공하는 함수인 dpill()을 포함하고 있다. 이 함수는 회귀 추정이 이루어지는 영역 전체에서 사용할 최적의(고정) 평활량을 제공하기도 하지만 영역별로 달리 사용할 수 있도록 영역별 평활량 값을 계산해주기도 한다. 또다른 방법으로 교차확인법(cross validation)이 있는데 np 패키지의 npregbw() 함수를 사용하면 된다.

다음은 KernSmooth 패키지의 dpill() 함수를 사용한 예이다.

```
> h <- dpill(age, height, gridsize = 80)
> plot(age, height, xlab = 'Age', ylab = 'Height', main = 'Height vs Age', col = 'gray',
pch = 16)
> smooth.height <- locpoly(age, height, bandwidth = h, gridsize = 80, kernel = 'normal')
> lines(smooth.height, col = 'red')
```

실행 결과는 다음 그림과 같다.

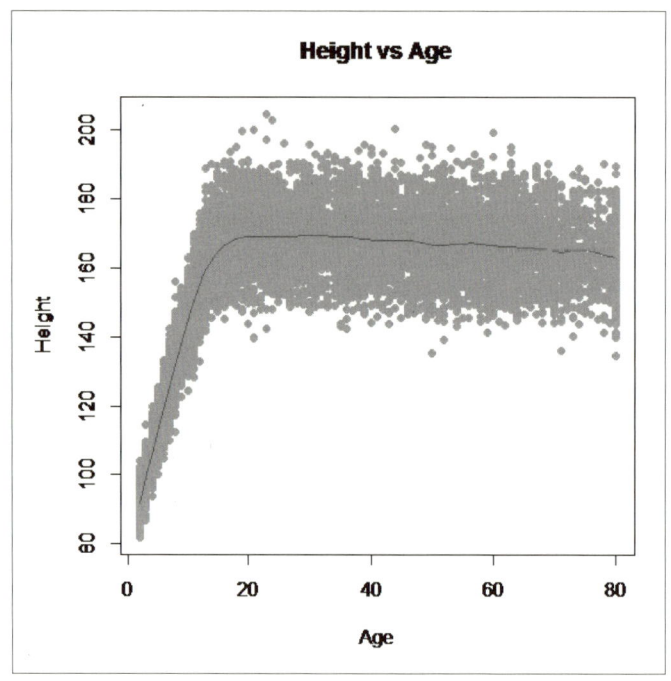

이 결과는 완벽하게 부드러운 곡선을 제공하지는 않지만, 미리 정해 둔 견해에 데이터를 끼워맞추기 위해 우리가 임의로 조작할 필요가 없이 데이터의 추세를 적절히 잘 포착해낸 것으로 보인다.

교차확인법을 이용한 평활량 선택법은 계산량이 훨씬 더 많다. 따라서 나중에 이 데이터로부터 부분 추출한 소규모의 데이터셋에 대해 시연해 보기로 한다.

■ 과학 계산에서 커널 회귀의 실제적 활용

이제까지는 커널 평활법을 과학적 질문의 해결보다는 데이터를 시각적으로 탐색하고 설명하는 데에만 사용했다. 어떤 이들은 원래 커널 평활법이 그렇게 활용하도록 고안된 방법이라고 주장할 수도 있지만, 그럼에도 우리는 커널 회귀를 다음과 같은 질문에 대한 해답을 찾는 데 활용해보려 한다. 즉, 성장이 둔화되는 연령은 언제인가?

기술적으로 이 질문은 회귀함수의 이차 미분에 관한 것이다. 일차 미분은 성장 속도(즉 일년에 얼마씩 자라는가)에 해당하고, 이차미분은 가속도에 해당한다. 우리의 관심은 성장이 어느 시점에 가장 심하게 감속되는 지이다. 남자와 여자가 다른 나이에 사춘기에 다다르는 것을 알고 있으므로 우선 데이터를 쪼개어 여성이 남성보다 먼저 성장이 둔화되는 지 확인해보자. 다행히 locpoly() 함수는 이러한 기능을 제공한다. 이차미분을 추정할 수 있도록 drv 인수를 다음과 같이 지정해 사용하면 된다.

```
> smooth.height.2.males <- locpoly(age[gender ==1], height[gender == 1], drv = 2,
bandwidth = h, gridsize = 80, kernel = 'normal')
> smooth.height.2.males$x[smooth.height.2.males$y == min(smooth.height.2.males$y)]
[1] 13.8481
> smooth.height.2.females <- locpoly(age[gender ==2], height[gender == 2], drv = 2,
bandwidth = h, gridsize = 80, kernel = 'normal')
> smooth.height.2.females$x[smooth.height.2.females$y == min(smooth.height.2.females$y)]
[1] 11.87342
```

이 결과는 우리가 예상했던 바대로 실제로 여성이 남성보다는 어린 나이에 성장 둔화를 경험하게 됨을 알려준다.

점별 회귀와 마찬가지로 가중회귀는 데이터에 대한 탐색적 분석을 위해 사용될 수 있다. 비록 가중 함수가 데이터 내의 노이즈에 대해서까지 평활을 허용하기는 하지만 말이다. 가중 함수의 도입은 단순히 도표 작성을 넘어 데이터 내의 관계에 대한 통찰까지 얻을 수 있게 해 준다.

국소가중다항회귀와 loess( ) 함수

앞 절에서는 비선형 데이터를 적합시키는 방법들에 대해 논했지만 그 방법들은 두 개의 변수 사이의 관계를 모델링할 때에만 활용 가능한 것들이다. 실제 자료 분석에서는 두 개보다 많은 수의 변수 간 관계를 모델링하거나, 여러 개의 예측변수의 함수인 산출요소를 모델링해야 할 필요가 있다. 이러한 경우 두 변수 간의 관계를 위한 모형에만 사용이 제한되어 있는 ksmooth()와 locpoly() 함수는 사용할 수 없다. 그러나 R의 내장함수인 loess()는 다차원에서의 커널 평활법을 지원한다.

loess() 함수는 앞서 기술한 커널 평활법들과 여러모로 차별된다. 가장 중요한 점은 loess() 함수는 최근접이웃방법(nearest neighbors)으로 평활량을 정한다는 것이다.

지금 loess() 함수를 집중적으로 알아보고 있는 중이지만, R에는 loess() 함수의 전신인 lowess() 함수도 있음에 유의하자. 이 함수는 다중 회귀는 지원하지 않는다. loess() 함수는 네 개까지 설명변수를 모델링할 수 있으며 가우시안 커널과 직사각형(rectangular) 커널을 지원한다. 반면에 lowess()는 단순회귀만 지원하며 tricubic 커널만 사용할 수 있다.

몸무게를 키와 나이의 함수로 모델링할 수도 있는데, 선형회귀모형에서와 같은 방법으로 다음과 같이 하면 된다(남성 자료만 사용함).

```
> male.weight <- weight[gender == 1]
> male.age <- age[gender == 1]
> male.height <- height[gender == 1]
> weight.fit <- loess(male.weight ~ male.age * male.height, span = 1, family = 'gaussian')
```

이제 weight.fit이라 명명한 모형을 사용할 수 있게 되었으며, 이를 이용하면 주어진 나이와 키에 대한 평균 몸무게를 추정할 수 있다. 그러나 몇 개의 계수값만 알면 손으로도 예측치를 계산할 수 있는 선형회귀와 달리, 이 모형을 이용해 예측치를 계산하려면 소프트웨어에 의존해야만 한다. 이를 위해 predict() 함수를 사용하게 되며 예측치를 이용해 그림을 작성하게 된다. fit.vals 객체를 들여다보면 각 나이와 키에 대한 몸무게 추정치를 확인할 수 있다.

```
> age.vals <- seq(from = 2, to = 85, by = 1)
> height.vals <- seq(from = 80, to = 200, by = 1)
> predicted.weight <- predict(weight.fit, newdata = expand.grid(male.age = age.vals, male.height = height.vals))
> persp(age.vals, height.vals, predicted.weight, theta = 40, xlab = 'Age', ylab = 'Height', zlab = 'Weight')
```

실행 결과는 다음 그림과 같다.

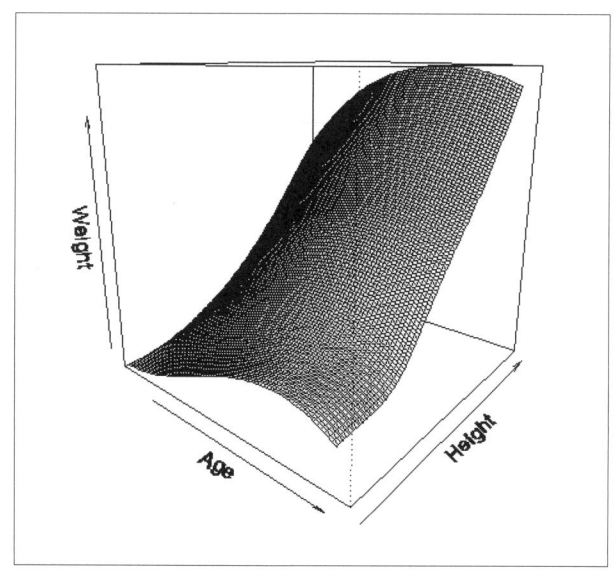

persp 명령의 theta 인수를 바꾸어 가며 다차원 그림을 보는 시점을 조정할 수 있다. 이 경우에는 40을 사용하면 잘 보인다.

일반적으로 과학 연구에서는 추정치 이상을 알고 싶어한다. 즉, 주어진 신뢰수준(보통 95%)에서 목표값이 취할 수 있는 값의 범위를 알려주는 신뢰구간이다. loess() 함수는 다중회귀 세팅에서 이러한 기능을 제공하지 않지만 np 패키지의 npreg() 함수는 가능하다.

:: np 패키지의 비모수적 방법론들

np는 앞서 언급한 함수들 대부분을 포함하는 매우 강력한 패키지이다. 이 패키지는 여러 강력한 함수들을 제공하지만, 속해 있는 많은 함수들이 계산량이 많은 속성을 가지고 있어 어떤 사용자는 사용하기 불편하다고 느낄 수도 있다.

np 비선형 분위수 회귀

이제까지 우리는 자료의 기본적인 추세에 대한 이해 혹은 독립변수들을 사용한 종속변수의 값을 예측할 목적으로 자료점에 곡선 혹은 곡면을 적합시키는 것을 시도해왔다. 그러나 특정 구성원의 모집단 내 상대적 순위 혹은 위치를 알아내기 위한 곡선이 필요하다면 어찌 해야 하겠는가? 이러한 종류의 작업은 정기적으로 소아과를 방문할 때 발달 모니터링을 위한 소아 성장 차트 형태로 키와 몸무게 데이터에 대해 일상적으로 수행되고 있다. 데이터 셋에 하나의 곡선만 적합시키는 대신 분위수별로 여러 개의 곡선을 적합시킬 수 있다. 이를 위해 np 패키지의 npqreg() 함수를 이용하면 된다.

우선 일정 범위(2세~10세)의 나이에 해당하는 자료만 가지고 다음과 같이 새로운 데이터 프레임을 만든다.

```
> detach(body.measures)
> juveniles <- which(body.measures$age %in% c(2:10))
> body.measures.juveniles.1 <- body.measures[juveniles,]
```

npqreg() 함수는 순서가 있는 데이터에 대해 가장 잘 작동한다. 따라서 데이터프레임을 나이 순으로 정렬한 후 새로운 데이터프레임에 저장해 분석에 사용한다.

```
> attach(body.measures.juveniles.1)
> body.measures.juveniles.2 <- body.measures.juveniles.1[order(age),]
> detach(body.measures.juveniles.1)
> attach(body.measures.juveniles.2)
```

이제 이 데이터프레임의 체위 측정값들을 이용해 10%, 25%, 50%, 75%, 90% 백분위수 곡선을 그려보자. 우선 최적의 평활량 값을 계산하고 분위수 곡선을 계산한다. 이상의 단계는 계산량이 엄청나게 많기 때문에 본 예시에서는 연령대를 2세에서 10세로 제한해 데이터 규모를 줄였다.

```
> library(np)
> bw.est <- npcdistbw(formula = height~age)
> qreg.10th <- npqreg(bws = bw.est, tau = 0.1)
> qreg.25th <- npqreg(bws = bw.est, tau = 0.25)
> qreg.50th <- npqreg(bws = bw.est, tau = 0.5)
> qreg.75th <- npqreg(bws = bw.est, tau = 0.75)
> qreg.90th <- npqreg(bws = bw.est, tau = 0.9)
```

이제 그림으로 나타내 보자.

```
> plot(height ~ age, type = 'n', xlab = 'Age', ylab = 'Height', main =
'Quantiles of Age for Height', xaxp = c(2,10,(10-2)), yaxp = c(80,160,
(160-80)/10))
> abline(h=seq(80,160, 10), v = 2:10, col = 'gray', lty = 3)
> lines(qreg.10th$quantile ~ age)
> lines(qreg.25th$quantile ~ age)
> lines(qreg.50th$quantile ~ age)
> lines(qreg.75th$quantile ~ age)
> lines(qreg.90th$quantile ~ age)
```

결과는 다음 그림과 같다.

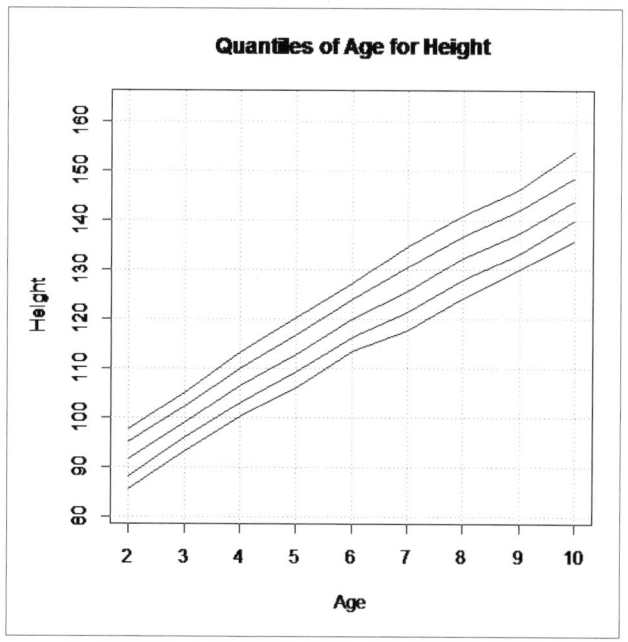

위 그림은 연령에 따른 키의 10%, 25%, 50%, 75%, 90% 백분위수 곡선을 보여준다. 보다 넓은 연령대 범위에 대해 같은 작업을 다시 수행한다면 계산량이 상당한 수준으로 늘어나겠지만 두 변수 간의 비선형 관계를 강조하는 그림을 얻을 수 있을 것이다.

:: 요약

이 장에서는 R에서 모수적 방법과 비모수적 방법을 사용해 이론 기반 및 탐색적 분석 목적으로 비선형 방법론을 적용하는 방법에 대해 학습했다. 학습한 바대로 R은 `nls`, `lm`, `ksmooth`, `loess` 등 많은 훌륭한 내장 함수를 갖고 있다. KernSmooth와 np 등의 패키지에 추가적인 함수들이 포함되어 있다. np 패키지는 아마도 이 장에서 논의된 패키지 중 가장 활용 범위가 큰 것일 테지만, 엄청난 계산량을 대가로 지불하고 얻은 유연성이기 때문에 데이터 내의 관계를 빠르게 탐색하고자 할 때는 활용에 제한이 따른다.

이후 장부터는 선형 방법론에 집중하게 될 것이기 때문에 우선 선형대수에 대한 리뷰로 시작한다. 이후 두 장은 모형 기반 통계 분석을 위해 선형대수의 비중이 큰 주제들을 담고 있다.

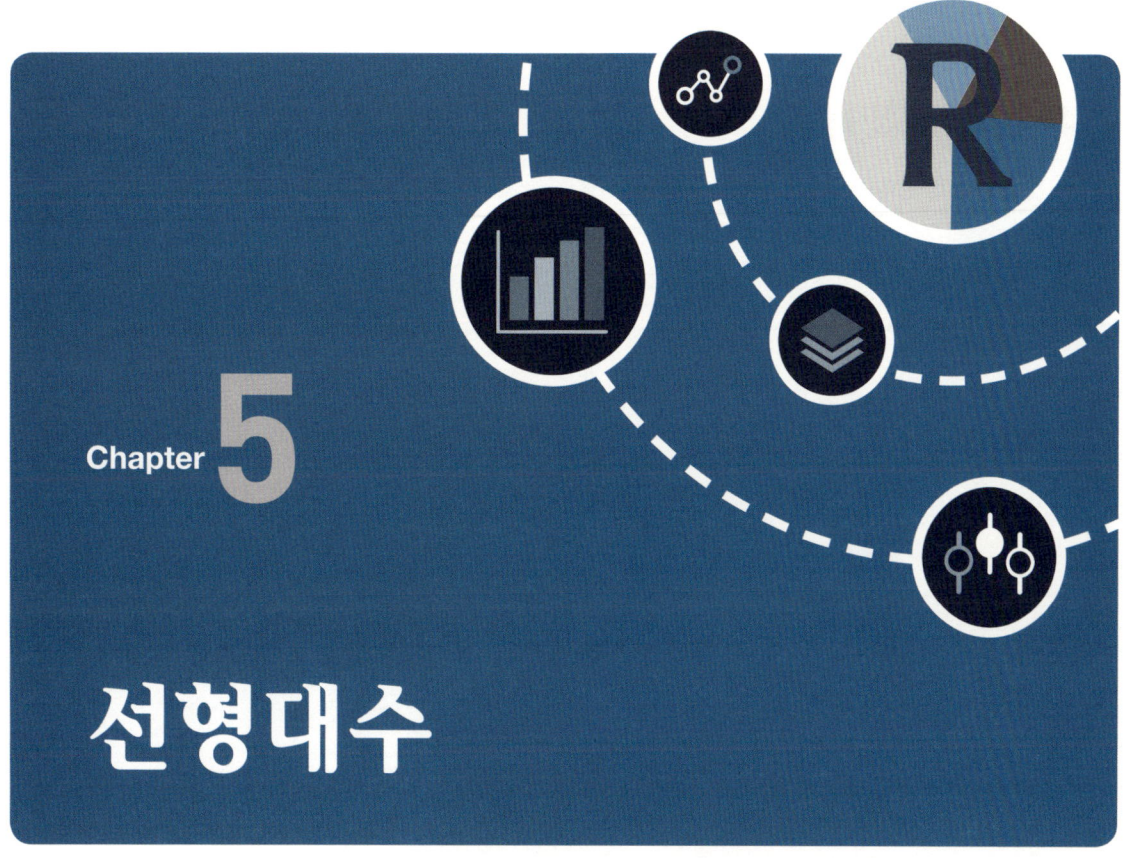

Chapter 5 선형대수

선형대수학(Linear algebra)을 컴퓨터 과학의 수학이라고들 하는데, 이 장은 앞의 네 장과 다른 성격의 내용을 다루게 될 것이다. 앞에서는 회귀분석과 통계적 검정 등과 같이 관심 문제를 바로 해결할 수 있는 기법들을 다루었다. 그러나 선형대수학 자체만으로 현실의 실제 문제를 바로 해결하는 경우는 드물다. 그러나 많은 수치해석적 문제가 선형대수학과 행렬 연산에 의지하고 있기 때문에 과학 계산에서 중요한 역할을 하는 것은 분명하다.

이 장에서는 다음과 같은 주제들을 다룬다.

- 행렬의 특성
- 선형연립방정식 해 구하기
- 특이치 분해
- R에서 선형대수의 응용
- 행렬 간 수학 연산
- 고유치와 고유벡터
- 촐레스키 분해
- 역행렬
- LU 분해
- 외적

:: 행렬과 선형대수학

수학에서 행렬은 숫자들을 정리한 표(table)로 간단히 정의된다. 행렬이 자주 활용되는 이유는 과학자들과 수학자들이 데이터를 행렬과 같은 형태로 정리하면 수치적 문제(주로 연립방정식)들이 알고리즘적으로 풀릴 수 있음을 알고 있기 때문이다. 수학에서 어떤 행렬의 하나의 행 또는 열을 벡터라 부르는데, R에서 사용하는 '데이터 구조'로서의 벡터와는 다른 개념임에 유의하자. 수학의 벡터를 구성하는 숫자들은 좌표공간의 원점에서 출발한 벡터의 끝점을 표시한 것이다. 즉, 수학의 벡터는 좌표공간의 한 점(point)을 가리키는 용어이다.

R에서 '행렬'이라는 용어가 종종 문자형 데이터를 직사각형으로 정리한 것(다시 말해, 표)을 가리킬 때 사용되기도 하지만, R에서는 복합적인 변수들을 저장하는 방법이 여럿 있기 때문에 수치 계산에서 이 용어를 사용할 때에는 훨씬 더 조심할 필요가 있다.

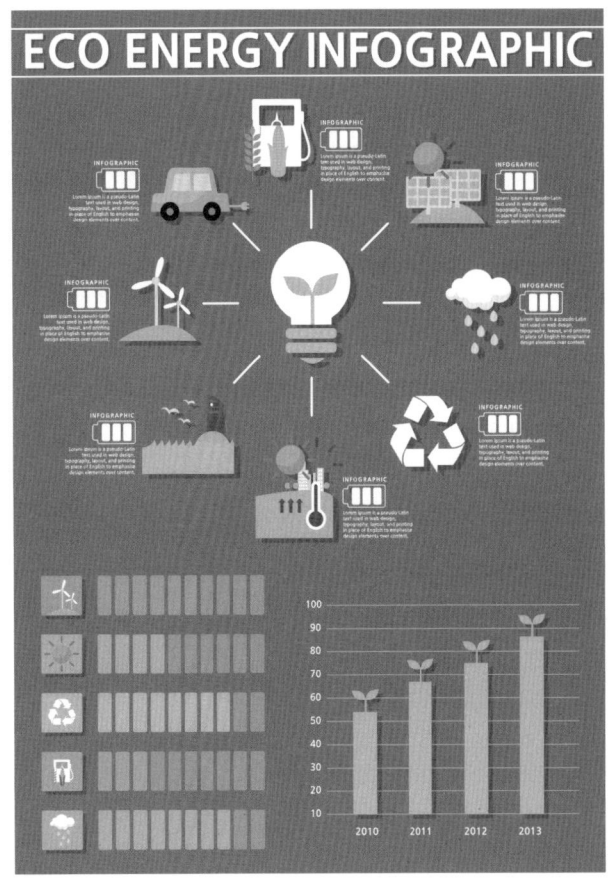

R에서 행렬 다루기

데이터 분석가들은 종종 외부파일을 읽어 데이터프레임 형태로 데이터셋을 로드하게 되는데, 데이터프레임은 언뜻 보면 행렬처럼 보이지만 다음과 같은 특성에 의해 행렬과 구분된다.

- 행렬은 한 가지 종류의 데이터 타입으로 된 데이터만 저장한다. 예를 들어, 숫자 데이터와 범주형 데이터를 한 행렬에 담지 못한다.
- 행렬은 데이터프레임보다 R에서 메모리를 효율적으로 사용한다.
- 데이터프레임은 변수 이름을 이용해 데이터값을 호출하게 하는데, 이는 행렬보다는 리스트의 특별한 경우로 이해하게 만드는 특징이다.
- 행렬 연산은 행렬을 입력 요소로 받지만 데이터프레임은 받을 수 없다.
- R에서 행렬 연산은 데이터프레임 간의 연산에 비해 수백 배 빠르다.

데이터프레임을 행렬로 변환하려면 `as.matrix()` 함수를 사용하면 되는데, 모든 원소가 같은 데이터 타입인 경우에만 가능하다.

R에서 벡터 사용하기

R의 데이터 구조로써 벡터는 수학의 벡터와 조금 다른 의미를 가지고 있다. 수학에서 벡터는 행 벡터가 될 수도 있고 열 벡터가 될 수도 있지만 R에서 벡터는 차원이 정의되지 않는다. 다음 예제를 보라.

```
> a <- c(1,2,3,4)
> b <- matrix(a, nrow = 1)
> a
[1] 1 2 3 4
> b
     [,1] [,2] [,3] [,4]
[1,]    1    2    3    4
```

여기서 볼 수 있듯이 a와 b가 저장하는 값은 같지만, R은 b에 대해서 행과 열을 인지하는 데 반해 a에 대해서는 그렇지 않다. 그러나 a에 선형대수의 연산을 적용하면 R은 a를 열 벡터인 것처럼 보고 처리한다.

행렬 기호

우리는 보통 m개의 행과 n개의 열을 갖는 m×n의 데이터 구조를 갖는 경우를 행렬이라 한다. 다음은 R에서 행렬을 정의하는 여러 가지 방법을 나열한 것이다.

- **직사각형(Rectangular)**: 모든 행렬은 직사각형 구조를 가져야 한다. matrix() 함수는 지정한 행의 개수 및 열의 개수를 가지고 행렬을 생성한다. 1부터 24까지의 수열을 가지고 두 개의 행을 갖는 행렬을 생성하려면 다음 코드를 실행하면 된다.

```
> matrix(c(1:24), nrow = 2)
```

또는 열의 개수를 지정하는 방식으로 똑같은 행렬을 만들 수도 있다.

```
> matrix(c(1:24), ncol = 12)
```

- **정사각형(정방, Square)**: 이것은 직사각형 행렬에서 m과 n의 값이 같은 특별한 경우이다. 많은 행렬 연산들이 정방행렬에만 사용 가능한 것들이다.

- **대각행렬(Diagonal)**: 원래 정방이면서 대각에 있는 원소들을 제외한 모든 원소의 값이 0인 행렬을 가리킨다. R은 대각행렬을 생성해주는 함수를 따로 제공하는데, 대각에 들어갈 값들과 행과 열의 개수를 입력받는다. 행과 열의 차원이 부합되지 않는 경우에도 적용 가능하다. 다음 예를 보라.[6]

```
> diag(c(1:3), 3, 5)
```

- **삼각행렬(Triangular)**: 대각원소의 위 혹은 아래의 모든 원소(대각원소를 꼭 포함)의 값이 0인 행렬이다. 0 아닌 원소들이 있는 위치에 따라 상삼각행렬(upper triangular)과 하삼각(lower triangular)행렬로 부른다. 나중에 다시 간단히 다룰 기회가 있을 것이다.

- **대칭행렬(Symmetric)**: (m, n) 원소와 (n, m) 원소의 값이 같은 행렬로써, 행과 열의 인덱스를 바꾸어도 같은 행렬이 된다.

- **단위행렬(Identity)**: 대각의 값이 모두 1로 채워진 대각행렬이다. 어떤 행렬에 단위행렬을 곱하더라도 다시 원래 행렬이 된다. R의 diag() 함수에 행렬의 크기만 지정하면 쉽게 만들 수 있다.

```
> diag(5)
```

---

[6] 역자 주: 원서에는 diag(c(1:3), 3, 3)으로 예제가 제시되어 있으나 문맥으로 파악해볼 때 오타였을 것으로 예상된다.

- **벡터(Vector)**: 수학적으로 말해 벡터는 행 또는 열의 크기가 1인 행렬이다. R에서 벡터를 생성하려면 동일한 데이터 타입의 값들을 1차원 행렬 형태로 만들거나 혹은 c() 함수를 이용해 연이어 붙이면 된다.
- **희박행렬(Sparse matrix)**: 대부분 원소의 값이 0인 행렬이다. 반대로 대부분 원소의 값이 0 아닌 값으로 채워진 경우는 밀집행렬(dense matrix)라 한다. 이러한 형태의 행렬은 보통 설계행렬(design matrix)로 사용되는데, 다음 절에서 자세히 설명하기로 한다.

∷ 신체기능(physical functioning) 데이터셋

이 장에서는 미국의 **국립보건영양검사조사(National Health and Nutrition Examination Survey, NHANES)**의 자료를 사용한다. 이 조사는 2년 주기로 10,000여명의 미국 지역 거주자를 대상으로 실시하며 다음 CDC 웹사이트에서 얻을 수 있다.

http://www.cdc.gov/nchs/nhanes/nhanes_questionnaires.htm

이 장에서 사용하게 될 클리닝 작업이 끝난 데이터셋은

http://scholar.harvard.edu/gerrard/mastering-scientific-computation-r

에서 다운로드 받으면 된다. 관련 용어는 CDC 웹사이트를 참고하기 바란다. 이제 데이터셋을 로드해 데이터프레임으로부터 행렬을 생성하는 것으로 시작해보자.

```
phys.func <- read.csv('phys_func.txt')[,c(-1)]
phys.func.mat <- as.matrix(phys.func)
```

이 데이터셋은 2003년부터 2010년까지의 데이터 중 결측 데이터를 제거하고 클리닝한 자료로 구성되어 있다. 결측이 아니더라도 '모름(unknown)' 또는 '응답이 곤란함(refused)'으로 응답한 경우 역시 제거되었다. 응답자들은 다음의 20개 아이템에 대해 얼마나 어려움을 느끼는 지에 대한 질문을 받게 된다.

- 금전 관리
- 400m 걷기
- 10계단 오르기
- 허리 구부리기, 쪼그려 앉기, 무릎꿇기
- 10파운드 들어올리기 또는 나르기

- 집안일하기
- 음식 준비하기
- 이방 저방 걸어서 옮겨 다니기
- 의자에서 일어나기
- 침대에 들어가거나 나오기
- 먹기
- 옷 입기
- 두 시간 서있기
- 두 시간 앉아있기
- 머리 위로 손 뻗기
- 작은 물건 잡기
- 구경거리가 있을 때 나가보기
- 사회적 활동에 참여하기
- 집에서 편히 쉬기
- 큰 물건을 밀거나 당기기

응답자들은 1점부터 5점 사이에서 선택을 하는데, 높은 값일수록 더 어려움을 느끼는 것을 의미한다. 예상대로 대부분의 미국인은 이러한 활동을 하는 데 그리 어려움을 느끼지 않는 것으로 조사되었다.

:: 기본 행렬 연산

전체 행렬에 적용되는 행렬 연산(matrix-wise operation)과 행렬의 개별 원소에 대해 적용하는 원소별 연산(element-wise operation)을 구별하는 것은 중요한 문제이다. 행렬 덧셈 또는 뺄셈은 단순히 같은 위치에 있는 원소끼리 덧셈과 뺄셈을 하면 되므로 두 가지 중 어떤 식으로 보든 상관없다. 그러나 행렬의 곱셈은 원소별로 곱셈을 하는 것과는 다르다.

신체기능 데이터의 상관행렬(correlation matrix)과 원 자료를 일부 생략한 데이터셋을 만들어보자.

```
cor.mat <- matrix(cor(phys.func), ncol = 20)
phys.brief.mat <- as.matrix(phys.func[c(1:30),])
```

phys.func 데이터셋은 숫자가 아닌 범주형 데이터이며 따라서 정규분포를 따르는 것을 가정하는 것은 옳지 않다. 그러나, 공통요인모형(common factor model)을 위해서는 이 데이터를 다루는 알맞은 방법을 찾을 수 있으며 이후에 논의하게 될 것이다.

상관행렬 cor.mat과 원 자료(데이터프레임이 아닌 행렬)로부터 처음 30개 관측데이터를 추출한 phys.brief.mat을 가지고 몇 가지 기본적인 행렬 연산을 익혀보자. cor.mat은 20개의 행과 열을 가진 정방행렬이지만 phys.brief.mat은 30개의 행과 20개의 열을 가진 직사각형 행렬임에 유의하자.

원소별 행렬 연산

이 절에서는 행렬의 덧셈과 뺄셈, 행렬 소거법(sweep) 등의 내용을 다룬다.

■ 행렬의 덧셈과 뺄셈

행렬 덧셈과 뺄셈은 원소별 연산이다. 행렬 원소의 모든 값에 대해 일일이 특정 값을 더하거나 빼려면 다음과 같이 간단한 연산자를 사용하면 된다.

```
phys.brief.mat - 1
```

서로 다른 행렬의 덧셈의 경우는 해당 원소끼리 더한 값이 계산된다.

```
phys.brief.mat + matrix(rnorm(600), ncol = 20)
```

또한 전체 행렬의 표준편차를 계산한 후 그 값으로 나누는 등의 일도 가능하다.

```
phys.brief.mat / sd(phys.brief.mat)
```

■ 행렬 소거법

만일 어떤 행렬의 각 열의 평균과 표준편차를 계산해 각 원소의 값에 대한 표준화, 즉 평균을 뺀 값을 표준편차로 나누는 작업을 수행하려면 어찌해야 할까? 이를 위해서는 개별 열들에 대해 해당 연산을 적용하는 약간의 코드를 작성하거나 R의 내장함수를 사용하는 방법이 있다.

R의 sweep() 함수는 주어진 행렬로부터 특정 값 또는 요약통계량 값을 소거(sweep out)하는 데 사용한다. 행 방향으로 소거를 적용할지 또는 열 방향으로 작용할지, 소거에 동계량 값을 사용할 지 특정 값을 사용할지, 소거는 어떤 방식으로 할지 등을 지정할 수 있다. 예를 들어, 어떤 행렬의 각 열별 평균을 계산해 각 원소에서 열 평균을 빼는 작업을 하려 한다면 다음과 같이 하면 된다.

```
mean.phys <- apply(phys.brief.mat, 2, mean)
phys.sweep.1 <- sweep(phys.brief.mat, 2, mean.phys, '-')
```

이제 각 열에 속한 값들을 해당 열의 표준편차 값으로 나누어보자.

```
sd.phys <- apply(phys.sweep.1, 2, sd)
phys.sweep.2 <- sweep(phys.sweep.1, 2, sd.phys, '/')
#The zeroes will give one variable NaN responses
```

실은 훨씬 더 간단히 이러한 작업을 할 수 있다. R에 이런 작업을 해주는 내장함수가 있기 때문이다.

```
phys.scaled <- scale(phys.brief.mat, center = TRUE, scale = TRUE)
```

열 평균 역시 내장함수를 이용해 얻을 수 있다.

```
colMeans(phys.brief.mat)
```

다음과 같이 원소별 나눗셈(같은 값끼리 나누면 몫이 1)을 실행하면 위에서 적용한 두 단계 소거 과정과 동일한 결과임을 확인할 수 있다.

```
phys.sweep.2 / phys.scaled
```

행렬 단위 연산

앞 절에서 우리는 행렬의 각 원소의 값들이 행렬 외부에 있을 때와 다름없이 연산을 적용하는 방법에 대해 배웠다. 이제 행렬을 통째로 놓고 수행하는 행렬 단위의 연산을 배워보자.

■ 전치행렬

전치(transposition)는 가장 간단한 행렬 연산 중 하나로써, 행과 열을 다음과 같이 바꾸는 것을 의미한다.

$$\text{transpose}\left(\begin{bmatrix} a & b & c \\ d & e & f \end{bmatrix}\right) = \begin{bmatrix} a & d \\ b & e \\ c & f \end{bmatrix}$$

R에서 이 연산은 다음과 같이 쉽게 수행할 수 있다.

```
t(phys.brief.mat)
```

> **Note** 행렬 A의 전치행렬은 보통 A^T 또는 A'으로 표기한다.

■ 행렬의 곱셈

두 행렬 A와 B 사이의 행렬 곱셈을 실행하면, 행렬 A의 각 행과 행렬 B의 각 열을 원소별로 일일이 곱한 후 더하는 계산을 반복적으로 수행하게 되며, 계산 결과로 높이는 A의 행의 개수, 너비는 B의 열의 개수인 행렬이 만들어진다. 이때 A의 행의 개수는 B의 열의 개수와 같아야 곱셈이 가능하다. 그리고 두 숫자 사이의 곱셈과 달리 교환법칙이 성립하지 않는다. 행렬 곱셈은 연립방정식 체계를 행렬을 이용해 표현할 수 있게 해준다는 면에서 중요하다.

가령 다음과 같은 삼원일차연립방정식을 풀어야 한다고 하자.

왼쪽의 문제는 행렬 곱셈을 이용해 오른쪽과 같이 재표현할 수 있다.

$$\begin{matrix} ax_1 + bx_2 + cx_3 = 0 \\ dx_1 + ex_2 + fx_3 = 0 \\ gx_1 + hx_2 + ix_3 = 0 \end{matrix} \quad \Rightarrow \quad \begin{bmatrix} a & b & c \\ d & e & f \\ g & h & i \end{bmatrix} \begin{bmatrix} x_1 \\ x_2 \\ x_3 \end{bmatrix} = \begin{bmatrix} 0 \\ 0 \\ 0 \end{bmatrix}$$

행렬 곱셈을 실행하기 위해 행렬 곱셈임을 나타내는 이항연산자인 %*%을 사용한다. 다음은 행렬 곱셈에서 교환법칙이 성립하지 않음을 보여주는 간단한 예제이다.

```
> A <- matrix(c(rep(2,3), rep(5,3)), ncol = 2, byrow = FALSE)
> B <- matrix(c(1:16), nrow = 2, byrow = TRUE)
> C <- matrix(1, ncol = 2, nrow =3 , byrow = FALSE)
> A %*% B
     [,1] [,2] [,3] [,4] [,5] [,6] [,7] [,8]
[1,]   47   54   61   68   75   82   89   96
[2,]   47   54   61   68   75   82   89   96
[3,]   47   54   61   68   75   82   89   96
> B %*% A
Error in B %*% A: non-conformable arguments
> C %*% A
Error in C %*% A: non-conformable arguments
> A %*% t(C)
     [,1] [,2] [,3]
[1,]    7    7    7
[2,]    7    7    7
[3,]    7    7    7
```

두 번째와 세 번째의 행렬 곱셈의 결과로 에러 메시지가 뜨는데 A의 열의 개수가 B의 행의 개수보다 많아서다. 행렬 C는 정상적인 행렬이지만 열의 개수가 A와 행의 개수와 맞지 않아 곱셈이 불가능하다. 이렇게 행 또는, 열의 개수가 맞아 떨어지지 않는 경우 R에서는 non-comfortable arguments(비 순응성 인수)가 있다고 한다. 마지막 행렬 곱셈은 C의 전치행렬을 사용했기에 제대로 행렬 곱셈이 수행되었다.

■ **소셜 네트워크 분석에서 정방행렬 곱하기**

한 소셜 네트워크 사이트의 멤버들 간 팔로우 관계를 행렬로 표현해보자. 자기가 자기 자신을 팔로우하는 경우는 없다고 가정한다. 행렬의 각 원소 위치에 팔로우 관계가 있는 경우 1을, 없는 경우 0을 입력한다. 예를 들어, 아래 그림은 6명 사이의 팔로우 관계를 행렬로 표현한 것인데, 첫 번째 열의 두 번째, 세 번째, 다섯 번 째 원소가 1이므로 멤버 1은 멤버 2, 3, 5를 팔로워로 갖고 있다는 것을 알 수 있다. 멤버 2는 오직 멤버 1과 멤버 3만을 팔로워로 갖고 있으며, 멤버 3만 빼고 모든 멤버를 팔로우하고 있음도 확인할 수 있다.

		Person Following					
		1	2	3	4	5	6
Person Being Followed	1	0	1	1	0	1	0
	2	1	0	1	0	0	0
	3	1	0	0	1	0	1
	4	0	1	0	0	0	1
	5	0	1	0	1	0	0
	6	0	1	0	0	1	0

이 행렬을 R에서 다시 만들어보자.

```
small.network <- matrix(c(0,1,1,0,1,0,
                          1,0,1,0,0,0,
                          1,0,0,1,0,1,
                          0,1,0,0,0,1,
                          0,1,0,1,0,0,
                          0,1,0,0,1,0),
                          nrow = 6, byrow = TRUE)
```

이 행렬에 대해 각 행의 합을 구하면 해당 멤버의 팔로워 숫자가 계산되기 때문에 누가 이 네트워크에서 가장 영향력이 있는지 알 수 있다.

```
> apply(small.network, 1, sum)
[1] 3 2 3 2 2 2
```

이 결과에 따르면 멤버 1과 멤버 3의 팔로워 수가 세 명으로 영향력이 같은 수준이고, 멤버 2, 멤버 4, 멤버 5, 멤버 6이 팔로워 수가 두 명으로 동률이다. 그러나, 어떤 사람이 2차 팔로워를 갖고 있다면 그 사람 역시 소셜 네트워크에서 영향력이 있는 것으로 볼 수 있다. 2차 팔로워 수는 행렬을 제곱해 쉽게 얻을 수 있다.

```
> apply((small.network %*% small.network), 1, sum)
[1] 7 6 7 4 4 4
```

이 결과는 멤버 2가 2차 팔로워를 고려할 때 멤버 4, 멤버 5, 멤버 6보다 더 영향력이 있음을 알려준다. 이제 원래 행렬과 제곱한 행렬을 더해주기만 하면 1차 및 2차 팔로워의 총 수를 계산할 수 있다.

```
> apply((small.network %*% small.network + small.network), 1, sum)
[1] 10  8 10  6  6  6
```

실제 소셜 네트워크에서는 이보다 훨씬 더 큰 그래프를 갖게 된다. R이 매우 큰 행렬을 다룰 수 있음을 보여주기 위한 목적으로 1,000명(모의실험으로 생성)으로 된 조금 큰 규모의 예제를 사용한다.

```
set.seed(51)
social.network.mat <- matrix(sample(c(0,1), 1000000, replace = TRUE,
                             prob = c(0.7, 0.3)), ncol = 1000)
diag(social.network.mat) <- 0
```

R에서 데이터를 모의실험으로 생성할 때 매번 같은 결과가 나올 수 있게 할 수 있는가?

set.seed() 함수를 이용하면 난수 데이터를 모의실험으로 생성하더라도 매번 같은 결과가 나오게 된다. R이 주어진 초기치(seed) 값을 가지고 의사난수데이터(pseudorandom data)를 생성할 것이기 때문이다.

다음으로 1차 관계를 알아보자.

```
influence.1 <- apply(social.network.mat, 1, sum)
```

2차 관계를 나타내는 행렬을 구하는 코드는 다음과 같다.

```
second.degree.mat <- social.network.mat %*% social.network.mat
influence.2 <- apply(second.degree.mat, 1, sum)
```

이제 1차, 2차 관계를 합산해 총 영향력을 계산하자.

```
influence.1.2 <- apply(social.network.mat + second.degree.mat, 1, sum)
```

많은 온라인 소셜 네트워크는 수백만의 가입자들을 가지고 있기 때문에 위의 행렬보다도 훨씬 더 큰 그래프를 다뤄야 한다. 그러나 R은 평범한 노트북 컴퓨터에서도 이러한 계산을 몇 초 안에 처리한다. 또한 3차 관계를 알아보려면 그냥 행렬의 세제곱을 계산하기만 하면 된다.

저널이나 교과서에 나오는 행렬 공식을 닮은 R 코드를 작성할 수 있을까?

`apply()` 함수에 `sum()` 함수를 인수로 지정하는 등의 계산은 R 사용자들에게는 익숙한 방식이지만 표준적인 수학 기호는 아니다. 계량 문헌에 자주 등장하는 행렬의 각 행을 더하는 계산도 행렬 곱셈을 이용해 수행할 수 있다. 다음 식을 보라.

$$\begin{bmatrix} a_{11} & \cdots & a_{1n} \\ \vdots & \ddots & \vdots \\ a_{m1} & \cdots & a_{mn} \end{bmatrix} \begin{bmatrix} 1 \\ \vdots \\ 1 \end{bmatrix} = \begin{bmatrix} \sum_{j=1}^{n} a_{1j} \\ \vdots \\ \sum_{j=1}^{n} a_{mj} \end{bmatrix}$$

즉, 모든 원소가 1이고 길이가 행렬의 행의 개수와 같은 벡터를 만들어 행렬 뒤에 곱해 주기만 하면 된다.

```
(social.network.mat + second.degree.mat) %*% rep(1, 1000)
```

■ 외적

선형대수학에서 외적(outer product)은 두 벡터에 적용되어 행렬을 구성하는 연산으로써, 각 벡터의 길이가 행렬의 크기를 결정한다. 그 행렬의 각 원소의 값은 두 벡터의 해당 원소들의 곱으로 결정된다. 외적을 행렬 기호를 써서 나타내면 다음과 같다.

$$\begin{bmatrix} x_1 \\ \vdots \\ x_m \end{bmatrix} \begin{bmatrix} y_1 \cdots y_n \end{bmatrix} = \begin{bmatrix} x_1 y_1 & \cdots & x_1 y_n \\ \vdots & \ddots & \vdots \\ x_m y_1 & \cdots & x_m y_n \end{bmatrix}$$

R에서 두 벡터의 외적을 계산하는 함수는 outer()이다. 다음 예를 보라.

```
x <- c(1:3)
y <- c(4:6)
outer(x, y)
```

또는 다음과 같이 이항연산자 %o%를 사용해 외적을 계산할 수도 있다.

```
x %o% y
```

그러나 outer() 함수는 실제로는 이보다 훨씬 더 유연한 기능을 갖고 있다. 단순한 곱셈 외에도 외적 행렬의 각 원소에 지정한 함수를 적용할 수도 있다. 다음 식은 이 기능에 대한 예를 설명한 것이다.

$$\operatorname{outer}\left(\begin{bmatrix} x_1 \\ \cdots \\ x_m \end{bmatrix}, \begin{bmatrix} y_1 \cdots y_n \end{bmatrix}, f(z)\right) = \begin{bmatrix} f(x_1 y_1) & \cdots & f(x_1 y_n) \\ \vdots & \ddots & \vdots \\ f(x_m y_1) & \cdots & f(x_m y_n) \end{bmatrix}$$

outer() 함수에 FUN 인수에 적용하고자 하는 함수를 넘겨주어야 하는데, 만일 FUN 인수를 지정하지 않으면 기본 값으로 곱셈이 지정된다.

```
outer(x, y, FUN = '+')
```

■ 행렬 곱셈에서 희박행렬 사용

데이터셋을 다음과 같이 만들어 행렬 곱셈을 실행해 보자.

```
> M <- matrix(rep(1, 9), nrow = 3)
> N <- diag(c(1:3), nrow = 3)
> P <- matrix(rep(c(1:3),3), nrow = 3)
> Q <- matrix(1, nrow = 3)
> M
     [,1] [,2] [,3]
[1,]    1    1    1
[2,]    1    1    1
[3,]    1    1    1
> N
     [,1] [,2] [,3]
[1,]    1    0    0
[2,]    0    2    0
[3,]    0    0    3
> P
     [,1] [,2] [,3]
[1,]    1    1    1
[2,]    2    2    2
[3,]    3    3    3
> Q
     [,1]
[1,]    1
[2,]    1
[3,]    1
```

행렬 M 뒤에 대각행렬 N을 곱하는 것은 M의 각 열에 N의 대각원소 값을 순서대로 곱하는 것과 같다.

```
M %*% N
```

행렬 M 앞에 대각행렬 N을 곱하는 것은 M의 각 행에 N의 대각원소 값을 순서대로 곱하는 것과 같다.

```
N %*% M
```

행렬 P 뒤에 1로 구성된 벡터 Q를 곱하는 것은 각 행의 합을 계산하는 것과 같다.

```
P %*% Q
```

행렬의 곱셈을 이용하면 앞에서 본 신체기능 인덱스에 대한 각 사람의 총점을 계산할 수 있다. 우선 신체기능 데이터의 관측치를 행렬로 만들어보자.

```
phys.func.mat <- as.matrix(phys.func)
```

다음은 각 사람의 전체 신체기능 측도의 총점을 계산하는 코드이다.

```
total.scores <- phys.func.mat %*% matrix(rep(1, 20), nrow = 20)
```

신체기능 데이터의 각 항목을 살펴보면 다양한 종류의 활동들을 커버하고 있음을 알 수 있다. 어떤 항목은 운동 기능에 관련된 것들이고 어떤 항목은 인지 기능에 관련되어 있다. 이 측도가 다음과 같은 세 개의 서로 다른 도메인(domain)으로 구성된 항목들로 구성되어 있다고 하자.

- **인지 혹은 사회적 기능**: 변수 A, Q, R, S를 포함한다(열 번호로는 1, 17, 18, 19)
- **하반신**(다리 혹은 운동성)**관련 활동**: B, C, D, H, I, J, M, N(열 번호 2, 3, 4, 8, 9, 10, 13, 14)
- **상반신**(팔, 손) **관련 활동**: E, F, G, K, L, O, P(열 번호 5, 6, 7, 11, 12, 15, 16, 20)를 포함한다.

이제 각 도메인별 총점에 해당하는 세 개의 열로 구성된 새로운 행렬을 하나 만들어보자. 이를 위해 원래 데이터 행렬 `phys.func.mat`(20개의 열로 되어 있음)을 계획행렬과 곱한다. 계획행렬은 희소 성질을 가지며, 세 개의 도메인에 해당하는 세 개의 열과 20개의 행으로 구성되어 있다. 각 행의 원소 중 각 도메인에 대응되는 열에 해당하는 값은 1이 된다.

```
design.matrix <- matrix(rep(0, 60), nrow = 20)
#Place 1s for the cognitive domain
design.matrix[c(1,17,18,19), 1] <- 1
# Place 1s for the lower extremity domain
design.matrix[c(2,3,4,8,9,10,13,14), 2] <- 1
# Place 1s for the upper extremity domain
design.matrix[c(5, 6, 7, 11, 12, 15, 16, 20), 3] <- 1
```

```
total.scores <- phys.func.mat %*% design.matrix
summary(total.scores)
```

계획행렬의 개념은 선형모형에서 그룹 정보를 할당할 때 자주 사용된다.

■ **역행렬 구하기**

행렬의 나눗셈이라는 연산은 존재하지 않지만 역행렬(inverse matrix)이 거기에 가까운 개념일 것이다. 정방행렬에 대해서만 역행렬을 정의할 수 있지만, 그렇다고 모든 정방행렬에 대해 역행렬이 존재하는 것은 아니다. 어떤 행렬에 역행렬을 곱해주면 단위행렬이 만들어진다는 점에서 나눗셈과 비슷하다는 것이다.

역행렬은 다음과 같이 정의된다.

$$A = \begin{bmatrix} a_{11} & \cdots & a_{1n} \\ \vdots & \ddots & \vdots \\ a_{m1} & \cdots & a_{mn} \end{bmatrix}, \quad A^{-1} = \text{Inverse}(A), \quad AA^{-1} = A^{-1}A = \begin{bmatrix} 1 & \cdots & 0 \\ \vdots & \ddots & \vdots \\ 0 & \cdots & 1 \end{bmatrix}$$

R에서 역행렬을 구하려면 solve() 함수를 이용하면 쉽다(이 함수의 보다 광범위한 활용에 대해 다음 절에서 다룬다).

```
solve(cor.mat)
cor.mat %*% solve(cor.mat)
```

■ **선형연립방정식의 해 구하기**

대규모의 선형연립방정식(system of linear equations)의 해를 선형대수학을 이용해 구하는 데 R을 사용할 수 있다. 예를 들어, 다음과 같은 선형연립방정식이 주어졌다고 하자.

$$12x_1 + 41x_2 + \cdots + 46x_{10}0 = 1$$
$$49x_1 + 45x_2 + \cdots + 85x_{10}0 = 2$$
$$\vdots$$
$$73x_1 + 84x_2 + \cdots + 8x_{10}0 = 10$$

이 연립방정식은 10개의 미지수와 10개의 등식으로 이루어져있다. 이 연립방정식을 직접 손으로 풀 수도 있겠지만 엄청난 노력이 필요할 것이다. 대신 이 문제를 다음과 같이 세 행렬 C, X, Y을 이용해 재표현하면 R을 이용해 쉽게 풀 수 있다.

$$C = \begin{bmatrix} 12 & \cdots & 46 \\ \vdots & \ddots & \vdots \\ 73 & \cdots & 8 \end{bmatrix}, \quad X = \begin{bmatrix} x_1 \\ \vdots \\ x_{10} \end{bmatrix}, \quad Y = \begin{bmatrix} 1 \\ \vdots \\ 10 \end{bmatrix}$$

$$CX = Y$$

Y를 C로 나눌 수 있다면 X값을 얻을 수 있을 것이다. 그러나 행렬의 나눗셈이 존재하지 않으므로 다음과 같이 C의 역행렬을 곱하는 방식을 사용해야 한다.

$$X = C^{-1}Y$$

행렬 C의 원소값들이 coefficients_matrix.csv 파일의 2번째 열부터 11번째 열까지 주어져 있고, 12번째 열은 Y의 값들로 채워져 있다고 하면, 다음 코드를 실행하면 연립방정식의 해 X를 구할 수 있다.

```
Y <- as.matrix(read.csv('coefficients_matrix.csv')[,12] )
C <- as.matrix(read.csv('coefficients_matrix.csv')[,c(2:11)])
X <- solve(C) %*% Y
X
```

실은 R에서는 solve() 함수에 두 개의 인수를 넘겨주는 방식으로 선형연립방정식을 풀 수도 있다.

```
solve(C, Y)
```

모의실험을 원하는 독자들은 다음 코드를 이용해 1,000개의 미지수에 대한 매우 큰 규모의 선형연립방정식을 위한 계수들을 난수 발생을 통해 생성해 채울 수 있다. 바로 확인할 수 있겠지만 R은 이러한 종류의 계산을 정말 빠른 속도로 수행한다.

```
C.2 <- matrix(sample(c(1:100), 1000000, replace = TRUE), nrow = 1000)
Y.2 <- matrix(sample(c(1:1000), 1000, replace = TRUE), nrow = 1000)
solve(C.2, Y.2)
```

■ 행렬식

행렬식(determinant)은 정방행렬에 대해서만 정의된다. 행렬식의 값은 행렬을 구성하고 있는 벡터들이 선형독립(linearly independent)인 지, 즉 어느 벡터 하나라도 나머지 벡터들의 선형결합으로 표현이 불가능한지 여부를 확인하는 데 사용될 수 있다. 벡터들이 선형독립이 아니면 다음의 두 가지 중요한 사실이 성립한다.

- 정보의 과잉 혹은 중복성이 있다.
- 행렬의 역행렬이 존재하지 않는다.

행렬식을 R에서 계산하려면 det() 함수를 사용하면 된다.

```
> det(cor.mat)
[1] 0.002259116
```

행렬식의 값이 0이 아니라는 사실은 cor.mat 행렬을 구성하고 있는 벡터들이 선형독립이고 따라서 역행렬이 존재함을 의미한다.

삼각행렬

upper.tri() 함수와 lower.tri() 함수는 삼각행렬(triangular matrix)를 만들 때 사용할 수 있다. 이 함수들은 각각 상삼각(upper triangular), 하삼각(lower triangular) 위치에 따른 논리값(TRUE, FALSE)으로 구성된 행렬을 리턴한다. 다음 예제 코드를 실행하면 cor.mat의 하삼각 부분을 추출한 행렬을 얻게 된다.

```
triangle.matrix <- cor.mat
triangle.matrix[upper.tri(triangle.matrix)] <- NA
triangle.matrix
```

여기서 upper.tri() 함수는 NA로 지정하고 싶은 원소의 위치를 알려준다. 상관행렬은 대칭행렬이기 때문에 굳이 모든 값을 저장하고 있을 이유가 없으며 반쪽만 보관해도 무방하다.

정방행렬을 상삼각행렬과 하삼각행렬로 분해하는 방법에 대해서 나중에 자세히 논의하게 될 것이다.

∷ 행렬의 분해

행렬의 분해는 대수학의 인수분해와 동치인 개념이다. 이 절에서는 행렬을 두 개 이상의 행렬의 곱으로 분해하는 방법들에 대해 논의한다.

QR 분해

QR 분해(QR decomposition)는 주어진 행렬 M을 서로 다른 두 행렬 Q와 R의 곱 M = QR 로 분해하는 방법들 중의 하나이다. Q는 직교행렬(역행렬이 전치행렬과 같음)이고 R은 상삼각행렬이다. R의 내장 데이터인 trees에 대해 qr() 함수를 사용해 QR 분해를 적용한 예를 살펴보자.

```
> data(trees)
> head(trees)
  Girth Height Volume
1   8.3     70   10.3
2   8.6     65   10.3
3   8.8     63   10.2
4  10.5     72   16.4
5  10.7     81   18.8
6  10.8     83   19.7
> trees.qr <- qr(trees[, c(2:3)])
```

이 결과에 qr.Q() 함수와 qr.R() 함수를 적용하면 해당 Q 행렬과 R 행렬을 만들 수 있다. 물론 이들 행렬을 곱하면 원래의 데이터셋으로 돌아가는 것을 확인할 수 있다.

```
> Q <- qr.Q(trees.qr)
> R <- qr.R(trees.qr)
> head(Q%*%R)
     Height Volume
[1,]     70   10.3
[2,]     65   10.3
[3,]     63   10.2
[4,]     72   16.4
[5,]     81   18.8
[6,]     83   19.7
```

QR 분해의 가장 큰 용도는 수치해석적으로 안정적인 선형연립방정식의 해를 구하는 것이며, 따라서 선형회귀의 최소제곱추정에 유용하다. 선형회귀모형에서 예측변수로 구성된 행렬 X와 예측대상 변수의 관측값들로 구성된 벡터 Y가 있을 때, 선형회귀계수 추정치를 B라는 벡터로 저장하는 예를 생각해보자. 실은 R의 lm() 함수는 QR 분해를 사용하며, 아래에서 볼 수 있듯이 qr이라는 이름의 객체에 그 결과를 저장하기 때문에 R 행렬과 Q 행렬을 앞에서 사용한 방법으로 불러낼 수 있다.

```
> trees.lm <- lm(trees$Volume ~ trees$Girth + trees$Height)
> names(trees.lm)
 [1] "coefficients"  "residuals"     "effects"       "rank"          "fitted.values"
"assign"         "qr"
 [8] "df.residual"   "xlevels"       "call"          "terms"         "model"
> Q.2 <- qr.Q(trees.lm$qr)
> R.2 <- qr.R(trees.lm$qr)
```

앞에서 실행한 QR 분해와 다른 점은 이번에는 trees$Girth 변수와 trees$Height 변수의 값으로만 구성한 행렬에 대해 QR 분해가 적용되었다는 것이다. 회귀계수 추정치를 계산해 보려면 다음의 공식을 적용하면 된다.

$$B = R^{-1}Q^T Y$$

R에서 위 공식에 따라 계산해보자.

```
> solve(R.2) %*% t(Q.2) %*% trees$Volume
                   [,1]
(Intercept)   -57.9876589
trees$Girth     4.7081605
trees$Height    0.3392512
```

이 결과를 직접 회귀계수 추정치를 호출한 것과 비교해보자.

```
> trees.lm

Call:
lm(formula = trees$Volume ~ trees$Girth + trees$Height)

Coefficients:
(Intercept)   trees$Girth  trees$Height
   -57.9877       4.7082        0.3393
```

위에서 보듯이 두 결과는 일치한다. 이 예제의 Q 행렬과 R 행렬을 곱한 결과를 보는 것도 흥미로울 것이다.

```
> head(Q.2%*%R.2)
     (Intercept) trees$Girth trees$Height
[1,]           1         8.3           70
[2,]           1         8.6           65
[3,]           1         8.8           63
[4,]           1        10.5           72
[5,]           1        10.7           81
[6,]           1        10.8           83
```

출력된 결과에 두 개의 열이 아닌 세 개의 열이 보이는 것을 확인할 수 있다. 그 이유는 QR 분해를 실행하기 전에 절편항을 표현하는 1로 채워진 열벡터 하나가 계획행렬의 왼쪽 첫 번째 열로 추가되기 때문이다.

고유값 분해

고유값(eigenvalue) 분해는 정방행렬에만 적용 가능하다. 이 분해는 고유값들과 각 고유값에 대응되는 고유벡터(eigenvector)로 구성된 행렬을 통해 표현된다.

행렬에 고유값 분해를 적용하면 다음 세 개의 행렬로 분해된다.

- 각 열(column)이 고유벡터들로 구성된 행렬 V
- 대각원소가 고유값들로 구성된 대각행렬 L^2
- 고유벡터로 구성된 행렬의 전치행렬 V^T

주어진 행렬에 대한 고유값 분해를 수식으로 표현하면 다음과 같다.
$$A = VL^2V^T$$
고유벡터는 다음과 같은 유용하면서도 중요한 성질을 갖고 있다.

- 고유벡터는 서로 직교이다(즉, 사이각이 90도이고 상관관계가 없음).
- 고유벡터 중 하나를 원래 행렬의 뒤에 곱하면 그 고유벡터에 대응되는 고유값을 곱한 것과 같아진다. 다른 방식으로 기술하자면, 고유벡터 중 하나를 원래 행렬의 뒤에 곱하면 그 고유벡터의 길이를 고유값으로 늘린(혹은 줄인) 벡터가 된다는 것이다. 이 과정에서 고유벡터의 방향 정보가 변하지 않는다는 점 때문에 고유값을 특성해(characteristic root)라고 부르기도 한다.

R을 이용해 고유값 및 고유벡터를 구하려면 eigen() 함수를 이용하면 된다. 이 함수는 큰 값에서 작은 값 순으로 정렬된 고유값으로 구성된 벡터와 각 고유값에 대응되는 고유벡터들로 구성된 행렬을 리스트 객체로 리턴한다. 예를 들어, 앞의 신체 기능 데이터의 상관행렬의 고유값과 고유벡터를 구하는 방법은 다음과 같다.

```
eigen(cor.mat)$values
eigen(cor.mat)$vectors
```

주어진 행렬의 뒤에 고유벡터를 곱해서 길이가 조절된 고유벡터를 얻는 예제를 만들어보자. 가장 큰 고유값과 해당 고유벡터를 예시에 사용한다.

```
cor.mat %*% eigen(cor.mat)$vectors[,1]
eigen(cor.mat)$values[1] * eigen(cor.mat)$vectors[,1]
```

위 코드의 실행 결과 두 벡터는 같은 값을 가져야 한다. 두 번째 명령에 포함된 곱셈은 행렬 곱셈이 아닌 원소 단위 곱셈임에 유의하자.

LU 분해

LU 분해란 주어진 행렬을 하삼각행렬(L)과 상삼각행렬(U)의 곱으로 분해하는 것을 이르는 말이다. 즉, 행렬에 LU 분해를 실시하면 다음과 같이 표현된다.
$$A=LU$$
행렬을 두 개의 삼각행렬로 쪼개두면 여러 가지 수치적 문제에서 계산량을 줄일 수 있게 해 준다. 그러나 LU 분해 자체는 상당한 계산량을 요구한다. 따라서 이 분해법은 미지수의 계수가 같은 여러 개의 선형연립방정식의 해를 구하는 작업과 같이, 한 번의 LU 분해 결과를 여러 번 반복해 활용할 수 있는 경우에 활용하면 효과적이다.

R에서 LU 분해를 수행하려면 `Matrix` 패키지의 `lu()` 함수를 사용하면 된다. 이 함수는 단순히 LU 분해 뿐 아니라, 원래 행렬에 포함된 0값들 때문에 LU 분해 과정에서 발생하는 문제를 해결하기 위한 치환(permutation) 행렬을 계산해 준다. `lu()` 함수가 리턴하는 객체는 바로 사용가능한 형태가 아니며, `expand()` 함수를 적용해야 상삼각행렬과 하삼각행렬을 얻을 수 있다.

다음은 주어진 행렬 C에 대해 LU 분해를 실시하는 예이다.

```
library(Matrix)
C <- cor.mat[1:3, 1:3]
C
lu.mat <- expand(lu(C))
lower.mat <- lu.mat$L
upper.mat <- lu.mat$U
p.mat <- lu.mat$P
```

원래 행렬 C를 얻기 위해 치환행렬 P와 하삼각행렬 L, 상삼각행렬 U를 곱해보자.

```
p.mat %*% lower.mat %*% upper.mat
```

위 행렬곱에 치환행렬 P를 포함시키지 않으면 원래 행렬과 같은 원소로 구성되었지만 정렬 순서가 다른 행렬을 얻게 될 수 있다.

촐레스키 분해

촐레스키(Choleski) 분해는 정방행렬에 적용 가능한 행렬 분해법 중의 하나이다. 기본 아이디어는 행렬 M을 두 개의 삼각행렬로 분해하되, 하나는 상삼각행렬 U, 다른 하나는 U의 전치행렬인 U^T이다. LU 분해에서와 같이 이 방법은 보통 대규모의 선형일차연립방정식을 풀 때 계산 부담을 더는 데 사용된다.

R에서 이 분해법은 `chol()` 함수를 사용하면 되는데 이 함수는 상삼각행렬만 리턴한다.

```
chol(cor.mat)
```

원래 행렬을 복원하려면 chol() 함수가 리턴하는 행렬 앞에 그 행렬의 전치행렬을 곱해주면 된다.

```
t(chol(cor.mat)) %*% chol(cor.mat)
```

특이값 분해

특이값 분해(singular value decomposition, SVD)는 정방행렬 뿐 아니라 직사각형 행렬에도 적용 가능한 행렬 분해법이다. n개의 열을 갖는 행렬 M을 n개의 정보 블록들로 분해하는 방법으로, 행렬 U = [u1⋯un], 행렬 V = [u1⋯un], 그리고 특이값 d_j들을 대각원소로 갖는 대각행렬 D를 이용해 다음과 같이 표현된다.

$$M = UDV^T = u_1 d_1 v_1^T + \cdots + u_n d_n v_n^T$$

R에서 특이값 분해를 시행하려면 svd() 함수를 이용하면 되는데, 이 함수는 행렬 U, 행렬 V, 그리고 특이값 d_j들로 구성된 벡터를 리턴한다.

이 분해법은 특이값들을 살펴서 크기가 무시할 수 있을 정도로 작은 값에 해당하는 블록은 제거할 수 있게 해 주며, 따라서 자료의 압축 또는 잡음 축소 방법에 활용된다. 'chapter 6 주성분분석과 요인분석'에서 자료 축약 도구로서 공분산 행렬에 대해 특이값 분해를 적용하는 것에 대해 논의한다.

이제 특이값 분해가 데이터 압축 도구로 사용되는 예를 살펴보자. 우선 십자 그림을 표현하는 0과 1로 구성된 행렬을 만들어보자. 그림은 다음과 같이 행렬로 변환해 나타낼 수 있는데 특히 다음 코드에 주어진 것과 같은 텍스트 파일로 표현되는 파일 포맷을 'portable bitmap format'이라 한다.

```
cross.mat <- matrix(
  c(
    0, 0, 0, 1, 1, 0, 0, 0,
    0, 0, 0, 1, 1, 0, 0, 0,
    0, 0, 0, 1, 1, 0, 0, 0,
    1, 1, 1, 1, 1, 1, 1, 1,
    1, 1, 1, 1, 1, 1, 1, 1,
    1, 1, 1, 1, 1, 1, 1, 1,
    1, 1, 1, 1, 1, 1, 1, 1,
    0, 0, 0, 1, 1, 0, 0, 0,
    0, 0, 0, 1, 1, 0, 0, 0,
    0, 0, 0, 1, 1, 0, 0, 0
  ),
  byrow = TRUE, nrow = 10)
```

이제 특이값 분해를 적용해 얻은 8개의 열을 갖는 행렬 U, V와 특이값으로 구성된 벡터 d를 사용해 8개의 블록으로 이 행렬을 나타내 보자.

```
cross.svd <- svd(cross.mat)
```

특이값들의 크기를 살펴보기 위해 벡터 d를 출력해보자.

```
> cross.svd$d
[1]  6.000000e+00  2.828427e+00  1.990528e-16  2.130695e-32  5.897902e-49  3.841417e-66
    7.459987e-98  0.000000e+00
```

위에서 보듯 뒤에 있는 6개의 특이값들의 크기가 무시할 수 있을 정도로 작으므로 처음 두 개의 특이값과 U와 V의 왼쪽 두 개의 열벡터를 가지고 이미지를 만들어도 무방할 것이다.

```
cross.svd$u[,c(1,2)] %*% diag(cross.svd$d[c(1,2)]) %*% t(cross.svd$v[,c(1,2)])
```

위 코드의 실행 결과는 압축된 데이터로 다시 만든 십자그림에 해당하는 행렬이다. 위의 코드를 실행하면 다소 지저분한 것처럼 보이는 결과를 얻는데, 원래 행렬을 그대로 복원하기보다는 비슷하게 만든 것이기 때문이다. 그러나 이 결과를 정수값으로 반올림하면 원래 행렬을 얻게 된다.

```
round(cross.svd$u[,c(1,2)] %*% diag(cross.svd$d[c(1,2)]) %*% t(cross.svd$v[,c(1,2)]), 0)
```

원래의 행렬 cross.mat는 80(8×10)개의 자료값을 갖고 있었다. 그러나 특이값 분해에 의해 압축된 데이터는 42개의 자료값((2×10)+(2×10)+2), 즉 행렬 U로부터 20개의 값, 행렬 V로부터 20개의 값, d로부터 2개의 값을 포함하고 있을 뿐이다. 즉, 데이터를 거의 절반 정도로 압축한 셈이다.

> 두 가지 색만 가지는 이미지 데이터를 가지고 작업한다면, 위의 예제처럼 정수값으로 반올림하면 원래 이미지가 복원된다. 그러나 그레이스케일(gray scale) 이미지 즉, 회색 명암도가 수치화되어 저장된 이미지를 나타낼 때에는 유사한 이미지를 만들어낼 수는 있지만 원래 이미지를 완벽하게 복원할 수는 없다.

만일 이미지를 깔끔하게 정리하고 싶은 경우에는 어떤 일이 일어날까? 다음 코드를 실행해 먼지 조각이 하나 있는 새로운 십자그림을 만들어보자.

```
cross.mat2 <- matrix(
  c(
    0, 0, 0, 1, 1, 0, 0, 0,
    1, 0, 0, 1, 1, 0, 0, 0,
    0, 0, 0, 1, 1, 0, 0, 0,
    1, 1, 1, 1, 1, 1, 1, 1,
    1, 1, 1, 1, 1, 1, 1, 1,
    1, 1, 1, 1, 1, 1, 1, 1,
    1, 1, 1, 1, 1, 1, 1, 1,
    0, 0, 0, 1, 1, 0, 0, 0,
    0, 0, 0, 1, 1, 0, 0, 0,
    0, 0, 0, 1, 1, 0, 0, 0
  ),
  byrow = TRUE, nrow = 10)
```

(2,1) 위치에 1이 그 먼지 조각에 해당한다. 다음은 위에서 실시한 것과 같은 방법으로 새로운 십자그림을 만들어보자.

```
cross.svd.2 <- svd(cross.mat2)
round(cross.svd.2$u[,c(1,2)] %*% diag(cross.svd.2$d[c(1,2)]) %*%t(cross.
svd.2$v[,c(1,2)]), 0)
```

아하! 먼지 조각이 사라졌을 것이다.

∷ 응용 예들

이 장에서 지금까지 살펴본 예제들은 대부분 선형대수 기법 간의 혹은 다른 함수와의 결합을 통해 실제적인 활용도가 생기는 경우였다. 선형대수학과 행렬 연산을 실질적인 문제에 적용하는 예들을 더 알아보자.

라쉬 분석과 대응비교 행렬

최근 심리학, 교육학, 보건 분야에서 라쉬 분석(Rasch analysis)이라는 통계적 분석 방법의 인기가 높아지고 있다. 이 분석법은 덴마크의 통계학자인 게오르크 라쉬(Georg Rasch)에 의해 1960년대에 발표되었다. 기본적인 아이디어는 학업성적, 심리적 특질에 대한 측도, 신체기능성 측도 등의 척도(scale)는 1차원 잠재 특성을 나타낸다는 것이며, 이 잠재 특성은 원점을 가진 수직선으로 표현 가능하다는 것이다. 개인들을 그들의 능력에 따라 이 수직선 위의 점으로 나타낼 수 있다. 즉, 잠재 특성이 높은 수준인 개인은 수직선 위에 큰 값에 해당하는 점으로 나타낼 수 있다. 문항(또는 항목, item)의 난이도(difficulty) 역시 크기 순으로 이 수직선 위에 늘어놓을 수 있다. 로지스틱 분포에 기초해 특정 수준의 난이도를 가진 문항에 대해 긍정적인 대답(혹은 정답)을 할 확률을 능력 수준에 따라 계산할 수 있는 방법이 있다.

특정 수준의 능력을 가진 사람이 긍정적인 대답(혹은 정답)을 할 확률은 다음 식과 같이 나타낼 수 있다.

$$P = \frac{e^{\theta - b}}{1 + e^{\theta - b}}$$

단, P는 그 문항에 대해 긍정적 대답을 할 확률, θ는 응답자의 잠재능력, b는 문항난이도, e는 자연로그의 밑을 나타낸다. 문항난이도 b는 긍정적 대답을 할 확률이 50%가 되게 하는 응답자의 잠재능력 수준과 동일한 값이다. 응답자의 능력 θ와 문항난이도 b는 직접 관측이 불가능하며 문항에 대한 응답을 관측해 얻은 데이터로부터 예측해야 하는 잠재변수들이다.

교과서와 심리측정학 분야 학술지 등에 어마어마한 양의 관련 연구성과물들이 있지만, 정리해보면 라쉬 모형 분석을 통해 사람들이 알고자 하는 것은 결국 문항난이도이다.

앞에서 분석한 바 있는 신체기능 데이터를 '어려움을 느낀다'와 '어려움을 느끼지 않는다'의 두 가지 응답으로 생각하는 이항 자료로 변환하고, 라쉬 분석을 적용해 응답자들이 어떤 항목에서 가장 심하게 어려움을 느끼는 지 알아보자. 하반신 관련 신체 활동에 한해 라쉬 분석을 실시하게 될 것이다.

아래는 하반신 관련 항목 정보만을 포함한 새로운 행렬을 만든 후 행렬의 곱셈을 이용해 이항 데이터로 변환하는 코드이다.

```
lower.extremity.mat <- phys.func.mat[,c(2,3,4,8,9,10,13,14)]
lower.extremity.binary <- replace(lower.extremity.mat, which(lower.extremity.mat %in%
c(2:5)), 0)
```

`lower.extremity.binary`에는 전혀 어려움을 느끼지 않는 경우 1을, 그렇지 않은 경우 0의 값을 포함하게 된다.

 원 자료에서는 점수가 높을수록 어려움을 많이 느끼는 것을 의미했지만, 이 이항 자료에서는 해석상의 편의를 위해 일부러 데이터 코딩을 반대 방향으로 했다.

이렇게 하여 분석 대상 잠재변수를 하지를 활용한 신체 활동을 어려움 없이 수행할 수 있는 능력으로 정의했다.

라쉬 모형에서 난이도를 측정하는 여러 방법 중 대응비교 행렬에 기초한 방법을 사용하기로 한다. 전체적인 분석의 흐름은 다음과 같다.

❶ 어떤 항목에 대해 어려움 없이 작업을 수행할 수 있다고 응답한 사람의 수를 세어 비교행렬 $R = (r_{ij})$을 작성하자. 이때 r_{ij}는 i번째 항목에 1, j번째 항목에는 0으로 응답한 사람의 숫자이다. 이 비교행렬을 작성해주는 R 코드는 다음과 같다.

```
create.paired.comparisons <- function(input.matrix) {
  n.items <- ncol(input.matrix)
  output.matrix <- matrix(0, nrow = n.items, ncol = n.items)
  for(i in 1:n.items) {
    for(j in 1:n.items) {
      output.matrix[i, j] <- length(which(input.matrix[,i] - input.matrix[,j] > 0))
    }
  }
  return(output.matrix)
}
R <- create.paired.comparisons(lower.extremity.binary)
R
```

❷ 행렬 $D = (d_{ij})$를 다음 식과 같이 생성한다.

$$d_{ij} = \frac{r_{ji}}{r_{ij}}$$

이를 위한 R 코드는 다음과 같다.

```
D <- t(R) / R
diag(D) <- rep(1, 8)
D
```

❸ D의 원소에 대해 자연로그 값을 계산한다.

```
ln.D <- log(D, exp(1))
```

❹ 다음 코드와 같이 각 행의 평균을 구한다.

```
(ln.D %*% matrix(rep(1, 8), nrow = 8)) / 8
```

마지막 코드 실행 결과인 각 항목별 난이도는 다음과 같다.

항목번호	항목	난이도
B	400m 걷기	0.854
C	10계단 오르기	−0.169
D	허리 구부리기, 쪼그려 앉기, 무릎꿇기	2.076
H	이방 저방 걸어서 옮겨 다니기	−3.561
I	의자에서 일어나기	−0.440
J	침대에 들어가거나 나오기	−0.761
M	두 시간 서있기	1.936
N	두 시간 앉아있기	0.065

이 결과에 의하면 가장 쉬운 신체활동은 B 항목이고 가장 어려운 신체활동은 D 항목이다. 따라서 다리를 쓰는 데 조금 불편을 느끼는 사람(관절염이나 기타 손상 때문에)은 허리를 구부리기, 쪼그려앉기, 무릎꿇기에 문제가 있다고 했을 것이다. 그러나 이방 저방 옮겨다니기에 불편하다고 응답한 사람의 경우, 상당한 정도의 손상이 있고 다른 항목들에 대해서도 어려움이 있다고 응답했을 것으로 예상할 수 있다.

라쉬 모형의 모수들을 추정하는 다양한 방법들이 R 패키지들에 구현되어 있다. 그러한 패키지들 중의 하나인 eRm 패키지는 라쉬 모형을 적용 및 가설검정을 위한 여러 함수들을 제공한다. 위에서 구한 결과를 eRm 패키지의 RM() 함수를 이용해 구한 결과와 비교해보라.

```
library(eRm)
RM(lower.extremity.binary)
```

이상에서 난이도를 표현하는 데 사용된 단위는 로짓(logit)이다. 이 난이도의 단위는 본 문제의 척도를 벗어나게 되면 의미를 잃게 되고, 원점이 임의적인 것이기 때문에 다른 숫자를 더하거나 빼는 것(곱셈, 나눗셈은 불가)이 언제나 가능하다.

크론바흐 알파

앞에서 심리측정학(Psychometrics) 분야의 **문항반응이론(item response theory, IRT)**의 일부인 라쉬 모형에 대해 다뤘다. 그러나 IRT가 나오기 훨씬 전부터 점수를 측정(예측)하기 위한 **고전검사이론(classical test theory, CTT)**이라는 방법론이 존재했다. CTT의 바탕에는 '관측 점수 = 진점수(*true score*) + 오차'라는 구조가 가정으로 깔려있다.

그러므로 CTT의 상당 부분은 관측점수가 얼마나 진점수에 의한 것인지를 알아보는 것에 대한 내용이다. 크론바흐 알파(Cronbach's alpha)는 이를 위한 중요한 측정도구이며 요즘도 여전히 많이 쓰이고 있다. 내적일치성(internal consistency reliability), 그리고 일반적으로 CTT의 기본 아이디어는 여러 항목 응답 사이에는 상관관계가 있어야 한다는 것이다. 크론바흐 알파는 문항항목들을 둘로 쪼개는 모든 가능한 경우에 대해 구한 신뢰도의 평균값으로 정의된다. 다행히 알파값을 계산하는 수식이 개발되었기 때문에 모든 가능한 조합에 대한 상관계수 및 평균을 계산할 필요는 없다.

크론바흐 알파를 계산하는 식은 다음과 같다.

$$\alpha = \frac{k}{k-1}\left(1 - \frac{\sum s_i^2}{s_t^2}\right)$$

단, α는 크론바흐 알파를 나타낸 것이고, k는 문항 수, s_t^2는 전체 검사 점수의 분산, s_i^2은 i번째 문항 점수의 분산이다.

이제 R의 행렬 연산을 사용해 NHANES 신체기능 측정데이터의 상관행렬의 알파값을 계산해보자.

❶ 우선 각 사람별로 각 도메인별 총점을 계산한다.

```
domain.totals <- phys.func.mat %*% design.matrix
```

도메인 총점의 분산은 공분산 행렬의 대각원소 값으로 구한다.

```
tot.score.var <- diag(cov(domain.totals))
```

❷ 각 항목 점수의 분산을 계산해 행벡터로 저장한다.

```
item.var <- diag(cov(phys.func.mat))
item.var <- matrix(item.var, ncol = 20)
```

❸ 이 벡터를 계획행렬의 뒤에 곱해 도메인별로 항목 분산의 합을 계산한다.

```
item.var.tot <- item.var %*% design.matrix
```

❹ 계획행렬을 이용해 도메인별로 항목 개수를 계산한다.

```
n <- matrix(1, ncol = 20) %*% design.matrix
```

❺ 끝으로 이 모든 값을 알파값을 구하는 공식에 대입한다.

```
alpha <-(n /(n-1)) *(1 -(item.var.tot / tot.score.var))
alpha
```

위에서 구한 알파값 대신 표준화 알파값(standardized alpha)을 구하려면 공분산 행렬 대신 상관행렬을 사용하면 된다.

DCT를 이용해 이미지 압축하기

앞에서 SVD를 사용해 데이터 행렬을 압축하는 방법에 대해 살펴보았다. 여기서는 이미지를 스펙트럴 특징에 따라 분해하는 방법을 사용해 이미지를 압축하는 방법을 다루게 될 것이다. 즉, 정방행렬에 대한 이산코사인변환(discrete cosine transform, DCT)을 이용한 방법을 알아보게 될 것이다. DCT는 위치 도메인에서 얻은 신호를 주파수 도메인 신호로 변환하는 여러 방법들 중의 하나이다. DCT는 이산값들을 분해해 코사인 함수들의 급수로 표현하는 방식을 취한다.

■ R로 이미지 가져오기

이미지를 가지고 작업하려면 우선 이미지를 R로 가져와야 하는데, 여기에서는 png 패키지를 사용한다. 다음은 이미지를 가져와서 배열로 저장하고 차원을 알아보는 코드이다.

```
> library(png)
> picture <- readPNG('landscape.png')
> dim(picture)
[1] 1536 2048 3
```

처음 두 차원 값들은 이미지의 픽셀 수를 나타내고, 세 번째 차원 값은 컬러레이어의 수를 나타낸다. 이렇듯 생성된 배열의 특징은 차원 값에 잘 나타나 있다. 우선 세 번째 차원 값이 3인 것은 비록 흑백 이미지로 변환되기는 했지만 여전히 삼색(빨강, 초록, 파랑) PNG 파일로 저장되어 있음을 알려준다. 그러나 이 배열의 모든 컬러레이어 값은 동일하다. 주목할만한 두 번째 특징은 픽셀 수가 8의 배수라는 점이다. 이것은 이미지 압축 예제가 이미지를 8정방 픽셀(8 pixel squares) 단위로 분해하는 JPEG 표준을 따르게 될 것이기 때문에 중요하다. 만약 가장자리 픽셀 개수가 8의 배수가 아닌 경우에는 이미지 패딩이 필요하게 된다.

이제 첫 번째 컬러 레이어만 추출해 행렬을 만든 후 R의 image() 함수를 써서 그래픽으로 나타내보자.

```
picture.1 <- picture[,,1]
image(t(picture.1)[,nrow(picture.1):1], col = gray(seq(0, 1, length.out = 256)))
```

다음 그림은 위 코드 실행 결과의 스크린샷이다.

■ 압축 기술

기본적인 이미지 압축 기법들을 소개하고 해당 R 코드를 알아보는 것으로 시작하자. 다음은 이미지 압축 과정을 단계별로 설명한 것이다.

❶ 이미지를 64(8×8)개의 픽셀블록으로 쪼갠다. 우리 예제에서는 8×8개의 부분행렬 또는 부분배열에 해당한다.

❷ 각 8×8개의 블록을 주파수 도메인에서의 값(즉, 코사인 항의 계수값)으로 변환한다. 이를 위해 다음에 살펴보게 될 변환행렬(transformation matrix)을 사용한다.

❸ 양자화행렬(quantization matrix)을 이용해 각 8×8개의 블록별로 중요하지 않은 주파수들을 제거하고 중요한 것들만 남긴다.

압축을 푸는 과정은 처음 두 단계(세 번째 단계에서 유실되는 정보는 복원할 수 없음)를 반대 순서로 실행하면 된다. 최종적으로는 앞에서 SVD 예제에서와 같이 시각적으로는 알아챌 수 없는 정도의 데이터 손실만 있게 될 것이다.

■ 변환행렬과 양자화행렬 만들기

DCT를 수행하기 위해서는 실제 이미지 변환에 나중에 사용할 변환행렬 T를 우선 계산해야 한다. 관련된 이론에 대한 자세한 내용은 신호 처리 관련 교과서를 참조하기로 하고, 여기서는 필요한 공식으로 바로 넘어가도록 한다. 행렬 T는 N개의 행과 열을 가진 정방행렬이고, 각 행과 열의 인덱스 i와 j는 0부터 출발하는 것을 가정하자. T의 (i, j)원소인 T_{ij}를 계산하는 공식은 다음과 같다.

$$T_{ij} = \begin{cases} \dfrac{1}{\sqrt{N}}, & i = 0;\ j = 0, 1, ..., N-1 \\ \sqrt{\dfrac{2}{N}} cos\left(\dfrac{\pi(2j+1)i}{2N}\right), & i = 1, 2, ..., N-1;\ j = 0, 1, ..., N-1 \end{cases}$$

양자화행렬 Q는 기개발된 양자화표(quantization table)에 의해 주어지는데, 이 예제에서는 The independent JPEG group에서 제공한 것을 사용한다. 이 표가 가장 널리 사용되는 표이며, 다른 것들도 있기는 하다. 몇몇 회사는 압축할 이미지에 국한된 양자화표를 만드는 방법에 대해 특허를 낸 경우도 있다. 기본적인 양자화표는 다음과 같다.

16	11	10	16	24	40	51	60
12	12	14	19	26	58	60	55
14	13	16	24	40	57	69	56
14	17	22	29	51	87	80	62
18	22	37	59	68	109	103	77
24	35	55	64	81	104	113	92
49	64	78	87	103	121	120	101
72	92	95	98	112	100	103	99

압축 퀄리티 수준이 0부터 100까지라 할 때 위 표는 퀄리티 수준이 50인 압축 이미지를 만든다. 더 높은 수준의 퀄리티를 위한 양자표는 원하는 수준에 따라 위 표를 스칼라 배하여 만들 수 있다. 이 표의 경우 왼쪽 위 구석의 값들이 비교적 작은 값이 배치되어 있고 오른쪽 아래 부분은 상대적으로 큰 값들로 구성되어 있다. 곧 확인하게 되겠지만 이것은 압축에 매우 중요한 부분이다.

■ **이미지 압축하기**

원래의 8×8 행렬 R을 이산코사인 변환된 행렬 D로 만들려면 다음의 행렬 곱셈을 사용한다.

$$D = TRT'$$

단, T'는 T의 전치행렬을 나타낸다.

D에 Q로 원소 단위 나눗셈을 한 뒤 정수가 되도록 반올림하면 압축된 행렬 C를 얻게 된다.

$$C_{i,j} = D_{i,j} / Q_{i,j}$$

행렬에서 가장 중요한 주파수대는 D의 왼쪽 위 구석 쪽으로 몰리는 경향이 있다. Q는 왼쪽 위 구성의 값이 작고 오른쪽 아래 구석의 값이 크므로, 나눗셈 후 정수로 반올림을 하면 왼쪽 위 구석의 숫자들은 여전히 0이 아닌 정수값으로 남아 있지만 오른쪽 아래 부분의 값들은 0이 되어 없어지게 된다.

이미지 양자화를 되돌리려면 C와 Q의 원소 단위 곱을 계산하면 된다.

$$D_{i,j} = C_{i,j} / Q_{i,j}$$

압축 과정에서 C를 계산하면서 정수값으로 반올림을 했기 때문에 여기서 얻게 되는 D는 원래 D행렬과 약간 달라져 있을 것이다.

마지막으로 R을 얻기 위해 앞에서와 반대 방향의 행렬 곱셈을 실행하면 된다.

$$R = T'DT$$

■ **R에서 DCT 수행하기**

앞에서 기술한 내용들을 R 코드로 구현해 보자. 우선 할 일은 0과 1 사이의 픽셀 값으로 된 행렬을 −128부터 127 사이의 256개의 정수 값을 갖는 행렬로 변환하는 것이다.

```
picture.1.256 <- round(picture.1 * 255 -128)
```

우리가 사용할 압축 방식은 정수 값으로 반올림하는 것에 관련되어 있으므로 정수 값으로 변환하는 것이 매우 중요하다.

이제 원하는 크기대로 T를 계산할 수 있는 함수를 작성하자.

```
create.dct.matrix <- function(n) {
  output.matrix <- matrix(0, nrow = n, ncol = n)
  for(i in 1:n) {
    for(j in 1:n) {
      if(i == 1) {output.matrix[i,j] <- 1/sqrt(n)}
      if(i > 1) {
        output.matrix[i,j] <-
          sqrt(2/n) * cos((2*(j-1)+1)*(i-1)*pi /(2*n))
      }
    }
  }
  return(output.matrix)
}
```

위 코드는 양자화 행렬을 계산하기 위한 공식이 행렬의 인덱스가 0으로부터 시작하는 것을 가정하고 있지만 R은 1로 시작하는 점을 반영한 것이다.

기본 양자화행렬을 다음과 같이 정의하자.

```
quant.matrix <- matrix(
  c(
    16,11,10,16,24,40,51,60,
    12,12,14,19,26,58,60,55,
    14,13,16,24,40,57,69,56,
    14,17,22,29,51,87,80,62,
    18,22,37,59,68,109,103,77,
    24,35,55,64,81,104,113,92,
    49,64,78,87,103,121,120,101,
    72,92,95,98,112,100,103,99
  ),
  byrow = TRUE,
  nrow = 8, ncol = 8
)
```

이제 압축 희망 수준을 지정해보자.

```
compression.ratio <- 50
```

이제 행렬 Q를 기본 양자화행렬에 원하는 압축 수준에 따라 스칼라 배를 적용해 Q를 계산하고 n을 8로 해 행렬 T를 계산하자.

```
Q <- round(quant.matrix *(100-compression.ratio)/50)
T <- create.dct.matrix(8)
```

마지막으로 원래 이미지를 8×8 조각이미지로 쪼개고 DCT를 통해 압축을 수행하는 함수를 작성해보자.

```
dct.compress <- function(input.matrix) {
  input.row <- nrow(input.matrix)
  input.col <- ncol(input.matrix)
  output.matrix <- matrix(0, nrow = input.row, ncol = input.col)
  working.row <- c(1:8)
  while(max(working.row) <= input.row) {
    working.col <- c(1:8)
    while(max(working.col) <= input.col) {
      output.matrix[working.row, working.col] <-
        (T %*% input.matrix[working.row, working.col] %*% t(T))/Q
      working.col <- working.col + 8
    }
    working.row <- working.row + 8
  }
  return(output.matrix)
}
```

이제 예제의 이미지를 실제로 압축해보자.

```
picture.compressed <- dct.compress(picture.1.256)
```

이는 변환 및 압축이 실행된 이미지이다(제대로 인코딩되었다면 많은 수의 0들이 발생해 저장공간을 덜 요구할 것이다). 압축된 이미지를 실제로 눈으로 확인해 보고 싶다면 다음 코드를 사용해 그림을 그려보면 된다.

```
image(t(picture.compressed)[,nrow(picture.compressed):1], col = gray(seq(1,0, length.
out = 2)))
```

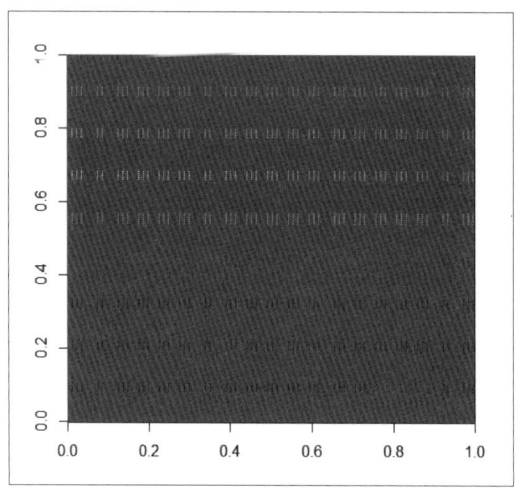

원래 이미지를 복원할 수 없다면 압축 기법은 쓸모없는 것이 되므로, 압축을 해제하는 함수를 작성해보자.

```
decompress.image <- function(input.matrix) {
  input.row <- nrow(input.matrix)
  input.col <- ncol(input.matrix)
  output.matrix <- matrix(0, nrow = input.row, ncol = input.col)
  working.row <- c(1:8)
  while(max(working.row) <= input.row) {
    working.col <- c(1:8)
    while(max(working.col) <= input.col) {
      output.matrix[working.row, working.col] <-
        (t(T) %*% (Q * input.matrix[working.row, working.col]) %*% T)
      working.col <- working.col + 8
    }
    working.row <- working.row + 8
  }
  return(output.matrix)
}
```

이 압축해제 함수를 적용해 원래 이미지가 얼마나 충실히 복원되는지 확인해보자.

```
picture.decompressed <- decompress.image(picture.compressed)
image(t(picture.decompressed)[,nrow(picture.decompressed):1], col = gray(seq(0, 1,
length.out = 256)))
```

실행 결과는 다음 그림과 같다.

원래 이미지가 매우 잘 보존되었음을 확인할 수 있다. 압축 비율을 50보다 낮춰서 더 많은 압축을 실행했을 때 원래 이미지가 얼마나 잘 보존되는 지 시험해보는 것도 재미있을 것이다.

:: 요약

이 장에서는 R을 이용한 선형대수기법들을 알아보았다. 이전 장과는 달리 소개된 많은 방법들이 실질적인 해석이 가능한 흥미로운 결과들을 도출하지는 못했다. 그보다는 마지막 두 개의 예제에서와 같이 수치적 알고리즘을 구축하는 데 사용될 수 있는 방법들이었다. 전치행렬, 역행렬, 행렬 곱셈을 비롯해 여러 행렬 변환들을 포함한 선형대수 연산들을 다루었다. 그리고 이러한 방법들이 어떻게 라쉬 모형, 내적 일치도, 이미지 압축 등에 적용될 수 있는지 탐색해보았다. 다음 장들은 주성분분석, 요인분석, 구조방정식 모형 등을 수행하기 위해 공분산 행렬을 다룰 때 사용하는 선형대수학 기법에 초점을 맞추게 될 것이다.

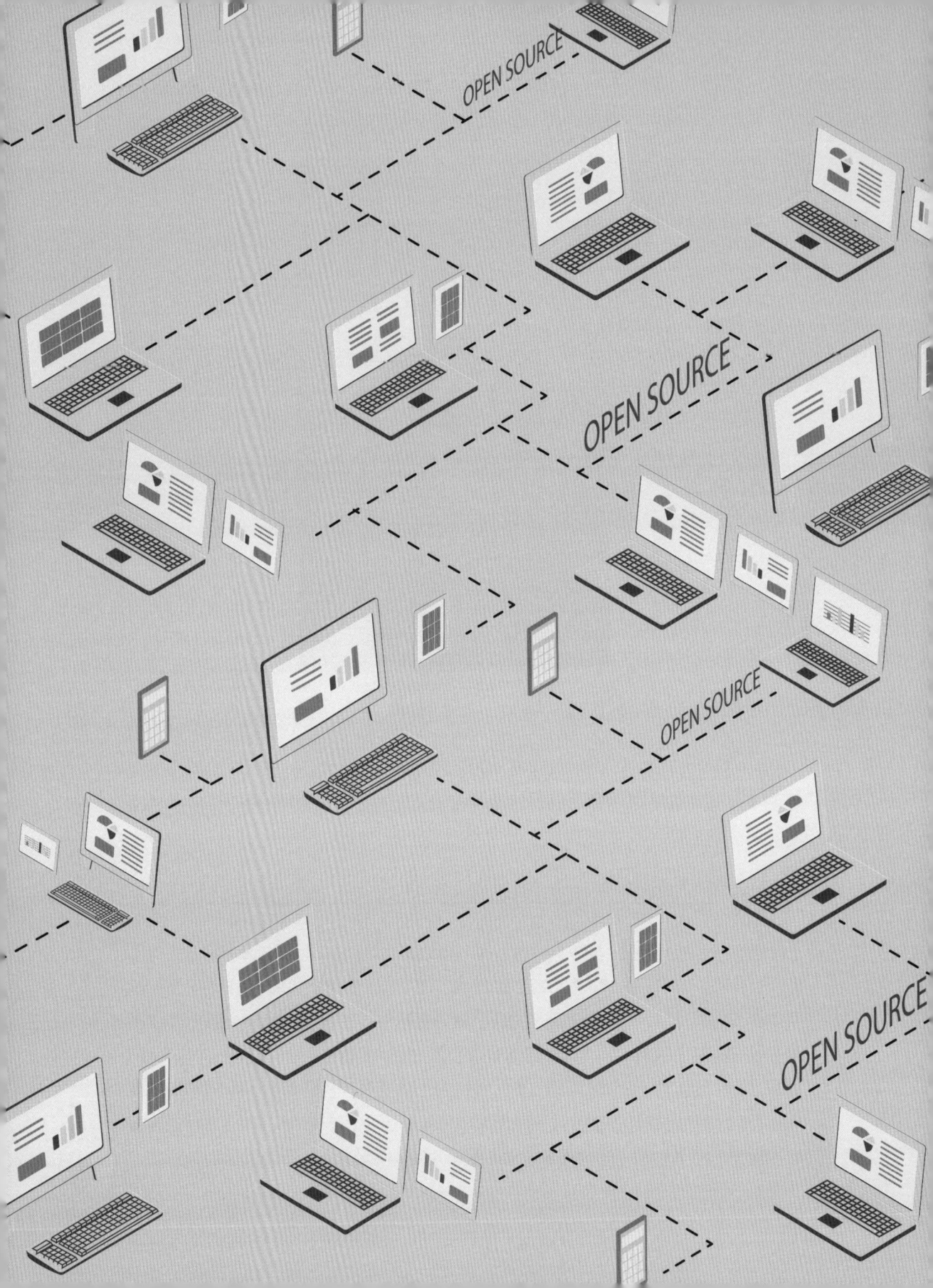

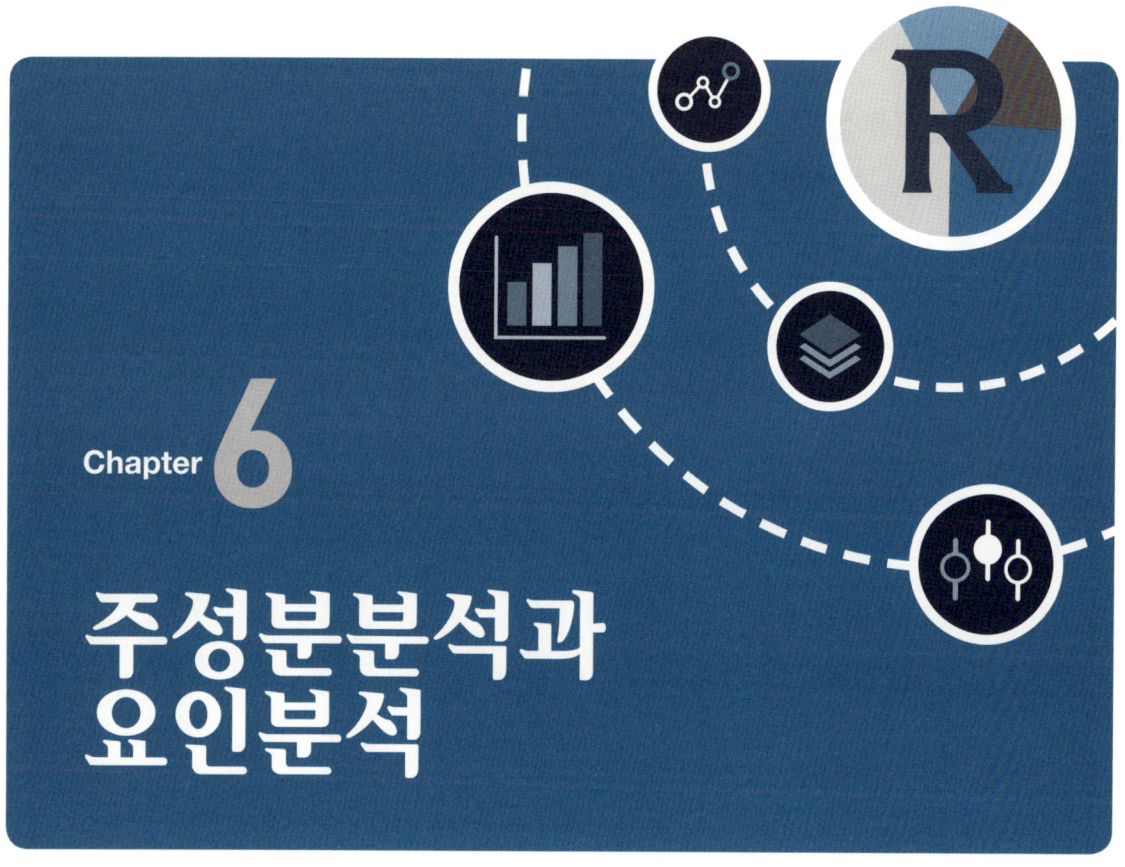

Chapter 6
주성분분석과 요인분석

앞 장에서는 선형대수학과 행렬 연산에 대해 알아보았다. 이 장에서는 공분산행렬 및 상관계수 행렬에 기초한 분석 방법을 다룬다. 주성분분석(Principal component analysis, PCA)과 요인분석(Factor analysis, FA)은 데이터의 상관 구조를 이용하는 방법들이다. 이 장에서 다룰 주요 내용은 다음과 같다.

- 상관 및 공분산 구조에 대한 소개
- 주성분분석
- 기초 탐색적 요인분석
- 고급 탐색적 요인분석

∷ 상관 및 공분산 구조

PCA와 FA에 대해 본격적으로 알아보기 전에 공분산 및 상관계수의 수리적 성질에 대해 살피는 것이 좋겠다. 공분산(covariance)은 두 변수 간의 선형 종속성에 대한 측도이고, 상관계수(correlation)는 공분산을 두 변수의 표준편차의 곱으로 나눈 값이다. 이런 맥락에서 상관계수는 표준화한 공분산이라 생각할 수 있다. 여러 변수 사이의 공분산 및 상관계수를 행렬로 나타낸 것을 각각 공분산행렬(covariance matrix), 상관행렬(correlation matrix)이라 한다.

상관계수 행렬은 변수의 개수만큼의 행과 열을 가지는 정방행렬이다. 이 행렬의 각 원소는 해당 변수 간의 상관계수 값이다. 예를 들어, 변수 A, B, C로 구성된 데이터의 상관행렬은 다음과 같다.

$$\begin{bmatrix} 1 & \mathrm{cor}(A,B) & \mathrm{cor}(A,C) \\ \mathrm{cor}(B,A) & 1 & \mathrm{cor}(B,C) \\ \mathrm{cor}(C,A) & \mathrm{cor}(C,B) & 1 \end{bmatrix}$$

대각원소의 값은 모두 1인데 이것은 자기 자신과의 상관계수 값이 1이기 때문이다. 공분산행렬에서는 대각에 분산값들이 놓이게 된다.

∷ 이 장에서 사용할 데이터셋

이 장에서 넓은 범위의 주제를 커버할 수 있도록 여러 개의 데이터셋을 사용하게 된다. 이들 데이터셋의 공통점은 모두 다변량 자료라는 점이다. 이 장에서 사용하는 기법들은 구현이 용이한 편이다. 독자들의 편의를 위해 이들 데이터셋은 다음 사이트에서 다운로드할 수 있도록 해두었다.

http://scholar.harvard.edu/gerrard/masteringscientific-computation-r

- **레드 와인**(red wine): 이 데이터는 레드 와인의 성질에 대한 데이터셋이다. 와인 품질 점수 뿐 아니라 화학적 성질을 포함하고 있다. 이 데이터셋의 출처는 Cortez et al.(2009), Modeling wine preferences by data mining from physicochemical properties, Decision Support Systems 47(4), 547 - 553 논문이며, 캘리포니아주립대학(어바인) 기계학습자료실(University of California Irvine Machine Learning Repository) 웹사이트 http://archive.ics.uci.edu/ml/에서 다운로드한 것이다.
- **전복**(abalone): 이 데이터셋은 전복의 부위별 크기와 무게를 측정한 것이다. 출처는 레드 와인 데이터와 같이 캘리포니아주립대학(어바인) 기계학습자료실이다.

- **신체기능**(physical functioning): 이 데이터셋은 앞 장에서 이미 사용한 것이므로 자세한 내용은 5장을 참조하기 바란다. 다시 한 번 간단히 설명하면 20개 항목에 대해 기능적 독립성 측면에서 어느 정도의 신체적 어려움을 느끼는 지에 대한 설문 결과이다.

∷ 주성분분석과 총분산

간단히 말하면 PCA는 데이터의 차원을 축소하는 도구이다. 변수의 개수가 많은, 예를 들어, 100개인 데이터셋이 있다고 하자. 과연 100개의 변수가 모두 필요할 것인지, 또는 데이터에 중복성(redundancy)이 있어서 적은 개수의 변수만 가지고 데이터의 크기를 줄일 수 있을 지에 대해 의문을 가질 수 있다. 여기서 중복성의 의미는 완전한 중복 측정을 뜻하기 보다는 변수들 간에 정보가 심각하게 중첩된 상황을 가리키는 말이다.

실제 자료 분석에 들어가기 전에 미국 의회에서의 법안 발의에 대해 생각해보자. 각 발의된 법안에 대해 100명의 상원의원들(일부는 기권)을 대상으로 한 찬반투표가 필요한데 의원들의 투표 결과를 데이터화 하고 싶다고 가정하자. 미국 의회는 민주당과 공화당의 양당 체제이기 때문에 투표에 중복성이 심할 것이다. 실제로 많은 연구 결과에서 의원들이 당론에 따라 투표를 하는 경향이 있으며 따라서 상당한 중복성이 존재한다는 점이 밝혀졌다. 그렇다면 데이터의 작은 부분만을 저장해도 대부분의 경우 정확히 투표 결과를 예측할 수 있을 것이다.

다양한 차원 축소 기법이 있지만 PCA는 가장 널리 사용되는 기법이다.

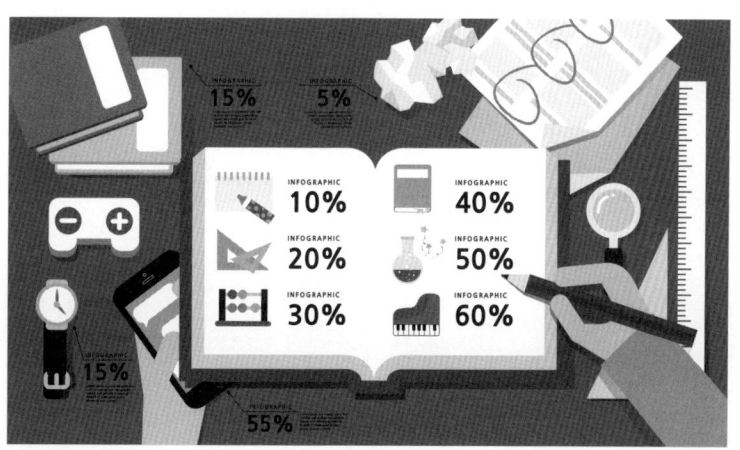

PCA의 기본 개념

PCA의 기본 아이디어는 다차원 데이터에 대해 보다 낮은 차원으로의 효과적인 모델링이 가능한지 알아보는 것이다. 실제로 PCA는 원 자료의 차원과 같은 개수의 차원을 생성하지만 몇몇 차원에 정보의 대부분이 적재되어 있는지, 즉 나머지 차원이 갖고 있는 정보의 양이 미미한지를 여부를 알려준다. 다음 모의실험 데이터 예제를 보라.

우선 서로 상관성이 높은 두 변수로 된 데이터를 생성하자.

```
set.seed(20)
x <- sample(c(0:100), replace = TRUE, 1000)
y <- x + sample(c(-10:10), replace = TRUE, 1000)
plot(y ~ x)
```

실행 결과는 다음 그림과 같다.

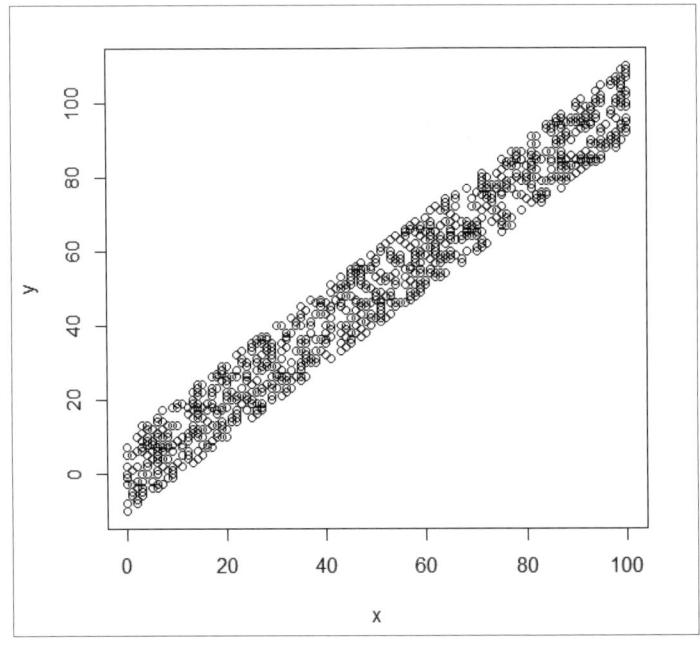

위 그림에서 직선을 따라 흩어져 있는 점들을 볼 수 있을 것이다. 이 점들의 위치를 나타내기 위해서는 이차원이 필요하지만, 좌표축을 적절히 회전시켜 얻게 되는 새로운 좌표축

에 대한 점들의 위치를 생각한다면 그리 정보를 많이 잃지 않고 일차원으로 데이터 차원을 축소할 수 있을 것이다. 일차원으로 차원을 줄여주는 회전변환을 찾아내는 것은 위와 같은 이차원 데이터의 경우에는 비교적 간단하지만 다차원 데이터에서는 훨씬 어려운 일이다. 이러한 경우에 PCA가 유용하다. 즉, 좌표축을 회전시켜 원 자료 차원의 수와 동일한 개수의 새로운 차원을 만들되, 새로이 만들어진 차원들이 갖는 변이의 크기에 따라 중요도의 순위를 생각할 수 있을 것이다. 다시 말해 데이터에 내재된 분산을 첫 번째 차원이 가능한 한 많이 설명하도록 하고, 두 번째 차원이 나머지 분산의 가능한 한 많은 부분을 설명케 하는 등의 방식이다. 이렇게 하면 새로 정의된 차원들 중 일부만으로도 데이터의 변이를 상당히 많은 부분 설명할 수 있다. 만약 이 일부 차원들이 충분히 자료를 잘 설명한다면 나머지 차원들은 불필요할 것이다.

수학적으로 PCA는 공분산행렬 또는 상관행렬의 고유값 분해(chapter 5. 선형대수 참조)에 의해 작동되는데, 각 고유값들은 해당 고유벡터(또는 주성분)가 설명하는 총분산의 크기를 나타낸다. 또는 원 자료에 대한 SVD를 적용해 수행할 수도 있다. 고유값 방법에서는 상관행렬을 사용할지 공분산행렬을 사용할지가 중요한 문제이며, SVD 기반 PCA를 수행할 때에는 필요에 따라 원 자료를 표준화할 수도 있다. 이들 문제에 대해서는 '표준화 PCA, 비표준화 PCA'절에서 자세히 논의한다.

R에서 `princomp()` 함수와 `prcomp()` 함수의 차이?

R에서 PCA를 수행하는 함수는 `prcomp()`와 `princomp()`가 있다. 이들 함수는 PCA를 수행하는 방식에 차이가 있다. `princomp()`는 공분산행렬 혹은 상관행렬에 대한 고유값분해를 이용하는 반면 `prcomp()`는 원 자료에 대한 SVD를 이용한다. 함수의 출력 결과물에도 약간의 차이가 있는데, `prcomp()` 함수가 보다 더 나은 추정값들을 제공한다.

R의 `prcomp()` 함수를 사용해 PCA를 수행한 결과는 다음과 같다.

```
> pca.sample <- prcomp(matrix(c(x,y), ncol = 2))
> summary(pca.sample)
Importance of components:
                          PC1     PC2
Standard deviation     42.3675 4.31650
Proportion of Variance  0.9897 0.01027
Cumulative Proportion   0.9897 1.00000
```

이 결과에 의하면 분산의 99%가 새로 만든 두 개의 차원(즉 주성분)에 의해 설명되고 있음을 알 수 있다.

앞에서 언급한 바와 같이 PCA는 좌표축을 회전시킨다. 따라서 새로운 좌표계에서 데이터가 어떻게 분포되는지 PCA 결과를 통해 알 수 있어야 하는데, 실제로 매우 쉽게 할 수 있다. prcomp() 함수가 리턴하는 객체에는 적재(loadings) 행렬이 포함되어 있다.

```
> pca.sample$rotation
            PC1        PC2
[1,] -0.6983965  0.7157111
[2,] -0.7157111 -0.6983965
> rotation.matrix <- -pca.sample$rotation
```

이 경우 대부분의 적재값들이 음수이기에 새로운 행렬에 저장하기 전에 부호를 바꾸어주었는데, 어쨌거나 이 행렬이 회전행렬이다. 이제 원 자료 행렬을 이 회전행렬에 곱해주기만 하면 새로운 좌표계에서의 값을 구할 수 있다.

```
> rotated.data <- matrix(c(x,y), ncol = 2) %*% rotation.matrix
```

이제 이 회전된 데이터를 그림으로 나타내보면, 원래 자료와 분포 형태는 비슷하지만 좌표축만 회전된 것을 볼 수 있다.

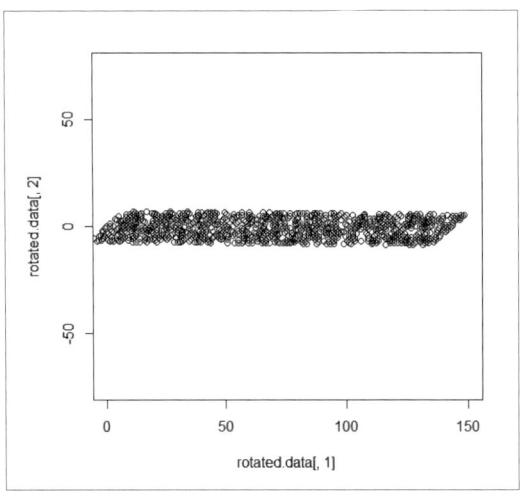

앞 그림과 이전 그림을 비교하면 원래 자료를 단순히 회전만 시킨 것임을 알 수 있다. 다만 새로운 좌표계의 가로축의 값을 보면 0부터 150 정도까지의 값인데 원래 자료에서는 100 정도까지인 것이 눈에 띈다. 새로운 좌표계의 가로축이 자료점들의 모임을 관통하고 있는데, 한 변의 길이가 100인 직각삼각형의 빗변의 길이가 대략 141이 됨을 고려하면 쉽게 이해할 수 있다.

■ SVD와 PCA의 관계

chapter 5. 선형대수에서 논의한 바와 같이 특이값분해(SVD)는 행렬 M을 두 행렬 U, V, 그리고 특이값으로 구성된 대각행렬 D를 사용해 다음과 같이 분해하는 방법이다.

$$M=UDV^T$$

상삼각행렬 U와 대각행렬 D를 곱하면 데이터를 새로운 좌표축에 투영하는데, 원 데이터에 회전행렬을 곱했을 때와 같은 방식이다. 예를 들어, R의 prcomp() 함수를 사용한 것과 동일한 회전을 svd() 함수를 사용해 수행할 수도 있다.

```
svd.sample <- svd(matrix(c(x,y), ncol = 2))
manual.rotation <- svd.sample$u %*% -diag(svd.sample$d)
plot(manual.rotation[,1], manual.rotation[,2], xlim = c(0, 150), ylim = c(-75, 75))
```

위 코드의 실행 결과는 다음 그림과 같다.

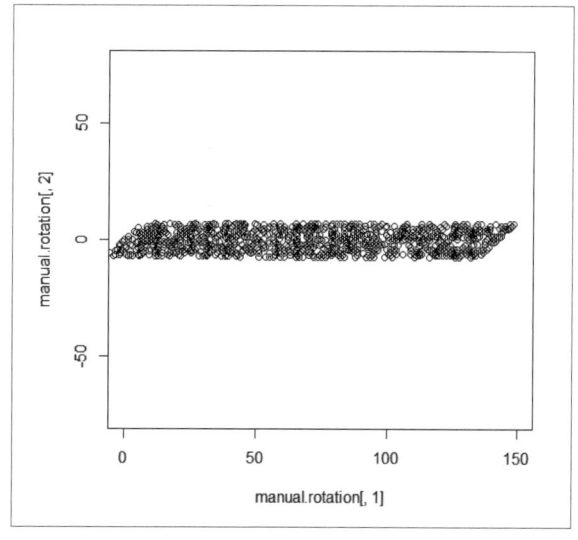

표준화 PCA, 비표준화 PCA

앞에서 상관계수를 표준화한 공분산으로 이해할 수 있음을 설명한 바 있다. 이 절에서는 자료를 표준화했을 때와 그렇지 않을 때 큰 차이가 있음을 지적하려 한다. 고유값 분해와 특이값 분해 모두 주성분의 방향을 제공한다. 그러나 구성하는 변수들의 단위가 서로 다른 데이터를 만날 때가 있다. 이런 데이터들에 공분산행렬에 대한 고유값 분해를 실시하거나 원 데이터에 대해 SVD를 적용하면 큰 값을 가진 변수의 방향에 따라 데이터가 정렬되어 있는 것으로 착각할 수 있다. 예를 들어, 길이를 미터 단위로 기록하지 않고 밀리미터 단위로 표시하느라 1,000을 곱한 경우처럼 단지 그 변수가 작은 단위로 자료값을 표현하다 보니 값이 커진 것이면 문제가 된다. 값이 이렇게 커지면 분산도 커지게 되는데, PCA는 가장 큰 분산 방향이 첫 번째 주성분이 되도록 회전시키게 되므로 문제이다. 따라서 변수들이 다른 단위로 측정된 경우 자료값들을 표준화(보통 분산이 1이 되도록)할 필요가 있다. 다음 예제들을 보자. 레드 와인 데이터를 로드해보자.

```
red.wine <- read.csv('winequality-red.txt')
```

이제 마지막 변수를 제외한 나머지 변수들의 공분산행렬을 계산해 고유치 분해를 실시하고, 이어서 상관행렬에 대한 고유치 분해를 실시(princomp() 함수와 비슷한 작업)한다.

```
wine.eigen.cov <- eigen(cov(red.wine[,-12]))
wine.eigen.cor <- eigen(cor(red.wine[,-12]))
```

이제 두 가지 고유치 분해 결과로부터 각 주성분이 분산 성분을 얼마나 설명하는지 확인해보자. 이를 위해 각 고유값을 고유값의 총합으로 나누어 분산 설명력을 계산한다.

```
> wine.eigen.cov$values / sum(wine.eigen.cov$values)
 [1] 9.465770e-01 4.836830e-02 2.589172e-03 1.518968e-03
 [5] 8.735540e-04 3.456072e-05 1.936276e-05 9.472781e-06
 [9] 8.413766e-06 1.214728e-06 4.687628e-10
> wine.eigen.cor$values / sum(wine.eigen.cor$values)
 [1] 0.281739313 0.175082699 0.140958499 0.110293866 0.087208370
 [6] 0.059964388 0.053071929 0.038450609 0.031331102 0.016484833
[11] 0.005414392
```

두 결과 사이에 뚜렷한 차이가 있는 것을 알 수 있다. 공분산행렬에 의한 결과는 첫 번째 주성분이 분산의 95% 가량을 설명하지만, 상관행렬에 의한 결과는 첫 번째 주성분이 분산의 30%도 설명을 하지 못함을 알려준다. 이유는 어떤 변수(예를 들자면 아황산가스 관련 변수들)들이 다른 변수에 비해 훨씬 큰 값들로 저장되게 하는 단위로 표현되어 있기 때문이다.

이는 R의 `prcomp()` 함수를 사용한 결과를 주의하지 않고 그냥 사용하면 문제가 될 수 있음을 알려준다. 다음 결과를 보라.

```
> wine.prcomp <- prcomp(red.wine[,-12])
> wine.prcomp.scaled <- prcomp(red.wine[,-12], scale = TRUE)
> summary(wine.prcomp)
Importance of components:
                            PC1      PC2      PC3      PC4      PC5
Standard deviation      33.6721  7.61153  1.76105  1.34886  1.02291
Proportion of Variance   0.9466  0.04837  0.00259  0.00152  0.00087
Cumulative Proportion    0.9466  0.99495  0.99753  0.99905  0.99993
                            PC6      PC7      PC8      PC9     PC10
Standard deviation      0.20346  0.15229  0.10652  0.10039  0.03814
Proportion of Variance  0.00003  0.00002  0.00001  0.00001  0.00000
Cumulative Proportion   0.99996  0.99998  0.99999  1.00000  1.00000
                           PC11
Standard deviation      0.0007493
Proportion of Variance  0.0000000
Cumulative Proportion   1.0000000
> summary(wine.prcomp.scaled)
Importance of components:
                           PC1     PC2     PC3     PC4     PC5
Standard deviation      1.7604  1.3878  1.2452  1.1015  0.97943
Proportion of Variance  0.2817  0.1751  0.1410  0.1103  0.08721
Cumulative Proportion   0.2817  0.4568  0.5978  0.7081  0.79528
                           PC6     PC7     PC8     PC9    PC10
Standard deviation      0.81216 0.76406 0.65035 0.58706 0.42583
Proportion of Variance  0.05996 0.05307 0.03845 0.03133 0.01648
Cumulative Proportion   0.85525 0.90832 0.94677 0.97810 0.99459
                           PC11
Standard deviation      0.24405
Proportion of Variance  0.00541
Cumulative Proportion   1.00000
```

특정 변수 즉, 아황산가스 관련 변수가 측정 단위 때문에 매우 큰 분산을 가지므로 비표준화 PCA 결과는 오해의 소지가 있는 결과를 준다. 이 경우 PC1은 본질적으로 아황산가스 변수나 다름없다. 이것은 대부분의 변수가 미터로 측정되었는데 하나만 센티미터 단위로 측정된 경우, 센티미터는 미터보다 작은 단위이기 때문에 센티미터 단위로 표현된 분산은 훨씬 큰 값을 갖게 되는 경우와 유사한 상황이다. prcomp() 함수를 사용할 때 scale = TRUE 인수를 지정하면 모든 변수에 대해 분산이 1이 되도록 표준화한 후 PCA를 실시한 결과를 얻을 수 있다. 변수들이 같은 단위 아니면 최소한 비슷한 단위로 표현된 것이 아닌 경우에는 반드시 표준화가 필요하다.

PCA를 수행할 때 잊지 말아야 할 핵심 포인트들은 다음과 같다.

- PCA는 데이터의 차원과 같은 개수의 주성분을 만들며 좌표축을 회전시킬 뿐이다.
- PCA는 데이터에 내재된 분산을 설명하려 한다.
- 다른 단위로 측정된 변수가 있으면 표준화가 필요하다.
- PCA에 의해 생성된 주성분들이 꼭 어떤 독자적인 의미를 가져야 하는 것은 아니다.

PCA를 통한 차원 축소

이제까지 우리는 PCA의 수학적인 성질을 논의했으나 구체적인 활용에 대해서는 아직 살펴보지 못했다. 간단히 말해 PCA는 다차원으로 관측된 데이터를 낮은 차원으로 해석할 수 있게 해주는 기법이다. 이제 레드 와인의 화학적 성질을 검사한 결과로 얻은 데이터셋을 사용해 R에서 PCA를 활용하는 법을 보게 될 것이다. 이를 위해 SVD를 기반으로 PCA를 수행하는 R의 FactoMineR 패키지를 사용한다.

PCA를 간단히 차원축소기법의 일종이라고 설명했지만 실제 적용은 그리 간단치가 않다. 예시를 위해 전복에 대한 여러 가지 측정값으로 구성된 abalone 데이터셋을 살펴보자.

```
abalone <- read.csv('abalone.txt')
library(FactoMineR)
abalone.pca <- PCA(abalone[, c(-1)])
```

PCA() 함수를 실행하면 변수들에 대한 요인 맵을 얻게 되는데, 회전된 좌표계에서의 원래 변수를 벡터 형태로 도시한 것이다. 다음 그림을 보라.

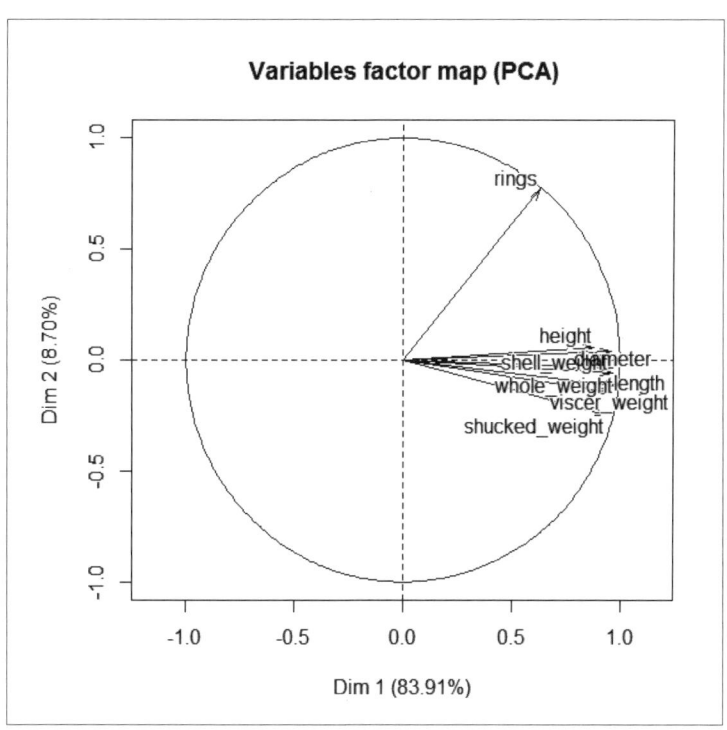

위 그림은 두 개의 차원만 표시하고 있기 때문에 더 많은 차원을 보존해야 하는 경우엔 사용상 제약이 있지만, 한 두 개의 차원으로 대부분의 분산을 설명할 수 있는 경우에는 매우 유용할 것이다. 이 경우 전복에 대한 여러 측정값들이 하나의 차원으로 거의 다 설명이 되는 것처럼 보인다. 사실상 변수로 기록된 전복의 대부분의 특징은 하나의 잠재적 특성, 즉, 크기(size)에 대한 변형이었음을 알려주는 결과로, 실제로 첫 번째 차원이 전체 변이의 84%를 설명하고 있다.

■ 레드와인 데이터에 대한 PCA

abalone 예제는 PCA를 이용해 단순하면서도 좋은 해답에 이를 수 있는 방법을 보여준다. 그러나 실제 데이터는 그렇게 단순하지 않은 경우가 많다. 예제로 레드와인 데이터셋을 고려하자. 우선 레드와인 데이터의 상관행렬을 살펴보자. PCA를 시작하기 위한 좋은 출발이 될 수 있다. R의 cor() 함수를 데이터프레임에 사용하면 상관행렬을 얻게 된다.

```
cor(red.wine)
```

와인에 관련해 화학 및 양조학에 조예가 없다 하더라도, 몇몇 변수 간에 높은 상관관계가 있을 것을 예상할 수 있다. 예를 들어, 시트르산(citric.acid)은 와인에 함유된 고정산 성분 중의 하나이기 때문에 fixed.acidity와 높은 상관관계가 있을 것으로 예상하게 된다. 그러나 높은 상관계수와 낮은 상관계수가 뒤섞여 있는 것을 볼 수 있는데, 이 데이터에는 일차원보다는 많은 차원으로 구성된 어떤 구조가 있는 것을 의미한다. 물론 그 구조는 전체 변수의 개수보다는 적은 개수의 차원으로 구성되었을 것이다. 이제 이 데이터셋에 PCA를 적용해보자.

```
wine.pca <- PCA(red.wine, quanti.sup = 12)
```

quanti.sup = 12로 지정하면 12번째 변수, 즉 quality를 PCA() 함수가 사용하지 말 것을 R에게 알려주게 된다. 그러나 새로이 생성된 차원에서 변수 quality에 대한 모수를 추정할 것을 지정하는 것이기도 하다. 다음 그림을 보라.

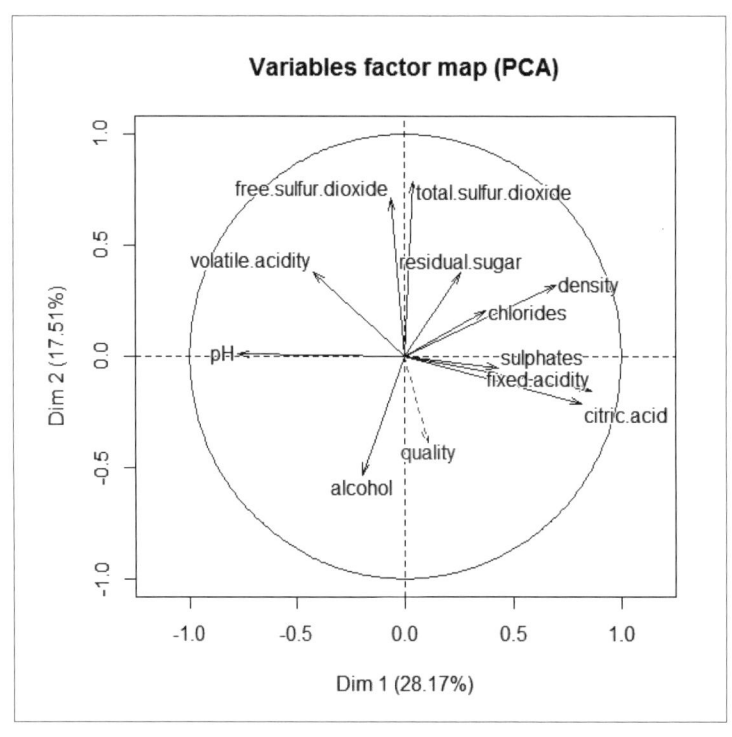

앞 그림은 차원축소를 위해 어떤 시도들이 필요한지에 대한 힌트를 제공하는데, 이는 현실 데이터에서 훨씬 자주 만나는 상황이기도 하다. `wine.pca` 객체를 더 자세히 살펴보자.

```
> summary(wine.pca)

Call:
PCA(X = red.wine, quanti.sup = 12)

Eigenvalues
                      Dim.1   Dim.2   Dim.3   Dim.4   Dim.5   Dim.6
Variance              3.099   1.926   1.551   1.213   0.959   0.660
% of var.            28.174  17.508  14.096  11.029   8.721   5.996
Cumulative % of var. 28.174  45.682  59.778  70.807  79.528  85.525
                      Dim.7   Dim.8   Dim.9  Dim.10  Dim.11
Variance              0.584   0.423   0.345   0.181   0.060
% of var.             5.307   3.845   3.133   1.648   0.541
Cumulative % of var. 90.832  94.677  97.810  99.459 100.000

Individuals(the 10 first)
               Dist    Dim.1   ctr    cos2     Dim.2   ctr
1           |  2.645 | -1.620  0.053  0.375 |  0.451  0.007
2           |  2.824 | -0.799  0.013  0.080 |  1.857  0.112
3           |  1.936 | -0.748  0.011  0.149 |  0.882  0.025
4           |  3.045 |  2.358  0.112  0.600 | -0.270  0.002
5           |  2.645 | -1.620  0.053  0.375 |  0.451  0.007
6           |  2.540 | -1.584  0.051  0.389 |  0.569  0.011
7           |  2.115 | -1.101  0.024  0.271 |  0.608  0.012
8           |  2.726 | -2.249  0.102  0.681 | -0.417  0.006
9           |  2.093 | -1.087  0.024  0.270 | -0.309  0.003
10          |  3.302 |  0.655  0.009  0.039 |  1.665  0.090
                cos2    Dim.3   ctr    cos2
1              0.029 | -1.774  0.127  0.450 |
2              0.432 | -0.912  0.034  0.104 |
3              0.208 | -1.171  0.055  0.366 |
4              0.008 |  0.243  0.002  0.006 |
5              0.029 | -1.774  0.127  0.450 |
6              0.050 | -1.538  0.095  0.367 |
7              0.083 | -1.076  0.047  0.259 |
8              0.023 | -0.987  0.039  0.131 |
9              0.022 | -1.518  0.093  0.526 |
10             0.254 |  1.209  0.059  0.134 |

Variables(the 10 first)
                Dim.1   ctr    cos2     Dim.2   ctr    cos2
```

```
fixed.acidity         |  0.861 23.943  0.742 | -0.153  1.221  0.024 |
volatile.acidity      | -0.420  5.692  0.176 |  0.382  7.559  0.146 |
citric.acid           |  0.816 21.495  0.666 | -0.211  2.304  0.044 |
residual.sugar        |  0.257  2.135  0.066 |  0.378  7.403  0.143 |
chlorides             |  0.374  4.505  0.140 |  0.205  2.192  0.042 |
free.sulfur.dioxide   | -0.064  0.131  0.004 |  0.713 26.375  0.508 |
total.sulfur.dioxide  |  0.042  0.056  0.002 |  0.790 32.432  0.625 |
density               |  0.696 15.630  0.484 |  0.324  5.456  0.105 |
pH                    | -0.772 19.230  0.596 |  0.009  0.005  0.000 |
sulphates             |  0.428  5.901  0.183 | -0.052  0.141  0.003 |
                        Dim.3    ctr   cos2
fixed.acidity         -0.154  1.520  0.024 |
volatile.acidity      -0.560 20.247  0.314 |
citric.acid            0.297  5.676  0.088 |
residual.sugar         0.126  1.026  0.016 |
chlorides             -0.115  0.858  0.013 |
free.sulfur.dioxide    0.534 18.386  0.285 |
total.sulfur.dioxide   0.401 10.395  0.161 |
density               -0.422 11.483  0.178 |
pH                     0.072  0.333  0.005 |
sulphates              0.348  7.828  0.121 |

Supplementary continuous variable
                        Dim.1   cos2    Dim.2   cos2    Dim.3  cos2
quality               |  0.110  0.012 | -0.387  0.150 |  0.399  0.159 |
```

위의 결과는 고유치 분해 결과를 요약한 내용을 포함하고 있으며, 회전된 좌표축에서 개별 와인을 어떻게 표시할 수 있는 지를 보여주고, 마지막으로 변수들에 대한 요약 정보를 담고 있다. 이상의 내용들을 하나씩 논의해보자.

고유값은 상관행렬에 대해 고유값 분해를 실행하는 과정에서 산출된다. 이 고유값들의 합은 전체 변수의 개수인 11이 된다. 특정 주성분에 의해 설명되는 분산의 비율은 해당 고유치를 전체 변수 개수로 나눈 값으로 주어진다. 이때 고유값이 1보다 작으면 해당 주성분이 개별 변수 한 개보다도 설명력이 낮음을 의미한다. 이에 대한 보다 자세한 내용은 다음 절에서 논의하기로 한다.

관측치별 정보와 변수 정보에서는 원 자료의 개별 관측치와 변수들이 새로운 좌표축에서 어떻게 표시될지에 대한 정보를 제공하는데, 기본으로 세 개의 주성분(축)에 대한 정보를 제공한다. 출력 결과를 보면 여러 개의 열(column)이 있는데, Dim으로 시작하는 이름이 붙은 열은 주성분에 의해 정의된 새 좌표평면에서의 해당 변수의 좌표에 해당한다. ctr 열은 해당 차원을 생성하는 데 기여(contribution)한 정도를 나타낸다. quality 변수는 주성분을 생성하는 데 사용되지 않았기 때문에 기여도가 없으므로 ctr 값이 출력되지 않았다. cos2 열은 코사인 제곱값을 나타낸다. 이 값이 1에 가까울수록(혹은 클수록) 변수가 주성분이 만드는 좌표축과 비슷한 방향이며, 따라서 주성분에 많이 연관된 변수임을 의미하게 된다.

주성분 개수 정하기

앞에서 논의한 바와 같이 PCA는 데이터가 단순히 흩어진 방향으로 좌표축을 회전만 시키는 것이며, 따라서 원 자료 변수의 개수와 동일한 개수의 주성분이 존재하게 된다. 그렇다면 PCA는 어떻게 차원 축소 기법으로 활용 가능한지에 대한 의문이 들 것이다. 앞에서 이미 논의한 바와 같이, 중요한 주성분만 선택하고 나머지는 무시하는 것이 핵심이다. 그렇다면 과연 주성분들 중 몇 개까지를 중요하다고 판단할지에 대한 또 다른 의문이 생겨난다.

주성분의 개수를 정하는 방법은 여러 가지 있다. 이론에 기반한 방법(예를 들어, 미리 몇 개의 주성분을 선택할 지 정해놓은 경우), 또는 주성분을 살펴보고 특정 의미를 발견할 수 있는 경우에만 남겨두는 방법 등의 정성적 방법이 있다. 정량적 방법 중 가장 널리 쓰이는 방법은 **카이저-구트만 규칙(Kaiser-Guttman rule)**과 **스크리 검정법(Scree test)**을 들 수 있다.

카이저-구트만 규칙은 한 마디로 고유값이 1보다 큰 주성분을 선택하는 것이다. 이 방법은 고유값이 1보다 작은 주성분은 개별 변수가 평균적으로 가진 총분산 설명력보다도 못한 설명력을 가졌음을 의미한다는 점에 논리적 근거를 두고 있다. 이 규칙에 따른다면 레드와인 데이터 예제에서는 네 개의 주성분만 남기고 나머지는 무시하게 된다. 스크리 검정법은 고유치(혹은 분산비율)와 주성분 개수 간의 그래프를 그리는 방법이다. 고유치의 감소세가 현저히 줄어드는 것이 보인다면 해당 주성분은 불필요한 것으로 본다. 다음 코드를 실행하면 스크리 도표를 작성할 수 있다.

```
plot(wine.pca$eig$eigenvalue, type = 'b', xlab = 'Principal Component', ylab = 'Eigenvalue', main = 'Eigenvalues of Principal Components')
```

실행 결과는 다음 그림과 같다.

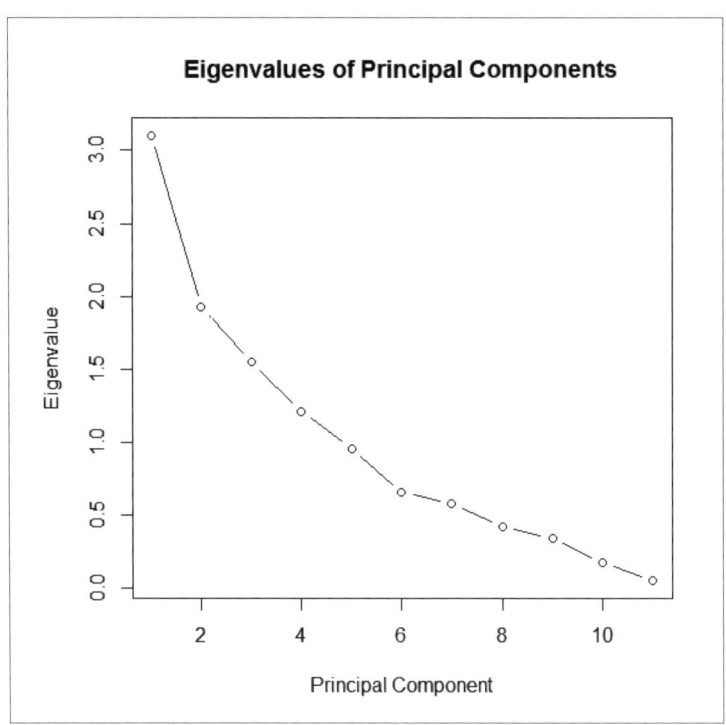

위 그림에서 보듯 레드와인 데이터의 경우 고유치의 감소세가 현저히 줄어드는 곳을 특정하기 어렵기 때문에 스크리 기준을 사용해 주성분의 개수를 정하는 것은 적절치 않아 보인다. 이번에는 abalone 데이터에 대한 스크리 도표를 그려서 비교해보자.

```
plot(abalone.pca$eig$eigenvalue, type = 'b', xlab = 'Principal Component', ylab =
'Eigenvalue', main = 'Eigenvalues of Principal Components')
```

실행 결과는 다음 그림과 같다.

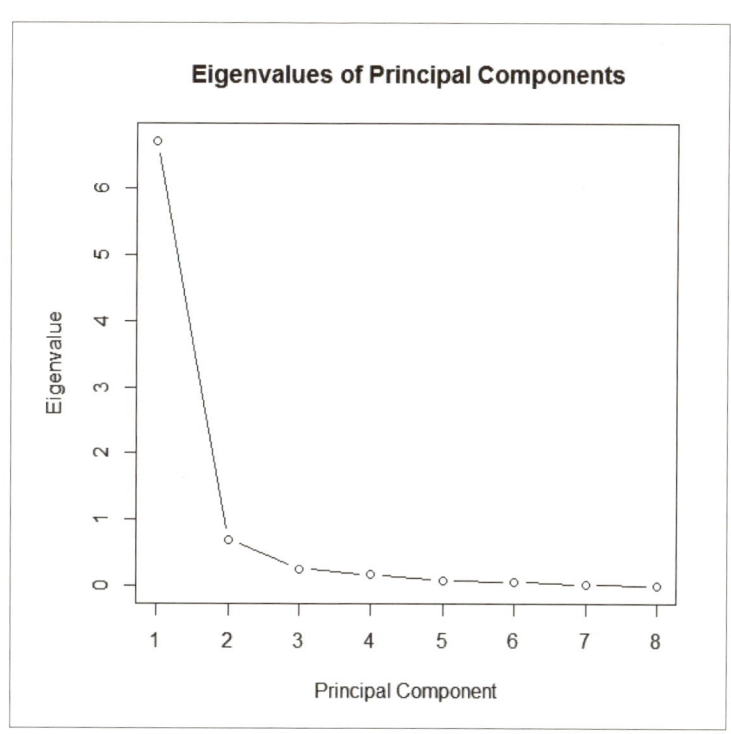

위 그림을 보면 두 번째 주성분부터 감소세가 현저히 줄어들기 시작하고 있으며 세 번째 이후는 거의 감소세를 찾아볼 수 없다. 따라서 스크리 기준을 따르자면 abalone 데이터의 경우, 주성분은 하나 또는 많아도 두 개의 주성분을 선택하게 된다.

 카이저-구트만 방법의 중요한 한계점은 선택된 주성분에 대해 특별한 의미를 항상 부여할 수 있는 것은 아니라는 데 있다. 예를 들어, 상관관계가 없는 20개의 확률변수에 대해 PCA를 실시한 후 카이저-구트만 규칙을 적용한다면 자료 내에 의미있는 상관 구조가 실재하지 않음에도 불구하고 상당히 많은 수의 주성분이 선택될 것이다. 다음 코드를 실행해보라.

```
simulated.data <- matrix(sample(1:100, 20000, replace = TRUE), ncol = 20)
summary(PCA(simulated.data))
```

레드와인 문제로 다시 돌아가 PCA 결과를 해석해보자. 만일 4개의 차원을 선택하게 되면 약 71% 정도의 설명력을 갖게 되는데, 이 경우에 기본으로 제공되는 3개 차원에 대한 요약 정보 대신 4개 차원에 대한 요약 정보를 얻으려면 다음 코드를 실행하면 된다.

```
summary(wine.pca, ncp = 4)
```

실행 결과는 다음 스크린샷과 같다.

```
> summary(wine.pca, ncp = 4, )
Call:
PCA(red.wine, quanti.sup = 12)

Eigenvalues
                       Dim.1   Dim.2   Dim.3   Dim.4   Dim.5   Dim.6   Dim.7   Dim.8   Dim.9  Dim.10  Dim.11
Variance               3.099   1.926   1.551   1.213   0.959   0.660   0.584   0.423   0.345   0.181   0.060
% of var.             28.174  17.508  14.096  11.029   8.721   5.996   5.307   3.845   3.133   1.648   0.541
Cumulative % of var.  28.174  45.682  59.778  70.807  79.528  85.525  90.832  94.677  97.810  99.459 100.000

Individuals (the 10 first)
              Dist       Dim.1     ctr    cos2      Dim.2    ctr    cos2      Dim.3    ctr    cos2     Dim.4    ctr    cos2
1           | 2.645  |  -1.620   0.053   0.375  |   0.451  0.007   0.029  |  -1.774  0.127   0.450  |  0.044   0.000   0.000 |
2           | 2.824  |  -0.799   0.013   0.080  |   1.857  0.112   0.432  |  -0.912  0.034   0.104  |  0.548   0.015   0.038 |
3           | 1.936  |  -0.748   0.011   0.149  |   0.882  0.025   0.208  |  -1.171  0.055   0.366  |  0.411   0.009   0.045 |
4           | 3.045  |   2.358   0.112   0.600  |  -0.270  0.002   0.008  |   0.243  0.002   0.006  | -0.928   0.044   0.093 |
5           | 2.645  |  -1.620   0.053   0.375  |   0.451  0.007   0.029  |  -1.774  0.127   0.450  |  0.044   0.000   0.000 |
6           | 2.540  |  -1.584   0.051   0.389  |   0.569  0.011   0.050  |  -1.538  0.095   0.367  |  0.024   0.000   0.000 |
7           | 2.115  |  -1.101   0.024   0.271  |   0.608  0.012   0.083  |  -1.076  0.047   0.259  | -0.344   0.006   0.026 |
8           | 2.726  |  -2.249   0.102   0.681  |  -0.417  0.006   0.023  |  -0.987  0.039   0.131  | -0.001   0.000   0.000 |
9           | 2.093  |  -1.087   0.024   0.270  |  -0.309  0.003   0.022  |  -1.518  0.093   0.526  |  0.003   0.000   0.000 |
10          | 3.302  |   0.655   0.009   0.039  |   1.665  0.090   0.254  |   1.209  0.059   0.134  | -0.825   0.035   0.062 |

Variables (the 10 first)
                        Dim.1     ctr    cos2      Dim.2    ctr    cos2     Dim.3     ctr    cos2     Dim.4    ctr    cos2
fixed.acidity        |  0.861  23.943   0.742  |  -0.153   1.221   0.024  | -0.154   1.520   0.024  | -0.253   5.272   0.064 |
volatile.acidity     | -0.420   5.692   0.176  |   0.382   7.559   0.146  | -0.560  20.247   0.314  |  0.087   0.623   0.008 |
citric.acid          |  0.816  21.495   0.666  |  -0.211   2.304   0.044  |  0.297   5.676   0.088  | -0.087   0.631   0.008 |
residual.sugar       |  0.257   2.135   0.066  |   0.378   7.403   0.143  |  0.126   1.026   0.016  | -0.411  13.897   0.169 |
chlorides            |  0.374   4.505   0.140  |   0.205   2.192   0.042  | -0.115   0.858   0.013  |  0.734  44.382   0.538 |
free.sulfur.dioxide  | -0.064   0.131   0.004  |   0.713  26.375   0.508  |  0.534  18.386   0.285  | -0.048   0.190   0.002 |
total.sulfur.dioxide |  0.042   0.056   0.002  |   0.790  32.432   0.625  |  0.401  10.395   0.161  | -0.038   0.120   0.001 |
density              |  0.696  15.630   0.484  |   0.324   5.456   0.105  | -0.422  11.483   0.178  | -0.192   3.045   0.037 |
pH                   | -0.772  19.230   0.596  |   0.009   0.005   0.000  |  0.072   0.333   0.005  | -0.004   0.001   0.000 |
sulphates            |  0.428   5.901   0.183  |  -0.052   0.141   0.003  |  0.348   7.828   0.121  |  0.607  30.346   0.368 |

Supplementary continuous variable
          Dim.1    cos2      Dim.2    cos2     Dim.3    cos2     Dim.4    cos2
quality | 0.110   0.012  |  -0.387   0.150  |  0.399   0.159  | -0.044   0.002 |
```

원래 변수들에 대한 적재계수와 기여도를 평가해 다음과 같이 각 주성분의 의미를 설명할 수 있을 것이다(상당히 주관적임).

- 복잡성
- 아황산염류 함유량
- 효모 함유
- 포도 특성

복잡성 차원은 다른 주성분에 비해 더 많은 분산설명력을 가지므로, 복잡성이 와인 특성의 가장 중요한 측면이라 해석할 수 있으며, 아황성염류 함유량, 효모 함유, 포도 특성의 순이라 할 수 있다. 이러한 해석이 설득력을 가질 수 있는지 따져보는 것은 중요하다.

 엄밀히 말해 주성분의 개수를 정하는 것과 주성분을 해석하는 것은 정량분석에서 따질 성격의 문제가 아님을 기억할 필요가 있다. 해당 주제에 대한 실제적인 이해가 요구되는 문제이며 가끔은 연구자의 주관적 판단이 필요할 수도 있다.

이제 궁극적인 의문점을 따져보자. 와인 품질이 얼마나 좋은가? 데이터셋에 보조변수로 와인 품질을 나타내는 quality 변수가 있었는데, PCA 출력 결과를 보면 모든 주성분에 대해 낮은 수준의 코사인 제곱값을 가진 것을 확인할 수 있다. 따라서 네 개의 주성분이 데이터 분산의 70% 가량을 설명하지만 품질은 이들 성분들 중 어느 것과도 큰 연관성은 없다. 아마도 와인의 예술적이고 마법적인 그 무언가는 단순한 화학으로는 설명되지 않는 것 같다.

∷ PCA를 이용한 형성적 구성개념

PCA를 활용하는 또다른 예에 대해 알아보자. 다음 절 '탐색적 요인분석과 반영적 구성개념'에서 다루게 될 요인분석(factor analysis)과 비교하면서 익히면 도움이 될 것이다. 우선 형성적 구성개념(formative constructs)과 반영적 구성개념(reflective constructs)에 대해 논의하자. 다음 그림을 화살표의 방향에 주의해 살펴보자. 형성적 구성개념은 아래 그림과 같이 여러 개의 개별 특질들로 구성된 합성변수로써 형성되는 일반적인 특질을 가리키는 말이다. 화살표의 방향이 개별 특질을 나타내는 지표변수에서 구성개념 쪽으로 향해 있는데, 이는 구성개념이 개별 특질로부터 형성되었음을 나타낸 것이다.

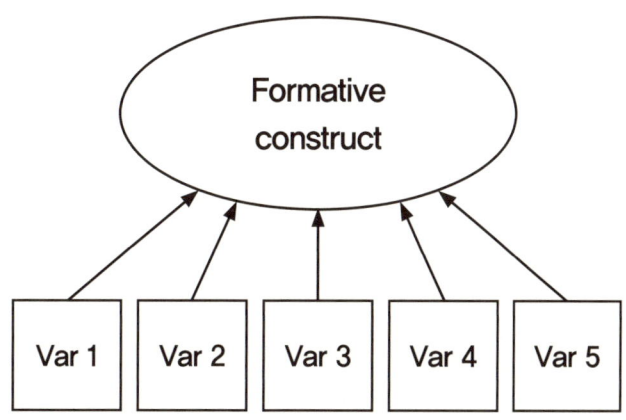

반대로 반영적 구성개념은 일반적인 특질이 근저에 깔려 있으면서 개별 특질의 원인이 됨을 가정한다. 아래 그림을 보라. 화살표가 구성개념으로부터 출발해 개별 지표로 향해 있는데, 이는 구성개념이 개별 특질을 유도하며 개별 특질은 이 구성개념의 발현이라는 사실을 반영하는 것이다.

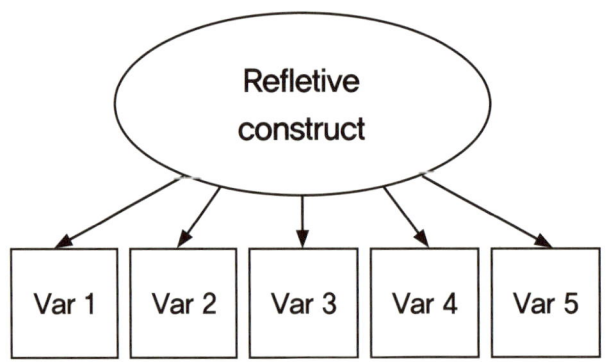

PCA는 종종 형성적 구성개념을 위한 모형으로 간주된다. 반영적 구성개념 모형은 나중에 요인분석에 대해 논의할 때 자세히 다루게 될 것이다.

앞에서 살펴본 적이 있는 신체기능 데이터 분석 문제로 돌아가자. 신체기능 데이터셋은 20가지 ADL[7]과 IADL[8]에 관련된 개인의 능력에 대한 데이터로 구성되어 있다. 응답자가 이에 대해 점수를 매기는 것은 ADL과 IADL에서의 기능적 독립성에 대한 일종의 척도를 사용하는 것이라고 생각할 수 있다. 그러나 개인별로 20개 모든 항목 점수를 보고하는 것은 상당히 장황할 수 있으므로 합산된 점수 형태로 개인의 신체기능 상태를 측정하고 싶을 것이다. 이때 20개 항목 점수를 합산하는 방식이 과연 합리적인 지에 대한 의문이 있을 수 있다. '일어나 걷기'를 항목에 추가해야 하는 것은 아닌가? 또 하나 중요한 질문이 있는데 "합산 점수를 계산하는 목적이 무엇인가?"라는 것이다. 이 질문에 대한 답은 이 척도를 이용해 측정하고자 하는 것이 무엇인가에 달려 있다. 만일 20가지 항목을 모두 독립적으로 수행할 수 있어야 기능적 독립성을 가진 것으로 가정한다면, 기능적 독립성을 이 20개 항목을 수행하는 능력으로 정의하는 것이 되며, 결과적으로 형성적 구성개념으로 기능적 독립성을 모형화하는 것이다. 반대로 20개 항목의 수행 능력이 기능적 독립성이라는 특질의 발현이라고 가정하면 반영적 구성개념으로 모형화하는 것이 된다.

---

[7] 역자 주: Activities of daily living의 약자
[8] 역자 주: Instrumental ADL의 약자

이제 형성적 구성개념 모형에 따라 20개 항목을 사용해 측정모형을 만들어보자. 이를 위해 신체기능 데이터에 PCA를 실시한 후 주성분들에 의해 설명되는 분산을 살펴보자.

```
> phys.func <- read.csv('phys_func.txt')[,c(-1)]
> phys.func.pca <- PCA(phys.func)
> summary(phys.func.pca)

Call:
PCA(X = phys.func)


Eigenvalues
                      Dim.1   Dim.2   Dim.3   Dim.4   Dim.5
Variance              6.423   1.574   1.286   1.094   0.988
% of var.            32.113   7.869   6.428   5.470   4.939
Cumulative % of var. 32.113  39.983  46.410  51.880  56.818
                      Dim.6   Dim.7   Dim.8   Dim.9   Dim.10
Variance              0.865   0.800   0.738   0.699   0.657
% of var.             4.323   4.001   3.689   3.494   3.287
Cumulative % of var. 61.142  65.143  68.832  72.326  75.613
                      Dim.11  Dim.12  Dim.13  Dim.14  Dim.15
Variance              0.643   0.560   0.523   0.510   0.485
% of var.             3.213   2.802   2.613   2.552   2.425
Cumulative % of var. 78.826  81.628  84.241  86.793  89.218
                      Dim.16  Dim.17  Dim.18  Dim.19  Dim.20
Variance              0.467   0.454   0.440   0.416   0.380
% of var.             2.333   2.271   2.200   2.080   1.899
Cumulative % of var. 91.551  93.821  96.021  98.101 100.000
```

첫 번째 주성분은 다른 성분들에 비해 최소 4배 이상의 분산설명력을 갖고 있고, 네 개의 주성분이 분산의 절반 이상을 설명하고 있음을 확인할 수 있다. 이것은 개인별로 20개의 변수를 모두 보고하는 것보다 더 간단한 요약 정보를 만들어낼 수 있음을 알려주는 결과이다.

또한 이 결과에 대한 스크리 도표를 그려보자. 실행 결과는 다음 그림과 같다.

```
plot(phys.func.pca$eig$eigenvalue, type = 'b', xlab = 'Principal Component', ylab =
'Eigenvalue', main = 'Eigenvalues of Principal Components')
```

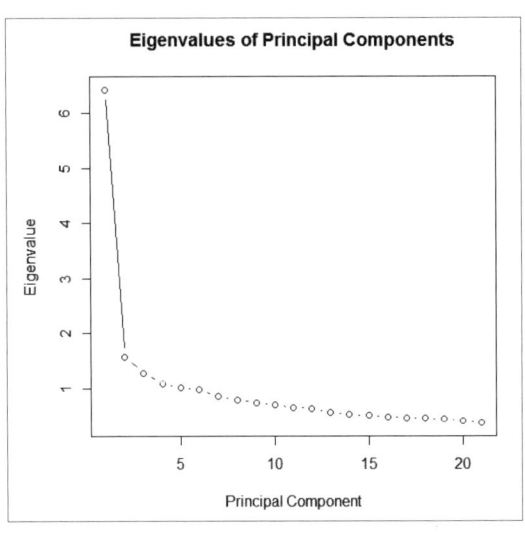

첫 번째 질문은 신체기능을 1차원 척도로(즉, 20차원을 1차원으로) 처리할지 다차원으로 처리할지에 대한 것이다. 카이저-구트만 기준에 따르면 네 개의 주성분을 선택하게 된다. 앞 그림을 자세히 살펴보면 고유치 감소세의 정체 현상이 두 군데에서 보인다. 하나는 세 번째 성분 다음에 있고 다른 하나는 여섯 번째 성분 다음이다. 따라서 스크리 도표 기준에 따르면 세 개의 주성분을 선택하게 된다. 그러나 여전히 주성분들을 해석해야 하는 문제는 남아있다. 이번에는 코사인 제곱 값을 가지고 과연 세 개 혹은 네 개의 주성분을 선택하는 것이 합리적인 지 확인해보자. 이 값은 각 변수가 새로운 축에 얼마나 가까이 붙어있는 지를 반영하므로, 만일 이 값이 확실히 크지 않으면 해당 축을 사용하는 것이 별 도움이 안된다고 보아도 좋을 것이다.

```
            Dim.1      Dim.2     Dim.3     Dim.4     Dim.5
PFQ061A         NA        NA 0.2180148        NA        NA
PFQ061B  0.3425603        NA        NA        NA        NA
PFQ061C  0.3197294        NA        NA        NA        NA
PFQ061D  0.3846285        NA        NA        NA        NA
PFQ061E  0.4029381        NA        NA        NA        NA
PFQ061F  0.3407052        NA        NA        NA        NA
PFQ061G         NA        NA 0.3237579        NA        NA
PFQ061H  0.2748247        NA        NA        NA 0.2984617
PFQ061I  0.4465091        NA        NA        NA        NA
PFQ061J  0.4352429        NA        NA        NA        NA
PFQ061K         NA 0.2953024        NA        NA        NA
PFQ061L  0.3623138        NA        NA        NA        NA
```

```
PFQ061M 0.4776348      NA      NA      NA           NA
PFQ061N 0.3667740      NA      NA      NA           NA
PFQ061O 0.3354625      NA      NA      NA           NA
PFQ061P 0.2383867      NA      NA      NA           NA
PFQ061Q 0.3746035      NA      NA      NA           NA
PFQ061R 0.3054978      NA      NA      NA           NA
PFQ061S       NA       NA      NA      0.2773378    NA
PFQ061T 0.4540454      NA      NA      NA           NA
```

위 결과는 코사인 제곱 값에 대해 비교적 낮은 수준의 임계치인 0.2를 적용한 결과이다. 대부분의 변수가 첫 번째 성분에 대해 기준을 통과했지만 이후 다른 성분들에 대해서는 기준에 미달하고 있다. 네 개의 성분을 선택한다면 모든 항목이 이 기준을 통과하는 코사인 제곱 값을 갖지만, 두 개의 주성분은 항목 하나만 포함하게 된다. 첫 번째 성분에서 0.2 기준을 통과한 항목들은 운동 기능과 상당한 관계가 있는데 반해, 낮은 값(NA)을 갖는 항목[9]들은 운동 기능과 별 상관이 없다. 이 결과에 의하면 이 데이터를 신체 운동성(physical mobility)과 관련된 일차원 측도로 구성된 것으로 보고, NA에 해당하는 네 항목을 검사에서 제외하는 것을 고려할 만하다.

다음 절에서 이 데이터의 경우에 대해 보다 해석력이 있는 결과를 제공하는 반영적 구성 개념 모형 관점에서 다시 다루게 될 것이다.

> **어떤 종류의 구성개념을 형성적인 것으로 간주할 수 있는가?**
>
> 앞에서 우리가 수행한 분석은 심리측정학(psychometrics)에서 사용하는 개념에 맞닿아 있다. 그러나 심리측정학에서는 눈에 보이지 않는 심리적 프로세스(예를 들면 반영적 구성개념)의 발현에 관심이 있기 때문에 형성적 구성개념 모형은 거의 사용하지 않는다. 사회경제적지위(socio-economic status) 정도가 심리학이나 사회과학에서 받아들여지는 몇 안되는 형성적 구성개념 중의 하나이다.

탐색적 요인 분석과 반영적 구성 개념

이제까지 논의한 PCA는 변수에 내재된 총분산을 모델링하는 것이었다. PCA와 혼동하기 쉬운 또다른 접근법인 요인 분석(factor analysis, FA)은 변수에 내재된 공통분산을 모델링하는 방법이다. 이 장에서는 탐색적 요인 분석(exploratory factor analysis, EFA)에 대해 논의한다.

기본 용어

꼭 알아두어야 할 기본 용어는 다음과 같다.

- **잠재특성(Latent trait), 공통요인(Common factor)**: 관측 변수들에 내재된 분산을 설명하는 관측이 되지 않는 변수를 가리킨다.
- **요인적재계수(Factor loadings)**: 각 관측 변수와 공통요인 간의 상관계수에 해당하는 값이다[10].
- **공통성(Communality)**: 각 변수별로 계산한 요인적재계수의 제곱합이다.
- **특수성(Uniqueness)**: 각 변수의 분산에서 공통성 값을 뺀 값이다.
- **관측값(Observed)**: 직접 관측한 값들로 측정 혹은 계산해 얻은 행렬이나 값.
- **함축값(Implied)**: 직접 관측되지 않고 다른 값들과의 일치성을 갖도록 추정된 행렬이나 값
- **직교요인구조(Orthogonal factor structure)**: PCA에서 서로 직교하는 주성분을 가정했던 것과 마찬가지로 서로 직교하는 요인들을 가정하는 경우
- **사각요인구조(Oblique factor structure)**: 요인들이 서로 직교하지 않고 상관관계를 가지는 경우

중요한 행렬들

- **축소상관행렬(Reduced correlation matrix)**: R_r로 나타내며, 상관행렬의 대각에 있는 1을 해당 변수의 공통성 값으로 대체한 행렬을 가리킨다.
- **함축상관행렬(Implied correlation matrix)**: R_{imp}로 나타내며, 요인분석의 해에 의해 유도되는 상관행렬을 가리킨다.
- **잔차상관행렬(Residual correlation matrix)**: R_{resid}로 나타내며, 관측된 상관행렬에서 함축상관행렬을 뺀 행렬을 가리킨다. 대각에 특수성 값을 가진다.
- **요인패턴행렬(Factor pattern matrix)**: P로 나타내며, 요인적재계수들로 이루어진 행렬을 가리킨다. 일반적으로 변수의 개수가 요인의 개수보다 많기 때문에 행의 개수가 열의 수보다 많게 되어 세로로 긴 모양의 행렬이 된다.
- **요인상관행렬(Factor correlation matrix)**: F로 나타내며 요인 간 상관행렬을 가리킨다. 단일요인모형(single factor model)의 경우 숫자 1이 되며, 직교요인구조 하에서는 단위행렬이 된다.
- **특수성행렬(Uniqueness matrix)**: 각 변수의 특수성 값으로 이루어진 대각행렬로 U로 나타낸다.

■ 요인분석모형을 행렬로 나타내기

행렬 표현을 빌어 앞에서 언급한 행렬들 사이의 관계를 나타내면 다음과 같다.

---

9 역자 주: 금전 관리(A), 음식 준비하기(G), 먹기(K), 집에서 편히 쉬기(S) 등
10 역자 주: 관측변수와 잠재요인의 분산이 모두 1인 경우에만 성립하는 설명이다. 관측변수가 요인들의 선형결합과 그 변수에만 영향을 미치는 특수한 인자의 합으로 표현된다고 모델링할 때, 공통요인의 선형결합을 정의하는 계수들을 가리킨다.

$$R_r = PFP'$$

$$R_{imp} = PFP' + U$$

요인분석의 해를 구하는 문제는 결국 이 행렬들의 원소 값을 알아내는 것이다.

EFA의 기본 개념

EFA는 관측 변수들이 잠재변수(latent variable)라 부르는 직접 관측이 불가능한 변수들에 의해 설명될 수 있다는 것을 가정하는데, 이 잠재변수들은 공통 분산(common variance)의 원천으로서 모형화된다.

다음 그림을 보면 다섯 개의 관측변수(A~E)의 공통분산의 원천이 되는 Trait이라는 잠재변수가 있다. 이 그림에서 화살표는 관측변수와 잠재변수 간의 관계를 표현한 것이다.

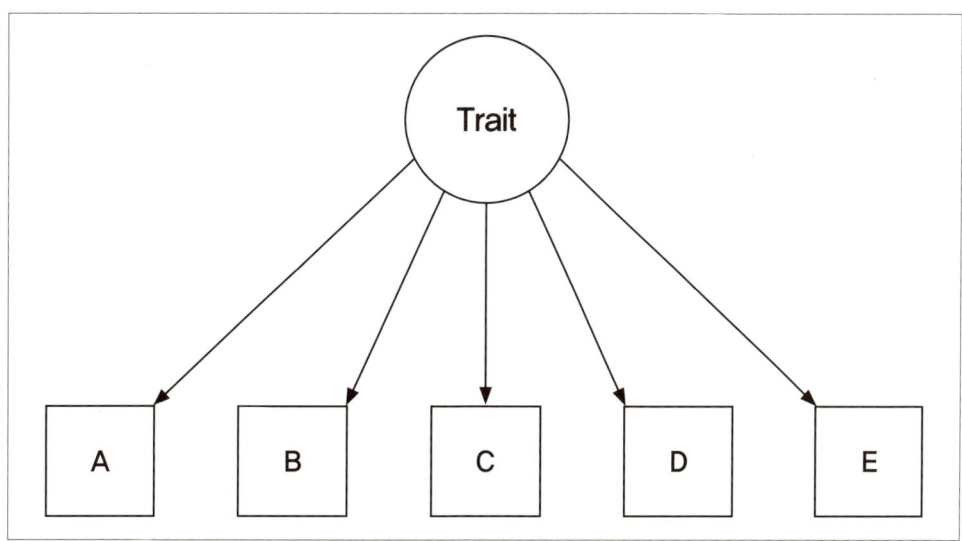

간단한 계산에 의해 다음의 규칙이 성립함을 보일 수 있다[11].

$$cov(A, B) = cov(A, Trait) \times cov(B, Trait)$$

EFA는 이 규칙을 기초로 하여 요인적재계수에 대한 통계적 추정을 실시하게 된다.

EFA 추정의 기본 개념

단일 요인 모형에서 어떻게 추정이 이루어지는 지 이해하기 위해 무게중심방법(centroid method)이라 불리는 오래된 추정 방법으로 논의를 시작해보자. 이 방법은 컴퓨팅에 기반한 새로운 기법들에 의해 대체되어 거의 사용되고 있지 않지만 요인분석에서 추정의 기본 아이디어를 설명하는 데 여전히 유용하다.

단일요인모형에서 각 요인적재계수는 해당 관측변수를 표현한 대문자 알파벳에 대응하는 소문자를 사용해 표현하기로 한다(예: cor(A, trait) = a)[12]. 모든 요인적재계수 사이의 곱을 하나의 정방행렬로 나타내면 축소상관행렬 R_r이 된다.

$$R_r = \begin{bmatrix} a^2 & ab & ac & ad & ae \\ ba & b^2 & bc & bd & be \\ ca & cb & c^2 & cd & ce \\ da & db & dc & d^2 & de \\ ea & eb & ec & ed & e^2 \end{bmatrix}$$

우리는 요인적재계수의 값들을 알지 못한다(결국 우리가 추정해야 하는 값들이다). 이때 앞에서 구한 공분산 규칙을 적용하면 다음의 등식이 성립한다.

$$ab = cor(A, B)$$

따라서 요인적재계수의 값은 모르더라도 관측변수 간의 상관계수를 이용해 이 계수 사이의 곱은 추정할 수 있게 되었다. 대각에 있는 공통성 값은 여전히 계산할 수 없기 때문에 적절한 초기치가 필요하다.

공통성 값을 위한 초기치를 정하는 것은 여러 가지 방법으로 가능하다.

- 그냥 1로 둔다.
- 같은 행에 있는 비대각 값 중 가장 큰 값으로 정한다.
- 다중상관계수의 제곱(squared multiple correlation, SMC)을 사용한다. 이 값은 상관행렬의 역행렬을 계산한 후 대각에 있는 값에서 1을 빼면 얻을 수 있다. 세 가지 방법 중에 가장 계산량이 많은 방법이지만 가장 좋은 결과를 주는 방법이기도 하다.

관측변수의 개수가 많을수록 공통성을 위한 초기치의 중요도는 낮아진다. 왜냐하면 관측변수가 많을수록 행렬의 크기가 급격하게 커지게 되고, 행렬이 크면 클수록 전체 원소의 개수 대비 대각원소의 개수의 비율이 작아지기 때문이다.

---

[11] 역자 주: Trait이 표준화된 잠재요인인 경우에 한해 성립한다.
[12] 역자 주: 이 절에서는 관측변수와 잠재변수 모두 표준화된 것으로 가정한다. 이후 내용을 읽어 내려가는 동안 표준화된 변수 간의 공분산은 상관계수와 같은 값임을 기억하면 이해에 도움이 될 것이다.

■ **무게중심방법**

무게중심방법의 수학적 배경을 위해 축소상관행렬로부터 논의를 시작하자. 대각원소의 값이 공통성에 대한 초기치임을 강조하기 위해 다음과 같이 아래 첨자 0을 사용한다.

$$R_r = \begin{bmatrix} a_0^2 & ab & ac & ad & ae \\ ba & b_0^2 & bc & bd & be \\ ca & cb & c_0^2 & cd & ce \\ da & db & dc & d_0^2 & de \\ ea & eb & ec & ed & e_0^2 \end{bmatrix}$$

이 행렬의 각 행(또는 열. 대칭행렬이기 때문에 상관없음)을 더해 다음과 같은 행렬을 구하자. 각 행의 합은 1로 된 열벡터를 행렬의 뒤에 곱하면 쉽게 계산할 수 있다.

$$\begin{bmatrix} a_0^2 & ab & ac & ad & ae \\ ba & b_0^2 & bc & bd & be \\ ca & cb & c_0^2 & cd & ce \\ da & db & dc & d_0^2 & de \\ ea & eb & ec & ed & e_0^2 \end{bmatrix} \begin{bmatrix} 1 \\ 1 \\ 1 \\ 1 \\ 1 \end{bmatrix} = \begin{bmatrix} \sum row_a \\ \sum row_b \\ \sum row_c \\ \sum row_d \\ \sum row_e \end{bmatrix}$$

다시 행 방향 합으로 된 벡터를 다 더해 축소상관행렬의 모든 원소의 총합을 계산하고, 다음과 같이 총합의 제곱근을 구한다.

$$\sqrt{\text{Total}} = \sqrt{\sum \begin{bmatrix} \sum row_a \\ \sum row_b \\ \sum row_c \\ \sum row_d \\ \sum row_e \end{bmatrix}}$$

마지막으로 각 행의 합을 총합의 제곱근으로 나누면 요인적재계수의 추정치를 얻게 된다.

$$P = \begin{bmatrix} a \\ b \\ c \\ d \\ e \end{bmatrix} = \frac{1}{\sqrt{\text{Total}}} \begin{bmatrix} \sum row_a \\ \sum row_b \\ \sum row_c \\ \sum row_d \\ \sum row_e \end{bmatrix}$$

더 나은 추정치를 원한다면 요인적재계수 추정치를 제곱한 값을 공통성 값의 초기치로 사용해 이상의 절차를 여러 번 반복하면 된다.

단일요인이기 때문에 행렬 F는 그냥 1이다. 이상에서 구한 해들을 이용해 U 역시 구할 수 있다.

$$R_{imp} - PFP' = U$$

그리고 잔차상관행렬은 다음과 같이 구한다.

$$R_{obs} - R_{imp} = R_{resid}$$

이제 같은 작업을 R을 사용해 실행해보자. 신체기능 데이터에 대한 단일요인모형으로 시작하는데, 다리 기능에 관련한 항목만 골라서 분석을 실시한다.

```
le.matrix <- as.matrix(phys.func[,c(2,3,4,8,9,10,13,14)])
```

위에서 기술한 수치적 방법으로 해를 구하려면 공통성에 대한 초기치가 필요한데(관측상관행렬을 축소상관행렬로 사용), 가장 간단한 방법 즉, 초기치로 1을 사용하는 방법을 채택한다.

```
le.cor <- cor(le.matrix)
le.cor.reduced <- le.cor
```

이제 각 행의 합을 구하고 다시 행렬의 총합을 구해보자. 요인적재계수 추정치는 각 행의 합을 총합의 제곱근으로 나누어 얻는다.

```
row.sums <- le.cor.reduced %*% matrix(rep(1, 8), nrow = 8)
total.sum <- sum(row.sums)
sqrt.total <- sqrt(total.sum)
row.sums / sqrt.total
```

공통성에 대한 초기치로 1을 사용해던 것을 상기하면, 원하는 경우 위에서 구한 해를 새로운 축소상관행렬을 만드는 데 사용하고, 이 새로운 행렬에 다시 무게중심 방법을 시행할 수 있다. 이상의 절차를 요인적재계수 추정치가 수렴조건을 만족할 때까지 반복해 볼 수 있을 것이다.

무게중심 방법의 중요한 한계점은 모든 관측변수가 잠재변수와 같은 방향(예를 들면 모두 양의 상관)으로 상관관계를 갖는다고 가정하는 것이다.

■ **다중요인모형**

앞에서 우리는 단일요인모형에서 요인적재계수를 추정하는 방법을 다뤘다. 그러나 EFA는 단일 요인 뿐 아니라 아래 그림에서 보는 바와 같이 요인이 여러 개인 경우에도 활용된다.

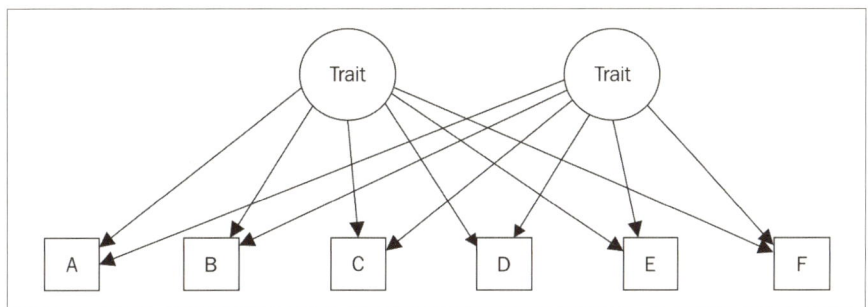

이 그림은 두 개의 잠재요인과 여섯 개의 관측변수가 있고, 두 잠재변수 모두 각 관측변수와 상관관계(많은 값이 0)를 가지는 것과 잠재변수들 사이에도 상관관계(화살표를 표시하지 않았지만)가 있는 것을 가정하고 있다. 요인적재계수에 첨자를 붙여 해당 잠재변수와의 관계를 표시하기로 한다. 예를 들어, a_1은 Trait-1과 A 사이의 계수를 의미한다.

앞에서 기술한 무게중심 방법은 단일 요인인 경우에만 적용가능하다. 다중요인모형을 위해서는 잔차행렬에 무게중심 방법을 적용하는 작업을 반복적으로 시행하면 될 것이다. 그러나 요즘에는 거의 쓰지 않는 방법이므로 이런 지리한 계산 문제를 다시 푸는 것보다는 현재 다중요인모형에 널리 쓰이는 방법으로 바로 넘어가도록 하자.

주축요인법

반복적 방법으로 잔차행렬로부터 요인을 추출하기보다는 **주축요인법(principal axis factoring, PAF)**을 사용해 원하는 개수만큼의 요인을 직접 추출하는 방법을 익혀보자.

축소상관행렬에 대해 고유치분해를 실행해 고유값을 크기순으로 대각에 나열한 대각행렬 L과 고유벡터행렬 V를 구하는 것으로 작업을 시작하자. 두 개의 요인을 추출하고 싶으면 V의 왼쪽 두 개의 열로 구성된 행렬의 뒤에 처음 두 개의 고유값으로 된 대각행렬을 곱하면 된다.

■ R에서 주축요인법 수행하기

R에서 PAF를 수행하는 기본적인 단계들을 살펴보자. 다중요인모형에 대해 설명하기 때문에 전체 신체기능 데이터셋을 이용한다. 우선 다음 코드를 사용해 상관행렬을 계산하자.

```
phys.cor <- cor(phys.func)
```

다음으로 다중상관계수의 제곱값(SMC)을 이용해 축소상관행렬을 만들어보자.

```
reduce.cor.mat <- function(cor.mat) {
  inverted.cor.mat <- solve(cor.mat)
  reduced.cor.mat <- cor.mat
  diag(reduced.cor.mat) <- 1 -(1/diag(inverted.cor.mat))
  
  return(reduced.cor.mat)
}
phys.cor.reduced <- reduce.cor.mat(phys.cor)
```

마지막으로 PAF를 수행하자.

```
paf.method <- function(reduced.matrix, nfactor) {
  row.count <- nrow(reduced.matrix)
  eigen.r <- eigen(reduced.matrix, symmetric = TRUE)
  V <- eigen.r$vectors[,c(1:nfactor)]
  L <- diag(sqrt(eigen.r$values[c(1:nfactor)]), nrow = nfactor)
  
  return((V %*% L))
}
path.coef <- paf.method(phys.cor.reduced, 3)
```

아마 요인 하나의 요인적재계수가 모두 음수인 것을 확인하게 될 것이다. 요인적재계수의 부호를 반대로 바꾸는 것은 아무 문제가 없으므로, 원한다면 그 요인의 적재계수의 부호를 모두 양으로 바꿔도 무방하다. 이 결과에서 중요한 것은 추출된 모든 요인에 대해 모든 관측변수가 적재값을 갖는다는 점이다.

분석 목적에 따라 달라질 수 있지만, 여기까지가 이 예제 데이터에 대한 요인분석의 종착점이다. 그러나 일반적으로 연구자들은 PCA에서와 같은 방식으로 요인 구조를 회전시킴으로써 보다 단순한 구조를 얻기 위해 노력한다.

그 외 요인추출법

주축요인법은 요인 추출 방법들 중에서 가장 오래된 것 중의 하나이지만 여전히 가장 많이 사용되는 방법이다. 분포에 대한 가정 없이 사용할 수 있다는 장점이 있고, 이 방법을 정규분포를 따르는 데이터에 적용한 결과가 정규분포 가정 하에 개발된 방법론들을 사용해 얻은 결과와 별 차이가 없다는 점도 매력적이다. 최근 최대우도(maximum likelihood) 방법이 점점 더 많이 사용되고 있는데 자료 분포가 정규분포에 가까운 경우 매우 좋은 성질을 갖고 있기 때문이다. 최대우도 방법은 데이터가 정규분포를 따름을 가정하고 정규분포에 의한 우도함수(likelihood function)를 최대로 하는 방법이다. 혹시 데이터의 분포가 이러한 가정에서 조금 벗어나더라도 비교적 강건(robust)한 결과를 제공한다. 최소잔차요인(minimum residual factoring) 방법은 잔차상관계수를 최소로 하는 방식으로써, 최대우도 방법과 비슷한 결과를 주지만 상관행렬이 좀 이상해도 강건한 결과를 주는 장점이 있다.

요인 회전

요인분석의 마지막 단계는 대개 요인회전(factor rotation)이다. 이 단계의 목표는 요인을 회전해 데이터 구조를 보다 간명하게 나타내는 것이다. 회전은 요인패턴행렬에 포함된 요인적재 값을 가능한 한 많이 0에 가까운 값이 되도록 하는 것을 목표로 이루어진다. 요인회전이 끝나더라도 관측변수들이 여전히 모든 요인에 대해 적재값을 갖게 되겠지만, 각 관측변수는 특정 요인에 대해 나머지 요인보다 훨씬 높은 적재값을 가지게 될 것이다.

요인회전은 크게 직교(orthogonal)회전과 사각(oblique)회전으로 대별된다. 직교회전은 여전히 가장 많이 쓰이고 있으며, 해석적인 면에서도 우수한 방법으로 여겨지고 있다. 반면에 사각회전은 보다 현실적인 추정치를 제공하는 것으로 믿어지는 방법이다. 물론 단일요인모형에서는 회전을 고려할 수 없으며, 그럴 필요도 없다.

그 외에 다른 회전 방법이 여럿 있지만, 여기서는 직교회전법 두 가지와 사각회전법 두 가지에 대해서만 알아보기로 한다.

■ 직교회전

이 절에서는 요인회전 시 널리 쓰이는 직교회전에 대해 알아본다. 이 방법은 요인 간 상관관계가 0이 되도록 하기 때문에 결과에 대한 해석이 용이하다. 단점은 현실에서는 많은 경우 구성개념들 간에 상관관계가 존재한다는 점이다.

■ Quartimax 회전

Quartimax 회전은 요인패턴행렬의 네제곱 값의 총합을 최대로 하는 방법이다.

$$\sum_{j=1}^{f}\sum_{i=1}^{v} P_{ij}^4$$

단, P_{ij}는 요인패턴행렬 P의 i번째 행, j번째 열의 값을 나타낸 것이다(관측변수에 대한 인덱스는 행 방향으로, 요인들은 열 방향으로 나타냄). v는 관측변수의 개수로써 P 행렬의 행의 개수, f는 요인의 개수로써 P 행렬의 열의 개수와 같다.

숫자를 네제곱하게 되면 큰 값과 작은 값 사이의 차이를 극대화할 수 있게 되므로, quartimax 방법은 적재 값들이 대체로 비슷할 때보다는 큰 값과 작은 값이 섞여 있는 경우에 유리한 방법이다. 이 회전법은 단순히 네제곱합 기준만 최대로 하는 방법으로 적재값이 요인 간에 고르게 분포되어 있는지를 따지지는 않는다.

■ Varimax 회전

Varimax 회전은 행 제곱합을 제곱한 값의 평균을 네제곱합에서 뺀 값, 즉 다음 기준을 최대로 하는 회전방법이다.

$$\sum_{j=1}^{f}\sum_{i=1}^{v} P_{ij}^4 - \frac{1}{v}\sum_{j=1}^{f}\left(\sum_{i=1}^{v} P_{ij}^2\right)^2$$

이는 적은 수의 요인에 대해 요인적재값의 제곱을 더 많이 흐트러지게 하는 방식이다. Varimax 회전은 아마도 가장 널리 사용되는 회전 방법일 것이다.

- **사각회전**

앞에서 살펴본 직교회전은 요인적재값의 합에 관련된 값을 최대로 하는 방법이었다. 사각회전은 반대 방식, 즉 그러한 합을 최소로 하는 방식을 취한다.

- **Oblimin 회전**

Oblimin 회전은 다음 기준을 최소로 하는 회전방법이다.

$$\sum_{j \neq j'} \left(n \sum_{i=1}^{v} P_{ij}^2 P_{ij'}^2 - \gamma \sum_{i=1}^{v} P_{ij}^2 \sum_{i=1}^{v} P_{ij'}^2 \right)$$

- **Promax 회전**

Promax 회전은 varimax 회전과 사각회전을 결합한 회전 방법이다. 요인적재값의 크기가 작으면 높은 차수의 거듭제곱을 적용해 0에 가까운 값으로 만든 후 회전을 실시해 거의 0으로 만드는 방식이다[13].

- **R에서 요인회전 수행하기**

GPArotation은 여러 가지 요인회전을 위해 개발된 패키지이다. R 외의 다른 언어에서도 사용 가능하다. 널리 쓰이는 회전으로부터 잘 알려지지 않은 방법까지 현존하는 거의 모든 종류의 회전을 커버하고 있다. 다음 예를 보라.

```
> library(GPArotation)
> rotated.structure <- oblimin(path.coef)
> rotated.structure
Oblique rotation method Oblimin Quartimin converged.
Loadings:
        [,1]     [,2]      [,3]
[1,] -0.0013   0.06999   3.58e-01
[2,] -0.6804  -0.10073   4.18e-02
[3,] -0.6434  -0.04880  -1.12e-02
[4,] -0.6764   0.06330  -1.20e-01
[5,] -0.4324   0.11336   2.17e-01
[6,] -0.2496   0.06544   4.82e-01
[7,]  0.0446   0.06167   5.50e-01
[8,] -0.2300   0.31230   5.50e-02
```

---

[13] 역자 주: Oblimin 방법보다 계산속도가 훨씬 빠르기 때문에 큰 규모의 데이터 분석에 유리하다.

```
 [9,] -0.4410  0.34663 -6.06e-02
[10,] -0.4072  0.41199 -1.13e-01
[11,]  0.1783  0.58615  1.36e-01
[12,] -0.0698  0.56071  1.03e-01
[13,] -0.6842 -0.01633  1.11e-01
[14,] -0.4586  0.20304 -6.44e-03
[15,] -0.2744  0.37031 -9.65e-05
[16,]  0.0308  0.60407  7.37e-03
[17,] -0.2598  0.22145  2.99e-01
[18,] -0.1519  0.29464  2.58e-01
[19,] -0.0840  0.38490  2.30e-02
[20,] -0.5786  0.00746  2.10e-01

Rotating matrix:
        [,1]    [,2]    [,3]
[1,]  0.627  -0.397  -0.202
[2,]  1.017   0.855   0.414
[3,] -0.025  -0.748   1.001

Phi:
        [,1]    [,2]    [,3]
[1,]  1.000  -0.519  -0.356
[2,] -0.519   1.000   0.374
[3,] -0.356   0.374   1.000
```

여기서 생성된 객체는 회전 결과 얻은 새로운 요인적재행렬, 요인 간 상관행렬, 회전행렬(이 행렬을 원래 요인적재행렬 뒤에 곱하면 새로운 요인적재행렬이 됨) 등 중요한 행렬들을 포함하고 있다.

이제 이 요인들을 해석하는 방법에 대해 알아보자. 요인적재행렬은 20개의 관측항목이 세 개의 요인에 어떻게 연관되어 있는 지를 알려주는 데, 요인에 따라 어떤 적재값의 크기는 매우 작은 것을 보게 된다. 요인적재값이 충분히 큰 항목들을 통해 요인의 의미를 해석하면 된다. 이때 '요인적재값이 충분히 크다'라는 말을 보다 분명하게 만들 필요가 있다. 가장 널리 쓰이는 기준은 요인적재값의 크기가 최소한 0.4 이상이 되어야 한다는 것이다. 그러나 다른 기준에서는 관측변수가 특정 요인에 대해 다른 요인에 비해 확실히 큰 적재부하가 걸려있기를 요구하기도 한다. 일반적으로 기계적인 기준을 적용하기 보다는 그때그때 판단해 사용하는 것이 좋다.

다음은 요인적재행렬에서 절대값이 0.3보다 작은 원소는 NA로 표시해 알아보기 쉽게 표시한 결과이다.

```
> loading.matrix <- rotated.structure$loadings
> loading.matrix[ abs(loading.matrix) < 0.3] <- NA
> loading.matrix
           [,1]       [,2]      [,3]
 [1,]        NA         NA 0.3582315
 [2,] -0.6804255         NA        NA
 [3,] -0.6434025         NA        NA
 [4,] -0.6763837         NA        NA
 [5,] -0.4324032         NA        NA
 [6,]        NA         NA 0.4824759
 [7,]        NA         NA 0.5499046
 [8,]        NA  0.3123046        NA
 [9,] -0.4410473  0.3466325        NA
[10,] -0.4071513  0.4119939        NA
[11,]        NA  0.5861508        NA
[12,]        NA  0.5607121        NA
[13,] -0.6842129         NA        NA
[14,] -0.4585589         NA        NA
[15,]        NA  0.3703143        NA
[16,]        NA  0.6040669        NA
[17,]        NA         NA        NA
[18,]        NA         NA        NA
[19,]        NA  0.3848953        NA
[20,] -0.5785879         NA        NA
```

이 결과에 의하면 첫 번째 요인은 '전반적인 운동 기능'을, 두 번째 요인은 '세밀한 운동 기능'을, 세 번째 요인은 '가사 관리 능력'을 나타내는 것으로 해석할 수 있다. 여가에 관련된 두 항목(17행, 18행)은 위 세 가지 요인 어디에도 해당되지 않았다. 요인 간 상관행렬을 살펴보면 '전반적 운동 기능'과 '세밀한 운동 기능'이 '가사 관리 능력'보다는 강력한 상관관계를 가짐을 알 수 있는데, 설득력이 있는 결과이다.

psych 패키지를 이용한 고급 EFA

지금까지 EFA의 기본 개념 및 계산 측면의 아이디어를 R을 이용해 알아보았다. 앞에서 논의한 대로 좋은 추정치를 얻기 위해서는 주어진 기준을 만족하는 최적 해를 구하기 위한 반복적인 계산 알고리즘이 필요하다. psych 패키지는 앞에서 살펴본 여러 작업들을 내장 함수를 사용해 간단히 수행할 수 있게 해주는 멋진 패키지이다. 이 패키지의 사용법과 이 패키지가 제공하는 고급 기법들을 익혀보자.

계속해서 신체기능 데이터를 예제 데이터로 사용하게 될 것이며, 적은 수의 요인만을 사용해 20개 항목의 공통 분산요인을 제대로 설명할 수 있을 지 알아보려 한다. 앞에서 본 바와 같이 세 개의 요인(네 개도 가능하지만 그냥 세 개만 사용하는 것으로 한다)을 사용하는 것이 가장 적절해 보인다. 보다 면밀한 탐색적 분석을 위해 데이터를 개발용(development) 데이터셋과 확인용(validation) 데이터셋으로 쪼개는 것이 이상적이지만 여기서는 그냥 넘어가기로 한다.

하나 더 유념할 사항은 이제까지 우리는 순서형(ordinal) 데이터를 마치 연속형 데이터인 것처럼 처리했다는 점이다. 이제 데이터의 속성이 연속형이 아니고 순서형 데이터인 것을 명시적으로 분석에 반영하게 될 것이다. 여기서 상관행렬을 얻기 위해 다분상관계수(polychoric correlation)를 사용한다. 다분상관계수는 원래 연속적인 현상을 관측했으나 이산적인 순서가 있는 범주 형태로 데이터가 수집되었음을 가정한다. psych 패키지의 `polychoric()` 함수는 이러한 가정 하에서 계산한 상관계수 추정치와 이산화(discretization)가 일어난 기준치를 제공한다.

이제 다분상관계수를 구하는 예제로 분석을 시작해보자.

```
library(psych)
fit.efa.prep <- polychoric(phys.func)
```

```
> fit.efa.3 <- fa(fit.efa.prep$rho, nfac = 3, rotate = 'promax')
> fit.efa.3
Factor Analysis using method =  minres
Call: fa(r = fit.efa.prep$rho, nfactors = 3, rotate = "promax")
```

```
Standardized loadings(pattern matrix) based upon correlation matrix
         MR1   MR3   MR2   h2   u2  com
PFQ061A -0.13  0.72 -0.09 0.33 0.67 1.1
PFQ061B  0.88  0.09 -0.27 0.62 0.38 1.2
PFQ061C  0.88  0.00 -0.19 0.59 0.41 1.1
PFQ061D  0.96 -0.27  0.03 0.65 0.35 1.2
PFQ061E  0.49  0.22  0.10 0.55 0.45 1.5
PFQ061F  0.35  0.46  0.04 0.62 0.38 1.9
PFQ061G -0.23  0.81  0.10 0.54 0.46 1.2
PFQ061H  0.52  0.31  0.05 0.67 0.33 1.7
PFQ061I  0.64  0.03  0.20 0.65 0.35 1.2
PFQ061J  0.60  0.01  0.28 0.66 0.34 1.4
PFQ061K -0.24  0.08  0.98 0.78 0.22 1.1
PFQ061L  0.17  0.17  0.56 0.67 0.33 1.4
PFQ061M  0.77  0.09 -0.06 0.63 0.37 1.0
PFQ061N  0.58  0.13  0.05 0.51 0.49 1.1
PFQ061O  0.38  0.01  0.40 0.52 0.48 2.0
PFQ061P  0.01 -0.07  0.85 0.65 0.35 1.0
PFQ061Q  0.26  0.69 -0.04 0.74 0.26 1.3
PFQ061R  0.13  0.74 -0.01 0.69 0.31 1.1
PFQ061S  0.12  0.51  0.14 0.49 0.51 1.3
PFQ061T  0.66  0.16 -0.01 0.60 0.40 1.1

                       MR1  MR3  MR2
SS loadings           6.09 3.55 2.57
Proportion Var        0.30 0.18 0.13
Cumulative Var        0.30 0.48 0.61
Proportion Explained  0.50 0.29 0.21
Cumulative Proportion 0.50 0.79 1.00

 With factor correlations of
     MR1  MR3  MR2
MR1 1.00 0.71 0.67
MR3 0.71 1.00 0.68
MR2 0.67 0.68 1.00


Mean item complexity =  1.3
Test of the hypothesis that 3 factors are sufficient.

The degrees of freedom for the null model are  190  and the objective function was 15.46
The degrees of freedom for the model are 133  and the objective function was  2.09
```

```
The root mean square of the residuals(RMSR) is  0.04
The df corrected root mean square of the residuals is  0.05


Fit based upon off diagonal values = 0.99
Measures of factor score adequacy
                                                 MR1  MR3  MR2
Correlation of scores with factors               0.97 0.95 0.95
Multiple R square of scores with factors         0.94 0.90 0.90
Minimum correlation of possible factor scores    0.89 0.80 0.81
```

위에서 구한 다분상관계수들을 이용해 상관행렬을 만들어 요인분석을 적용해보자. fit.efa.3 객체를 살펴보면 여러 개의 행렬을 볼 수 있다. 첫 번째 것은 요인적재값으로 구성된 요인패턴행렬이다. 바로 옆 오른쪽에 있는 두 개의 열 h2와 u2는 각 항목의 공통성 값과 특수성 값이다. 이들 두 값의 합은 1이 되어야 한다. 공통성 값이 클수록 요인들이 더 많은 항목 분산을 설명함을 의미한다. 그 다음에 나오는 행렬은 개별 요인에 의해 분산이 어느 정도 설명되는 지, 그리고 전체 EFA 모형에 의해 얼마나 설명되는 지에 대한 정보를 제공한다. 그 바로 아래에는 공통 요인들 간의 상관계수행렬이 나오는데, 직교요인모형을 사용한 경우에는 출력되지 않는다.

h2 열의 공통성 값을 살펴보자. 공통성 값이 작다는 것은 요인들이 데이터를 제대로 설명하지 못했다는 의미이다. 공통성 값은 요인회전 이전에 계산한 적재계수 값의 제곱합이다. 각 관측 변수의 분산이 요인들에 의해 얼마나 설명되는 지를 나타내는 값이다. 위 결과에서 공통성 값은 항목 A를 빼고는 모두 비교적 높은 편이므로, 그냥 모든 항목을 분석에 사용하기로 한다.

이제 요인적재계수값들을 살펴보자. 이 계수들은 항목들이 요인들과 어떻게 연관되어 있는지를 나타내는 값임을 기억하자. 요인이 관측변수에 영향을 미치는 방식을 표현한 값들이므로 이 값을 이용하면 요인이 실제로 어떤 의미를 가지는 변수인 지 알아볼 수 있다.

항목 A(금전 관리)는 MR3에 대해 높은 적재값을 갖는다. 항목 Q, R, S 역시 이 요인에서 높은 적재값을 갖고 있다. 이 항목들은 신체적 부하가 거의 없는 인지 및 사회적 활동에 관련된 것들이다. 항목 B, C, D, E, H, I, T는 MR1에 대해 높은 적재값을 가지는데, 이 항목들은 다리 사용 및 운동성에 관련되어 있다. 항목 K, L, O, P는 MR2에 높은 적재값을 갖고 있는데, 팔이나 손의 기능에 관련되어 있는 것들이다. 항목 O는 MR1에 대해서도 높은 적재값을 가지는데 종합하면 운동성의 일부 성분은 머리 위로 손을 뻗는 동작에 필요한 것임을 알려준다. 이는 아마도 걷기나 기본적인 움직임에서와 같이 몸통의 움직임을 잘 제어해야 손을 머리 위로 뻗는 동작이 가능하기 때문일 것이다. 이상의 해석은 통계적 분석만이 아닌 해당 분야에 대한 연구자의 실질적인 이해에 기반한 것임을 강조하고 싶다.

몇 가지 추가적인 정보가 주어져 있는데, 적합성 측도(fit measures)에 집중해서 알아보자. 이 값들은 다음 장의 확인적요인분석(confirmative factor analysis)에서 굉장히 중요한 도구이기도 하다. 간단히 말하면 모형이 데이터를 얼마나 잘 설명하는지 확인해주는 값이다. 어떤 측도를 사용해야 하는가 그리고 어떻게 해석해야 하는가에 대해 논란은 있지만, 가장 널리 사용되는 측도는 **평균제곱잔차제곱근(Root Mean Square Residual, RMSR)**, **평균제곱근사오차제곱근(Root Mean Square Error of Approximation, RMSEA)**, **터커-루이스지수(Tucker-Lewis Index, TLI)** 등의 세 가지이다. 만일 다분상관계수를 사용하지 않았다면 이 세 가지 값을 모두 확인할 수 있었겠지만, 이 경우에는 RMSR 값만 출력되었다. 적합도에 문제가 없다고 보는 기준은 다음과 같다. RMSR 값이 0.08보다 작아야 하고 RMSEA 값은 0.06보다 작아야 하며, TLI 값은 0.95(종종 0.90이 사용되기도 함)보다 커야 한다[14].

요인모형 적합도에 문제가 없음을 확인했다면 내적일치성(internal consistency reliability)을 살펴보자. 내적일치성의 기본적인 아이디어는 척도 점수의 분산에서 잠재변수에 의해 설명되는 부분의 비율을 살피는 것이다. 앞 장에서 이 주제에 관련해 크론바흐 알파에 대해 알아보았다. 크론바흐 알파는 내적일치성 확인을 위해 가장 널리 사용되는 측도이지만, 다차원 측도의 경우에는 맥도날드의 오메가(McDonald's Omega)가 일반적으로 더 나은 것으로 여겨진다. psych 패키지의 omega() 함수를 사용해 내적일치성을 확인해보자.

```
> omega(fit.efa.prep$rho, nfac = 3, rotate = 'promax')
Omega
Call: omega(m = fit.efa.prep$rho, nfactors = 3, rotate = "promax")
Alpha:                 0.95
G.6:                   0.97
Omega Hierarchical:    0.83
Omega H asymptotic:    0.86
Omega Total            0.96
```

---

[14] 역자 주: 이 기준이 표준적인 것은 아니다. 문헌에 따라 다른 기준을 사용하는 경우가 많다.

앞의 결과는 이 함수의 출력 결과의 시작 부분만 나타낸 것으로 크론바흐 알파, 구트만의 람다 6(Guttman's lambda 6), 위계적 오메가(omega hierarchical), 점근적 오메가(omega asymptotic), 총 오메가(total omega) 등의 값을 확인할 수 있다. 크론바흐 알파는 'chapter 5. 선형대수'에서 설명한 바와 같이 고전적인 반분 신뢰도이다. 구트만의 람다 6는 요즈음 거의 사용되고 있지는 않은데, 항목간 다중상관계수의 제곱값이다.

위계적 오메가와 점근적 오메가 그리고 총 오메가에 대해 알아보자. 오메가 값을 계산할 때에는 일부 항목에만 관련된 특정 요인들과 모든 항목에 부하가 있는 일반 요인이 있는 것을 가정한다. 위계적 오메가는 척도 점수의 분산에서 일반 요인에 의해 설명되는 부분의 비율이다. 점근적 오메가는 검사 구조는 같지만 길이가 무한대인 경우(신뢰도는 검사의 길이가 길수록 높아지는 경향이 있음)에 대한 위계적 오메가의 추정치이다. 총 오메가는 일반 요인과 특정 요인 모두를 이용해 구한 검사의 총 신뢰도이다.

이들 신뢰도 계수를 살피기 전에, 먼저 fa() 함수의 출력 결과를 살펴볼 필요가 있다. 요인 간 상관계수가 0.67~0.71로 나타나 상당한 수준의 상관관계가 있는 것을 알 수 있다. 만약 이 상관계수 값들이 낮은 수준(예를 들어 0.2)이었다면, 위계적 오메가를 살펴볼 필요가 없는데 요인 간 상관계수가 낮다는 것은 일반 요인이 실재하지 않음을 시사하는 결과이기 때문이다.

앞 결과에서 보듯 위계적 오메가 값이 비교적 높은 편(0.83)인데 일반 요인이 존재하며 척도 점수들의 분산을 상당 부분 설명함을 알려주는 결과이다.

:: 요약

이 장에서는 선형대수 기법을 공분산행렬과 상관행렬에 적용하는 것에 대해 알아보았다. R을 사용해 변수 내 총분산을 PCA를 통해 설명하는 법과 변수 간 공통 분산을 EFA로 모델링하는 법을 익혔다. 또한 이러한 방법들이 형성적 구성개념과 반영적 구성개념에 어떻게 연결되어 있는지 논의했다. EFA가 분석 목적을 가리키는 것이 아니고 여러 수리적 방법을 이르는 것임에 유의할 필요가 있다. EFA는 탐색적 자료 분석에서 중요한 응용 포인트를 갖고 있다. 다음 장에서는 확인적 요인분석(confirmatory FA, CFA)을 다루게 될 것이다.

Chapter 7
구조방정식 모형과 확인적 요인분석

이 장에서는 R을 이용한 **구조방정식 모형(Structural equation model, SEM)**을 다룬 기존의 책들이 보통 간과하고 넘어갔던 기본 아이디어에 대해 논의하고, R을 이용해 SEM을 수행하는 법에 대해서도 자세히 알아보게 될 것이다. 이를 위해 두 개의 R 패키지 즉, OpenMx와 lavaan을 소개한다. OpenMx를 사용하다보면 SEM의 기초가 되는 선형대수학을 직접 적용할 기회를 접할 수 있으므로 우선 OpenMx를 먼저 살펴본다. 그리고 나서 lavaan을 소개하게 될 것인데, 이 패키지는 사용자가 원하는 경우에만 행렬 및 선형대수 표현을 사용하기 때문에 사용이 매우 편리하다. 이들 두 패키지는 상호보완적인 관계를 가지고 여전히 개발이 진행되고 있다.

앞 장에서는 상관행렬과 공분산행렬에 대해 선형대수기법을 적용해 데이터에 내재된 상관 및 공분산 구조를 파악하는 정량적 기법을 소개했다. 이 장에서도 역시 같은 흐름의 주제인 SEM과 **확인적 요인분석(Confirmatory factor analysis, CFA)**을 다룬다.

이 장에 다루게 될 주제는 다음과 같다.

- SEM의 기본 아이디어
- SEM의 행렬 표현
- 모형 적합 및 추정 방법
- OpenMx
- Lavaan

:: 데이터셋

이 장에서는 세 개의 데이터셋을 사용하게 되는데 다음 절에 자세한 설명이 있다.

정치적 민주화(Political democracy) 데이터

이 데이터셋은 lavaan 패키지의 내장 데이터로써, SEM 예제에 많이 쓰이는 고전적인 데이터셋이다. 1960년과 1965년의 정치적 자유 운동과 경제적 발전에 관련된 변수들로 구성되어 있다.

- $x1$: 1960년 1인당 GNP
- $x2$: 1960년 1인당 에너지 사용량
- $x3$: 1960년 경제활동참가율
- $y1$: 1960년 언론 자유 평가점수
- $y2$: 1960년 정치적 반대의 자유 수준
- $y3$: 1960년 선거의 공정성
- $y4$: 1960년 의회의 생산성
- $y5$: 1965년 언론 자유 평가점수
- $y6$: 1965년 정치적 반대의 자유 수준
- $y7$: 1965년 선거의 공정성
- $y8$: 1965년 의회의 생산성

신체기능 데이터

앞 장에서 사용한 NHANES(National Health and Nutrition Examination Survey) 신체기능 데이터이다. 20개 항목에 대해 자립자행 과정에서 느끼는 어려움의 정도를 조사한 자료이다.

홀칭어-슈바이네포드(Holzinger-Swineford) 1939 데이터셋

이 데이터셋 역시 SEM 예제에 많이 쓰이는 고전적인 데이터이다. 여러 패키지에 내장 데이터로 포함돼 있지만 여기서는 lavaan 패키지에서 로드해 사용하게 될 것이다. 학생들을 대상으로 9개 항목의 지적 능력을 조사한 기본적인 인구통계학 데이터이다.

이 데이터셋에 포함된 변수는 다음과 같다.

- $x1$: 시각적 지각 테스트 점수

- $x2$: 정육면체 테스트 점수
- $x3$: 마름모 테스트 점수
- $x4$: 문단 이해 테스트 점수
- $x5$: 문장 완성 테스트 점수
- $x6$: 어휘력 테스트 점수
- $x7$: 덧셈 속도 테스트 점수
- $x8$: 점의 개수 세기 속도 테스트 점수
- $x9$: 알파벳 구분 속도 테스트 점수

지적 기능의 세 가지 도메인 즉, 시각 관련, 텍스트 관련, 처리 속도 관련 기능을 앞의 9개 항목에 대한 반응으로 측정 가능하다고 가정하고 모델링한다.

:: SEM의 기본 아이디어

앞 장에서 요인적재계수(혹은 경로계수)의 개념과 공분산의 성질을 알아보았는데, 이러한 용어는 **탐색적 요인분석(EFA, Exploratory factor analysis)**을 소개하는 과정에서 이미 사용되었지만 실은 SEM의 맥락에서 나온 것들이다. EFA는 공통 분산 요소에 기반해 공분산 구조를 모델링하는 반면, SEM은 변수들 간의 수많은 명시적 관계들을 모델링하는 것을 목적으로 한다. SEM은 관측변수와 잠재변수를 모두 포함해 모델링한다는 점에서 EFA와 비슷하지만, 반드시 잠재변수를 포함해야 하는 것은 아니라는 점에서 EFA와 다르다. SEM에서는 관측변수 및 잠재변수들 사이의 관계가 일련의 경로(path)에 의해 표현된다. 이때 변수들 간의 상관관계가 경로계수(path coefficient)를 통해 나타내어진다. EFA에서와 달리 잔차[15]들 역시 상관관계를 갖는 것이 허용된다.

SEM의 구성 요소

구조방정식모형의 구성 요소는 다음과 같다.

- **관측변수(Observed variable)**: 모형 추정을 위해 직접 수집한 데이터에 해당하는 변수이다.
- **잠재변수(Latent variable)**: 직접 관측은 불가능하지만 이론적으로 존재하는 변수를 가리키는 용어이다. 관측변수와 잠재 변수 사이 혹은 잠재 변수들 간에 성립할 것으로 생각되는 관계를 이론적으로 표현한 모형을 구축해 분석하게 된다.
- **경로(Path)**: 변수 간에 성립하는 이론적 관계이다. 경로는 원인변수로부터 출발해 결과변수로 향하는 인과성을 나타낼 수도 있고, 방향성이 없는 단순 연관성을 나타낼 수도 있다.
- **잔차(Residual)**: 모형 경로를 통해 설명되지 않은 데이터의 부분이다.
- **공분산 공식(Covariance algebra)**: 공분산에 관련한 다음과 같은 수리적 트릭들을 가리킨다.

$$\mathrm{Cov}(상수, X_1) = 0$$

$$\mathrm{Cov}(상수 \times X_1, X_2) = 상수 \times \mathrm{Cov}(X_1, X_2)$$

$$\mathrm{Cov}(X_1 + X_2, X_3) = \mathrm{Cov}(X_1, X_3) + \mathrm{Cov}(X_2, X_3)$$

앞 장에서 변수들이 특별한 경우에 다음 관계가 성립함을 설명했다.

$$\mathrm{Cov}(X_1, X_2) = \mathrm{Cov}(X_1, F) \times \mathrm{Cov}(X_2, F)$$

---

[15] 역자 주: 이 책의 저자들이 오차(error)와 잔차(residual)의 개념을 혼용하고 있음에 유의해 읽어 내려가기 바란다.

앞 식의 F는 공통 요인(common factor)을 나타낸다. SEM은 앞 식의 아이디어를 관측변수들이 얽혀있는 훨씬 복잡한 모형으로 확장할 수 있게 해준다. 물론 모형 추정 방법도 매우 달라야 한다.

경로그림

SEM을 나타내는 가장 전형적인 방법은 경로그림(path diagram)을 작성하는 것이다. 경로그림은 변수들 간의 인과 관계를 나타내는 상자들과 화살표를 사용하게 되는데 일반적으로 다음의 작성 규칙을 따른다.

- **관측변수**는 직사각형 상자로 나타낸다.
- **잠재변수**는 타원형 상자로 나타낸다.
- **경로계수**는 직선 화살표로 나타낸다. 화살표의 방향은 원인변수로부터 결과변수 쪽으로 연결하며 양 방향 화살표도 허용된다.
- **잔차 및 상관관계**는 곡선으로 된 양방향 화살표로 나타낸다. 같은 변수 내에 있는 화살표는 잔차분산[16]을 나타낸다. 또한 두 변수를 연결한 경우는 변수 간 상관관계를 나타낸 것이다. 다음 절의 예제 그림을 참고하기 바란다.

SEM의 행렬 표현

경로그림을 사용하면 인과 관계를 개념적으로 나타낼 수 있음을 알게 되었다. 그러나 데이터를 이용해 SEM 모형에 대한 수치적 해를 구하기 위해 여러 통계학자들이 개발한 SEM의 행렬 표현을 이해할 필요가 있다. 다양한 표현 방식이 있지만 가장 널리 사용되는 것은 LISREL 모형 또는 단순 **망상행동모형**(reticular action model, RAM)이다. 이 책에서는 두 가지의 R 패키지 즉, lavaan과 OpenMx를 소개하려 한다. SEM을 위해 최초로 개발된 sem이라는 오래된 패키지가 있지만 다루지 않는다.

LISREL과 비슷한 표현을 사용하는 lavaan 패키지는 행렬 표현을 전혀 사용하지 않는다. OpenMx는 경로그림을 표현할 때 RAM을 사용하는 것을 기본으로 하지만, 사용자 나름의 행렬 표현도 허용한다. 행렬 표현이 다르더라도 다른 방식의 행렬 연산을 통해 같은 결과를 내는 것이 가능하다. RAM을 먼저 소개하지만 다른 종류의 표현 방식도 병행해 사용할 수 있다. 행렬 표현을 살펴보는 것은 단순히 수학적인 작업이 아니라 구조방정식 모

---

[16] 역자 주: 구조방정식 관련 문헌에서는 맥락에 따라 잔차라는 용어가 잔차(오차)의 분산을 의미할 수 있다.

형에서 변수 간의 관계가 표현되는 방식을 이해하는 데 매우 유용한 과정이다.

망상행동모형(RAM)

모든 SEM에서는 내재공분산행렬(implied covariance matrix) C를 구하는 것을 목표로 한다. SEM에 등장하는 여러 선형대수학적 표현은 모형의 계수 행렬들을 이용해 내재공분산행렬을 나타내기 위한 것들이다. RAM은 내재공분산행렬을 세 개의 행렬 A, S, F를 가지고 나타낸다. 이들 행렬에 대한 설명은 다음과 같다.

- **A**: 경로계수로 구성된 비대칭 정방행렬이다. 이 행렬의 행(또는 열)의 개수는 모형에 포함된 변수의 개수와 같다. 모형에서 인과성을 나타내는 계수가 해당 변수의 열과 행의 위치에 놓여진다. 경로가 존재하지 않는 경우 해당 값은 0이 된다.
- **S**: 변수들 간 공분산(또는 상관계수) 또는 잔차분산으로 구성된 대칭행렬이다. 행렬 A와 같은 크기의 행렬이며, 대각원소는 잔차분산으로 채워져 있다. 변수 간에 인과관계만으로 설명이 안 되는 공분산 관계가 남아있는 경우 잔차공분산 값으로 비대각원소를 채운다. 대각의 잔차분산항들은 잔차공분산의 특별한 경우(자기 자신과의 공분산)로 생각할 수 있다. 공분산의 대칭적 성질 때문에 원소의 값과 원소의 값이 같은 대칭행렬이 된다.
- **F**: 관측변수를 필터링하는 행렬로써, 단위행렬(identity matrix)을 변형한 형태로 주어진다. 이 행렬의 행의 개수는 모형에 포함된 모든 변수의 개수와 같다. 관측변수에 해당하는 행과 열에 1이 있게 되며 다른 곳은 모두 0이다. 따라서 각 관측변수에 대응되는 행과 열에 반드시 하나의 1을 갖게 된다.

마지막으로, 행의 개수가 변수의 개수와 같은 크기의 단위행렬 I가 함께 사용된다.

다음 맥카들 맥도날드 방정식(McArdle McDonald equation)은 이 행렬들과 내재공분산행렬 사이의 관계를 표현한 식이다.

$$C = F(I-A)^{-1} S(I-A)^{-1\prime} F$$

여기서 윗첨자 $^{-1}$은 역행렬을, 대시 기호 $'$는 전치행렬을 나타낸다('chapter 5. 선형대수' 참조).

SEM 소프트웨어는 이들 행렬을 구하는 것을 목표로 하며 다음 절에서 예제와 함께 좀더 자세히 알아보기로 한다.

■ SEM 식별 예제

정치적 민주화 데이터 모형은 SEM을 위한 고전적인 예제로 사용된다. 기본적으로 이 모형은 국가의 경제적 기능과 정부의 민주적 기능 사이의 연관성을 모델링한 것이다. 이 모형의 개념적 아이디어는 특정 시점의 경제적 발전이 같은 시기의 정부의 민주적 기능을 유도한다는 것이다. 그리고 특정 시점의 경제적 발전과 민주적 효과성은 이후 시점의 민주적 효과성에 영향을 준다는 것이다. 경제적 발전과 민주적 기능 등은 직접 측정할 수 없으므로, 고용률 또는 자유에 대한 인지도(주관적일 수 있고 기껏 설문을 통할 수 밖에 없다 해도) 등과 같이 측정 가능한 좋은 관측변수들이 필요하다.

다음 그림은 이들 변수 간의 관계를 이론적으로 나타낸 것으로 http://www.jstatsoft.org/v48/i02/paper에서 발췌한 것이다.

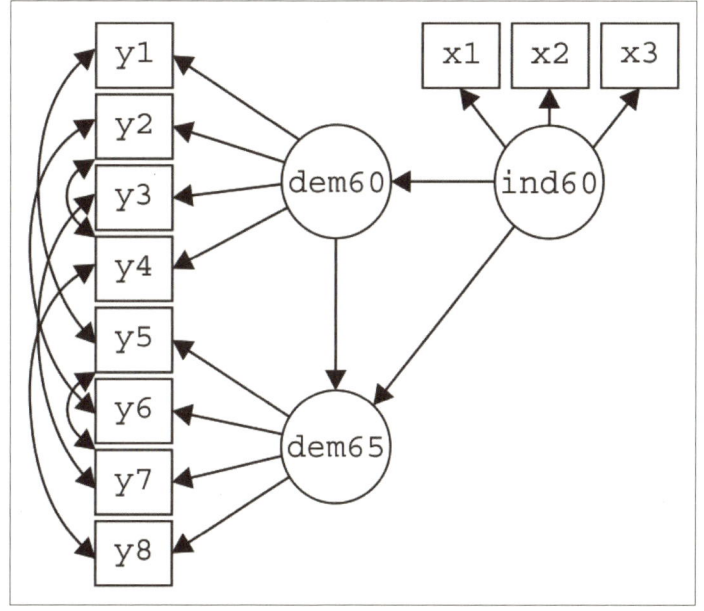

위 그림에서 잠재변수는 동그라미로, 관측변수는 직사각형으로 표시되어 있다. 민주적 기능성과 경제적 기능성은 해당 관측변수들을 지표변수(manifestation)로 하는 잠재변수이다.

다음 그림을 보면 세 개의 직사각형과 하나의 타원이 표시되어 있는 것을 볼 수 있다.

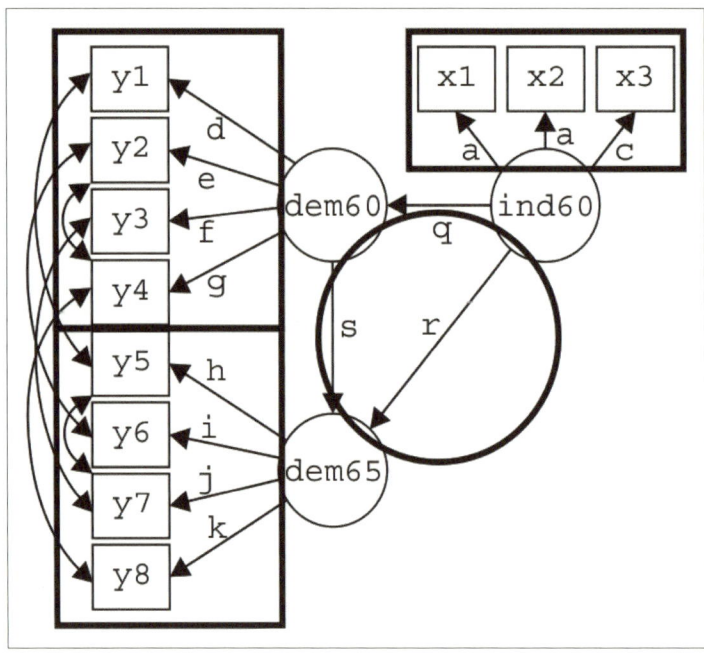

이 직사각형들과 타원은 각각 측정성분들과 구조적 성분을 구별해 준다. 앞 모형에서 *x1*, *x2*, *x3*는 1960년의 경제적 독립성 수준에 대한 지표변수들이고, *y1*, *y2*, *y3*, *y4*는 1960년의 정치적 민주화 수준을, *y5*, *y6*, *y7*, *y8*은 1965년의 정치적 민주화 수준을 나타내는 지표변수이다. 각 경로는 알파벳으로 라벨을 붙여(m, n, o, p는 라벨로 사용하지 않음) 나중에 행렬 표현을 작성할 때 용이하도록 했다. 명시적으로 나타내지는 않았지만 모든 변수에 잔차(인과성 계수로 설명이 안되는) 분산이 있다는 점을 기억할 필요가 있다. 어떤 경로는 곡선으로 표시되었는데 해당 잔차들 간의 상관관계(즉, 잔차 공분산)를 표현한 것이다.

잠재변수들 사이의 연관성(구조적 관계)을 분석하기 이전에 잠재변수를 통한 측정모형의 유효성을 평가하는 것은 매우 중요한 일이다.

위 모형을 RAM 행렬 표현을 사용해 나타내어보자. 알아보기 쉽도록 각 행과 열에 해당 변수를 이용해 라벨을 표시했다. 우선 내재공분산행렬 C는 다음과 같다.

$$C = \begin{pmatrix} & x_1 & x_2 & \cdots & y_7 & y_8 \\ x_1 & \text{Var}(x_1) & \text{Cov}(x_1,x_2) & \cdots & \text{Cov}(x_1,y_7) & \text{Cov}(x_1,y_8) \\ x_2 & \text{Cov}(x_2,x_1) & \text{Var}(x_2) & & \text{Cov}(x_2,y_7) & \text{Cov}(x_2,y_8) \\ \vdots & \vdots & & \ddots & & \vdots \\ y_7 & \text{Cov}(y_7,x_1) & \text{Cov}(y_7,x_2) & & \text{Var}(y_7) & \text{Cov}(y_7,y_8) \\ y_8 & \text{Cov}(y_8,x_1) & \text{Cov}(y_8,x_2) & \cdots & \text{Cov}(y_8,y_7) & \text{Var}(y_8) \end{pmatrix}$$

경로계수행렬 A는 다음과 같이 나타낸다.

$$A = \begin{pmatrix} & x_1 & x_2 & \cdots & y_{10} & ind_{60} & dem_{60} & dem_{65} \\ x_1 & 0 & 0 & \cdots & 0 & a & 0 & 0 \\ x_2 & 0 & 0 & \cdots & 0 & b & 0 & 0 \\ x_3 & 0 & 0 & \cdots & 0 & c & 0 & 0 \\ y_1 & 0 & 0 & \cdots & 0 & 0 & d & 0 \\ y_2 & 0 & 0 & \cdots & 0 & 0 & e & 0 \\ \vdots & \vdots & \vdots & & \vdots & \vdots & \vdots & \vdots \\ y_{10} & 0 & 0 & \cdots & 0 & 0 & 0 & 0 \\ ind_{60} & 0 & 0 & \cdots & 0 & 0 & 0 & 0 \\ dem_{60} & 0 & 0 & \cdots & 0 & q & 0 & 0 \\ dem_{65} & 0 & 0 & \cdots & 0 & r & s & 0 \end{pmatrix}$$

예를 들어, ind60에서 x1으로 가는 경로계수인 a의 위치를 확인해보라.

다음으로 잔차분산 및 공분산을 표시하는 S행렬이다.

$$S = \begin{pmatrix} & x_1 & x_2 & x_3 & y_1 & y_2 & \cdots & y_5 & y_6 & \cdots & dem_{65} \\ x_1 & \delta_{x1} & 0 & 0 & 0 & 0 & \cdots & 0 & a & 0 & 0 \\ x_2 & 0 & \delta_{x2} & 0 & 0 & 0 & \cdots & 0 & b & 0 & 0 \\ x_3 & 0 & 0 & \delta_{x3} & 0 & 0 & \cdots & 0 & c & 0 & 0 \\ y_1 & 0 & 0 & 0 & \delta_{y1} & 0 & \cdots & \delta_{y5,y1} & 0 & 0 & 0 \\ y_2 & 0 & 0 & 0 & 0 & \delta_{y2} & \cdots & 0 & \delta_{y6,y2} & 0 & 0 \\ \vdots & \vdots & \vdots & \vdots & \vdots & \vdots & \ddots & \vdots & \vdots & \ddots & \vdots \\ y_5 & 0 & 0 & 0 & \delta_{y1,y5} & 0 & \cdots & \delta_{y5} & 0 & 0 & 0 \\ y_6 & 0 & 0 & 0 & 0 & \delta_{y2,y6} & \cdots & 0 & \delta_{y6} & 0 & 0 \\ \vdots & \vdots & \vdots & \vdots & \vdots & \vdots & \cdots & 0 & 0 & \ddots & \vdots \\ dem_{65} & 0 & 0 & 0 & 0 & 0 & \cdots & 0 & 0 & 0 & \epsilon_{dem65} \end{pmatrix}$$

여기서 δ는 관측변수에 대한 잔차의 분산 및 공분산을 나타내고, ε은 잠재변수 간의 잔차 공분산을 나타낸다. 대각에는 잔차의 자기 자신과의 공분산 즉, 잔차분산이 나열되어 있다.

끝으로 관측변수에 대한 필터링행렬 F이다.

$$F = \begin{pmatrix} & x_1 & x_2 & x_3 & y_1 & y_2 & \cdots & y_{10} & ind_{60} & dem_{60} & dem_{65} \\ x_1 & 1 & 0 & 0 & 0 & 0 & \cdots & 0 & 0 & 0 & 0 \\ x_2 & 0 & 1 & 0 & 0 & 0 & \cdots & 0 & 0 & 0 & 0 \\ x_3 & 0 & 0 & 1 & 0 & 0 & \cdots & 0 & 0 & 0 & 0 \\ y_1 & 0 & 0 & 0 & 1 & 0 & \cdots & 0 & 0 & 0 & 0 \\ y_2 & 0 & 0 & 0 & 0 & 1 & \cdots & 0 & 0 & 0 & 0 \\ \vdots & \vdots & \vdots & \vdots & \vdots & \vdots & \ddots & \vdots & \vdots & \vdots & \vdots \\ y_{10} & 0 & 0 & 0 & 0 & 0 & \cdots & 1 & 0 & 0 & 0 \end{pmatrix}$$

위 행렬을 살펴보면 관측변수에 해당되는 대각위치만 1로 채워져 있으며, 잠재변수인 마지막 세 개의 변수에 대한 값은 모두 0이 된다.

RAM 행렬 표현은 측정모형(measurement model)과 구조모형(structural model)을 분리하고 있지 않음에 유의할 필요가 있다. 필터링행렬과 경로계수행렬을 적당히 조합하면 측정모형과 구조모형을 구분하는 것이 가능은 하지만, 상당한 노력이 필요한 일이며 그나마도 경로그림을 참조하지 않고서는 거의 불가능하다. LISREL 행렬 표현에서는 대신에 몇 개의 추가적인 행렬을 사용해 측정모형과 구조모형을 분리한다.

또 하나 유의할 점은 RAM은 분산 및 공분산을 명시적으로 모델링하기 때문에 EFA에서 가능하지 않던 것들이 가능하다는 것이다. 우선 특정한 구조모형을 정의할 수 있게 해 준다. 이는 EFA와 가장 크게 다른 점으로써, 잠재변수들 사이에 상관관계에 대해 유연한 구조를 가정할 수 있다. 또한 모든 경로계수 값이 같다는 제약 조건을 둘 수도 있다. 예를 들어, ind60에서 x1, x2, x3로 향하는 경로계수의 값이 모두 같다고 둔 모형을 테스트해 보고 싶다면 A행렬의 해당 값만 수정하면 된다. 마지막으로 변수들이 서로 상관관계를 가질 수 있게 할 수 있다는 것이다. 마지막으로 CFA에서는 경로 구조를 미리 정하는 것이 필요한데 EFA와의 가장 큰 차이점이라 할 수 있다. 그러나 꼭 그렇게 볼 수만은 없는 것이 EFA 역시 목표물회전(target rotation)이라 알려진 방법을 통해 경로의 구조를 미리 정한 형태로 어느 정도 맞추는 것이 가능하기 때문이다.

R 예제

지금까지 이론적인 SEM의 행렬 표현을 알아보았다. 이제 이를 앞서 언급한 RAM 행렬 표현을 사용해 R로 구현하는 법을 살펴보자. 예제 데이터로 lavaan 패키지의 내장데이터인 PoliticalDemocracy 데이터셋을 사용할 것이다. 이 데이터셋은 처음 8개의 열에 y변수의 값들을, 나머지 3개 열에 x변수의 값을 포함하고 있다(왼쪽). 이 데이터셋의 공분산행렬을 만들어보자(오른쪽).

```
library(lavaan)
data(PoliticalDemocracy)
```

```
pd.cov <- cov(PoliticalDemocracy)
```

이제 행렬 A, S, F, I를 만들 차례이다. 실제 SEM 예제에서는 내재공분산행렬이 관측된 공분산행렬에 가능한 한 가깝게 되도록 A와 S를 반복 알고리즘으로 계산하게 된다. 이때 가능한 한 최종 해에 가까운 초기치를 사용해야 좋은 해를 찾기까지 너무 반복수가 많아지지 않는다. 우리에게 11개의 관측변수와 3개의 잠재변수 이렇게 총 14개의 변수가 있음을 기억하자.

우선 14×14행렬인 경로계수행렬 A를 살펴보자.

```
mat.A <- matrix(
  c(0, 0, 0, 0, 0, 0, 0, 0, 0, 0, 0, 0, 1, 0,
    0, 0, 0, 0, 0, 0, 0, 0, 0, 0, 0, 0, 1, 0,
    0, 0, 0, 0, 0, 0, 0, 0, 0, 0, 0, 0, 1, 0,
    0, 0, 0, 0, 0, 0, 0, 0, 0, 0, 0, 0, 1, 0,
    0, 0, 0, 0, 0, 0, 0, 0, 0, 0, 0, 0, 0, 1,
    0, 0, 0, 0, 0, 0, 0, 0, 0, 0, 0, 0, 0, 1,
    0, 0, 0, 0, 0, 0, 0, 0, 0, 0, 0, 0, 0, 1,
    0, 0, 0, 0, 0, 0, 0, 0, 0, 0, 0, 0, 0, 1,
    0, 0, 0, 0, 0, 0, 0, 0, 0, 0, 0, 1, 0, 0,
    0, 0, 0, 0, 0, 0, 0, 0, 0, 0, 0, 2, 0, 0,
    0, 0, 0, 0, 0, 0, 0, 0, 0, 0, 0, 2, 0, 0,
    0, 0, 0, 0, 0, 0, 0, 0, 0, 0, 0, 0, 0, 0,
    0, 0, 0, 0, 0, 0, 0, 0, 0, 0, 0, 0,1.5,0, 0,
    0, 0, 0, 0, 0, 0, 0, 0, 0, 0, 0, 0,0.5,0.5,0
  ), nrow = 14, byrow = TRUE
)
```

이제 잔차분산 및 공분산 행렬인 S이다. 이 행렬 역시 14×14행렬이다.

```
mat.S <- matrix(
  c(2, 0, 0, 0,.5, 0, 0, 0, 0, 0, 0, 0, 0, 0,
    0, 7, 0, 1, 0, 2, 0, 0, 0, 0, 0, 0, 0, 0,
    0, 0, 5, 0, 0, 0, 1, 0, 0, 0, 0, 0, 0, 0,
    0, 1, 0, 3, 0, 0, 0,.5, 0, 0, 0, 0, 0, 0,
   .5, 0, 0, 0, 2, 0, 0, 0, 0, 0, 0, 0, 0, 0,
    0, 2, 0, 0, 0, 5, 0, 1, 0, 0, 0, 0, 0, 0,
    0, 0, 1, 0, 0, 0, 3, 0, 0, 0, 0, 0, 0, 0,
    0, 0, 0,.5, 0, 1, 0, 3, 0, 0, 0, 0, 0, 0,
    0, 0, 0, 0, 0, 0, 0, 0,.1, 0, 0, 0, 0, 0,
    0, 0, 0, 0, 0, 0, 0, 0, 0,.1, 0, 0, 0, 0,
    0, 0, 0, 0, 0, 0, 0, 0, 0, 0,.5, 0, 0, 0,
    0, 0, 0, 0, 0, 0, 0, 0, 0, 0, 0,.5, 0, 0,
    0, 0, 0, 0, 0, 0, 0, 0, 0, 0, 0, 0, 4, 0,
    0, 0, 0, 0, 0, 0, 0, 0, 0, 0, 0, 0, 0,.2
  ), nrow = 14, byrow = TRUE
)
```

다음은 필터링 행렬 F의 차례이다. 이 행렬은 11×14행렬이다.

```
mat.F <- matrix(
  c(1, 0, 0, 0, 0, 0, 0, 0, 0, 0, 0, 0, 0, 0,
    0, 1, 0, 0, 0, 0, 0, 0, 0, 0, 0, 0, 0, 0,
    0, 0, 1, 0, 0, 0, 0, 0, 0, 0, 0, 0, 0, 0,
    0, 0, 0, 1, 0, 0, 0, 0, 0, 0, 0, 0, 0, 0,
    0, 0, 0, 0, 1, 0, 0, 0, 0, 0, 0, 0, 0, 0,
    0, 0, 0, 0, 0, 1, 0, 0, 0, 0, 0, 0, 0, 0,
    0, 0, 0, 0, 0, 0, 1, 0, 0, 0, 0, 0, 0, 0,
    0, 0, 0, 0, 0, 0, 0, 1, 0, 0, 0, 0, 0, 0,
    0, 0, 0, 0, 0, 0, 0, 0, 1, 0, 0, 0, 0, 0,
    0, 0, 0, 0, 0, 0, 0, 0, 0, 1, 0, 0, 0, 0,
    0, 0, 0, 0, 0, 0, 0, 0, 0, 0, 1, 0, 0, 0
  ), nrow = 11, byrow = TRUE
)
```

마지막으로 14×14단위행렬 I이다.

```
mat.I <- diag(rep(1, 14), nrow = 14)
```

다음은 맥카들 맥도날드 방정식을 계산하는 함수를 작성한 것이다.

```
RAM.implied.covariance <- function(A.0, S.0, F.0, I.0)
{
  implied.covariance <- F.0 %*% solve(I.0-A.0) %*% S.0 %*%
                        t(solve(I.0-A.0)) %*% t(F.0)

  return(implied.covariance)
}
```

이제 드디어 A와 S의 초기치 행렬을 사용해 내재공분산행렬을 추정할 수 있게 되었다. 다음은 소수점 두 자리까지 반올림해서 계산 결과를 출력한 것이다.

```
> round(RAM.implied.covariance(mat.A, mat.S, mat.F, mat.I), 2)
       [,1]  [,2]  [,3] [,4] [,5] [,6] [,7] [,8] [,9] [,10] [,11]
 [1,]  7.12  5.12  5.12 5.12 3.44 2.94 2.94 2.94 0.75  1.50  1.50
 [2,]  5.12 12.12  5.12 6.12 2.94 4.94 2.94 2.94 0.75  1.50  1.50
 [3,]  5.12  5.12 10.12 5.12 2.94 2.94 3.94 2.94 0.75  1.50  1.50
 [4,]  5.12  6.12  5.12 8.12 2.94 2.94 2.94 3.44 0.75  1.50  1.50
 [5,]  3.44  2.94  2.94 2.94 3.98 1.98 1.98 1.98 0.63  1.25  1.25
 [6,]  2.94  4.94  2.94 2.94 1.98 6.98 1.98 2.98 0.63  1.25  1.25
 [7,]  2.94  2.94  3.94 2.94 1.98 1.98 4.98 1.98 0.63  1.25  1.25
 [8,]  2.94  2.94  2.94 3.44 1.98 2.98 1.98 4.98 0.63  1.25  1.25
 [9,]  0.75  0.75  0.75 0.75 0.63 0.63 0.63 0.63 0.60  1.00  1.00
[10,]  1.50  1.50  1.50 1.50 1.25 1.25 1.25 1.25 1.00  2.10  2.00
[11,]  1.50  1.50  1.50 1.50 1.25 1.25 1.25 1.25 1.00  2.00  2.50
```

이 행렬을 관측된 공분산 행렬과 비교해보라.

```
> round(pd.cov, 2)
      y1    y2    y3    y4   y5    y6    y7    y8   x1   x2   x3
y1  6.88  6.25  5.84  6.09 5.06  5.75  5.81  5.67 0.73 1.27 0.91
y2  6.25 15.58  5.84  9.51 5.60  9.39  7.54  7.76 0.62 1.49 1.17
y3  5.84  5.84 10.76  6.69 4.94  4.73  7.01  5.64 0.79 1.55 1.04
y4  6.09  9.51  6.69 11.22 5.70  7.44  7.49  8.01 1.15 2.24 1.84
y5  5.06  5.60  4.94  5.70 6.83  4.98  5.82  5.34 1.08 2.06 1.58
y6  5.75  9.39  4.73  7.44 4.98 11.38  6.75  8.25 0.85 1.81 1.57
y7  5.81  7.54  7.01  7.49 5.82  6.75 10.80  7.59 0.94 2.00 1.63
y8  5.67  7.76  5.64  8.01 5.34  8.25  7.59 10.53 1.10 2.23 1.69
x1  0.73  0.62  0.79  1.15 1.08  0.85  0.94  1.10 0.54 0.99 0.82
x2  1.27  1.49  1.55  2.24 2.06  1.81  2.00  2.23 0.99 2.28 1.81
x3  0.91  1.17  1.04  1.84 1.58  1.57  1.63  1.69 0.82 1.81 1.98
```

위에서 구한 두 행렬이 어느 정도 비슷하기는 하다. 좀 더 나아지게 할 수 있을 것인가? 대답은 Yes이다. A와 S를 새로운 값으로 바꾸어가며 반복적인 알고리즘을 실행하면 가능할 것이다. 이것이 많은 통계 계산 프로그램들이 최적화를 수행하는 방식이며, R 역시 그러한 방식을 취한다.

실제로 많은 SEM에서 해가 부정(infinitely many solutions)인 경우가 있으며, 이런 경우 제약조건을 추가할 필요가 있다. 위 예의 경우에는 특정 경로계수에 대한 제약식을 생각할 수 있다. 즉, 어떤 잠재변수에서 지표변수로 가는 경로값에 대해 제약조건을 얹는 방식이다.

초기치는 매우 중요하다

SEM 소프트웨어에서 초기치를 잘못 잡으면 좋은 해로 수렴하는 데 실패할 수도 있다. 수렴이 잘 안되어 반복수가 엄청나게 늘어나거나 국소 최대값(극대값) 또는 국소 최소값(극소값)에 빠져버릴 수 있다. 심지어 자동으로 초기치를 정해주는 프로그램이라 해도 이런 문제에 빠지게 만들 수 있다. 계산된 SEM 해가 적절치 않은 값인 경우 새로운 초기치를 사용해 다시 계산하면 보다 나은 해를 얻는 데 도움이 된다.

또 하나 주목할 만한 것은 행렬들의 규모가 크다는 점이다. 핵심 단계 중에 역행렬 계산이 있는데 SEM에 포함된 변수의 개수가 많을수록 계산이 더 부담이 된다.

:: SEM 모형 적합 및 추정 방법

앞에서 지적한 바와 같이 궁극적으로 좋은 해를 찾으려면 내재공분산행렬과 관측공분산행렬이 가능한 한 가까워지도록 하는 과정에 반복 알고리즘이 필요하다. 여기서 드는 의문점은 '가능한 한 가까운'의 엄밀한 의미는 무엇인가이다. 소프트웨어는 나름의 수렴 기준을 갖고 있어야 하며, 그 기준은 사용한 추정 방법에 따라 달라질 것이다. SEM에서 가장 많이 사용되는 추정 방법은 다음의 세 가지이다.

- 최소제곱법(ordinary least squares, OLS)
- 일반화최소제곱법(generalized least squares, GLS)
- 최대우도방법(maximum likelihood, ML)

이외에도 여러 방법들이 있으며 어떤 것은 R에 이미 구현돼 있는 것도 있지만, 가장 널리 쓰이는 이 세 가지 방법만 소개한다. 일반적으로 OLS가 가장 간단하면서도 계산 부담이 가장 적은 방법이다. GLS는 계산이 조금 더 부담이 되는 방법이고, ML이 가장 계산량이 많은 방법이다. 그 이유에 대해서는 다음에 추정 방법에 대해 자세히 설명할 때 알아보기로 한다.

모름지기 SEM 추정 방법이라면 관측공분산행렬을 가장 잘 복원하는 모형 모수들을 추정하는 것을 목표로 하게 되어 있다. 내재공분산행렬과 관측공분산행렬이 얼마나 가까운지 평가하기 위해서는 불일치도(discrepancy) 함수가 필요할 것이다. 관측 자료에 대해 정규성을 가정하는 경우에 다음과 같은 불일치도 함수를 사용할 수 있다.

$$\text{Discrepancy} = \frac{1}{2}\text{tr}((R-C)V)^2$$

여기서 R은 관측공분산행렬을, C는 내재공분산행렬을, V는 가중치행렬이다. tr은 대각원소의 합을 계산한 값(트레이스, trace)을 의미한다.

V의 선택은 추정 방법에 따라 달라진다.

- OLS: V = I
- GLS: V = R^{-1}

ML 추정의 경우 ML 방법을 기술할 때와 비슷한 기준인

$$\ln|C| - \ln|R| + tr(RC^{-1}) - n$$

을 사용한다. 이때 n은 변수의 개수를 나타낸다.

여기서 중요한 점이 몇 가지 있다. GLS 추정법은 관측공분산행렬의 역행렬을 사용하기 때문에 큰 규모의 행렬인 경우 계산량이 부담이 되는 것은 맞지만 딱 한번만 역행렬을 계산하면 된다. 그러나 ML 추정법에서는 내재공분산행렬의 역행렬을 계산해야 하는데 매 반복마다 새로운 내재공분산행렬이 생기므로 계산량에 상당한 부담이 있다. 현대의 빠른 컴퓨터 성능을 고려하면 대부분의 경우 별 문제가 아닐 수도 있지만, 큰 규모의 SEM을 적합시킬 때는 상당한 부하가 걸리는 것은 사실이다.

SEM 적합 결과에 대한 평가

SEM의 마지막 단계는 적합된 모형이 데이터를 얼마나 잘 설명하는지, 즉 SEM의 적합도에 대한 확인이다. 대부분의 적합성 측도는 카이제곱 분포에 기초한다. 이때 자유도(degrees of freedom)는 추정된 모수의 개수와 알려진 공분산 값의 개수 간의 차이가 된다. 통상적인 검정법의 원리에 따라 카이제곱통계량 값이 임계치를 초과하면 귀무가설을 기각하게 된다. 대부분의 과학실험에서 귀무가설의 기각은 실험 목적을 뒷받침하는 결과이다. 그러나 SEM에서는 그 반대인데 귀무가설이 '모형이 데이터에 잘 적합된다'이기 때문이다. 즉, 유의하지 않은 카이제곱 값은 모형의 적합도를 뒷받침하는 결과이고, 반대로 유의한 카이제곱 값은 모형의 적합도를 기각하게 만드는 결과이다. 그러나 표본의 크기가 커지게 되면 카이제곱값이 증가하는 경향이 있어서 적합도를 기각하는 검정력이 커지게 된다. 따라서 보통의 카이제곱 검정은 소표본에 기초한 모형은 채택하면서 대표본에 기초한 모형은 오히려 기각하는 경향이 있다.

SEM 문헌에서 적합도 측도의 선택과 해석은 논란의 대상이다. 그러나 위에서 언급한 카이제곱 검정통계량은 명백한 한계점을 갖고 있다. 대표본인 경우에 오히려 기각하는 경향이 강해지는 문제가 없는 측도들이 개발되어 왔다. 여러 측도 중 가장 널리 사용되는 적합도 측도들과 해석 방법을 소개하면 다음과 같다.

- **CFI**(Comparative fit index): 이 측도는 값이 클수록 좋다. 보통 0.9를 기준으로 모형 적합도가 좋은지를 정하게 되는데 0.95 이상이 되어야 한다고 보는 경우도 있다. 그리고 비교적 표본 크기에 민감하지 않다.

- **RMSEA(Root mean square error of approximation)**: 0.08 이하가 되면 모형 적합도에 문제가 없다고 본다(작을수록 좋다). 이 측도는 소표본인 경우 값이 커지는 경향이 있다.
- **TLI(Tucker-Lewis index)**: CFI와 같은 방법으로 해석한다. 이 측도 역시 표본 크기에 대해 민감하지 않다. NNFI(non-normed fit index)로도 불린다.
- **SRMR(Standardized root mean square residual)**: 이 측도는 작을수록 모형 적합도가 좋다. 0.06을 기준으로 한다. 소표본인 경우 값이 커지는 경향이 있다.

다음 절에서는 R을 사용해 실제 SEM 적합 및 적합도 측도를 계산하는 방법을 알아본다.

OpenMx 사용법과 SEM의 행렬 표현

이제까지 우리는 SEM의 기본 원리와 기본적인 계산 방법에 대해 논의했다. SEM은 여전히 활발히 연구되는 분야(오로지 SEM만을 다루는 〈Structural Equation Modeling〉이라는 학술지가 있을 정도)이기 때문에 많은 추가적인 특성들이 있지만, 여기서는 R로 SEM을 적합시키는 것에 대해서만 집중해 알아보기로 한다.

OpenMx는 CRAN repository에서 다운로드할 수 없으며 다음 명령어를 실행하면 OpenMx 웹사이트를 통해 얻을 수 있다.

```
> source('http://openmx.psyc.virginia.edu/getOpenMx.R')
```

OpenMx 접근법에 대한 요약

이 예제에서는 앞에서 언급한대로 행렬들을 직접 지정하는 방식으로 OpenMx를 사용할 것이다. OpenMx 모형을 적합시키려면 우선 모형을 지정하고, 그 모형을 적합하도록 소프트웨어에 지시해야 한다. 모형 지정은 다음 네 가지 요소에 관련되어 있다.

- 모형 행렬 지정하기 – 두 부분으로 이루어짐
  - 추정을 위한 초기치 선언
  - 추정 대상 값과 고정할 값 선언
- 내재공분산 행렬을 만들기 위한 모형 행렬들 사이의 대수적 관계를 OpenMx에 전달하기
- 모형 적합 기준에 대해 지시하기
- 데이터의 소스 제공하기

각 단계에 해당하는 R 명령어는 다음과 같다.

- mxMatrix
- mxAlgebra
- mxMLObjective
- mxData

이들 명령어가 생성하는 객체들을 mxModel을 사용해 구조방정식 모형을 생성하기 위해 넘겨주게 될 것이다.

전체 예제를 위한 설명

우선 다음 코드를 실행해 논리값인 TRUE 와 FALSE로 가득 찬 큰 규모의 행렬을 코딩할 때 편리하도록 FALSE와 TRUE를 한 글자로 된 값으로 바꾼다.

```
F <- FALSE
T <- TRUE
```

모형 행렬 지정하기

mxMatrix() 함수를 사용해 모형 행렬을 지정하면 MxMatrix 객체를 리턴한다(함수 이름은 소문자 m으로 시작하지만 그 함수가 리턴하는 객체의 이름은 대문자 M으로 시작함에 유의). MxMatrix를 지정하는 것은 보통의 R 행렬을 지정할 때와 비슷하지만 MxMatrix에는 추가적인 성분들이 있다. 가장 눈에 띄는 차이는 MxMatrix를 생성할 때 서로 다른 두 개의 행렬을 사용한다는 것이다. 첫 번째 행렬은 초기치 행렬이고 두 번째 행렬은 어느 초기치 값이 추정 가능한 값인지를 알려주는 행렬이다. 어떤 초기치가 추정 가능한 값이 아니라면 고정 상수라는 의미가 된다. 이 예제의 경우 실질적으로 우리가 어떤 초기값을 선택하든 큰 차이는 없기 때문에 모든 추정 대상 모수에 대한 초기값을 1로 지정한다. 다음 예제를 보라.

```r
mx.A <- mxMatrix(
  type = "Full",
  nrow = 14,
  ncol = 14,
  #Provide the Starting Values
  values = c(
    0, 0, 0, 0, 0, 0, 0, 0, 0, 0, 0, 0, 1, 0,
    0, 0, 0, 0, 0, 0, 0, 0, 0, 0, 0, 0, 1, 0,
    0, 0, 0, 0, 0, 0, 0, 0, 0, 0, 0, 0, 1, 0,
    0, 0, 0, 0, 0, 0, 0, 0, 0, 0, 0, 0, 1, 0,
    0, 0, 0, 0, 0, 0, 0, 0, 0, 0, 0, 0, 0, 1,
    0, 0, 0, 0, 0, 0, 0, 0, 0, 0, 0, 0, 0, 1,
    0, 0, 0, 0, 0, 0, 0, 0, 0, 0, 0, 0, 0, 1,
    0, 0, 0, 0, 0, 0, 0, 0, 0, 0, 0, 0, 0, 1,
    0, 0, 0, 0, 0, 0, 0, 0, 0, 0, 0, 1, 0, 0,
    0, 0, 0, 0, 0, 0, 0, 0, 0, 0, 0, 1, 0, 0,
    0, 0, 0, 0, 0, 0, 0, 0, 0, 0, 0, 1, 0, 0,
    0, 0, 0, 0, 0, 0, 0, 0, 0, 0, 0, 0, 0, 0,
    0, 0, 0, 0, 0, 0, 0, 0, 0, 0, 0, 1, 0, 0,
    0, 0, 0, 0, 0, 0, 0, 0, 0, 0, 0, 1, 1, 0
  ),
  #Tell R which values are free to be estimated
  free = c(
    F, F, F, F, F, F, F, F, F, F, F, F, F, F,
    F, F, F, F, F, F, F, F, F, F, F, F, T, F,
    F, F, F, F, F, F, F, F, F, F, F, F, T, F,
    F, F, F, F, F, F, F, F, F, F, F, F, T, F,
    F, F, F, F, F, F, F, F, F, F, F, F, F, F,
    F, F, F, F, F, F, F, F, F, F, F, F, F, T,
    F, F, F, F, F, F, F, F, F, F, F, F, F, T,
    F, F, F, F, F, F, F, F, F, F, F, F, F, T,
    F, F, F, F, F, F, F, F, F, F, F, F, F, F,
    F, F, F, F, F, F, F, F, F, F, T, F, F,
    F, F, F, F, F, F, F, F, F, F, T, F, F,
    F, F, F, F, F, F, F, F, F, F, F, F, F, F,
    F, F, F, F, F, F, F, F, F, F, F, T, F, F,
    F, F, F, F, F, F, F, F, F, F, F, T, T, F
  ),
  byrow = TRUE,
  #Provide a matrix name that will be used in model fitting
  name = "A",
)
```

이제 S 행렬에 대해서도 같은 방법을 적용해보자. 두 개의 S 행렬, S1과 S2를 생성하는데, 이 두 행렬은 단순히 초기치만 다르게 지정된 것들이다. 나중에 둘 중 하나의 행렬을 사용해 SEM을 적합시키게 될 것이며 그 행렬을 사용해 발생한 문제점을 다른 하나를 이용해 해결할 것이다. S1은 대각의 분산값의 초기치로 1을 사용하지만 S2는 5를 사용한다. 그리고 행렬 타입을 "symm"으로 지정해 대칭행렬이 되도록 할 것이다. 행렬 타입으로 "full"을 지정할 수도 있지만 "symm"을 사용했기 때문에 상삼각에 있는 원소를 입력하는 수고는 아낄 수 있게 되었다. 다음 예제를 살펴보라.

```
mx.S1 <- mxMatrix("Symm", nrow = 14, ncol = 14,
        values = c(
          1,
          0, 1,
          0, 0, 1,
          0, 1, 0, 1,
          1, 0, 0, 0, 1,
          0, 1, 0, 0, 0, 1,
          0, 0, 1, 0, 0, 0, 1,
          0, 0, 0, 1, 0, 1, 0, 1,
          0, 0, 0, 0, 0, 0, 0, 0, 1,
          0, 0, 0, 0, 0, 0, 0, 0, 0, 1,
          0, 0, 0, 0, 0, 0, 0, 0, 0, 0, 1,
          0, 0, 0, 0, 0, 0, 0, 0, 0, 0, 0, 1,
          0, 0, 0, 0, 0, 0, 0, 0, 0, 0, 0, 0, 1,
          0, 0, 0, 0, 0, 0, 0, 0, 0, 0, 0, 0, 0, 1
        ),
        free = c(
          T,
          F, T,
          F, F, T,
          F, T, F, T,
          T, F, F, F, T,
          F, T, F, F, F, T,
          F, F, T, F, F, F, T,
          F, F, F, T, F, T, F, T,
          F, F, F, F, F, F, F, F, T,
          F, F, F, F, F, F, F, F, F, T,
          F, F, F, F, F, F, F, F, F, F, T,
          F, F, F, F, F, F, F, F, F, F, F, T,
          F, F, F, F, F, F, F, F, F, F, F, F, T,
          F, F, F, F, F, F, F, F, F, F, F, F, F, T
```

```
                    ),
                    byrow = TRUE,
                    name = "S"
)

#The alternative, S2 matrix:
mx.S2 <- mxMatrix("Symm", nrow = 14, ncol = 14,
                    values = c(
                      5,
                      0, 5,
                      0, 0, 5,
                      0, 1, 0, 5,
                      1, 0, 0, 0, 5,
                      0, 1, 0, 0, 0, 5,
                      0, 0, 1, 0, 0, 0, 5,
                      0, 0, 0, 1, 0, 1, 0, 5,
                      0, 0, 0, 0, 0, 0, 0, 0, 5,
                      0, 0, 0, 0, 0, 0, 0, 0, 0, 5,
                      0, 0, 0, 0, 0, 0, 0, 0, 0, 0, 5,
                      0, 0, 0, 0, 0, 0, 0, 0, 0, 0, 0, 5,
                      0, 0, 0, 0, 0, 0, 0, 0, 0, 0, 0, 0, 5,
                      0, 0, 0, 0, 0, 0, 0, 0, 0, 0, 0, 0, 0, 5
                    ),
                    free = c(
                      T,
                      F, T,
                      F, F, T,
                      F, T, F, T,
                      T, F, F, F, T,
                      F, T, F, F, F, T,
                      F, F, T, F, F, F, T,
                      F, F, F, T, F, T, F, T,
                      F, F, F, F, F, F, F, F, T,
                      F, F, F, F, F, F, F, F, F, T,
                      F, F, F, F, F, F, F, F, F, F, T,
                      F, F, F, F, F, F, F, F, F, F, F, T,
                      F, F, F, F, F, F, F, F, F, F, F, F, T,
                      F, F, F, F, F, F, F, F, F, F, F, F, F, T
                    ),
                    byrow = TRUE,
                    name = "S"
)
```

마지막으로 단위행렬과 필터링행렬을 같은 방법으로 생성한다.

```
mx.Filter <- mxMatrix("Full", nrow = 11, ncol = 14,
                values = c(
                1, 0, 0, 0, 0, 0, 0, 0, 0, 0, 0, 0, 0, 0,
                0, 1, 0, 0, 0, 0, 0, 0, 0, 0, 0, 0, 0, 0,
                0, 0, 1, 0, 0, 0, 0, 0, 0, 0, 0, 0, 0, 0,
                0, 0, 0, 1, 0, 0, 0, 0, 0, 0, 0, 0, 0, 0,
                0, 0, 0, 0, 1, 0, 0, 0, 0, 0, 0, 0, 0, 0,
                0, 0, 0, 0, 0, 1, 0, 0, 0, 0, 0, 0, 0, 0,
                0, 0, 0, 0, 0, 0, 1, 0, 0, 0, 0, 0, 0, 0,
                0, 0, 0, 0, 0, 0, 0, 1, 0, 0, 0, 0, 0, 0,
                0, 0, 0, 0, 0, 0, 0, 0, 1, 0, 0, 0, 0, 0,
                0, 0, 0, 0, 0, 0, 0, 0, 0, 1, 0, 0, 0, 0,
                0, 0, 0, 0, 0, 0, 0, 0, 0, 0, 1, 0, 0, 0
                ),
                free = FALSE,
                name = "Filter",
                byrow = TRUE
)

mx.I <- mxMatrix("Full", nrow = 14, ncol = 14,
                values = c(
                1, 0, 0, 0, 0, 0, 0, 0, 0, 0, 0, 0, 0, 0,
                0, 1, 0, 0, 0, 0, 0, 0, 0, 0, 0, 0, 0, 0,
                0, 0, 1, 0, 0, 0, 0, 0, 0, 0, 0, 0, 0, 0,
                0, 0, 0, 1, 0, 0, 0, 0, 0, 0, 0, 0, 0, 0,
                0, 0, 0, 0, 1, 0, 0, 0, 0, 0, 0, 0, 0, 0,
                0, 0, 0, 0, 0, 1, 0, 0, 0, 0, 0, 0, 0, 0,
                0, 0, 0, 0, 0, 0, 1, 0, 0, 0, 0, 0, 0, 0,
                0, 0, 0, 0, 0, 0, 0, 1, 0, 0, 0, 0, 0, 0,
                0, 0, 0, 0, 0, 0, 0, 0, 1, 0, 0, 0, 0, 0,
                0, 0, 0, 0, 0, 0, 0, 0, 0, 1, 0, 0, 0, 0,
                0, 0, 0, 0, 0, 0, 0, 0, 0, 0, 1, 0, 0, 0,
                0, 0, 0, 0, 0, 0, 0, 0, 0, 0, 0, 1, 0, 0,
                0, 0, 0, 0, 0, 0, 0, 0, 0, 0, 0, 0, 1, 0,
                0, 0, 0, 0, 0, 0, 0, 0, 0, 0, 0, 0, 0, 1
                ),
                free = FALSE,
                byrow = TRUE,
                name = "I"
)
```

■ 모형 적합

이제 mxModel() 함수를 사용해 적합시킬 모형을 선언할 차례이다. 앞에서 언급한 단계 중 두 번째부터 네 번째 단계에 해당하는 부분이다. 우선 mxModel() 함수에 어느 행렬을 사용할지 지정하게 된다. 그리고 mxAlgebra() 함수를 이용해 행렬들을 내재공분산행렬을 만들기 위해 어떻게 결합해야 하는지를 지정한다. mxMLObjective() 함수를 사용해 추정 방법을 ML 방법으로 지정하고, "C" 행렬을 계산하는 공식(맥카들 맥도날드 등식)을 지정한다. 마지막으로 모형 적합에 사용할 데이터셋을 지정한다.

```
factorModel.1 <- mxModel("Political Democracy Model",
          #Model Matrices
          mx.A,
          mx.S1,
          mx.Filter,
          mx.I,
          #Model Fitting Instructions
          mxAlgebra(Filter %*% solve(I-A) %*% S %*%
                    t(solve(I-A) %*% t(Filter), name = "C"),
          mxMLObjective("C", dimnames = names(PoliticalDemocracy)),
          #Data to fit
          mxData(cov(PoliticalDemocracy), type = "cov", numObs = 75)
)
```

이제 mxRun() 함수를 사용해 모형을 적합시키고, 요약된 결과를 출력해보자.

```
> summary(mxRun(factorModel.1))

Running Political Democracy Model
Error in summary(mxRun(factorModel.1)) :
error in evaluating the argument 'object' in selecting a method for
function 'summary': Error: The job for model 'Political Democracy
Model' exited abnormally with the error message: Expected covariance
matrix is non-positive-definite.
```

위 결과의 마지막 부분에 공분산행렬의 기대값이 양정치(positive definite) 행렬이 아니라는 에러 메시지가 출력된 것을 볼 수 있다. 관측 공분산행렬은 양정치 행렬이지만 내재공분산

행렬이 양정치 성질을 만족하지 못하는 것이다. 맥카들 맥도날드 등식을 사용해 내재공분산 행렬에 대한 초기값 행렬을 계산하는 과정에서 발생한 문제이다. 이 내재공분산 행렬의 초기값 행렬에 대해 고유값 분해를 실행하면 마지막 고유값이 음수가 되는 것을 확인할 수 있다. 이것은 공분산 행렬이라면 절대로 성립해서는 안되는 결과이다. 그러나 이 문제는 초기값 행렬을 수정하는 것만으로 간단히 해결된다. S의 초기값 행렬의 대각을 5로 지정하면 내재공분산 행렬이 양정치 성질을 가지도록 할 수 있다. mx.S2 행렬을 사용한 다음 예제를 보라.

```
#Rerun with a positive definite matrix
factorModel.2 <- mxModel("Political Democracy Model",
        #Model Matrices
        mx.A,
        mx.S2,
        mx.Filter,
        mx.I,
        #Model Fitting Instructions
        mxAlgebra(Filter %*% solve(I-A) %*% S %*% t(solve(I-A)) %*%
                    t(Filter), name = "C"),
        mxMLObjective("C", dimnames = names(PoliticalDemocracy)),
        #Data to fit
        mxData(cov(PoliticalDemocracy), type = "cov", numObs = 75)
)
summary(mxRun(factorModel.2))
```

이제 문제없이 적합된 결과를 얻게 될 것이다. 앞에서 볼 수 있듯이 모형에 포함된 모수들은 행렬 형태로 리턴된다. 앞에서 경로를 행렬로 나타내었던 것과 마찬가지 방법으로 이제 행렬을 경로로 나타내야 한다. 다음 스크린샷은 처음 몇 개의 모수들에 대한 결과를 보여준다.

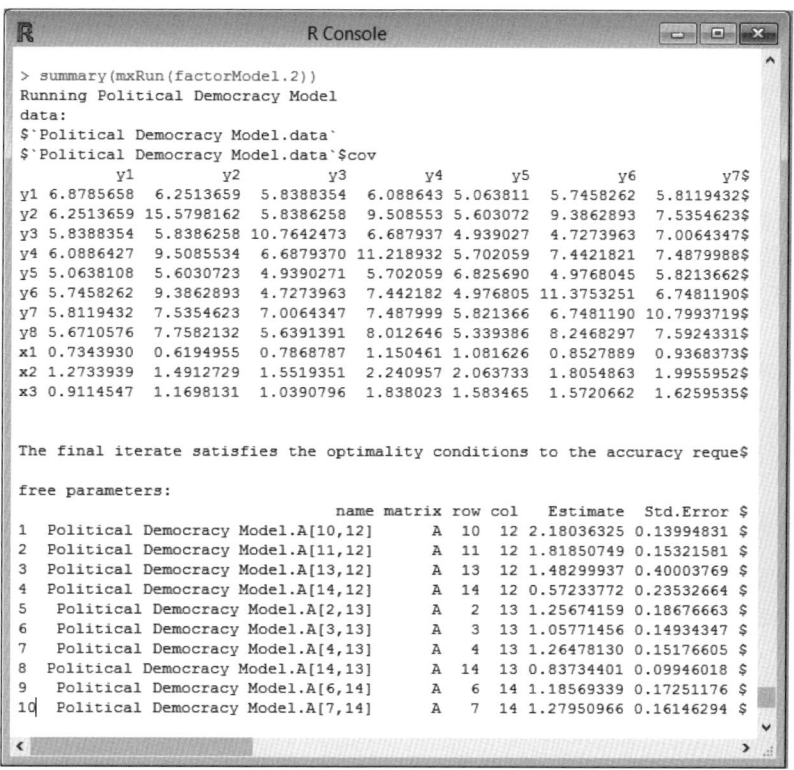

위 스크린샷을 살펴보면 A 행렬의 10번째 행, 12번째 열의 모수가 2.18로 추정되었음을 확인할 수 있다. 이는 A 행렬의 12번째 변수인 ind60으로부터 10번째 변수인 x2로 가는 경로에 해당하는 위치이다. 즉, ind60에서 x2로 가는 경로계수는 2.18이다.

다른 정보들에 대해서도 알아보자. 우선 모형이 수렴하지는 않았지만 "Mx status Green"이라는 메시지가 있다. 이것은 실행이 중지된 시점에도 여전히 수렴이 진행 중이었음을 의미하고, 나름 최적의 해를 구한 것이므로 신뢰할 만하다는 것을 의미한다. CFI = 0.99, RMSEA = 0.032 등의 값을 볼 때 모형 적합도에는 문제가 없는 것으로 판단한다.

이상의 분석 과정은 경로그림을 기반으로 수작업으로 직접 모형 행렬을 작성하는 것을 포함해 상당한 분량의 작업을 필요로 한다. 이러한 이유로 SEM 적합 프로그램은 일반적으로 모형 행렬보다는 경로를 선언하는 방식을 채택한다. OpenMx 역시 경로를 선언하는 방식을 허용하기는 하지만, 모형 행렬을 지정하는 방식은 SEM 적합 과정을 온전히 들여다 볼 수 있게 해준다는 면에서 나름의 장점을 갖고 있다. 다시 생각해보면 OpenMx는

SEM 측면에서 알아서 해주는 게 거의 없다. 행렬이 계산되는 방식과 추정 가능 모수를 직접 일일이 지정해야 한다. RAM 대신 LISREL 또는 벤틀러-위크스(Bentler-Weeks) 모형의 행렬을 지정해 내재공분산행렬을 계산하는 방식도 가능하다. 이는 앞에서 살펴본 행렬 지정, 선행 연구의 재현, 문헌에 새로 발표된 SEM 행렬 지정 방법의 적용 등을 원하는 경우, OpenMx를 이용하면 그러한 작업을 자유자재로 할 수 있다. 또한 SEM의 수리적 아이디어에 대한 이해를 가르치고자 하는 교육 목적으로도 매우 좋은 도구이다.

lavaan을 이용한 SEM 적합

OpenMx를 원하는 음식은 무엇이든 만들 수 있는 잘 채워진 식재료 창고와 부엌에 비유한다면, lavaan은 즉석 냉동식품으로 가득찬 대형 냉장고라 할 수 있다. 따라서 lavaan은 OpenMx만큼 유연하지는 않다. lavaan은 내부에서 행렬 표현을 사용하기는 하지만 사용자는 그것을 볼 필요가 없기 때문에 일반적으로 사용하기에 훨씬 쉽다. 최소한의 프로그래밍만을 요구하는 lavaan의 장점은 상업용 SEM 패키지를 위협하고 있다.

lavaan 문법

lavaan 모형을 기술하는 데 있어서 핵심은 다음에 나열되어 있는 모형 문법이다.

- X =~ Y: Y는 잠재변수 X를 위한 지표변수(manifestation)임
- Y ~ X: Y와 X사이의 회귀모형을 의미함
- Y ~~ X: X와 Y의 공분산을 추정할 수 있음
- Y ~ 1: Y의 절편을 추정함(암묵적으로 평균구조를 가정)
- Y | a*t1 + b*t2: Y는 a와 b 두 개의 기준치(threshold)를 가짐
- Y ~ a*X: Y와 X사이에 계수가 a인 회귀모형
- Y ~ start (a)*X: Y와 X 사이의 회귀모형으로 추정을 위한 초기치가 a임을 의미

이 모형 문법은 lavaan을 강력한 도구로 만들어 준다. 코드 내에서 각 변수와 상수를 모형식에 맞춰 직관적인 위치에 사용할 수 있으며, 여러 개의 계수값들이 같아지게 하는 등의 제약조건을 부여하는 것이 용이하다.

lavaan을 이용하면 앞에서 다뤘던 신체기능 데이터에 대해 요인분석모형을 몇 줄 안 되는 코드로 적합시킬 수 있다.

```
phys.func.data <- read.csv('phys_func.txt')[-1]
names(phys.func.data) <- LETTERS[1:20]
```

R의 내장벡터인 LETTERS는 영어 알파벳 대문자를 담고 있는 벡터이다. 참고로, letters는 소문자 알파벳으로 되어 있는 벡터이다.

이제 lavaan 문법을 사용해 모형을 기술해보자. 다음은 세 개의 잠재변수와 각각의 해당 지표변수들 사이의 관계를 나타낸 것이다.

```
model.definition.1 <- '
    #Factors
    Cognitive =~ A + Q + R + S
    Legs =~ B + C + D + H + I + J + M + N
    Arms =~ E + F+ G + K + L + O + P + T
    #Correlations Between Factors
    Cognitive ~~ Legs
    Cognitive ~~ Arms
    Legs ~~ Arms
'
```

다음은 lavaan 패키지의 cfa() 함수를 이용해 모형을 적합시키는 코드이다.

```
fit.phys.func <- cfa(model.definition.1, data=phys.func.data,
            ordered = c('A','B','C','D','E','F','G','H','I','J',
                        'K','L','M','N','O','P','Q','R','S','T'))
```

위 코드에서 ordered = 인수를 사용한 것을 볼 수 있는데 해당 변수들이 순서형(ordinal)의 속성을 가지고 있음을 의미하며, 이들 변수들 간의 다분상관계수(polychoric correlation)를 계산해 분석에 사용하라는 의미이다. 다분상관계수는 연속형 변수를 구간으로 나눈 형태로 관측한 경우 원래의 연속형 변수 간 상관관계를 측정하는 데 사용하는 측도이다. 이 과정에서 각 변수 나름의 척도에서 범주형 응답들을 구분해주는 기준치(threshold)들을 찾게 된다. 범주형으로 처리할 변수를 지정함으로써 lavaan은 특별한 추정 방법을 사용하게 된다. 즉, 이 경우 lavaan은 가중최소제곱법을 사용하는데, 이 방법은 정규분포 가정이 필요 없고 불일치도를 계산할 때 다분상관행렬을 사용한다.

5점 척도 자료이기 때문에 굳이 다분상관계수를 도입할 필요가 있는 지에 대해 의문을 가질 수 있다. 다점 척도 자료의 경우 연속형 자료로 처리할 때도 있기 때문이다. 그러나, 여기에서는 lavaan 패키지가 가진 다양한 기능을 보여주기 위해 다분상관계수를 이용한 분석법을 시연한다.

위에서 사용한 cfa() 함수는 lavaan 패키지의 여러 wrapper 함수[17]들 중의 하나이다. 다른 wrapper 함수로 sem(), growth() 등이 있다. 이 함수들은 lavaan 명령에 전달해주는 기본 옵션이 서로 다르다(자세한 내용은 패키지 documentation을 참고하기 바란다).

위 결과에 대해 summary()를 적용하면 추정된 요인적재계수들과 요인 간 상관관계를 확인할 수 있다. 또한 다분상관계수를 구하는 과정에서 계산된 범주값 사이의 기준치들도 보게 될 것이다.

```
summary(fit.phys.func)
```

fitMeasures() 함수를 사용하면 대부분의 적합도 측도들의 값을 얻을 수 있다. 다음은 명시적으로 세 개의 측도값을 출력하도록 지정한 코드이다.

```
> fitMeasures(fit.phys.func, c('rmsea', 'cfi', 'srmr'))
rmsea   cfi   srmr
0.046 0.989 0.064
```

전반적으로 이 값들은 모형의 적합도에 문제가 없음을 알려주는 결과이다. 다만 적합도 측도들에 대한 해석이 최대우도방법(ML)에 기초한 것들이기 때문에 이 결과를 어떻게 ML을 사용하지 않은 결과에 일반화할 수 있는 지에 대해 논란의 소지가 있음을 인지할 필요가 있다.

---

[17] 역자 주: 함수에 실행하고자 하는 구현 소스가 있는 것이 아니고, 호출 처리 부분만 내부 소스로 구현하고, 이를 알아보기 쉽게 함수 형태의 이름을 지어 놓고, 수시로 이를 호출할 수 있게 하는 함수를 가리키는 용어임

lavaan 패키지에는 연속형 데이터를 분석할 수 있는 방법도 포함되어 있다. 데이터가 다변량 정규분포에서 나온 것임을 가정할 수 있으면 ML 방법을 이용해 추정하는 것이 좋을 것이다. 다음은 ML 방법을 사용해 모형을 적합시키는 코드이다.

```
fit.phys.func.ML <- cfa(model.definition.1, data = phys.func.data, estimator = 'ML')
```

OpenMx와 lavaan의 비교

lavaan이 훨씬 더 간단한 문법을 사용하기 때문에 간단한 SEM의 경우 빠른 속도로 모델링할 수 있게 해줌을 알 수 있었다. 그러나 이제까지 lavaan에는 경로를 지정하는 모형을, OpenMx에는 행렬을 직접 지정하는 방식을 사용했던 것을 고려하면 OpenMx 입장에서 조금 억울할 수 있을 것이다. 실제로도 OpenMx가 lavaan에 비해 다루기 복잡한 것이 맞기는 하지만, 공정한 비교를 위해 두 방법 모두에 경로모형을 사용해보자.

lavaan 패키지의 내장 데이터셋인 `HolzingerSwineford1939` 데이터를 사용한다.

```
hs.dat <- HolzingerSwineford1939
```

계속해서 `HolzingerSwineford1939`와 같은 긴 이름을 타이핑하는 것을 피하기 위해 짧은 이름의 데이터를 새로 생성했다.

lavaan 분석 결과

이 절에서 홀칭어-슈바이네포드 모형을 적합하는 방법을 익혀보자. lavaan의 모형 문법(model syntax)을 사용해 SEM 모형을 지정하는 것으로 시작한다.

```
hs.model.lavaan <- '
    visual =~ x1 + x2 + x3
    textual =~ x4 + x5 + x6
    speed =~ x7 + x8 + x9
    visual ~~ textual
    visual ~~ speed
    textual ~~ speed
'
fit.hs.lavaan <- cfa(hs.model.lavaan, data=hs.dat, std.lv = TRUE)
summary(fit.hs.lavaan)
```

`cfa()` 함수 내에 지정된 `std.lv=TRUE` 인수는 각 요인적재계수의 첫 번째 값을 1로 지정하는 대신 잠재변수의 분산을 1로 고정하라는 뜻이다.

다음 결과는 지면을 절약하기 위해 분석 결과에서 모수 추정치만 나타낸 것이다.

```
> summary(fit.hs.lavaan)
...

Latent Variables:
                   Estimate  Std.Err  Z-value  P(>|z|)
  visual =~
    x1                0.900    0.081   11.127    0.000
    x2                0.498    0.077    6.429    0.000
    x3                0.656    0.074    8.817    0.000
  textual =~
    x4                0.990    0.057   17.474    0.000
    x5                1.102    0.063   17.576    0.000
    x6                0.917    0.054   17.082    0.000
  speed =~
    x7                0.619    0.070    8.903    0.000
    x8                0.731    0.066   11.090    0.000
    x9                0.670    0.065   10.305    0.000

Covariances:
                   Estimate  Std.Err  Z-value  P(>|z|)
  visual ~~
    textual           0.459    0.064    7.189    0.000
    speed             0.471    0.073    6.461    0.000
  textual ~~
    speed             0.283    0.069    4.117    0.000
```

이 결과를 OpenMx를 이용해 같은 데이터에 동일한 모형을 적합시킨 결과와 비교해보자.

OpenMx 분석 결과

OpenMx에서 경로 모형을 위한 문법은 훨씬 길고 직접적인 코딩을 필요로 한다. 다음 예제를 보라.

```r
hs.model.open.mx <- mxModel("Holzinger Swineford",
                   type = "RAM",
                   manifestVars = names(hs.dat)[7:15],
                   latentVars = c('visual', 'textual', 'speed'),
      # Create paths from latent to observed variables
                   mxPath(
                     from = 'visual',
                     to = c('x1', 'x2', 'x3'),
                     free = c(TRUE, TRUE, TRUE),
                     values = 1
                   ),
                   mxPath(
                     from = 'textual',
                     to = c('x4', 'x5', 'x6'),
                     free = c(TRUE, TRUE, TRUE),
                     values = 1
                   ),
                   mxPath(
                     from = 'speed',
                     to = c('x7', 'x8', 'x9'),
                     free = c(TRUE, TRUE, TRUE),
                     values = 1
                   ),
      # Create covariances among latent variables
                   mxPath(
                     from = 'visual',
                     to = 'textual',
                     arrows = 2,
                     free = TRUE
                   ),
                   mxPath(
                     from = 'visual',
                     to = 'speed',
                     arrows = 2,
                     free = TRUE
                   ),
                   mxPath(
                     from = 'textual',
                     to = 'speed',
                     arrows = 2,
                     free = TRUE
                   ),
```

```r
                    #Create residual variance terms for the latent variables
                    mxPath(
                        from = c('visual', 'textual', 'speed'),
                        arrows = 2,
                #Here we are fixing the latent variances to 1
                #These two lines are like st.lv = TRUE in lavaan
                        free = c(FALSE,FALSE,FALSE),
                        values = 1
                    ),
                #Create residual variance terms
                    mxPath(
                        from = c('x1', 'x2', 'x3', 'x4', 'x5', 'x6',
                                 'x7', 'x8', 'x9'),
                        arrows = 2
                    ),
                    mxData(
                        observed = cov(hs.dat[,c(7:15)]),
                        type = "cov",
                        numObs = 301
                    )
)
fit.hs.open.mx <- mxRun(hs.model.open.mx)
summary(fit.hs.open.mx)
```

OpenMx 적합 결과를 살펴보면 lavaan의 결과와 비슷한 것처럼 보인다. 아래 출력 결과는 지면을 아끼기 위해 일부만 잘라낸 것이다.

```
> summary(fit.hs.open.mx)
Summary of Holzinger Swineford

free parameters:
                    name matrix   row    col  Estimate  Std.Error A
1  Holzinger Swineford.A[1,10]        A   x1   visual  0.9011185 0.08351676
2  Holzinger Swineford.A[2,10]        A   x2   visual  0.4987683 0.08105809
3  Holzinger Swineford.A[3,10]        A   x3   visual  0.6572480 0.07783956
4  Holzinger Swineford.A[4,11]        A   x4  textual  0.9913407 0.05687850
5  Holzinger Swineford.A[5,11]        A   x5  textual  1.1034382 0.06279627
6  Holzinger Swineford.A[6,11]        A   x6  textual  0.9181265 0.05393445
7  Holzinger Swineford.A[7,12]        A   x7    speed  0.6205054 0.07455809
```

```
8   Holzinger Swineford.A[8,12]      A    x8       speed  0.7321656 0.07574950
9   Holzinger Swineford.A[9,12]      A    x9       speed  0.6710952 0.07778620
10  Holzinger Swineford.S[1,1]       S    x1       x1     0.5508834 0.11965753
11  Holzinger Swineford.S[2,2]       S    x2       x2     1.1376199 0.10478852
12  Holzinger Swineford.S[3,3]       S    x3       x3     0.8471390 0.09555477
13  Holzinger Swineford.S[4,4]       S    x4       x4     0.3724104 0.04820390
14  Holzinger Swineford.S[5,5]       S    x5       x5     0.4477425 0.05822414
15  Holzinger Swineford.S[6,6]       S    x6       x6     0.3573901 0.04365834
16  Holzinger Swineford.S[7,7]       S    x7       x7     0.8020559 0.08800170
17  Holzinger Swineford.S[8,8]       S    x8       x8     0.4893227 0.09212327
18  Holzinger Swineford.S[9,9]       S    x9       x9     0.5680183 0.09104047
19  Holzinger Swineford.S[10,11]     S    visual   textual 0.4585093 0.06356886
20  Holzinger Swineford.S[10,12]     S    visual   speed   0.4705344 0.08637683
21  Holzinger Swineford.S[11,12]     S    textual  speed   0.2829846 0.07158988
```

전체적으로 두 결과가 거의 일치하는 것으로 보인다. 예를 들어, 잠재변수인 visual 에서 관측변수인 x1으로 가는 경로계수의 값을 비교해 보면 lavaan의 경우 0.900으로, OpenMx의 경우 0.901로 추정하고 있다.

:: 요약

lavaan 패키지는 사용자 친화적이고, 충분히 강력하며, 지금도 새로운 특징들이 계속해서 추가되는 중이다. OpenMx는 학습 곡선이 가파른 반면 엄청나게 유연하다는 장점을 갖고 있다. 비유하자면 lavaan은 즉석 냉동식품이 가득한 대형 냉장고에, OpenMx는 시간이 여유롭고 조리법에 능숙한 사람을 위한 식재료 창고와 부엌에 해당한다. 간단히 빠른 분석을 실시하는 데에는 lavaan이 가진 단순성과 광범위한 발전 가능성을 이길 수 있는 방법이 없을 것이다. 그러나 대규모의 복잡한 모형을 위해서는 OpenMx가 더 나은 선택이 될 수 있다. 이제까지 우리는 이미 발생한 사건으로부터 얻은 데이터를 이용해 통계적 관계를 분석하는 방법을 익혔다. 다음 장에서는 전혀 다른 접근법, 즉 어떤 일이 일어날 수 있는지에 대한 모델링에 초점을 맞춘 접근법을 다루게 될 것이다.

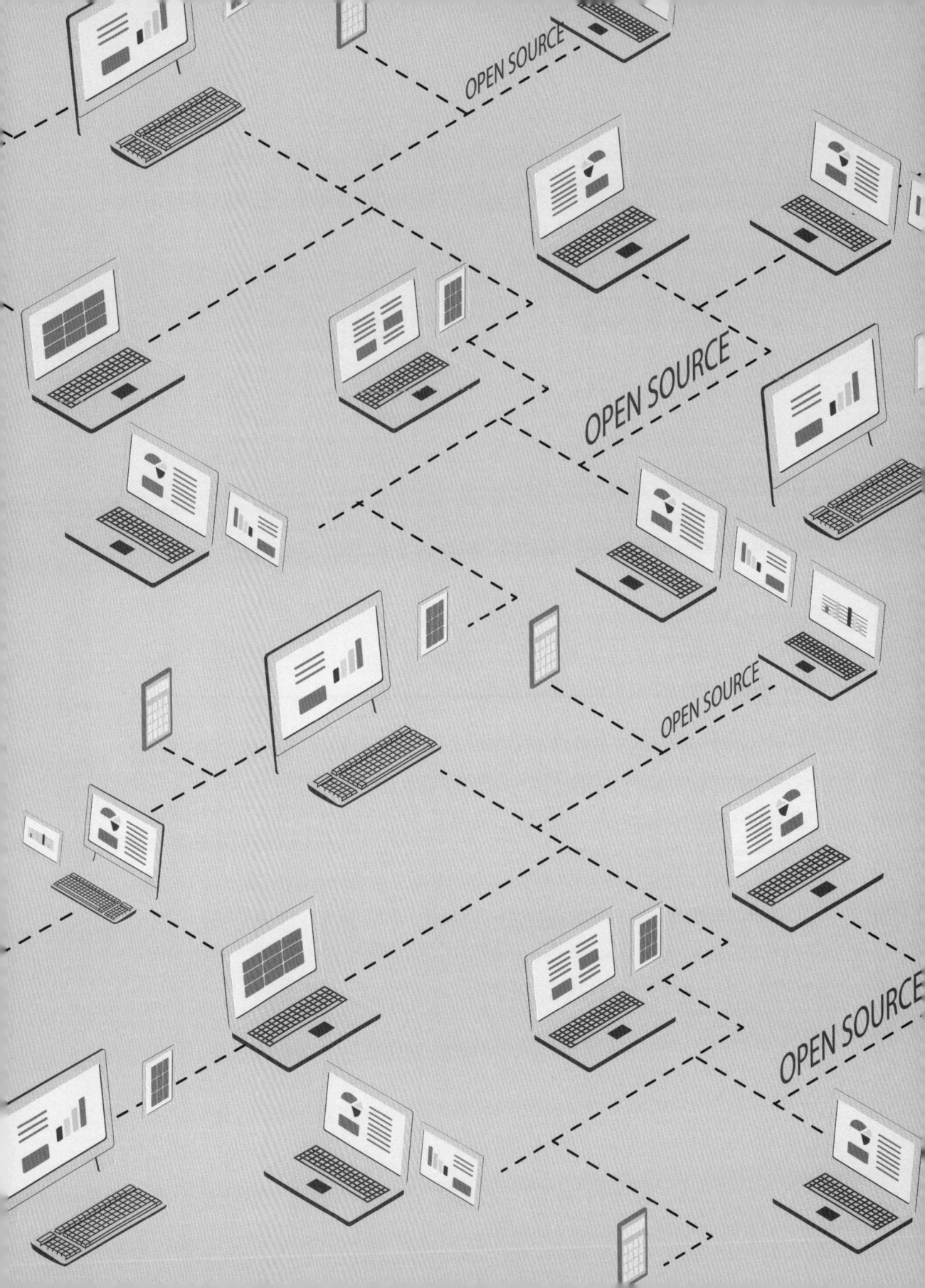

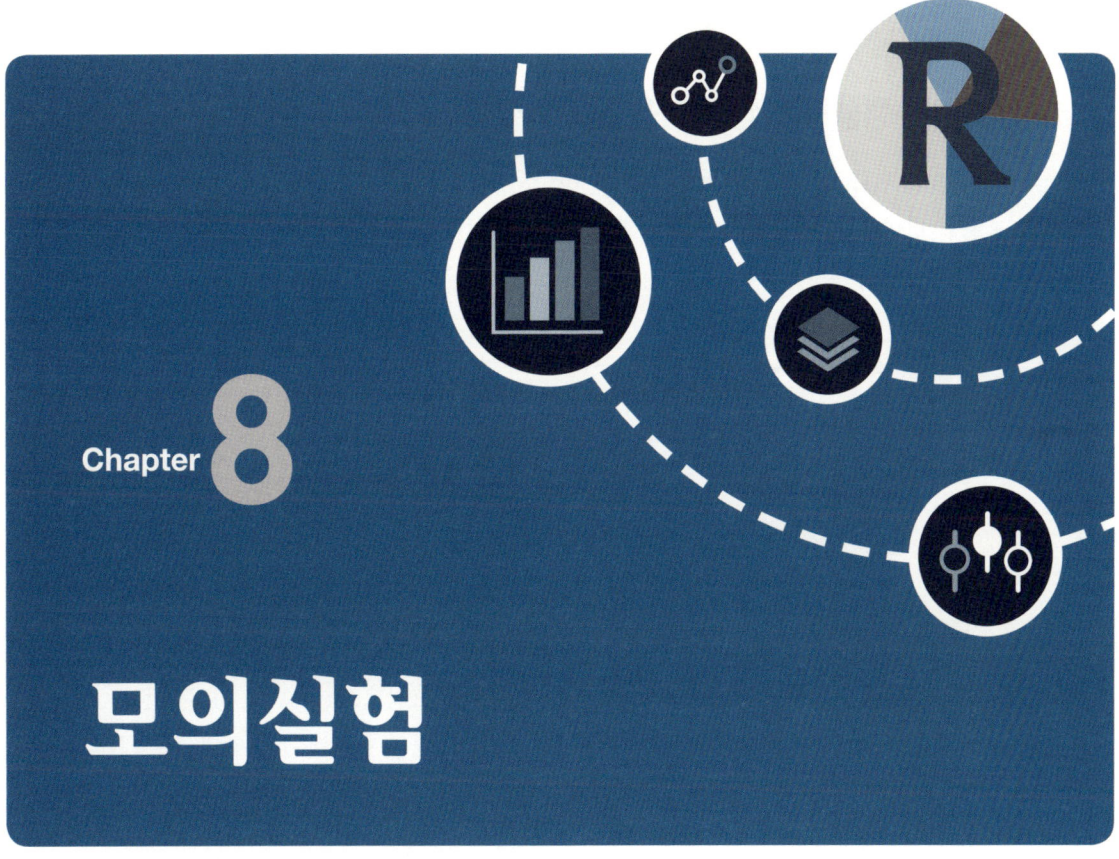

Chapter 8
모의실험

모의실험(simulation)은 고급 수준의 모델링을 통한 예측 또는 실험계획 등을 위해 사용된다. 이 장에서는 기초적인 샘플링 방법을 이용한 모의실험 수행 방법과 함께, 모의실험을 사용해 통계적 문제를 해결하는 법을 배우게 될 것이다. R을 사용해 난수를 발생시키는 방법과 주요 확률분포에서 난수를 발생시키는 방법을 다루며, 모의실험을 이용해 적분값을 계산하는 방법을 배우게 될 것이다.

이 장에서 다루게 될 주제는 다음과 같다.

- R에서 기초 샘플링 방법을 이용한 모의실험
- 몬테카를로(Monte Carlo) 모의실험
- 기각샘플링(rejection sampling)
- 물리적 시스템 시뮬레이션
- 의사난수(pseudorandom numbers)
- 몬테카를로 적분
- 중요샘플링(importance sampling)

:: 기초적인 샘플링 방법을 이용한 모의실험

우리는 이미 'chapter 2. R로 배우는 통계 방법론'에서 주요 분포에서 난수를 발생시키는 기본적인 방법을 접한 바 있다. 예를 들어, 평균이 10이고 표준편차가 3인 정규분포를 따르는 난수 4개를 생성하려면 rnorm() 함수에 mean 인수와 sd 인수를 각각 10과 3으로 지정하면 된다.

```
> rnorm(4, mean = 10, sd = 3)
[1]  9.546714  8.600795 14.344557 11.669767
```

또한 rpois(10, lambda = 3)을 실행하면 집중도(intensity)의 값이 3인 포아송분포를 따르는 난수 10개를 얻을 수 있다. 주요 분포들로부터 난수를 발생시키는 함수는 2장에 있는 내용을 참조하기 바란다.

sample() 함수를 이용하면 기존의 벡터로부터 랜덤하게 표본을 추출할 수 있다. 이 함수는 주어진 벡터의 원소 중에서 size 인수에 지정한 개수만큼 랜덤하게 추출해 주는데, replace 인수 값이 TRUE인지 FALSE인지에 따라 복원 또는 비복원 추출해준다. 예를 들어, 1부터 100까지의 정수 중에 5개를 중복 없이 랜덤하게 선택하려면 다음과 같이 하면 된다.

```
> sample(1:100, size = 5, replace = FALSE)
[1] 83 79  3 11 55
```

이번에는 주사위를 여섯 번 던지는 시행을 흉내 내어 데이터를 생성해보자. sample() 함수를 사용하되 같은 눈이 여러 번 나올 수 있는 경우이므로 size는 6으로, replace는 TRUE로 지정하면 된다.

```
> sample(1:6, size = 6, replace = TRUE)
[1] 6 2 1 4 5 2
```

문자형 벡터에 대해서도 sample() 함수를 적용하는 것이 가능하다.

```
> fruits <- c("apple", "orange", "strawberry", "lemon", "clementine")
> sample(fruits, size=2, replace=T)
[1] "orange" "apple"
```

:: 의사난수

이제, 난수(random numbers), 엄밀히는 의사난수(pseudorandom numbers)를 시뮬레이션하는 방법을 익혀보자. 의사난수라는 표현은 진정한 의미의 난수가 아니라 난수발생 알고리즘에 의해 만들어지는 숫자임을 나타낸 것이다. 0과 1사이에서 일련의 의사난수를 생성하는 방법을 살펴보자. 가장 간단한 방법 중의 하나는 승법 합동 의사난수 발생기 (multiplicative congruential pseudorandom number generator)를 이용해 독립이고 균일 분포를 따르는 확률변수들을 시뮬레이션하는 것이다. 의사난수를 생성하는 데 사용할 수 있는 다양한 방법이 있지만 승법 합동 의사난수 발생기를 다음 예제를 통해 살펴보자. m을 크기가 큰 소수(prime number)로, k는 10보다 작은 정수로서 가급적 m의 제곱근에 가까운 값이 되도록 정하면, 다음 공식을 이용해 의사난수를 생성할 수 있다.

$$x_{i+1}=kx_i \mathrm{mod}(m), \ i=0,1,2,\ldots,n.$$

이제 위 공식을 이용해 의사난수 여섯 개를 생성해 보자. 우선 의사난수의 초기치(seed)를 1과 m사이의 값으로 정한다. 초기치가 결정되고 나면 위 식을 적용해 의사난수를 생성할 수 있다. 위 수식을 R 함수로 옮긴 `getRandomNbs()`라는 이름의 함수를 작성해보자.

```
getRandomNbs <- function(n, m, seed) {
  # create a numeric vector to store the numbers
  pseudorandom.numbers <- numeric(n)
  # set k near square root of m
  k <- round(sqrt(m)) - 2
  # use a for loop to generate the numbers
  for(i in 1:n){
    seed <- (k*seed) %% m
    pseudorandom.numbers[i] <- seed/m
  }
  return(pseudorandom.numbers)
}
```

이제 이 함수를 사용해 초기값은 27,000으로, 소수 m의 값은 334,753으로 하여 5개의 의사난수를 생성해보자. 334,953이 소수인지 여부는 http://www.onlineconversion.com/prime.htm를 방문하면 확인할 수 있다.

```
> getRandomNbs(5, 334753, 27000)
[1] 0.5387913 0.8825731 0.2446909 0.1866272 0.6838684
```

사용자가 직접 작성한 의사난수 발생기를 이용하는 경우, 생성된 숫자들이 균일분포(uniform distribution)를 따르는지 그리고 서로 독립인지 확인하는 것은 중요한 일이다. getRandomNbs(5, 334753, 27000)에 의해 생성된 의사난수가 균일분포를 따르는지 확인하려면 카이제곱 검정을 사용하면 된다. R의 내장함수인 chisq.test()를 사용하는 대신 아래 코드에 주어진 균일분포 확인에 특화된 rng.chisq() 함수를 사용하려 한다.

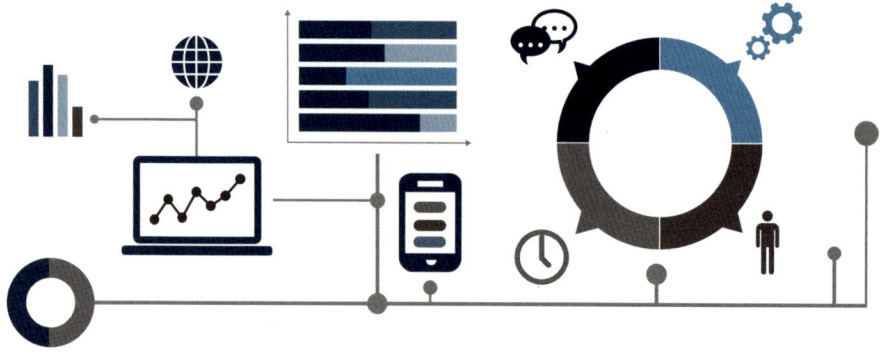

```
rng.chisq <- function(x, m) {
  Obs <- trunc(m*x)/m
  Obs <- table(Obs)
  p <- rep(1,m)/m
  Exp <- length(x)*p
  chisq <- sum((Obs-Exp)^2/Exp)
  pvalue <- 1-pchisq(chisq, m-1)
  results <- list(test.statistic=chisq, p.value=pvalue, df=m-1)
  
  return(results)
}
```

위의 rng.chisq() 함수의 인수 중 x는 의사난수 발생기에 의해 [0,1] 구간 내에서 생성된 난수들이고 m은 카이제곱 검정에 사용할 부분 구간의 개수이다. 다음은 getRandomNb() 함수를 사용해 균일분포를 따르는 1,000개의 난수들을 생성하고, rng.chisq() 함수를 이용해 5개의 부분 구간으로 나누어 생성된 난수가 실제로 균일분포를 따르는 지 검정하는 예제 코드이다.

```
> v <- getRandomNbs(1000, 334753, 27000)
> rng.chisq(v, m=5)
$test.statistic
[1] 2.9

$p.value
[1] 0.5746972

$df
[1] 4
```

p-값이 충분히 크기 때문에 귀무가설 즉, 생성된 난수가 균일분포를 따른다는 것을 기각할 만한 충분한 증거를 찾을 수 없다. 다음으로, 생성된 의사난수가 서로 독립인지 살펴보자. lag.plot() 함수를 사용해 시차그림(lag plot)을 그려보면 간단히 확인 가능하다. 위에서 getRandomNb() 함수로 생성한 1,000개의 의사난수의 독립성을 확인하기 위해 시차그림을 작성하는 코드는 다음과 같다.

```
> lag.plot(v)
```

실행 결과는 다음 그림과 같다.

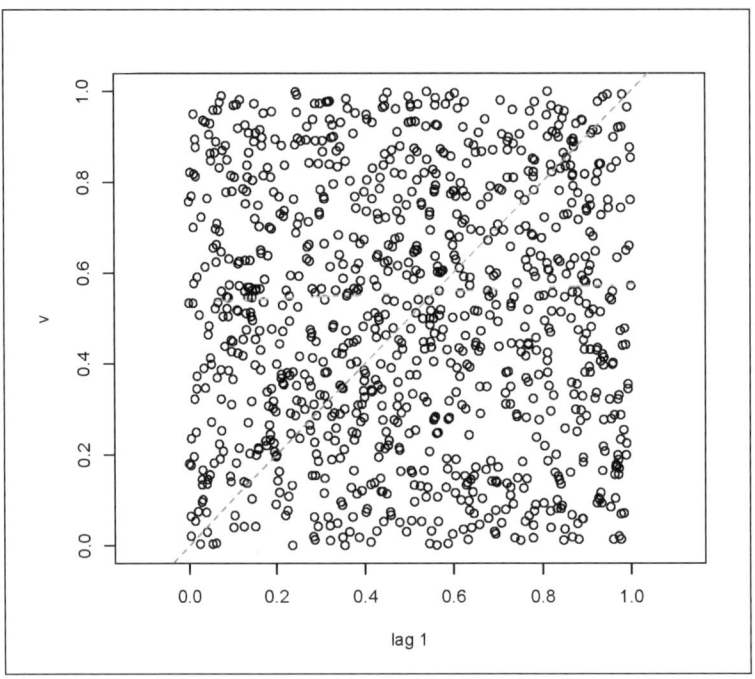

전체적으로 데이터는 랜덤하게 분포된 것으로 보인다. 보다 엄밀하게 독립성을 확인하는 방법에 대한 논의는 이 책의 범위를 벗어나므로 생략한다. 관심이 있는 독자는

http://en.wikipedia.org/wiki/Spectral_test

에 정리된 **스펙트럴 검정(Spectral test)**에 대한 설명을 참조하기 바란다.

runif() 함수

직접 의사난수를 발생시키는 함수를 작성할 수도 있지만, 내장 함수인 `runif()` 함수를 사용하면 구간 [a, b] 내에서 균일분포를 따르는 난수를 생성할 수 있다. 이때 `runif()` 함수의 인수는 `min = a, max = b`로 지정하면 된다. 초기값(seed)을 지정하지 않으면 함수 내부에서 알아서 결정하며 `getRandomNb()` 함수와는 다른 알고리즘을 사용해 의사난수를 생성한다. 다음 예제를 보라.

```
> runif(n = 5, min = 0, max = 1)
[1] 0.4562942 0.1861085 0.4779453 0.6313259 0.9768385
```

매번 runif() 함수를 실행할 때마다 R은 다른 초기값을 사용한다. 따라서 R 세션을 진행하는 동안 초기값을 특정하고 싶으면 set.seed() 함수를 사용해야 한다. 아래 예제를 보라.

우선 초기값을 정하지 않은 채로 세 개의 의사난수를 생성해보자.

```
> runif(3)
[1] 0.9744210 0.4709912 0.1204069
```

이제 초기값을 27,000으로 지정해 세 개의 의사난수를 생성해보자.

```
> set.seed(27000)
> runif(3)
[1] 0.5522500 0.5538553 0.4528518
```

다시 의사난수 세 개를 생성해보자.

```
> runif(3)
[1] 0.6177212 0.4572295 0.4544682
```

앞에서 얻은 난수와 다른 값들을 얻었을 것이다. 초기값을 27,000으로 지정했을 때와 같은 난수를 얻으려면 다시 set.seed(27000)을 실행한 후 runif(3)을 실행하면 된다.

```
> set.seed(27000)
> runif(3)
[1] 0.5522500 0.5538553 0.4528518
```

이어서 다섯 개의 의사난수를 생성해보자.

```
> runif(5)
[1] 0.6177212 0.4572295 0.4544682 0.9808293 0.5509730
```

위 결과를 살펴보면 처음 세 개의 숫자가 앞에서 set.seed() 함수를 실행하고 난 뒤 두 번째 실행한 난수 발생 코드에 의해 생성되었던 숫자와 값이 같은 것을 확인할 수 있을 것이다. 이제 초기값을 27,000으로 지정한 다음 다섯 개의 의사난수를 생성해보자.

```
> set.seed(27000)
> runif(5)
[1] 0.5522500 0.5538553 0.4528518 0.6177212 0.4572295
```

위 결과를 살펴보면 처음 세 개의 숫자는 앞에서 초기값을 27,000으로 지정한 후 runif(3)을 실행해 얻었던 난수와 같은 값임을 확인할 수 있는데, 이는 runif() 함수가 getRandomNbs() 함수처럼 나름의 난수 생성 알고리즘을 사용하기 때문이다. 따라서 초기값을 지정하게 되면 미리 결정된 수열을 얻게 된다. 즉, 위에서 생성된 숫자들은 언뜻 보기에 랜덤한 것처럼 보이지만 특정 알고리즘에 의해 결정되어 있는 값을 내어준 것이기 때문에 의사난수라고 부르는 것이다.

초기값을 설정해 나중 세션에 같은 난수를 똑같이 재생성해 당신이 작성한 스크립트를 똑같이 재현 가능하도록 하는 방법을 살펴보았다. 그러나 초기값을 설정하지 않고도 그러한 일을 하는 것이 가능하다. 전역 환경 변수인 .Random.seed에 저장되어 있는 난수 생성 당시의 상태를 새로운 객체에 저장해 두었다가 나중에 .Random.seed를 리셋하는 방법이 있다. 다음 예제를 통해 자세히 알아보자.

우선 다섯 개의 난수를 생성해 .Random.seed 변수를 새로 만들어보자. 새로운 세션을 시작하면 이 변수는 처음으로 난수를 생성하는 명령어를 수행하기 전까지 존재하지 않는다. 다음 코드를 보라.

```
> runif(5)
[1] 0.49442371 0.48252765 0.44946379 0.96708434 0.04600508
```

아래 코드를 실행해 현재 난수 생성기의 상태를 별도의 객체에 저장한다. 이는 이후에 계속될 모의실험에서 사용할 초기값을 저장한 것이다.

```
> saved.seed <- .Random.seed
```

이제 계속해서 추가로 난수들을 생성해보자.

```
> runif(5)
[1] 0.41319284 0.57805579 0.11691655 0.09548216 0.75445132
> runif(2)
[1] 0.04699241 0.82974142
```

이제 위에서 처음으로 난수생성기 상태를 저장한 후에 생성했던 난수를 똑같이 다시 생성해보자. 이를 위해서는 .Random.seed 변수의 값을 saved.seed에 저장된 값으로 업데이트한 후 앞에서 실행한 난수 발생을 위한 코드만 재실행하면 된다.

```
> .Random.seed <- saved.seed
# Rerun the commands from earlier
> runif(5)
[1] 0.41319284 0.57805579 0.11691655 0.09548216 0.75445132
> runif(2)
[1] 0.04699241 0.82974142
```

.Random.seed 값에 저장되어있던 초기값을 다시 사용했기 때문에, 앞에서 생성했던 난수와 똑같은 값을 갖는 난수가 다시 생성된 것을 확인하게 될 것이다. 그러나 같은 R 세션 내에서 위 코드를 실행하면 같은 값의 데이터가 재현되겠지만, .Random.seed 값을 저장하기 전에 초기치를 set.seed() 함수를 통해 지정하지 않았기 때문에, 새로 시작된 R 세션에서 위 코드를 실행하면 같은 값의 난수를 얻을 가능성은 희박하다. 따라서 set.seed() 함수를 이용해 초기값을 정한 후 난수 생성기 상태를 저장하는 것이 좋다. 다음 코드와 같이 하면 다른 R 세션에서도 매번 동일한 의사난수를 생성할 수 있다.

```
> set.seed(245)
> .Random.seed <- saved.seed
> runif(5)
[1] 0.92701730 0.48499598 0.23385692 0.67666045 0.02424925
> runif(2)
[1] 0.2860802 0.9330553
> .Random.seed <- saved.seed
> runif(5)
[1] 0.92701730 0.48499598 0.23385692 0.67666045 0.02424925
> runif(2)
[1] 0.2860802 0.9330553
```

초기값을 확인하고 .Random.seed에 초기값을 다시 저장하는 함수를 작성할 때, 로컬 변수가 아닌 전역 환경 변수의 값을 바꾸어야 한다는 것을 기억할 필요가 있다. R에서 전역 환경 변수에 저장된 값을 불러오거나 할당하려면 get() 함수와 assign() 함수를 이용한다. 다음 예제 코드는 사용자가 지정한 초기값을 사용해 10개의 난수를 생성해 리턴하고, .Random.seed 변수를 원래 값으로 복원해 난수발생기의 상태를 리셋하는 함수이다.

```
returnRandomNbs <- function(n, a, b){
  # By default we assume the .Random.seed variable was not set
  # in the global environment
  seed.found <- FALSE
  if (exists(".Random.seed")) {
    saved.seed <- get(".Random.seed", .GlobalEnv)
    seed.found <- TRUE
  }
  v <- runif(n, min=a, max=b)
  if(seed.found) {
    assign(".Random.seed", saved.seed, .GlobalEnv)
  }
  return(v)
}
```

이제 초기값을 설정한 후 함수를 반복 실행해보자.

```
> set.seed(753)
> returnRandomNbs(10, 0, 2)
 [1] 1.0074840 1.7143867 1.0060674 1.0500559 0.6218600 0.3472834 0.7659655 1.1762890
 0.7091655 0.6026619
> returnRandomNbs(10, 0, 2)
 [1] 1.0074840 1.7143867 1.0060674 1.0500559 0.6218600 0.3472834 0.7659655 1.1762890
 0.7091655 0.6026619
> returnRandomNbs(10, 0, 2)
 [1] 1.0074840 1.7143867 1.0060674 1.0500559 0.6218600 0.3472834 0.7659655 1.1762890
 0.7091655 0.6026619
```

위의 실행 결과를 보면 매번 초기값이 난수발생기의 초기 상태 즉, set.seed(753)에 의한 상태로 리셋되기 때문에 매번 같은 값의 난수가 생성되는 것을 확인할 수 있다.

```
> runif(10, 0, 2)
 [1] 1.0074840 1.7143867 1.0060674 1.0500559 0.6218600 0.3472834 0.7659655 1.1762890
 0.7091655 0.6026619
```

이후에 다시 runif()를 실행하게 되면 다른 초기값이 사용될 것이므로 매번 다른 값의 난수가 생성될 것이다.

```
> runif(10, 0, 2)
 [1] 1.7727796 0.1779565 0.4772016 0.3180717 0.7163699 0.1385670 0.3976083 1.1769520
 1.5818106 0.8082054
> runif(10, 0, 2)
 [1] 0.4378311 0.5187945 0.6013744 1.5483450 1.0333229 1.2363457 1.8626718 0.5275801
 0.2906055 0.8752832
```

베르누이 확률변수

이제 **베르누이 확률변수(Bernoulli radom variables)**를 모의실험 하는 방법을 알아보자. 베르누이 시행(Bernoulli trial)은 두 가지의 가능한 결과 즉, 성공 또는 실패만 관측하게 되는 시행이다. 어떤 시험에서 정답을 추측하는 시행을 runif() 함수를 사용해 모의실험 해볼 수 있다. 한 고등학생이 객관식 4지선다형으로 출제된 30문제를 모두 랜덤하게 찍어서 답안을 작성하는 경우 받게 될 점수를 모의실험 해보자.

```
> set.seed(23457)
```

각 문제는 독립적인 베르누이 시행으로 생각할 수 있으므로 이 학생이 각 문제에 대해 랜덤하게 답안을 선택한 결과를 runif() 함수를 사용해 다음과 같이 모의실험 할 수 있다.

```
> guessed.correctly <- runif(30)
```

만일 이 값이 0.25보다 작으면 이 학생이 정답을 맞힌 것에 해당하는데 균일분포에서 0.25보다 작은 값을 가질 확률은 정확히 0.25이기 때문이다. 다음 코드의 실행 결과를 보라.

```
> table(guessed.correctly < 0.25)

FALSE  TRUE
   24     6
```

이 모의실험 결과에 의하면 이 학생이 받을 점수는 6/30 또는 20퍼센트가 될 것이다.

또는 rbern() 함수[18]에 성공확률 즉, 정답을 맞힐 확률 p를 인수로 지정해 이 학생이 맞힐 문제의 개수를 시뮬레이션할 수도 있다. rbern() 함수는 p 인수에 지정된 확률을 성공확률로 하여 성공인 경우 1을, 실패인 경우 0을 리턴한다. 따라서 위 예에서 1은 이 학생이 정답을 맞힌 경우를, 0은 틀린 경우를 의미하게 된다. 다음 코드를 보라.

```
> set.seed(23457)
> guessed.correctly <- rbern(n=30, p=.25)
> guessed.correctly
 [1] 1 0 0 0 0 0 0 1 0 0 0 0 0 0 0 1 0 1 0 0 1 0 0 0 0 0 1 0 0 0
```

---

[18] 역자 주: 이 함수는 더 이상 R의 기본 패키지에서 제공하지 않으며, 다음 절에서 소개하는 mc2d 패키지에 포함되어 있다. 따라서 위 코드를 그대로 실행하면 에러가 발생한다. 여기에서 이 함수를 사용하려면 아래와 같이 mc2d 패키지를 설치하고 로드해야 한다.

```
> install.packages("mc2d")
> library("mc2d")
```

이제 정답의 개수는 다음과 같이 구하면 된다.

```
> sum(guessed.correctly)
[1] 6
```

이항 확률변수

이항확률변수(binomial random variable)를 모의실험 하려면 rbinom() 함수를 사용한다. 베르누이 확률변수는 한 번 시행한 결과를 나타내지만, 이항 확률변수는 베르누이 시행을 반복 시행한 결과를 나타낸다. 따라서 앞에서 살펴 본 예제의 경우 rbinom() 함수에서 size 인수를 1로 지정해 다음과 같이 실행하면 같은 결과를 얻을 수 있다.

```
> set.seed(23457)
> rbinom(n=30, size=1, p=.25)
 [1] 1 0 0 0 0 0 0 1 0 0 0 0 0 0 0 1 0 1 0 0 1 0 0 0 0 0 1 0 0 0
```

이번에는 시간당 100개의 유리병을 생산하는 공장에서 출고된 제품 중 불량품의 개수를 모의실험 해보자. 이 공장의 불량률은 0.05이고 하루에 10시간 작업한다고 가정하고 매 시간 발생한 불량품의 개수를 rbinom() 함수를 이용해 모의실험 해보자.

```
> set.seed(23457)
> rbinom(n=10, size=100, p=0.05)
 [1] 7 4 6 4 5 1 6 8 5 5
```

포아송 확률변수

포아송 확률변수(Poisson random variable)은 보통 주어진 시구간 내에서 관측된 특정 사건의 발생횟수를 모델링하는 데 사용된다. 예를 들어, 미국에서 향후 15년 간 발생하게 될 샤워 관련 부상 건수를 rpoi() 함수를 사용해 모의실험 해보자. 매년 43,600 건 정도가 발생하는 것으로 가정한다.

```
> rpois(15, 43600)
 [1] 43700 43476 43770 43928 43546 43443 43512 43627 43637 43795 43778 43799 43400 43959
43870
```

지수분포 확률변수

지수분포는 특정 사건이 발생할 때까지 대기 시간을 모델링할 때 자주 사용한다. 예를 들어, 어떤 컴퓨터가 평균적으로 6년 만에 고장이 난다고 가정하고, 교실에 있는 25대의 동종 컴퓨터의 수냉을 rexp() 함수를 사용해 모의실험 해보자. 이 경우 rate 인수는 1/6로 지정한다(rate = 1/평균수명).

```
> set.seed(453)
> computer.lifetime <- rexp(25, 1/6)
```

이 결과에 대한 히스토그램을 작성할 수 있으며 dexp() 함수를 사용해 구한 이론적인 밀도함수곡선과 비교해볼 수 있다.

```
> hist(computer.lifetime, probability=TRUE, col="gray", main="Exponential curve for
computers with a mean time to failure of 6 years", cex.lab=1.5, cex.main=1.5)
```

히스토그램 위에 이론적인 밀도함수곡선을 추가하려면 curve() 함수에 add 인수를 TRUE로 지정해 다음과 같이 실행하면 된다.

```
> curve(dexp(x, 1/6), add=T)
```

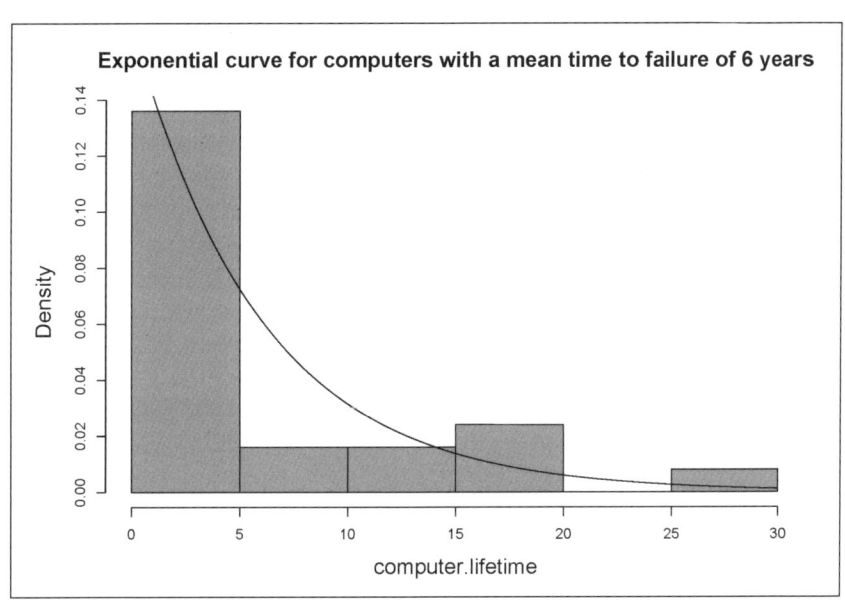

:: 몬테카를로 모의실험

확률변수의 기댓값(expectation)을 계산하는 것은 통계 분석에서 중요한 부분이다. 그러나 어떤 경우에는 결정론적인 알고리즘을 적용하거나 딱 떨어지는 수식으로 계산하는 것이 어려울 때가 있다. 또는 설명변수와 반응변수 간의 관계를 상수항, 지수함수, 거듭제곱, 로그 등 몇 가지 기본적인 함수들만으로 표현하는 것이 매우 어렵거나 불가능한 경우가 있다. 몬테카를로 방법은 이러한 문제를 해결하는 데 매우 실제적인 해결책이 되는데, 반복적인 난수 생성을 통해 미지의 확률분포를 비슷하게 근사시킴으로써 넓은 범위의 다양한 문제에 대한 해결책을 제공하는 알고리즘 방법이다.

몬테카를로 방법은 확률변수의 성질을 근사하는 데 사용된다. 예를 들어, 확률변수 X의 기댓값 $E(X)$의 근사값을 찾기 위해 X와 같은 분포를 갖는 m개의 난수 $X_1,\ldots,X_m$을 생성해 이들의 평균값인 $\bar{X}_m = \frac{1}{m}\sum_{i=1}^{m} X_i$을 계산해 사용하면 된다. 대수의 법칙(law of large numbers)에 따르면, m이 충분히 큰 경우 $\bar{X}_m$은 참값 $E(X)$에 대한 좋은 근사값이 되기 때문이다. 대수에 법칙에 의하면 m이 커짐에 따라 $\bar{X}_m$의 분포의 중심위치가 모집단 평균에 가까워지는 경향성이 더 강해진다. 또한 표본의 크기가 커지게 되면 데이터로 작성한 히스토그램이 실제 분포의 이론적 밀도함수에 가까워짐을 확인할 수도 있다.

중심극한정리

중심극한정리(central limit theorem)는 표본 크기가 커짐에 따라 $\bar{X}_m$의 분포가 점점 정규분포를 닮아간다는 것이다. 이 사실은 어떠한 타입의 확률변수에 대해서도 성립한다. 예를 들어, rate 값이 0.4인 지수분포에서 10,000개의 난수를 생성하고, 평균, 표준편차 그리고 히스토그램을 구해보자.

```
> set.seed(983)
> x.exp <- rexp(10000, rate=0.4)
> mean(x.exp)
[1] 2.518002
> sd(x.exp)
[1] 2.492727
> hist(x.exp, probability=TRUE, col=gray(0.8), main="", cex.axis=1.2, cex.lab=1.5)
```

위 코드의 실행 결과는 다음 그림과 같다.

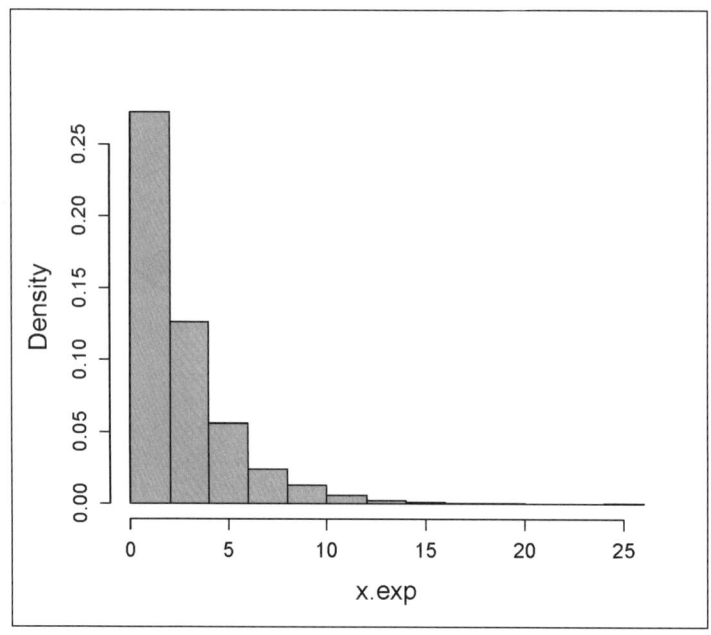

예상한 대로 난수들의 분포는 정규분포와 상당히 거리가 있다. 그러나 이번에는 rate 값이 0.4인 지수분포로부터 100개의 난수를 생성해 평균값을 계산하는 작업을 500회 반복

해 얻은 500개의 평균값의 분포는 어떻게 되는지 살펴보자.

우선 500개의 평균값을 저장할 수치 벡터를 만든다.

```
> x.exp.means <- numeric(500)
```

그 다음 for 루프를 사용해 각 반복실험에서 평균값을 계산한다.

```
> for (i in 1:500) {
    x.exp.means[i] <- mean(rexp(100, 0.4))
}
```

이제 평균값들의 분포를 그림으로 나타내 보자.

```
> hist(x.exp.means, probability=TRUE, col=gray(0.8), main="", cex.axis=1.2, cex.lab=1.5)
```

결과는 다음 그림과 같다.

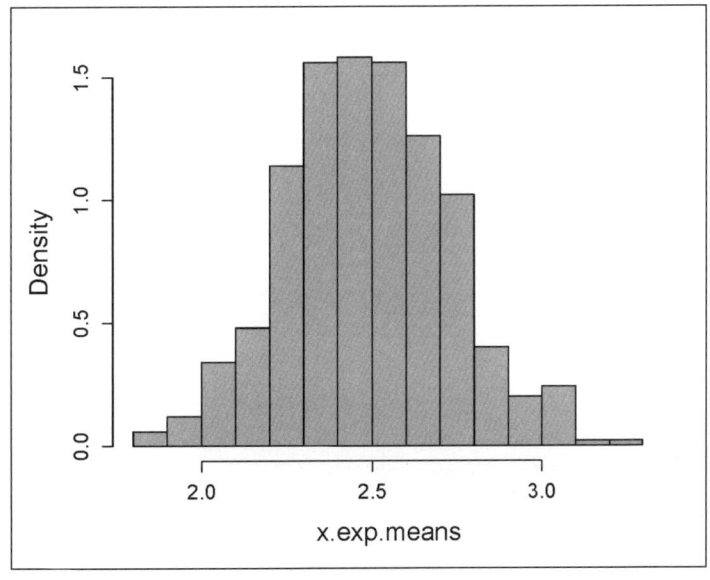

앞 히스토그램의 형태를 보면 정규분포와 상당히 비슷한 것을 확인할 수 있다. 중심극한 정리에 의해 근사적으로 정규분포를 따르는 평균값들의 표준편차 σ_m의 값은 모집단 분포의 표준편차 σ와 다음과 같은 관계를 갖게 된다.

$$\sigma_m = \sigma/\sqrt{m}$$

이제 x.exp.means의 값들이 만들어낸 분포의 평균과 표준편차를 계산해보자.

```
> mean(x.exp.means)
[1] 2.486572
> sd(x.exp.means)
[1] 0.2389426
```

이 예제에서 모집단 분포의 평균 및 표준편차는 모두 2.5이다. 이론적인 σ_m의 값은 다음 코드를 실행하면 계산할 수 있다.

```
> 2.5/sqrt(100)
[1] 0.25
```

위에서 몬테카를로 방법으로 구한 값과 방금 계산한 이론적인 값이 매우 비슷함을 확인할 수 있다. 물론 이 사실은 다른 분포를 따르는 확률변수에도 동일하게 적용된다.

이제 몬테카를로 방법을 실제 문제에 응용해보자. 데스크톱 컴퓨터의 메인보드 또는 하드드라이브가 망가지게 되면 컴퓨터를 못 쓰게 된다고 가정하자. 메인보드의 평균 수명은 8년이고 하드드라이브는 4년이라 한다. 각 부품의 수명에 대해 지수분포를 가정하고 난수를 발생시켜 컴퓨터 수명의 평균 및 분산을 추정해보자.

먼저, 컴퓨터 10,000대의 메인보드와 하드드라이브 수명을 시뮬레이션 해보자.

```
> motherboard.fail <- rexp(10000, rate=1/8)
> hard.drive.fail <- rexp(10000, rate=1/6)
```

다음은 앞 모의실험 결과를 그림으로 나타내기 위한 코드이다.

```
> par(mfrow=c(1,2))
> hist(motherboard.fail, probability=TRUE, col=gray(0.8), main="Simulated motherboard
time to failure", cex.axis=1.2, cex.lab=1.5)
> hist(hard.drive.fail, probability=TRUE, col=gray(0.8),  main="Simulated hard drive
time to failure", cex.axis=1.2, cex.lab=1.5)
```

결과는 다음 그림과 같다.

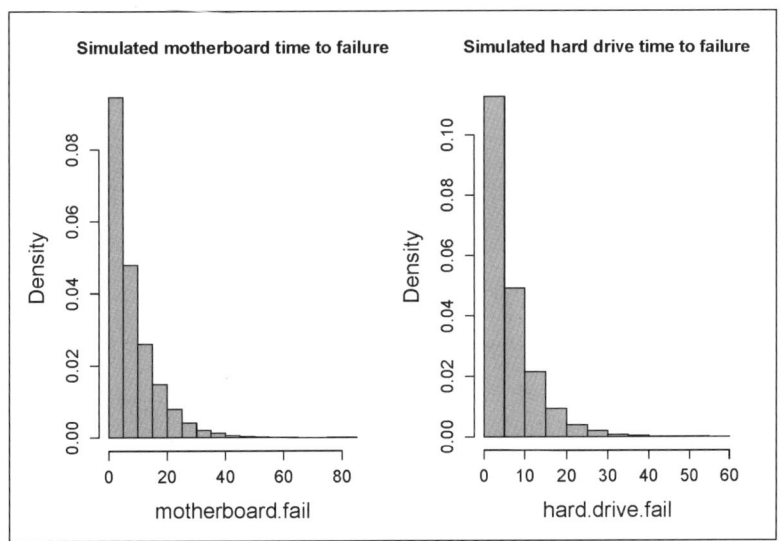

motherboard.fail과 hard.drive.fail 둘 다 같은 컴퓨터 내의 부품의 수명을 모의실험한 결과를 저장한 벡터이므로, 컴퓨터가 못쓰게 된 시점은 두 부품 중 어느 하나가 먼저 고장난 시점에 해당하는 인덱스를 이용하면 구할 수 있다. 다음 코드를 보라.

```
> # The ind object stores the index of the computers where the motherboards failed first.
> ind <- (hard.drive.fail - motherboard.fail) > 0
```

이제 이 인덱스 정보를 이용하면 컴퓨터 고장 시점을 얻을 수 있다.

```
> # !ind tells us the index of the computers in which the hard drive failed first
> computer.fail <- c(motherboard.fail[ind], hard.drive.fail[!ind])
```

다음으로 컴퓨터가 고장난 시점의 평균과 분산을 추정해보자.

```
> mean(computer.fail)
[1] 3.420913
> var(computer.fail)
[1] 12.04961
```

따라서 컴퓨터의 평균 수명은 3.4년, 분산은 12.0이 된다.

mc2d 패키지 사용하기

몬테카를로 시뮬레이션에 mc2d 패키지를 사용하는 법에 대해 알아보자. 이 패키지를 이용하면 일차원 뿐 아니라 이차원 몬테카를로 모의실험이 가능하다. 원래 식품 리스크 분석을 위해 개발된 패키지이지만 다양한 문제에 적용 가능하다. 이 패키지에 대한 보다 자세한 정보는 CRAN 웹사이트 http://cran.at.r-project.org/web/packages/mc2d/index.html에서 얻을 수 있다. 이 패키지는 위 웹사이트에서 직접 다운로드하거나 R에서 install.package() 함수를 실행해 설치할 수 있다.

```
> install.packages("mc2d")
```

mc2d 패키지의 도움말 문서에 있는 몇몇 예제들을 통해 이 패키지의 함수들을 사용해 몬테카를로 모의실험을 수행하는 방법을 살펴보자. 자세한 내용은

http://cran.r-project.org/web/packages/mc2d/vignettes/docmcEnglish.pdf

를 살펴보기 바란다.

■ 일차원 몬테카를로 모의실험

일차원(또는 1차) 몬테카를로 모의실험은 난수들을 사용해 랜덤한 변이가 모델링 대상 시스템의 민감도(sensitivity), 성능(performance), 신뢰도(reliability) 등에 미치는 영향을 평가하기 위한 방법이다. 예를 들어, 방출된 농업 및 산업 폐기물 때문에 비소(arsenic)에 높은 수준으로 오염된 물을 마시는 것이 암 발병 위험에 미치는 영향을 평가하는 모형을 생각해보자. 다음은 모델링을 위한 몇 가지 가정들이다.

- 마을에 공급되는 수돗물의 비소에 대한 평균 집적도는 12ppb(parts per billion)로서 최대 허용 기준치인 10ppb를 초과한다.
- 전체 주민의 43.2퍼센트는 수돗물만을 마셨고, 수돗물과 생수를 섞어서 마신 주민의 비율은 22.6퍼센트, 생수만 마신 사람의 비율은 34.2퍼센트이다.
- 수돗물과 생수를 섞어서 마시면 비소 노출을 1/3 수준으로 줄일 수 있고 생수만 마시면 1/5 수준으로 줄일 수 있다.
- 주민 개개인이 마시는 물의 양은 평균이 6이고 형태모수가 60인 역가우스 분포(inverse Gaussian distribution)로 잘 설명된다.
- 비소 섭취량은 포아송 분포를 따른다.
- 비소 섭취에 의한 암 발병 확률(P)은 one-hit 모형에 의한 투여-반응 관계로 모델링되는데, 매번 비소를 섭취할 때마다 암에 걸릴 확률은 0.0013이다.
- 모형 내에 다른 불확실성 요인은 없다.

이상의 정보를 요약하면 다음과 같다.

arsenic.conc = 12

drinking.habit ~ empirical distribution({1, 1/3, 1/5}, {0.432, 0.226, 0.342})

tap.water.drank ~ invgauss.distribution(mean=6, shape=60)

arsenic.consumed ~ Poisson.distribution(arsenic.conc×arsenic.exposure×arsenic.consumed)

prob.per.hit = 0.0013

P = 1 - (1 - prob.per.hit)^n

모델링 문제와 필요한 변수들을 설정했으므로, 이제 몬테카를로 모의실험을 사용해 이 마을에 공급되는 수돗물의 비소 수준이 높아진 것에 따른 암 발병 위험을 분석할 수 있게 되었다. 이 문제를 몬테카를로 방법으로 해결하기 위해 mc2d 패키지를 이용한다.

```
> rnorm(4, mean=10, sd=3)
[1]  9.546714  8.600795 14.344557 11.669767
```

다음 명령어를 이용해 분석에 필요한 패키지들을 로드한다.

```
> library("statmod")
> library("mc2d")
```

모의실험에 사용할 기본값들을 설정하자.

```
> ndvar(1001)
[1] 1001
> arsenic.conc <- 12
```

rempiricalD() 함수로 난수를 생성해 1,001명의 주민들이 물을 마시는 습관을 시뮬레이션 하자. 그리고 mcstoc() 함수를 사용해 나중에 쓸 몬테카를로 객체(mc)를 생성하는 데 필요한 변수와 관련된 몬테카를로 노드(mcnode)를 생성한다.

```
> drinking.habit <- mcstoc(func=rempiricalD, values=c(1, 1/3, 1/5), prob=c(0.432, 0.226, 0.342))
```

statmod 패키지의 rinvgauss() 함수를 사용해 역가우스분포를 따르는 난수를 생성해 개인별 물 섭취량을 시뮬레이션 한다.

```
> tap.water.drank <- mcstoc(rinvgauss, mean=6, shape=60)
```

개인별 평균 비소 노출량을 계산하자.

```
> arsenic.exposure <- arsenic.conc * drinking.habit * tap.water.drank
```

rpois() 함수를 사용해 평균 비소 노출량을 lambda 값으로 갖는 난수를 생성하자.

```
> arsenic.dose <- mcstoc(rpois, lambda=arsenic.exposure)
```

비소 섭취에 의한 암 발병 확률로부터 리스크를 계산하자.

```
> prob.per.hit <- 0.0013
> risk <- 1 - (1 - prob.per.hit)^arsenic.dose
```

마지막으로 mc() 함수를 사용해 모든 mcnode 객체를 결합해 몬테카를로 모의실험 결과를 분석해보자.

```
> As1 <- mc(drinking.habit, tap.water.drank, arsenic.exposure, arsenic.dose, risk)
> summary(As1)
drinking.habit :
         mean    sd   Min  2.5%  25%   50%  75%  97.5% Max  nsv  Na's
NoUnc   0.581 0.375  0.2   0.2  0.2  0.333    1     1    1 1001     0

tap.water.drank :
         mean   sd   Min  2.5%  25%   50%  75%  97.5% Max  nsv  Na's
NoUnc   5.98 1.82  2.05  3.07 4.64  5.76 7.02  10.4 13.4 1001     0

arsenic.exposure :
         mean sd Min  2.5%   25%   50%  75%  97.5% Max  nsv  Na's
NoUnc   41.7 31  5.4  9.19 15.3  28.1   65   109  160 1001     0

arsenic.dose :
         mean    sd Min 2.5% 25% 50% 75% 97.5% Max  nsv  Na's
NoUnc   41.8 31.6   2    7  16  29  64   117  162 1001     0

risk :
         mean     sd    Min    2.5%     25%    50%    75%  97.5%  Max  nsv  Na's
NoUnc  0.0522 0.0382 0.0026 0.00906  0.0206  0.037 0.0799  0.141 0.19 1001     0
```

위 summary() 결과를 살펴보면 이 마을에서 비소 노출에 의한 암 발병 위험은 0.0526, 즉 5퍼센트 정도임을 알 수 있다.

■ 이차원 몬테카를로 모의실험

앞의 예제에서는 모형 파라미터에 불확실성 요인이 없다고 가정했었다. 그러나 경우에 따라 그렇지 않을 수 있으며, 이러한 경우 이차원(또는 이차) 몬테카를로 시뮬레이션을 사용할 수 있다. 하나의 차원은 개별 값의 변이를 위해, 다른 하나의 차원은 모형 내 파라미터에 내재된 불확실성을 위해 사용한다. 이 경우 변이와 불확실성은 별도로 시뮬레이션하게 된다. 2D 몬테카를로 모의실험을 구현하기 위해 mc2d 패키지는 nsv × nsu × nvariates 차원의 배열인 mcnode 객체를 사용한다. 이때 nsv는 변이의 차원, nsu는 불확실성의 차원, nvariates는 변수의 개수를 나타낸다. 앞의 예에서 mcstoc() 함수를 사용해 drinking.habit, tap.water.drank, arsenic.dose 등의 객체를 생성했던 것처럼, 각 mcnode 객체는 각 변수와 연관되어 있다. 다음과 같은 네 가지 타입의 노드를 생성할 수 있다.

- V: 변이(variability)를 의미, nsv×1×nvariates 차원
- U: 불확실성(uncertainty)를 의미, 1×nsu×nvariates 차원
- VU: 변이와 불확실성 둘 다 의미, nsv×nsus×nvariates 차원
- 0: 변이와 불확실성 둘 다 아님을 의미, 1×1×nvariates 차원

mcstoc() 함수의 type 인수를 사용해 구축하게 될 노드의 타입을 지정할 수 있다. 이 인수는 일차원 몬테카를로 시뮬레이션의 V가 기본값으로 지정되어 있다. help(mcnode)를 실행해 mcnode 객체에 대해 자세히 알아볼 수 있다.

이제, 마을 수돗물에 의한 따른 암 발병 위험을 추정하기 위해 이차원 몬테카를로 시뮬레이션을 적용하는 예제로 다시 돌아가자. 즉, 마을 수돗물의 비소 집적도를 정확히 알 수 없으며 그에 따른 불확실성이 평균이 2이고[19] 표준편차가 0.5인 정규분포에 의해 잘 설명되는 상황을 가정하자. 또한 비소에 노출되었을 때 암 발병 확률이 0.0013으로 고정되어 있지 않고, 0.00001부터 0.0017 사이의 구간에서 정의된 균일분포를 따른다고 가정하자. 이상의 정보를 반영해 모형을 다음과 같이 수정해보자.

---

[19] 역자 주: 문맥 상 12로 하는 것이 옳지만 일단 원문을 따른다.

```
arsenic.conc ~ normal.distribution(mean=2, sd=0.5)
drinking.habit ~ empirical.distribution({1, 1/3, 1/5}, {0.432, 0.226, 0.342})
tap.water.drank ~ invgauss.distribution(mean=6, shape=60)
arsenic.consumed ~ Poisson.distribution(arsenic.conc×arsenic.exposure×arsenic.consumed)
prob.per.hit ~ uniform.distribution(min=0.00001, max=0.0017)
P = 1 - (1 - prob.per.hit)n
```

위의 수정된 모형을 살펴보면 `arsenic.conc`와 `prob.per.hit`는 불확실성 분포(uncertainty distribution)에 의해 표현되어 있고, `drinking.habit`과 `tap.water.drank` 객체는 변이 분포(variability distribution)에 의해 표현되어 있다.

마을 수돗물의 높은 비소 오염 수준에 의한 암 발병 위험을 추정하는 단계로 넘어가자.

```
> set.seed(223)
```

우선, `ndunc()` 함수와 `ndvar()` 함수를 사용해 불확실성 차원 및 변이 차원에서의 반복수를 지정하자.

```
> ndunc(101)
[1] 101
> ndvar(1001)
[1] 1001
```

그 다음 `rnorm()` 함수를 사용해 비소 집적도에 연관된 불확실성을 표현하는 난수를 생성한다. `mcstoc()` 함수에 `type = "U"` 인수를 사용해 mcnode 객체를 생성한다.

```
> arsenic.conc <- mcstoc(rnorm, type = "U", mean = 2, sd = 0.5)
```

이제 mcnode 객체의 타입을 지정하는 것만 빼고 앞에서 수행한 작업과 동일한 작업을 반복하면 된다.

drinking.habit과 tap.water.drank는 변이에만 관련되어 있으므로 type 인수를 V로 지정해 mcstoc() 함수를 실행한다.

```
> drinking.habit <- mcstoc(func=rempiricalD, type = "V", values = c(1, 1/3, 1/5), prob
= c(0.432, 0.226, 0.342))
> tap.water.drank <- mcstoc(rinvgauss, type = "V", mean = 6, shape = 60)
```

다음은 개인들의 비소 노출량을 계산할 차례이다.

```
> arsenic.exposure <- arsenic.conc * drinking.habit * tap.water.drank
```

arsenic.consumed는 arsenic.conc, drinking.habit, tap.water.drank 등의 함수이므로 불확실성과 변이를 모두 고려해야 한다. 따라서 mcstoc() 함수에서 type을 VU로 지정한다.

```
> arsenic.dose <- mcstoc(rpois, type = "VU", lambda=arsenic.exposure)
```

prob.per.hit 값은 불확실성에만 관련되어 있으므로 mcstoc() 함수에서 type을 U로 지정한다.

```
> prob.per.hit <- mcstoc(runif, type = "U", min = 0.00001, max = 0.0017)
```

비소 섭취에 따른 암 발병 위험은 다음과 같이 계산한다.

```
> risk <- 1 - (1 - prob.per.hit)^arsenic.dose
```

끝으로 mc 객체를 생성해 분석 결과를 살펴보자.

```
> As1 <- mc(arsenic.conc, drinking.habit, tap.water.drank, arsenic.exposure, arsenic.
  dose, prob.per.hit, risk)
```

print() 함수를 사용해 분석 결과와 mcnode 객체를 구축하기 위해 사용한 조건들을 요약한 내용을 살펴볼 수 있다.

```
> # We use digits=2 to specify the number of minimum significant digits
> print(As1, digits=2) #output truncated, outm removed
             node    mode nsv nsu nva variate     min     mean   median     max Nas type outm
1     arsenic.conc numeric    1 101   1       1 5.4e-01 2.03412 2.09052  3.2362   0   U  each
2   drinking.habit numeric 1001   1   1       1 2.0e-01 0.56817 0.33333  1.0000   0   V  each
3  tap.water.drank numeric 1001   1   1       1 2.1e+00 5.95914 5.64894 16.5622   0   V  each
4 arsenic.exposure numeric 1001 101   1       1 2.2e-01 6.97961 4.46332 47.0704   0  VU  each
5     arsenic.dose numeric 1001 101   1       1 0.0e+00 6.98332 5.00000 53.0000   0  VU  each
6     prob.per.hit numeric    1 101   1       1 1.2e-05 0.00092 0.00098  0.0017   0   U  each
7             risk numeric 1001 101   1       1 0.0e+00 0.00637 0.00365  0.0739   0  VU  each
```

summary() 함수를 이용해 추가적인 통계 정보를 출력해보자.

```
> summary(As1)
arsenic.conc :
         NoVar
median 2.091
mean   2.034
2.5%   0.918
97.5%  2.857

drinking.habit :
        mean   sd  Min 2.5%  25%   50%  75% 97.5%  Max  nsv Na's
NoUnc  0.568 0.37  0.2  0.2  0.2 0.333    1     1    1 1001    0

tap.water.drank :
        mean   sd  Min 2.5%  25%   50%  75% 97.5%  Max  nsv Na's
NoUnc   5.96 1.87 2.08 3.17 4.62 5.65 6.99  10.2 16.6 1001    0

arsenic.exposure :
> summary(As1)
arsenic.conc :
         NoVar
median 2.091
mean   2.034
2.5%   0.918
```

```
97.5%  2.857

drinking.habit :
       mean   sd  Min 2.5%  25%   50%  75% 97.5% Max  nsv Na's
NoUnc 0.568 0.37  0.2  0.2  0.2 0.333    1    1   1 1001    0

tap.water.drank :
      mean   sd  Min 2.5%  25%  50%  75% 97.5% Max  nsv Na's
NoUnc 5.96 1.87 2.08 3.17 4.62 5.65 6.99  10.2 16.6 1001    0

arsenic.exposure :
        mean   sd   Min  2.5%  25%  50%   75% 97.5%  Max  nsv Na's
median  7.17 5.51 0.868 1.499 2.72 4.49 11.03 19.40 30.4 1001    0
  mean  6.98 5.36 0.844 1.458 2.65 4.37 10.73 18.88 29.6 1001    0
  2.5%  3.15 2.42 0.381 0.658 1.19 1.97  4.84  8.52 13.4 1001    0
 97.5%  9.80 7.52 1.186 2.048 3.72 6.14 15.07 26.52 41.6 1001    0

arsenic.dose :
        mean   sd Min  2.5%  25%  50%  75% 97.5%  Max  nsv Na's
median  7.17 6.16   0 0.000 2.00 5.00 11.0  22.0 36.0 1001    0
  mean  6.98 5.99   0 0.139 2.35 4.88 10.7  21.4 34.9 1001    0
  2.5%  3.13 3.02   0 0.000 1.00 2.00  5.0  11.0 18.0 1001    0
 97.5%  9.97 8.29   0 1.000 3.50 7.00 15.5  29.5 51.0 1001    0

prob.per.hit :
          NoVar
median 9.77e-04
  mean 9.23e-04
  2.5% 6.15e-05
 97.5% 1.66e-03

risk :
          mean       sd Min      2.5%      25%      50%      75%    97.5%     Max  nsv Na's
median 0.005865 0.004900   0 0.000000 0.001972 0.003932 0.008702  0.01733 0.02974 1001    0
  mean 0.006373 0.005441   0 0.000124 0.002158 0.004504 0.009719  0.01944 0.03168 1001    0
  2.5% 0.000484 0.000405   0 0.000000 0.000108 0.000331 0.000723  0.00144 0.00226 1001    0
 97.5% 0.013516 0.011443   0 0.001396 0.004754 0.009488 0.020378  0.04084 0.06840 1001    0
```

위에서 확인할 수 있듯이 불확실성을 고려했더니 암 발병 위험은 0.006373, 즉 0.6퍼센트 수준으로 낮게 평가되었다. 또한 평균에 대한 신뢰구간 역시 [0.04%, 1.3%]로 낮은 위험 수준을 뒷받침해준다.

■ 그 외의 mc2d 함수들

mc2d 패키지는 몬테카를로 모의실험을 수행하고 분석할 수 있는 유용한 함수들을 제공한다. 여기서는 몇 개만 소개하지만

http://cran.r-project.org/web/packages/mc2d/vignettes/docmcEnglish.pdf

를 방문해 이 패키지에 대해 자세히 살펴보기를 추천한다.

■ mcprobtree() 함수

mcprobtree() 함수는 변이 및 불확실성에 대해 혼합 분포(mixture distribution)를 사용한 mcnode 객체를 구축할 수 있게 해준다. 예를 들어, 마을 수돗물의 평균 비소 집적량이 평균이 12이고 표준편차가 0.5인 정규분포를 따를 가능성이 85퍼센트이고, 10에서 12.7 사이의 구간에서 정의된 균일분포를 따를 가능성은 15퍼센트라 가정하자. 이 경우 각각의 가능성에 대해 따로 시뮬레이션 한 후 나중에 mcprobtree() 함수를 사용해 결합하게 된다.

비소 집적에 연관된 불확실성에 해당하는 별도의 두 개의 mcnode 객체를 만들어보자.

```
> arsenic.conc1 <- mcstoc(rnorm, type = "U", mean = 12, sd = 0.5)
> arsenic.conc2 <- mcstoc(runif, type = "U", min = 10, max = 12.7)
```

평균 비소 집적도가 arsenic.conc1 하에서 결정될 가능성이 85%이고 arsenic.conc2 하에서 나올 가능성이 15%임을 알고 있으므로, rbern() 함수를 사용해 성공확률이 0.85인 베르누이 확률변수를 생성해 1이 나오면 arsenic.conc1에서, 0이 나오면 arsenic.conc2에서 나온 것으로 생각할 수 있다. 끝으로 mcprobtree() 함수를 사용해 mcnode 객체인 arsenic.conc를 생성하면 된다.

```
> arsenic.distr <- mcstoc(rbern, type="U", prob = 0.85)
> arsenic.conc <- mcprobtree(arsenic.distr, list("0" = arsenic.conc1, "1" = arsenic.conc2), type = "U")
```

■ cornode() 함수

cornode() 함수는 두 개 이상의 변수 사이의 상관계수를 지정할 때 사용한다. 즉, **아이먼-코노버(Iman and Connover)** 방법을 사용해 mcnode 객체 사이의 순위상관구조(rank correlation structure)를 구축해준다. 예를 들어, drinking.habit과 tap.water.drank 사이의 상관계수가 0.5라고 밝혀졌다고 하자. cornode() 함수에서 target = 0.5로 인수를 지정하면 이러한 상관관계 정보를 위험 분석 과정에 반영할 수 있다.

```
> cornode(drinking.habit, tap.water.drank, target=0.5, result=TRUE, seed=223)

output Rank Correlation per variates
variates: 1
[1] 1.0000000 0.4728949 0.4728949 1.0000000
$drinking.habit
  node    mode    nsv nsu nva variate  min  mean median  max Nas type outm
1    x numeric 1001   1   1       1  0.2 0.568  0.333    1   0    V each


$tap.water.drank
  node    mode    nsv nsu nva variate  min  mean median  max Nas type outm
1    x numeric 1001   1   1       1 2.08  5.96   5.65 16.6   0    V each
```

> **Note** 위 코드에서 result 인수는 출력 결과에 순위상관계수 값을 포함시킬지를 지정하는 인수이다.

■ mcmodel() 함수

지금까지는 단계별로 이차원 몬테카를로 모의실험을 위한 As1 모형을 생성하는 절차를 살펴보았다. 대신에 mcmodel() 함수를 사용해 단번에 같은 작업을 수행하는 방법은 다음과 같다.

```
modelAs1 <- mcmodel({
  arsenic.conc <- mcstoc(rnorm, type = "U", mean = 2, sd = 0.5)
  drinking.habit <- mcstoc(func = rempiricalD, type = "V",
                           values = c(1, 1/3, 1/5),
                           prob = c(0.432, 0.226, 0.342))
  tap.water.drank <- mcstoc(rinvgauss, type = "V", mean = 6, shape = 60)
  arsenic.exposure <- arsenic.conc * drinking.habit * tap.water.drank
```

```
    arsenic.dose <- mcstoc(rpois, type = "VU", lambda = arsenic.exposure)
    prob.per.hit <- mcstoc(runif, type = "U", min = 0.00001, max = 0.0017)
    risk <- 1 - (1 - prob.per.hit)^arsenic.dose
    mc(arsenic.conc, drinking.habit, tap.water.drank, arsenic.exposure,
       arsenic.dose, prob.per.hit, risk)
})
```

> **Note** 코드가 {} 안에 작성되어야 하며 mc()가 맨 마지막에 있어야 한다.

■ evalmcmod() 함수

mcmodel() 함수를 사용해 mcmodel 객체를 생성하고 나면 evalmcmod() 함수를 사용해 모형을 평가해볼 수 있다. 변이 차원을 위한 모의실험 횟수는 nsv 인수로, 불확실성 차원을 위한 모의실험 횟수는 nsu 인수로 지정한다. 또한 seed 인수에 초기값을 지정할 수 있다.

```
> As1 <- evalmcmod(modelAs1, nsv=1001, nsu=101, seed=223)
> print(As1)
              node    mode  nsv nsu nva variate      min     mean   median      max Nas type outm
1      arsenic.conc numeric    1 101   1       1 5.41e-01 2.034117 2.090518   3.2362   0    U each
2   drinking.habit numeric 1001   1   1       1 2.00e-01 0.568165 0.333333   1.0000   0    V each
3  tap.water.drank numeric 1001   1   1       1 2.08e+00 5.959144 5.648943  16.5622   0    V each
4 arsenic.exposure numeric 1001 101   1       1 2.24e-01 6.979608 4.463318  47.0704   0   VU each
5     arsenic.dose numeric 1001 101   1       1 0.00e+00 6.983324 5.000000  53.0000   0   VU each
6     prob.per.hit numeric    1 101   1       1 1.21e-05 0.000923 0.000977   0.0017   0    U each
7             risk numeric 1001 101   1       1 0.00e+00 0.006373 0.003651   0.0739   0   VU each
```

이 함수는 변이 및 불확실성 차원에 대한 모의실험 횟수를 변경하고 싶은 경우에도 유용하다. 다만 두 차원에 대한 모의실험 횟수를 늘릴수록 프로그램 수행 시간이 길어지게 됨에 유의할 필요가 있다.

```
> As2 <- evalmcmod(modelAs1, nsv = 100, nsu = 10, seed = 223)
> As3 <- evalmcmod(modelAs1, nsv = 1000, nsu = 100, seed = 223)
> As4 <- evalmcmod(modelAs1, nsv = 10000, nsu = 1000, seed = 223)
```

■ 데이터 시각화

hist() 함수를 사용해 앞에서 생성한 mc 객체들을 구성하는 파라미터들의 분포를 히스토그램으로 시각화 해보자.

```
> hist(As1)
```

실행 결과는 다음 그림과 같다.

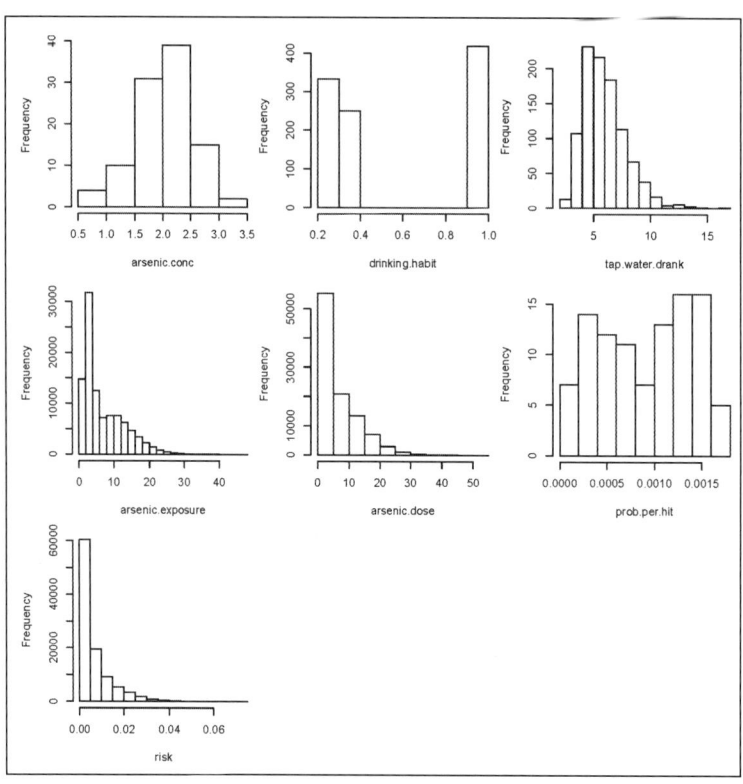

또한 plot() 함수를 사용해 분석 결과에 대한 경험분포함수를 그래프로 나타낼 수 있다.

```
> plot(As1)
```

실행 결과는 다음과 같다.

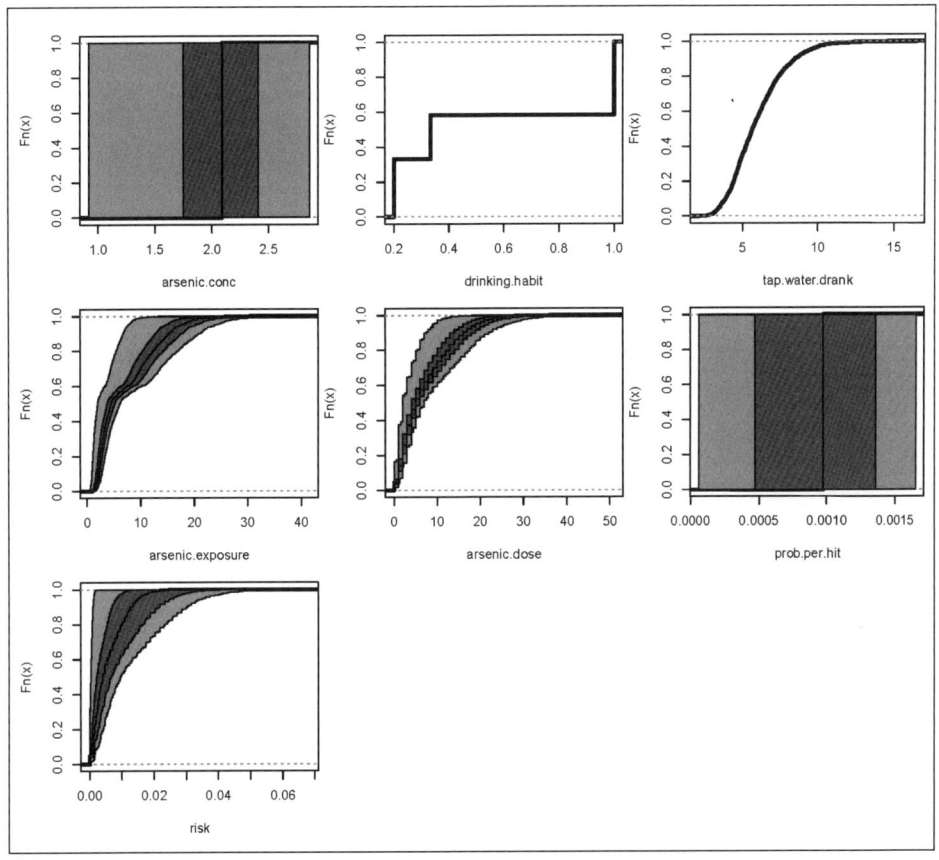

개별 mcnode 객체에 대해 hist() 함수와 plot() 함수를 사용할 수 있다. 예를 들어, prob.per.hit 객체의 히스토그램을 그리는 코드는 다음과 같다.

```
> hist(prob.per.hit)
```

실행 결과는 다음 그림과 같다.

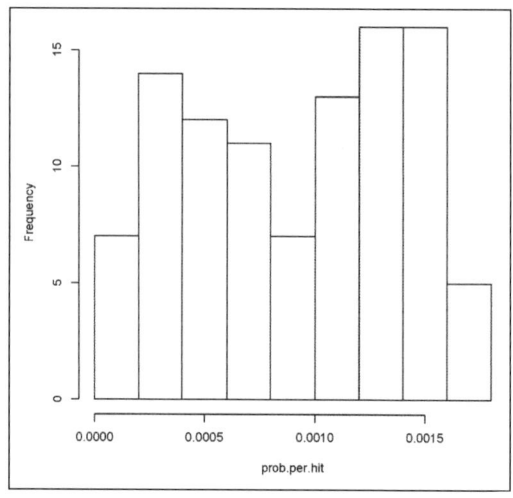

다음은 mcnode 객체인 risk에 대해 plot() 함수를 사용한 예이다.

```
> plot(risk)
```

실행 결과는 다음과 같다.

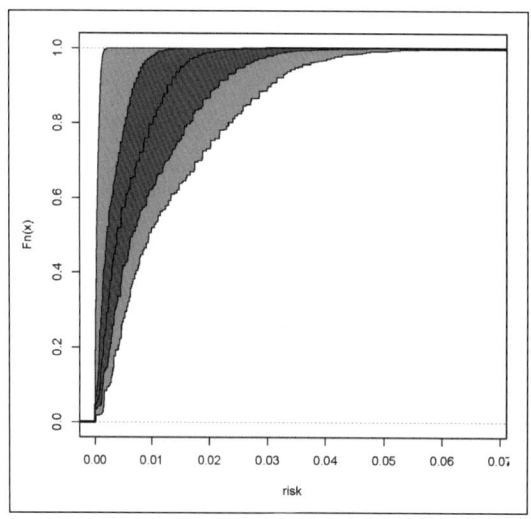

■ 다변량 노드

앞서 마을 수돗물의 비소 수준이 높아짐에 따른 암 발병 위험을 추정하는 예를 다시 살펴보면 모든 변수들이 단변량인 것을 확인할 수 있다. mc2d 패키지는 다변량 자료에 대한 몬테카를로 모의실험도 수행할 수 있게 해주는데, mcstoc() 함수에서 nvariates 인수에 변수의 개수를 지정하면 된다. 이 기능은 **디리클레 분포(Dirichlet distribution)**, **다항분포(multinomial distribution)**, **다변량정규분포(multivariate normal distribution)** 등의 다변량 분포에 유용하다. 다음 예제를 보라.

```
> parameter1 <- mcstoc(rdirichlet, type="VU", nvariates=4, alpha=c(1,4,5,7))
> parameter1
  node    mode nsv nsu nva variate     min   mean median   max Nas type outm
1    x numeric 1001 101   4       1 3.21e-06 0.0588 0.0426 0.506   0   VU each
2    x numeric 1001 101   4       2 1.14e-02 0.2350 0.2239 0.717   0   VU each
3    x numeric 1001 101   4       3 2.08e-02 0.2943 0.2857 0.793   0   VU each
4    x numeric 1001 101   4       4 5.63e-02 0.4119 0.4082 0.855   0   VU each
> mcstoc(rmultinomial, type="VU", nvariates=4, size=100, prob=parameter1)
  node    mode nsv nsu nva variate min  mean median max Nas type outm
1    x numeric 1001 101   4       1   0  5.88      4  54   0   VU each
2    x numeric 1001 101   4       2   0 23.51     22  78   0   VU each
3    x numeric 1001 101   4       3   0 29.43     29  83   0   VU each
4    x numeric 1001 101   4       4   1 41.18     41  94   0   VU each
```

두 개의 별도의 상황을 살펴보기 위해 다변량 노드가 필요할 수도 있다. 위 예제로 돌아가 평균 비소 집적도에 관련한 불확실성 모형 두 개를 비교해보자. 이를 위해 앞에서 생성한 mcnode 객체 arsenic.conc1과 arsenic.conc2를 사용한다.

이변량 mcnode 객체를 생성하기 위해 mcdata() 함수를 사용하는데, 난수 생성 함수 대신 벡터, 배열, mcnode 객체 등을 사용할 수 있는 점만 빼고는 mcstoc() 함수와 비슷하다. 다음 예제 코드를 보라.

```
> arsenic.conc <- mcdata(c(arsenic.conc1, arsenic.conc2), type="U", nvariates=2)
```

mcmodel() 함수를 사용해 이 두 가지 상황에서 암 발병 위험을 계산하기 위한 mc 객체를 만들어보자. 다만 arsenic.conc는 앞에서와 동일한 방법으로 생성해야하는 것에 주의하자. 다음 코드를 보라.

```
> modelAs1.Bivariate <- mcmodel({
    arsenic.conc <- mcdata(c(arsenic.conc1, arsenic.conc2), type = "U",
                    nvariates = 2)
    drinking.habit <- mcstoc(func = rempiricalD,type = "V",
                    values = c(1, 1/3, 1/5),
                    prob = c(0.432, 0.226, 0.342))
    tap.water.drank <- mcstoc(rinvgauss, type = "V", mean = 6, shape = 60)
    arsenic.exposure <- arsenic.conc * drinking.habit * tap.water.drank
    arsenic.dose <- mcstoc(rpois, type = "VU", lambda = arsenic.exposure,
                    nvariates = 2)
    prob.per.hit <- mcstoc(runif, type = "U", min = 0.00001, max = 0.0017)
    risk <- 1 - (1 - prob.per.hit)^arsenic.dose
    mc(arsenic.conc, arsenic.dose, risk)
  })
> As1.Bivariate <- evalmcmod(modelAs1.Bivariate, nsv = 1001, nsu = 101, seed = 223)
> print(As1.Bivariate)
          node    mode   nsv nsu nva variate  min    mean  median     max Nas type outm
1  arsenic.conc numeric    1 101   2       1 11.2 12.0821 12.0505  13.423   0    U each
2  arsenic.conc numeric    1 101   2       2 10.0 11.3572 11.2740  12.632   0    U each
3  arsenic.dose numeric 1001 101   2       1  0.0 41.2056 27.0000 214.000   0   VU each
4  arsenic.dose numeric 1001 101   2       2  0.0 38.7404 26.0000 204.000   0   VU each
5          risk numeric 1001 101   2       1  0.0  0.0344  0.0210   0.303   0   VU each
6          risk numeric 1001 101   2       2  0.0  0.0323  0.0196   0.272   0   VU each
> summary(As1.Bivariate)
arsenic.conc :
[[1]]
       NoVar
median  12.1
mean    12.1
2.5%    11.3
97.5%   12.9


[[2]]
       NoVar
median  11.3
mean    11.4
2.5%    10.1
97.5%   12.5



arsenic.dose :
```

```
[[1]]
         mean  sd  Min  2.5%  25%   50%   75%  97.5% Max nsv  Na's
median   41.2 31.9 3.0  7.00 15.0  27.0  64.0        116 181 1001   0
mean     41.2 32.0 2.6  6.97 15.6  27.3  63.7        116 181 1001   0
2.5%     38.6 29.9 0.5  6.00 14.5  26.0  59.5        109 164 1001   0
97.5%    44.0 34.0 4.0  8.00 17.0  29.5  68.0        124 206 1001   0


[[2]]
         mean  sd   Min  2.5%  25%   50%  75%  97.5% Max nsv  Na's
median   38.5 30.0 2.00  6.00 14.0  26.0   60        109 169 1001   0
mean     38.7 30.1 2.13  6.41 14.6  25.8   60        109 169 1001   0
2.5%     34.2 26.7 0.00  5.00 13.0  23.0   53         98 142 1001   0
97.5%    42.9 33.2 4.00  8.00 16.0  29.0   67        121 198 1001   0


risk :
[[1]]
          mean     sd     Min       2.5%     25%      50%     75%     97.5%    Max    nsv  Na's
median  0.03352 0.0253 1.84e-03  0.005909 0.01286  0.02258 0.05185 0.09198 0.1477 1001   0
mean    0.03437 0.0259 2.22e-03  0.006047 0.01336  0.02329 0.05323 0.09407 0.1422 1001   0
2.5%    0.00269 0.0021 1.71e-05  0.000438 0.00101  0.00179 0.00411 0.00765 0.0112 1001   0
97.5%   0.06503 0.0485 5.88e-03  0.011723 0.02519  0.04428 0.10102 0.17740 0.2706 1001   0


[[2]]
          mean     sd      Min      2.5%     25%      50%      75%     97.5%    Max   nsv  Na's
median  0.03396 0.02557 0.00162  0.005210 0.013199 0.02265 0.05255 0.09183 0.1345 1001   0
mean    0.03229 0.02439 0.00184  0.005484 0.012487 0.02199 0.05009 0.08863 0.1328 1001   0
2.5%    0.00252 0.00196 0.00000  0.000426 0.000949 0.00167 0.00392 0.00716 0.0112 1001   0
97.5%   0.06178 0.04635 0.00490  0.011360 0.023585 0.04270 0.09702 0.16840 0.2488 1001   0
```

이렇게 하면 평균 비소 집적도의 불확실성에 대해 가정한 두 가지 상황의 효과를 쉽게 확인할 수 있다. arsenic.conc1에서 가정한 상황에서의 암 발병 위험은 0.03437로, 신뢰구간은 [0.00269, 0.06503]으로 추정되었고, arsenic.conc2 하에서 위험은 0.03229로, 신뢰구간은 [0.00252, 0.06503]으로 추정되었다. 이들 두 추정치의 값이 상당히 비슷하고 신뢰구간도 서로 겹치는 것으로 보아, 두 상황 하에서의 위험 추정 결과가 유의하게 다르지 않다고 볼 수 있다.

:: 몬테카를로 적분

적분(integral)은 함수에 의해 모델이 된 영역과 다른 양에 관련된 수학적으로 매우 중요한 개념이다. 정적분(definite integral)은 특정 구간 내에서 함수의 그래프와 x축 사이의 면적(부호가 있는)으로 대략 정의할 수 있다. 비공식적으로, 확실한 적분은 a와 b 사이에 실제 변수 x의 함수 f에 의해 서술된 지역의 부호화된 영역으로 정의된다. 함수를 계산하는 문제를 생각해 보자.

$$F(x) = \int_a^x f(u)du, \ x \in [a,b]$$

몬테카를로 적분(Monte Carlo integration)은 대수의 법칙을 사용해 적분값의 근사값을 구하는 방법으로, 다음의 **평균값 정리(mean value theorem)**와 관련되어 있다. 함수 f가 구간 $[a,b]$에서 연속이면 다음 식을 만족하는 $c \in [a,b]$가 존재한다.

$$\frac{F(b)-F(a)}{b-a} = F'(c)$$

이 식을 정리하면 다음 식을 얻는다.

$$F(b)-F(a) = F'(c)(b-a)$$

미적분학의 기본 정리(the fundamental theorem of calculus)에 의하면 $F'(x) = f(x)$ 이므로

$$\int_a^b f(u)du = f(c)(b-a)$$

가 성립한다. 위 식에서 $f(u)$는 구간 $[a,b]$ 위에서의 함수 $f(x)$의 평균값에 해당한다. 이 평균값을 구하기 위해 몬테카를로 방법을 사용할 수 있도록 위 식을 다음과 같이 재표현해 보자.

$$f(c) = \int_a^b f(u) \frac{1}{b-a} du = E[f(U)]$$

여기서 U는 구간 $[a,b]$ 위에서 정의된 균일분포를 따르는 확률변수이다. 즉,

$$\int_a^b f(t)dt = (b-a) \times E[f(U)]$$

가 되므로, 이 적분값은 구간 $[a,b]$ 위에서 생성한 균일분포 난수 $U_1, \cdots, U_n$을 이용해 구한 $f(U_i)$의 표본평균에 $(b-a)$를 곱한 값에 의해 잘 근사된다. 이제 이 방법을 이용해

$\int_0^4 x^2 dx$ 의 근사값을 구해보자.

```
> u <- runif(100000, min = 0, max = 4)
> mean(u^2)*(4-0)
[1] 21.34383
```

R의 integrate() 함수를 사용한 적분값을 확인해보자. integrate() 함수는 적응구적법(adaptive quadrature)을 사용해 단변량 함수의 적분값을 계산한다. 이 함수를 사용하려면 피적분함수 $f(x)$를 미리 함수 객체로 저장해두어야 한다.

```
> integrand <- function(x) x^2
```

이제 integrate() 함수에 integrand를 f 인수로, 적분 구간을 lower, upper 인수에 지정하면 된다.

```
> integrate(f = integrand, lower = 0, upper = 4)
21.33333 with absolute error < 2.4e-13
```

실제로 정확한 적분값은 다음과 같이 구할 수 있다.

$$\int_0^4 x^2 dx = \left.\frac{x^3}{3}\right|_{x=0}^4 = \frac{64}{3} = 21.33333\ldots$$

이제, $\int_3^6 \cos(x) dx$ 의 값을 위의 두 가지 방법을 사용해 계산해보자.
몬테카를로 방법을 사용하는 코드는 다음과 같다.

```
> u <- runif(100000, min = 3, max = 6)
> mean(cos(u))*(6-3)
[1] -0.4214223
```

다음은 integrate() 함수를 사용하는 코드이다.

```
> integrand <- function(x) cos(x)
> integrate(integrand, lower = 3, upper = 6)
-0.4205355 with absolute error < 2.1e-14
```

정확한 적분값은 다음과 같이 계산된다.

$$\int_3^6 \cos(x)\,dx = \sin(x)\Big|_{x=3}^{6} = \sin(6) - \sin(3) = -0.4205355$$

이상에서 볼 수 있듯이 몬테카를로 방법을 사용해 적분값을 구하면 integrate() 함수나 정확히 손으로 계산한 결과와 상당히 비슷한 값을 얻게 됨을 알 수 있다.

다중 적분

다중 적분(multiple integrals)을 계산하는 데에도 몬테카를로 방법을 사용할 수 있다. 다중 적분은 정적분을 두 개 이상의 변수의 경우로 확장한 것이다. 예를 들어, 다음의 이중 적분 문제를 생각해 보자.

$$\int_0^1 \int_0^1 f(x,y)\,dxdy$$

몬테카를로 모의실험을 사용해 x변수를 위한 균일분포 난수 $U_1, ..., U_n$과 y변수를 위한 균일분포 난수 $V_1, ..., V_n$을 생성한 뒤 $f(U_i, V_i)$의 평균값을 계산하면, 대수의 법칙에 의해

$$\frac{1}{n}\sum_{i=1}^{n} f(U_i, V_i) \approx \int_0^1 \int_0^1 f(x,y)\,dxdy$$

가 성립한다.

예를 들어, $\int_0^1 \int_0^1 \sin(x+y)\,dxdy$의 근사값을 계산하는 문제를 생각해보자.

이번에는 같은 접근법을 사용해 $\int_3^7 \int_1^5 \sin(x+y) \, dxdy$의 근사값을 구해보자.

```
> U <- runif(100000, min = 3, max = 7)
> V <- runif(100000, min = 1, max = 5)
> UV.mean <- mean(sin(U+V))
```

그러나 이번에는 U와 V의 결합확률밀도함수값을 고려해 위에서 구한 평균값에 (7-3)(5-1), 즉 16을 곱해주어야 한다.

```
> UV.mean*16
[1] 3.235
```

일반적으로 말하자면, $\int_a^b \int_c^d f(x,y) \, dxdy$의 값을 구하려면 난수 발생 후 계산한 평균값에 (b-a)(d-c)를 곱해주어야 한다.

integrate() 함수의 확장인 cubature 패키지의 adaptIntegrate() 함수를 사용해 위 계산 결과를 확인해보자. 우선 이 패키지를 설치하자.

```
> install.packages("cubature")
```

패키지를 로드한다.

```
> library("cubature")
```

adaptIntegrate() 함수는 적분 변수로 벡터를 사용하되 인덱스를 사용해 변수 x와 y를 구별한다.

몬테카를로 적분

```
> f <- function(x) { sin(x[1]+ x[2]) }
> adaptIntegrate(f, lowerLimit = c(3, 1), upperLimit = c(7, 5))
$integral
[1] 3.272092

$error
[1] 3.16107e-05

$functionEvaluations
[1] 1241

$returnCode
[1] 0
```

여기서도 역시 몬테카를로 방법에 의한 적분값(3.235)과 `adaptIntegrate()` 함수를 이용해 구한 값(3.272092)이 매우 가까운 것을 확인할 수 있다.

다른 밀도함수를 이용한 몬테카를로 적분

이제까지는 균일분포 난수를 이용해 적분값의 근사값을 계산하는 방법을 알아보았다. 즉, 균일분포의 밀도함수인 $\frac{1}{b-a}$을 이용해 적분값을 구했다. 다음은 $\int_0^4 x^2 dx$에 대한 근사값을 구하기 위한 코드이다.

```
> u <- runif(100000, min=0, max=4)
> mean(u^2)*(4-0)
[1] 21.34182
```

그러나 X의 밀도함수가 $h(x)$라 하면 다음 식이 성립한다.

$$E\left[\frac{f(X)}{h(X)}\right] = \int \left[\frac{f(x)}{h(x)}\right] h(x)dx = \int f(x)dx$$

따라서 $\int f(x)dx$의 근사값으로 $\frac{f(x)}{h(x)}$의 표본평균값을 사용하면 될 것이다. 다음 코드를 보라.

```
> mean(u^2/dunif(u, min=0, max=4))
[1] 21.34182
```

이제 이 방법을 사용해 $\int_1^\pi e^x dx$의 근사값을 계산해보자.

```
> u <- runif(100000, min = 1, max = pi)
> mean(exp(u)/dunif(u, min = 1, max = pi))
[1] 20.42738
```

몬테카를로 적분에 균일분포 난수를 사용하는 대신 다른 분포를 사용할 수도 있다. 예를 들어, $\int_1^\infty e^{-x} dx$의 근사값을 계산하는 데 rexp() 함수로 지수분포 난수를 생성해 사용해보자.

우선, 적분식을 rexp() 함수의 기본 세팅을 그대로 사용할 수 있도록 다음과 같이 수정하자.

$$\int_1^\infty e^{-x} dx = \int_0^\infty e^{-(x+1)} dx$$

다음 코드와 실행 결과를 보라.

```
> u <- rexp(10000)
> mean(exp(-(u+1))/dexp(u))
[1] 0.3678794
```

이제 integrate() 함수를 사용한 결과와 비교해보라.

```
> f <- function(x) exp(-x)
> integrate(f, lower=1, upper=Inf)
0.3678794 with absolute error < 2.1e-05
```

몬테카를로 적분은 $f(X)/h(X)$가 수렴할 때에만 성공적인 결과를 준다. 따라서 이 비가 대략 상수가 되도록 하여 $f(X)/h(X)$의 값이 지나치게 커지는 것을 피할 수 있도록 $h(X)$를 택해야 한다.

∷ 기각샘플링

지금까지 잘 알려진 분포로부터 난수를 생성하는 방법에 대해 알아보았다. 그러나 일반적으로 알려져 있지 않은 분포에서 난수를 생성해야 하는 경우가 있다. 이러한 경우를 위한 방법 중 처음 소개할 방법은 **기각샘플링(rejection sampling)**이다. 이 방법은 목표로 하는 분포에서 난수를 발생시키기 위해 해당 분포의 밀도함수 곡선의 아래 영역에서 샘플링하는 것이다. 예를 들어, 다음 함수를 밀도함수[20]로 갖는 분포를 고려해보자.

$$f(x) = 2 - |x|, \ |x| < 2$$

우선 이 함수의 그래프를 그려보자.

```
> triangle <- function(x) {(abs(x) < 2) * (2 - abs(x))}
> x <- seq(from = -3, to = 3, by = 0.001)
> plot(x, triangle(x), type = "l", ylim = c(0,2),
       ylab = as.character("f(x) = (2-|x|)*I(|x| < 2)"), cex.lab = 1.3)
```

실행 결과는 다음 그림과 같다.

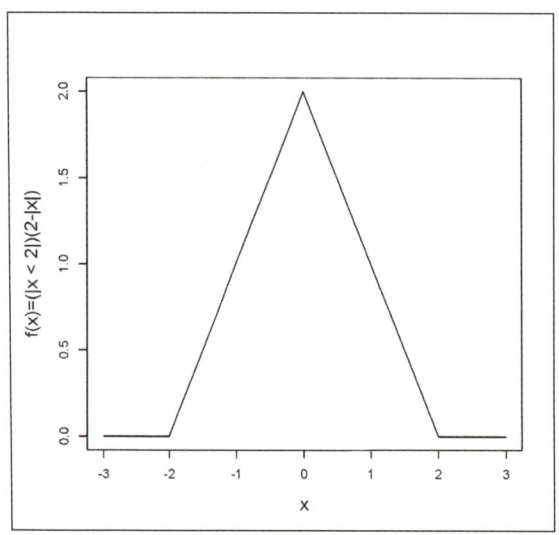

이제 이 삼각분포로부터 의사난수를 생성해보자. 절차를 간소화하기 위해 이 삼각형을

---

[20] 역자 주: 엄밀히 말해 이 함수는 밀도함수가 아니다. 밀도함수가 되려면 $f(x) = \dfrac{2-|x|}{4}, \ |x| < 2$와 같이 수정되어야 하지만, 기각샘플링의 아이디어를 설명하는 데에는 문제가 없으므로 수정하지 않고 진행한다.

포함하는 직사각형을 그려보자. 다음 코드를 보라.

```
> rectangle <- function(x) {(abs(x) < 2) * 2 }
> lines(x, rectangle(x), lty = 2)
```

실행 결과는 다음과 같다.

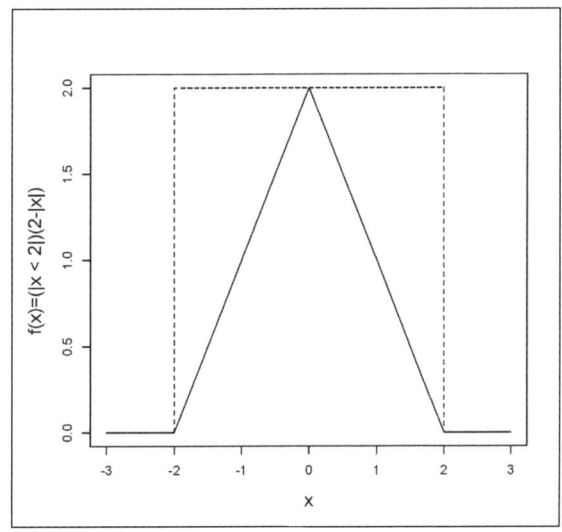

위 그림의 직사각형 내부에서 정의되는 균일분포의 난수를 생성해 뿌려놓으면 삼각밀도 함수 아래 영역에 뿌려지는 점들 역시 삼각형 영역 내에서 균일분포를 따르게 됨을 알 수 있다. runif() 함수를 사용해 직사각형 내에 균일분포 난수를 생성한 후 이들 중 삼각형 내부 영역에 속하지 않은 난수는 기각(reject)하는 방식을 생각할 수 있다. 다음은 난수를 기각하게 되는 영역을 그림으로 표현하는 코드이다.

```
> #To produce shaded dark gray area on the curve
> y1 <- triangle(x)
> y2 <- rectangle(x)
> polygon(c(x, rev(x)),c(y2, rev(y1)),col = "darkgray")
```

실행 결과는 다음 그림과 같다.

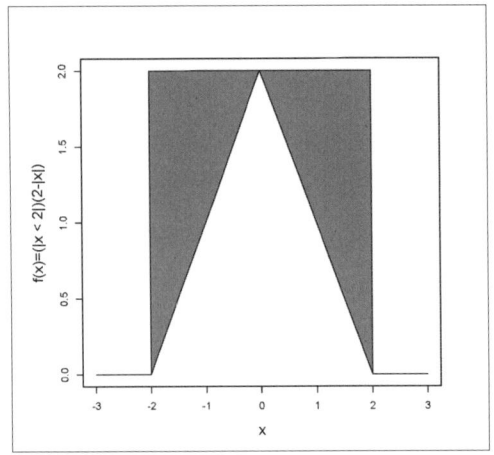

삼각형 영역이 직사각형 영역의 절반이기 때문에 생성한 난수의 50% 정도가 삼각형 내부에 놓이게 된다. 우선 직사각형 내부에서 균일분포를 따르는 난수(Rect1[i], Rect2[i])를 생성하자.

```
> # For the x coordinates, which are between -2 and 2
> Rect1 <- runif(100000, min = -2, max = 2)
> # For the y coordinates, which are between 0 and 2
> Rect2 <- runif(100000, min = 0, max = 2)
```

이제 회색 영역에 놓인 점들을 제거하고 남은 점들을 tri.random에 저장하자.

```
> tri.random <- Rect1[Rect2 < (abs(Rect1) < 2) * (2 - abs(Rect1))]
```

tri.random에는 삼각형 내부에 속한 점의 x좌표값들이 저장된다. 50% 정도의 점들이 남아있게 된다는 예상을 확인하기 위해 length() 함수를 사용해 tri.random 벡터의 길이를 계산해보자. 원래 100,000개의 난수를 생성했으므로 대략 50,000개 정도가 남아 있을 것으로 예상할 수 있다.

```
> length(tri.random)
[1] 50176
```

예상했던 대로 약 50.2% 정도의 점들이 남아있다.

임의의 밀도함수 f로부터 난수를 생성하려면, 난수 발생이 용이하면서 $f(x) \leq cg(x)$를 만족하는 밀도함수 g를 사용한다. 여기서 c는 적당한 상수이다. f로부터 난수 X를 생성하는 기본 아이디어는 다음과 같다.

- 밀도함수 g로부터 난수 Y를 생성한다.
- 구간 [0,1]에서 정의된 균일분포를 따르는 난수 U를 생성한다.
- U≤f(Y)/cg(Y)이면 Y를 f에서 나온 난수 X로 채택한다.

위의 부등식을 $U \times c \times g(Y) \leq f(Y)$와 같이 재표현할 수 있다. 만약 g가 균일분포의 밀도함수라면 이 부등식은 $cU \leq f(Y)$와 같이 간단히 정리된다.

인수가 shape1 = 2, shape2 = 2인 베타분포(beta distribution)로부터 난수를 발생시키는데 기각샘플링을 적용하는 예를 살펴보자.

우선 베타분포의 그래프를 그려보자.

```
> curve(dbeta(x, shape1 = 2, shape2 = 2), cex.lab = 1.4)
```

실행 결과는 다음 그림과 같다.

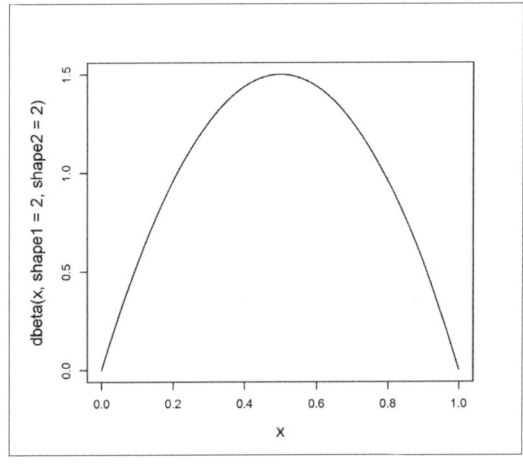

이 밀도함수 그림의 축의 값이 1.5를 넘지 않으므로 상수 c의 값을 1.5로 지정한다.

```
> c <- 1.5
```

이제 g로부터 난수를 생성하자. 이 경우 $g(x)$는 균일분포의 밀도함수이다.

```
> Y <- runif(300, min = 0, max = 1)
```

그 다음, 다음 코드와 같이 주어진 구간 [0,1] 위에서 정의된 균일분포로부터 난수 u 값을 생성하자.

```
> u <- runif(300, min = 0, max = 1)
```

이제 점들이 베타분포의 밀도함수 곡선 아래의 영역에 속하는지 여부를 알려주는 인덱스 벡터를 다음과 같이 $u \times c \times g(Y) \leq f(Y)$라고 가정하고 테스트에 의해 만들어 보자.

```
> below <- which(c*u*dunif(Y, min = 0, max = 1) <= dbeta(Y,2,2))
```

끝으로 베타 곡선과 생성된 점들을 그림으로 나타내보자. 그림에 채택된 점들은 +로, 기각된 점들은 -로 표시한다.

```
> curve(dbeta(x,2,2),from = 0,to = 1,ylim = c(0,c), cex.lab = 1.4)
> points(Y[below],c*u[below],pch = "+")
> points(Y[-below],c*u[-below],pch = "-")
```

실행 결과는 다음 그림과 같다.

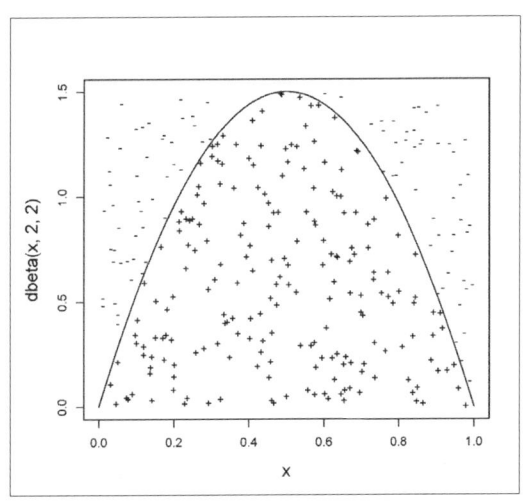

Y[below]의 히스토그램을 그려보아도 좋을 것이다.

```
> hist(Y[below])
```

:: 중요샘플링

중요샘플링(importance sampling)은 다른 분포로부터 생성된 난수들을 이용해 관심이 있는 분포의 성질을 알아보는 방법이다. 기본적으로 보다 경제적으로 의사난수를 생성하기 위해 편의(bias)를 허용하는 샘플링 방법이다. 예를 들어, 균일분포에서 난수를 발생시키는 대신 적분할 함수의 관심 영역 내에 점들을 집중시켜 중요한 샘플에 초점을 맞추는 방법이다. 임의의 적분은 다음과 같이 재표현 가능하다.

$$\int_a^b f(x)dx = \int_a^b \frac{f}{g}(x)g(x)dx$$

중요샘플링을 이용해 적분을 수행하려면 다음 단계에 따라 작업하면 된다.

- g에서 난수 $x_1, x_2, ..., x_n$를 생성한다.
- $\frac{1}{n}\sum_{i=1}^n \frac{f(x_i)}{g(x_i)}$를 계산한다.

예를 들어, $\int_0^1 e^{-x}dx$ 의 값을 계산해보자. g로 $T = 1$에서 절사된 절사지수분포(λ=0.65)를 사용한다.

$$g(x) = \frac{\lambda e^{-\lambda x}}{1-\lambda e^{-\lambda T}}, \ x \in (0, T)$$

$$f(x) = e^{-x}$$

이런 이유로, $\frac{f(x)}{g(x)}$는 $\frac{e^{-x}}{0.65e^{-0.65x}/(1-e^{-1*0.65})}$가 되며, 적분은 $\frac{1}{n}\sum_{i=1}^{n}\frac{f(x)}{g(x)}$로 추정된다. 이제 R로 구현해보자.[21]

```
> set.seed(23564)
> n <- 100000
> T <- 1
> lambda <- 0.65
> Rand.num <- runif(n, 0, 1)*(1-exp(-T*lambda))
> x <- -log(1-Rand.num)/lambda
> f <- exp(-x)
> g <- lambda*exp(-lambda*x)/(1-exp(-T*lambda))
> fg <- f/g
> sum(fg)/n
[1] 0.6320664
```

이제 표준적인 몬테카를로 적분을 사용해 적분 값을 계산해보자.

```
> set.seed(23564)
> X <- runif(100000, 0, 1)
> Y <- exp(-X)
> mean(Y)
[1] 0.6319162
```

---

[21] 역자 주: 이 예제 코드에서는 g에서 난수 x를 발생시키기 위해 균일분포 난수에 g의 누적분포함수 G의 역함수를 적용하는 방법을 사용했다. $G(x)=\frac{1-e^{-\lambda x}}{1-e^{-T\lambda}}$ 임을 이용하면

$$X=G^{-1}(U)=-\log\{1-U(1-e^{-T\lambda})\}/\lambda$$

와 같이 구할 수 있다. 단, $U \sim Unif[0,1]$이다.

두 값이 거의 차이가 나지 않는 것처럼 보이지만 중요샘플링 방법으로 구한 근사값이 참값인 $1-e^{-1}\approx 0.63212$에 좀더 가까운 것을 확인할 수 있다. 무엇보다 분산을 살펴보면 두 방법의 차이를 확실히 비교할 수 있다.

```
> # Importance Sampling
> var(fg)
[1] 0.003894969
> #Standard Monte Carlo Integration
> var(Y)
[1] 0.03267516
```

위에서 확인할 수 있듯이 중요샘플링을 사용하는 것이 훨씬 나은 방법이다. 보통의 몬테카를로 방법에 비해 8.4배 정도 더 효율적인 방법이기 때문이다.

:: 물리적 시스템 시뮬레이션하기

간단한 예로 R을 이용해 **브라운 운동**(Brownian motion)을 모의실험 하는 예를 소개한다. 물리학에서 브라운 운동은 입자 간 충돌에 의해 생기는 입자의 랜덤한 움직임으로 정의된다. 결과적으로 브라운 운동은 연속 시간(continuous in time) 확률과정(stochastic process)으로 볼 수 있다. 이 확률과정은 정규분포 난수를 연속적으로 더하는 방식으로 시뮬레이션할 수 있다. 다음은 10,000개의 시점을 사용해 브라운 운동을 시뮬레이션해 그림으로 나타낸 예이다.

```
> motion <- rnorm(10000, 0, 1)
> motion <- cumsum(motion)
> plot(motion, type="l", main="Brownian Motion in 1-Dimension", xlab="time",
ylab="displacement")
```

실행 결과는 다음과 같다.

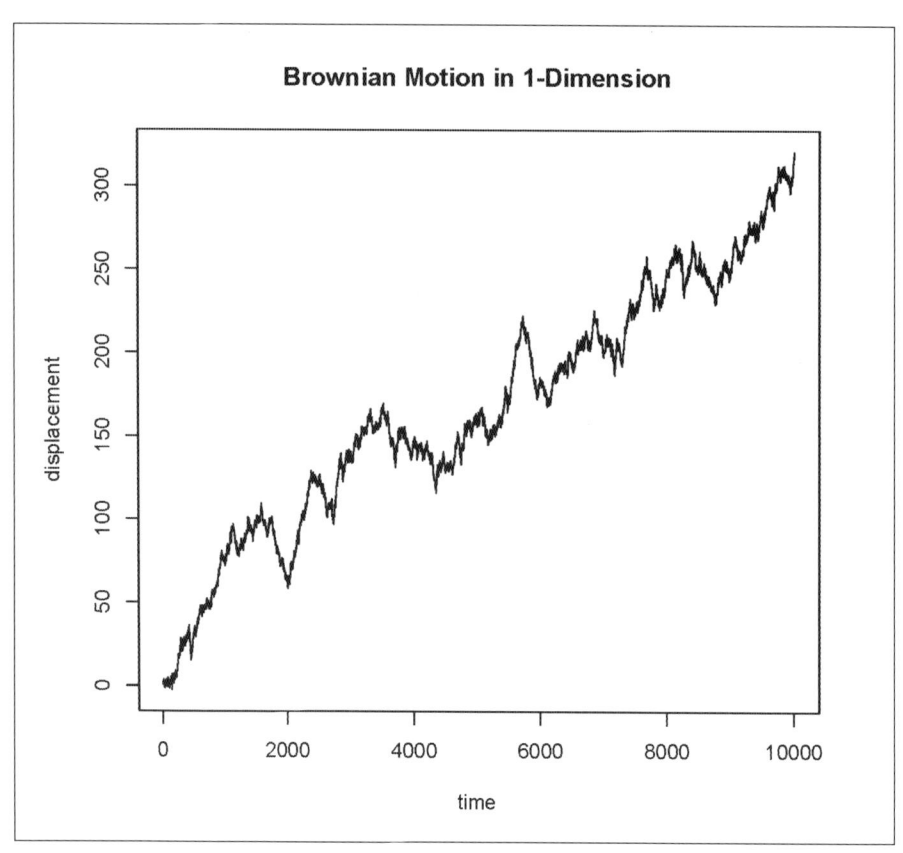

다음은 각 좌표축 별 증분을 따로 생성해 이차원 공간에서 브라운 운동을 시뮬레이션 한 예이다.

```
> x.dist <- rnorm(10000, 0, 1)
> y.dist <- rnorm(10000, 0, 1)
> x.dist <- cumsum(x.dist)
> y.dist <- cumsum(y.dist)
> plot(x.dist, y.dist, type = "l", main = "Brownian Motion in 2-Dimensions", xlab = "",
ylab = "")
```

실행 결과는 다음 그림과 같다.

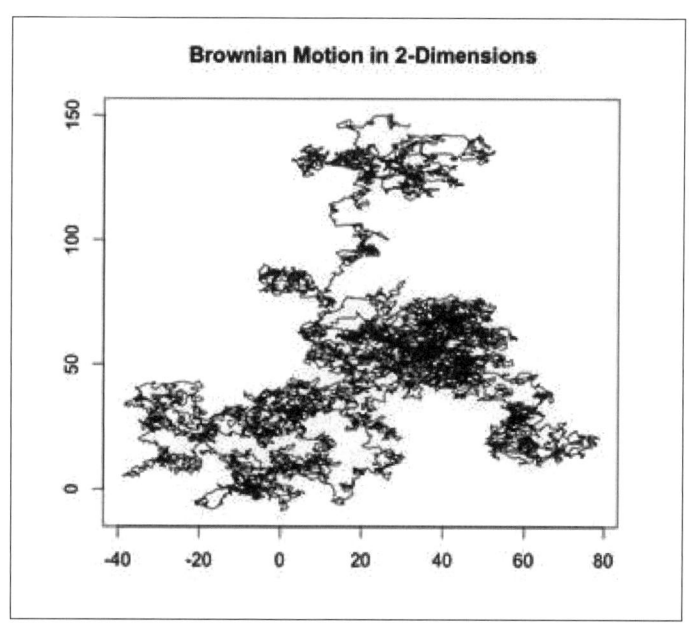

:: 요약

    이 장에서 우리는 기본적인 모의실험 방법을 익혔다. 알려진 주요 분포로부터 의사난수를 생성하는 방법과 mc2d 패키지를 사용해 몬테카를로 모의실험을 수행하는 방법을 알아보았다. 또한 위험 분석을 위한 일차원 및 이차원 몬테카를로 모의실험을 수행해 보았다. 또한 몬테카를로 방법이 어떻게 적분값을 계산하는 데 사용되는지 알아보았다. 다음으로 중요샘플링 방법을 이용해 적분값을 보다 효과적으로 계산하는 법을 익혔다. 난수 생성법이 알려져 있지 않은 분포에서 기각샘플링을 사용해 난수를 생성하는 방법을 살펴보았다. 마지막에서는 일차원 및 이차원 브라운 운동을 시뮬레이션하는 방법을 살펴보고 물리적 시스템을 모델링하는 데 모의실험을 어떻게 사용할 수 있는지 알아보았다. 이제 난수 생성 및 몬테카를로 모의실험에 익숙해졌으므로, 다음 장에서는 수치적 최적화 방법에 대해 알아보자.

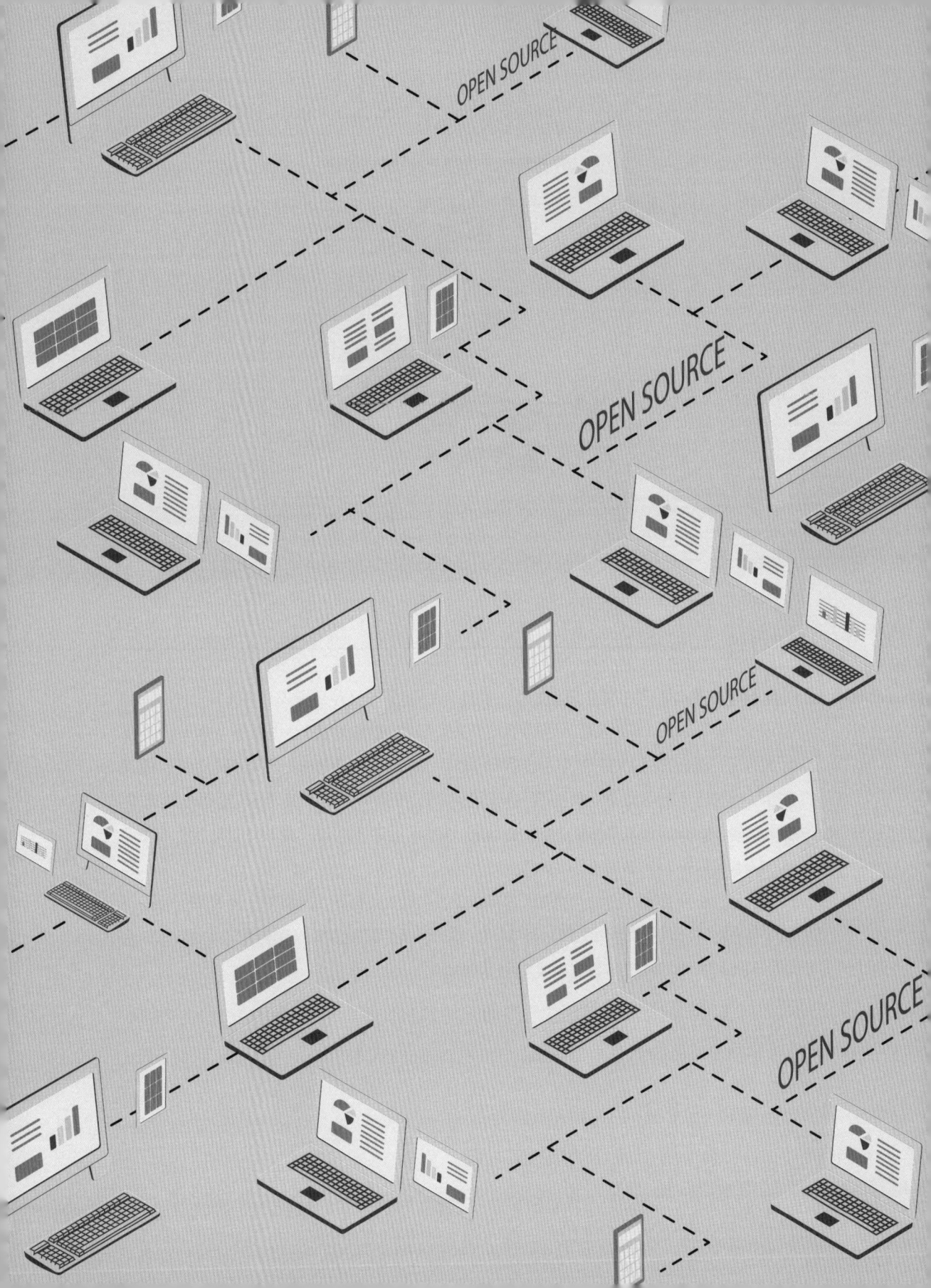

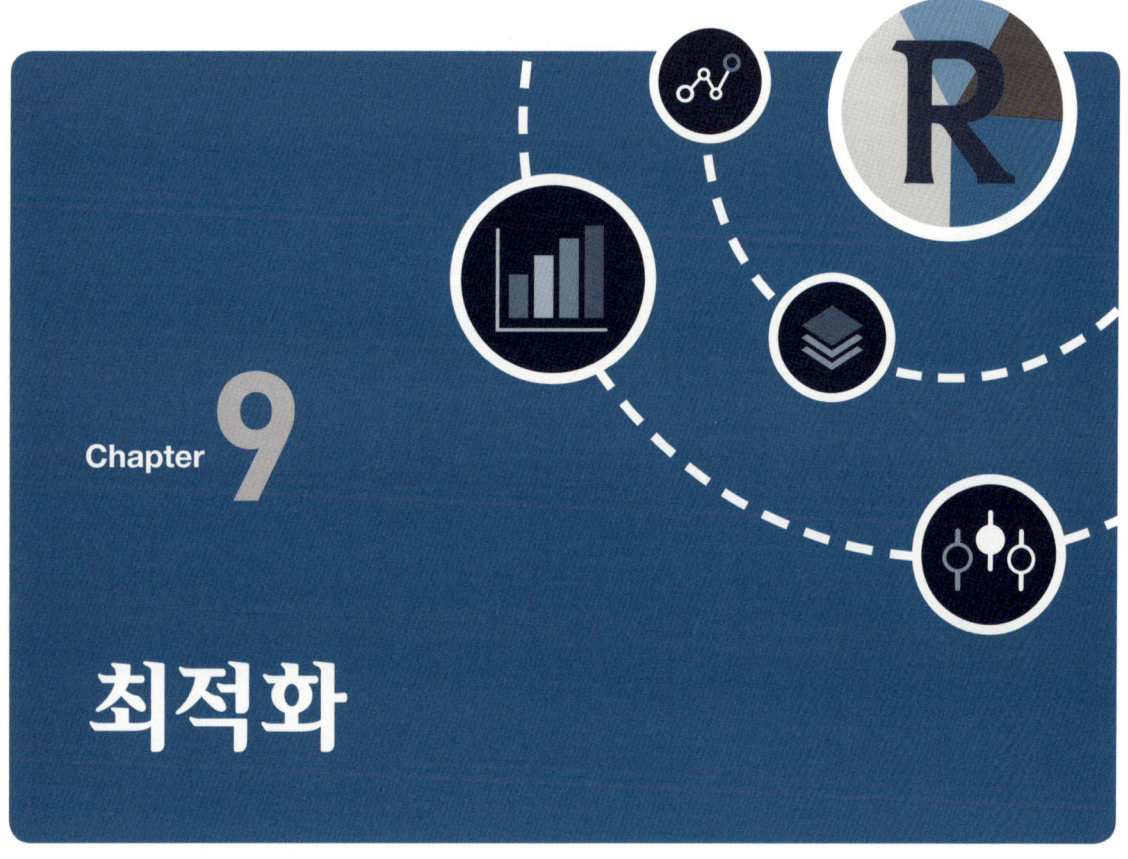

Chapter 9
최적화

이 장에서는 R을 사용해 최적화를 수행하는 방법들과 해당 R 함수들을 익히게 될 것이다.

이 장에서는 다음의 주제들을 다룬다.

- 황금분할법(Golden section search method)
- 뉴튼-랩슨 방법(Newton-Raphson method)
- 넬더-미드 심플렉스 방법(Nelder-Mead simplex method)
- `optim()` 함수를 이용한 다른 방법들
- 선형계획법(linear programming)
- 정수계획법(integer-restricted optimization)
- `lp()` 함수
- 이차 프로그래밍(quadratic programming)

종종 과학 계산에서 주어진 함수 f(x)의 값을 최대 혹은 최소로 만드는 x의 값을 찾아야 할 필요가 있을 때가 있다. 다시 말해 f(x)를 최대화하거나 최소화하는 문제이다. 이러한 과정을 소위 **최적화**(numerical optimization)라 하며 다음과 같이 요약해 나타낼 수 있다.

$$\min_{x \in R^n} f(x) \quad subject\ to \begin{cases} z_i(x) = 0, & i \in N \\ z_i(x) \geq 0, & i \in M \end{cases}$$

여기서 x는 미지값 혹은 모수들로 구성된 벡터를, f는 최대화 또는 최소화 대상인 목적함수(objective function), z_i는 x가 만족해야 하는 조건을 표현한 제약함수, N과 M은 인덱스의 집합이다. 최적화 문제는 수학, 금융, 컴퓨터 과학 등에서 널리 사용된다. 최대화 문제는 언제나 최소화 문제로 재표현하는 것이 가능한데 함수 f(x)의 최대값은 −f(x)의 최소값이기 때문이다. 즉, 함수 f를 최대가 되게 하려면 −f를 최소로 하면 된다는 것이다.

다음 함수의 최소값을 찾는 문제로 시작해보자.

$$f(x) = |x - 2.5| + (x - 1)^2$$

이 예에서는 제약조건이 없기 때문에 전체 x의 범위에서 자유롭게 해를 찾으면 된다. 이 문제를 풀기 위해 일차원 비제약 최적화 방법인 황금분할법을 사용하게 될 것이다.

∷ 일차원 최적화

일차원 비제약 최적화는

$$\min: f(x), \ x \in R$$

형태의 최적화 문제를 통칭한다. 황금분할법은 $\min: f(x), \ a \leq x \leq b$ 형태의 문제를 풀기 위한 탐색 기법이다. 이 방법은 목적함수 f의 값만 이용하고 미분값을 이용하지 않기 때문에 $f(x) = |x-2.5| + (x-1)^2$와 같은 형태의 함수(x = 2.5에서 미분불가)의 최적화 문제에 적합하다.

황금분할법

황금분할법(the golden section search method)은 구간을 축소해가는 전략인데, 매번 황금비율(golden ration)을 축소 비율로 사용한다. 황금비율 ∅는 다음과 같이 정한다.

$$\frac{a+b}{b} = \frac{b}{a} = \phi \quad (0 < a < b)$$

이를 풀면 ϕ의 값은 $\phi = \frac{1+\sqrt{5}}{2}$가 된다.

함수의 최소값을 찾기 위한 기본적인 알고리즘은 다음과 같이 정리된다.

- 해를 포함한 구간 $[a, b]$를 정한다.
- 이 구간을 해를 포함하고 있는 구간 $[a', b']$로 축소한다.
- 위의 축소 단계를 $b' - a'$의 값이 미리 설정한 수렴기준치(tolerance)보다 작아질 때까지 반복한다.
- 그 구간의 중앙 지점 $\frac{a'+b'}{2}$를 해로 지정한다. 이때 최적해의 최대 오차는 $(b'-a')/2$가 된다.

황금분할법을 사용해 최적화를 실행하는 알고리즘을 살펴보자.

❶ 구간 $[a, b]$에서 두 개의 초기값 $x_1 < x_2$를 선택하는 함수를 작성한다.

❷ $f(x_1) > f(x_2)$이면 최적해는 x_1의 오른편에 있을 것이고, 반대로 $f(x_1) < f(x_2)$이면 최적해는 x_2의 왼쪽에 있을 것이다.

❸ 즉, $f(x_1) > f(x_2)$인 경우에는 최적해가 $[x_1, b]$에 있을 것이고, 반대의 경우에는 $[a, x_2]$에 있게 된다.

❹ 황금비율을 이용해 다음과 같이 x_1과 x_2를 정한다.

$$x_1 = b - (b-a)/\phi, \; x_2 = a + (b-a)/\phi$$

❺ 위의 x_2를 정하는 방법을 정당화해 보자. 황금분할법의 첫 번째 반복이 끝나면 a는 $a' = x_1$으로 대체될 것이고 다음 단계의 x_1값은

$$x_1' = b - (b-a')/\phi = b - (b-x_1)/\phi$$

가 될 것이다.

❻ 이제 위 식의 x_1에 원래 값인 $b-(b-a)/\phi$를 대입하면

$$x_1' = b - (b-a)/\phi^2$$

가 됨을 확인할 수 있다.

❼ 황금비율은 다음 등식을 만족해야 한다.

$$\frac{1}{\phi^2} = 1 - \frac{1}{\phi}$$

❽ 따라서 $\frac{1}{\phi^2}$을 $1 - \frac{1}{\phi}$'로 대체하면 다음 식을 얻는다.

$$x_1' = b - (b-a)/\phi^2$$
$$= b - (b-a)(1 - 1/\phi)$$
$$= a + (b-a)/\phi$$

즉, $x_1' = x_2$가 성립하므로 $x_2 = a + (b-a)/\phi$로 둘 수 있다.

❾ 이제 이상의 단계를 R 함수로 작성하고 다음 함수를 최소로 하는 최적해를 구해보자.

$$f(x) = |x - 2.5| + (x-1)^2$$

❿ golden.method() 함수를 작성하되 수렴기준치와 a와 b의 초기치를 인수로 받을 수 있도록 한다. 기본값으로 수렴기준치는 0.000001로 정한다.

```
golden.method <- function(f, a, b, tolerance=0.000001){
  # store the golden ratio in the object psi
  psi <-(1 + sqrt(5))/2
  #Calculate value for x1 and x2 using the formulas we defined
  x1 <- b -(b - a)/psi
  x2 <- a +(b - a)/psi
  #Find the value for f(x1) and f(x2)
  fx1 <- f(x1)
  fx2 <- f(x2)
  # Repeat test for the minimizer while the absolute difference
  # between b and a is greater than the set threshold
  while(abs(b-a) > tolerance){
    # Use an if statement to test if the minimizer is to the
    # left of x2 else it is to the right of x1
    if(fx2 > fx1){
      # Since the minimizer is to the left of x2, we can re-
      # use x2 for b'(defined b in loop)
      b <- x2
      # We can reuse x1 for x2 for the next iteration of loop
      x2 <- x1
      # Since we re-use x1 for x2 we can use the value stored
      # in fx1 for fx2
      fx2 <- fx1
      # Now we calculate a new value for x1 and f(x1) to test
      # in the next iteration of the loop
      x1 <- b -(b - a)/psi
      fx1 <- f(x1)
    } else {
      # Similarly, since the minimizer is to the right of x1,
      # we can re-use the value x1 for a
      a <- x1
      # We can re-use x2 for x1 in the next iteration of the loop
      x1 <- x2
      fx1 <- fx2
      # We calculate a new value for x2 and f(x2) to test in
      # the next iteration of the loop
      x2 <- a +(b - a)/psi
      fx2 <- f(x2)
    }
  }
  # When the absolute difference between b and a is below our
  # set threshold, we can use the midpoint of the final
  # [a', b'] interval as an estimate for the true minimize
  minimizer <-(a + b)/2
  max.error <-(b - a)/2
```

```
    #return the minimizer and the maximum error in a list
    results <- list(minimizer = minimizer, maximum.error = max.error)

    return(results)
}
```

이제 $f(x) = |x - 2.5| + (x-1)^2$에 대해 golden.method() 함수를 적용해 보자.

우선 $f(x)$의 그래프를 그려본 후, 후보 구간 $[a,b]$를 잘 정해서 golden.method() 함수의 인수로 지정해보자.

```
> # Define the function f
> f <- function(x) {
    abs(x - 2.5) +(x - 1)^2
  }
>
> #Plot the curve
> curve(f, from = 0, to = 5)
```

다음 그림은 위 코드의 실행 결과이다.

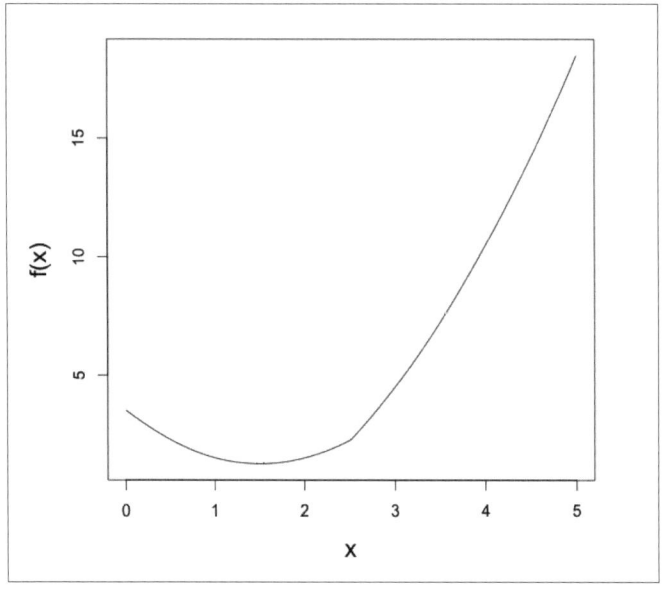

앞에 그림을 살펴보면 최적해는 1과 3 사이에 있는 것으로 보인다. 따라서 golden.method() 함수의 인수를 a = 1과 b = 3으로 지정한다.

```
> golden.method(f, a = 1, b = 3)
$minimizer
[1] 1.5

$maximum.error
[1] 3.321874e-07
```

이 결과를 그림으로 표시하려면 다음과 같이 하면 된다.

```
> curve(f, from = 0, to = 5, cex.lab=1.5)
> res <- golden.method(f, a = 1, b = 3)
> points(res$minimizer,f(res$minimizer))
```

실행 결과는 다음 그림과 같다.

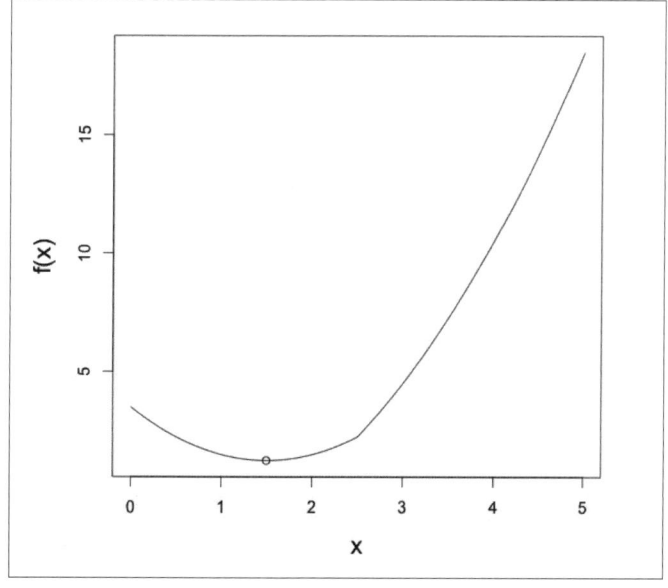

이번에는 golden.method() 함수를 사용해 함수 $g(x) = |x-2.5| - |x-1| - |x-0.5|$를 최대로 하는 문제를 풀어보자.

```
> # Define the function g
> g <- function(x) {
    abs(x-2.5) - abs(x-1) - abs(x-0.5)
  }
> #Plot the curve
> curve(g, from = -10, to = 10)
```

다음 그림은 위 코드의 실행 결과이다.

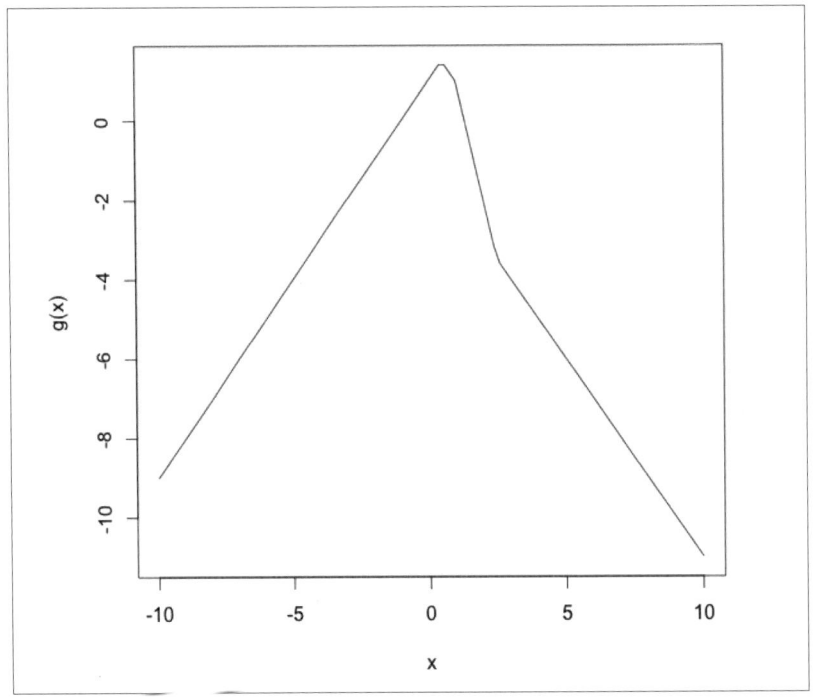

이제 $g(x)$를 최대로 하기 위해 $-g(x)$를 계산하는 함수를 작성해 golden.method() 함수에 인수로 지정하면 된다. 다음 코드 및 실행 결과를 확인해보라.

```
> h <- function(x) {
    -g(x)
  }
> # We know from the curve the minimizer is between [-5, 5]
> golden.method(h, a = -5, b = 5)
$minimizer
[1] 0.4999999


$maximum.error
[1] 3.92094e-07
```

> **Note** 위 예제에서 우리는 -g(x)를 계산하는 새로운 함수 h()를 작성해야 했다. 만일 golden.method(-g, a=-5, b=5)를 실행하게 되면
>
> Error in -g: invalid argument to unary operator
>
> 라는 에러 메시지를 보게 될 것이다.

optimize() 함수

앞에서 직접 작성한 golden.method() 함수 대신 내장함수인 optimize() 함수를 사용할 수도 있다. 이 함수는 황금분할법과 연속적인 이차보간법(parabolic interploation)을 함께 사용하는 방법이다. 이차보간법에 대한 자세한 설명은 생략한다. $f(x) = |x - 2.5| + (x-1)^2$을 최소로 하는 최적해를 optimize() 함수를 사용해 찾아보자. optimize() 함수의 인수인 interval을 사용해 a와 b의 값을 지정하고 tol 인수에 수렴기준치를 입력하면 된다.

```
> optimize(f, interval = c(1, 3), tol = 0.000001)
$minimum
[1] 1.5

$objective
[1] 1.25
```

앞에서 구한 결과와 같은 최적해의 값 1.5를 확인할 수 있다. 이 함수는 f의 최소값도 계산해 $objective로 리턴한다. 또한 아래 코드와 같이 interval 인수 대신 lower 인수와 upper 인수를 지정할 수도 있다.

```
> optimize(f, lower = 1, upper = 3, tol = 0.000001)
$minimum
[1] 1.5

$objective
[1] 1.25
```

optimize() 함수의 유용한 면은 최대화 문제를 풀 때 목적함수의 부호를 바꾼 새로운 함수를 지정할 필요가 없이 직접 최적해를 구할 수 있다는 것이다. optimize() 함수를 호출할 때 인수를 maximum = TRUE로 지정하기만 하면 된다. 이제 optimize() 함수를 이용해 $g(x) = |x-2.5| - |x-1| - |x-0.5|$를 최대로 하는 값을 찾아보자.

```
> optimize(g, lower = -5, upper = 5, tol = 0.000001, maximum = TRUE)
$maximum
[1] 0.5

$objective
[1] 1.5
```

뉴튼-랩슨 방법

뉴튼-랩슨 방법(Newton-Raphson method)은 미분에 기반해 일차원 최적화 문제를 푸는 수치해석적 방법이다. 초기값과 목적함수의 미분을 사용해 함수의 최소값을 찾을 수 있는데, 이 방법은 방정식의 해를 찾기 위해 다음과 같은 선형 근사를 사용한다.

오목함수(convex function) $f(x)$가 주어져 있을 때 방정식 $f(x) = 0$의 해를 r이라 하자. r의 근사값을 x_0이라 하면 $r = x_0 + h$와 같이 나타낼 수 있고, 따라서 h는 근사값 x_0가 참값 r과 얼마나 다른 지를 나타내는 숫자가 된다. h의 값이 0에 가까운 경우 테일러 전개(Taylor series expansion)에 의해 다음의 식을 얻게 된다.

$$0 = f(r) = f(x_0 + h) \approx f(x_0) + hf'(x_0)$$

이 관계식에 의해 $h \approx -f(x_0)/f'(x_0)$의 근사식이 성립하므로, 참값 r에 대한 근사식

$$r \approx x_0 - \frac{f(x_0)}{f'(x_0)}$$

을 얻게 된다. 이 근사식에 기초해 초기치 x_0로부터 잠재적으로 더 나은 r에 대한 추정값 x_1로 옮겨갈 수 있게 해주는 식,

$$x_1 = x_0 - \frac{f(x_0)}{f'(x_0)}$$

을 구축하게 된다. 이를 일반화한 관계식은 다음과 같이 정의된다.

$$x_{n+1} = x_n - \frac{f(x_n)}{f'(x_n)}, \ n = 0,1,\cdots$$

이 과정을 $f(x_n)$이 충분히 0에 근접할 때까지 혹은 미리 설정한 수렴기준치 $\varepsilon > 0$에 대해 $|f(x_n)| < \varepsilon$이 성립할 때까지 반복하면 된다.

따라서 $f(x)$를 최소로 하는 해가 구간 $[a,b]$ 내부에 존재하고 $f'(a)$와 $f'(b)$가 모두 0이 아니라면, $f(x)$를 최소로 만드는 최적해를 구하는 공식은 다음과 같이 주어진다.

$$x_{n+1} = x_n - \frac{f'(x_n)}{f''(x_n)}$$

그러나 이렇게 구한 최적해가 혹시 최대화 문제의 해가 아닌지 혹은 변곡점은 아닌지를 반드시 확인해야 한다. 최소화 문제의 해임을 확인하려면 $f''(x) > 0$인지만 확인하면 된다.

이제 뉴튼-랩슨 방법을 사용해 $f(x) = e^{-x^2} + x^3$을 최소로 하는 해를 찾아보자. 이 함수의 일차미분과 이차미분은 다음과 같다.

$$f'(x) = \frac{d}{dx}f(x) = 3x^2 - 2xe^{-x^2} \ ,$$

$$f''(x) = \frac{d^2}{dx^2}f(x) = 4x^2 e^{-x^2} - 2e^{-x^2} + 6x$$

우선 함수 f(x)의 그래프를 그려서 초기치 x0을 정하는 데 활용해보자.

```
f <- function(x) {
  exp(-x^2) + x^3
}
curve(f, from = -1, to = 4)
```

실행 결과는 다음 그림과 같다.

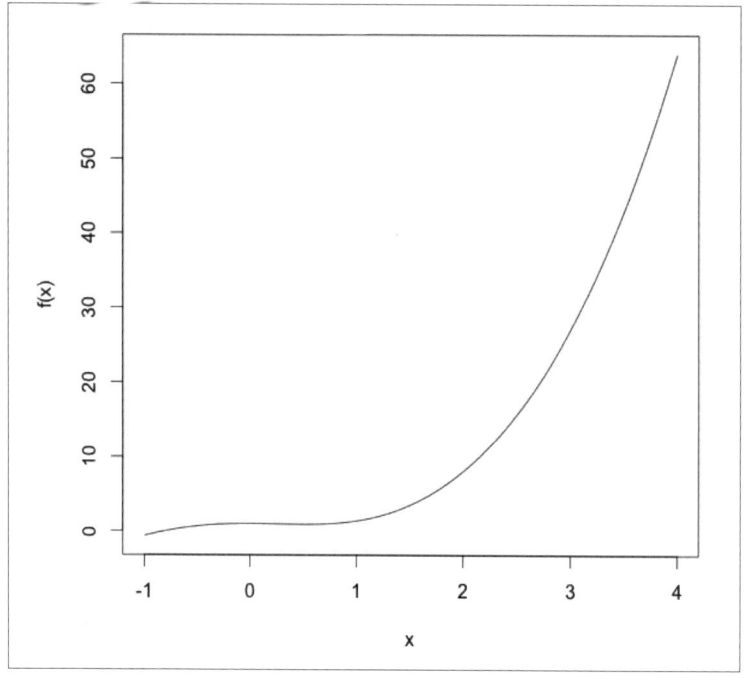

이 그림의 형태로 보아 초기치 x0를 1로 두는 것이 합리적인 것으로 보인다. 이제 뉴튼-랩슨 방법을 구현한 코드를 작성하자.

최대 반복수를 지정하기 위한 인수 N을 포함시키고 기본값을 100으로 지정한다.

```r
newton.method <- function(f, ff, fff, x0, tol = 0.000001, N = 100){
  # We start the counter at 1
  i <- 1
  # We create a vector to store the estimates and values for
  # f(x), f'(x) and f''(x)
  estimates <- numeric(N)
  fvalue <- numeric(N)
  ffvalue <- numeric(N)
  fffvalue <- numeric(N)
  while(i <= N){
    # We use the Newton-Raphson formula to estimate the
    # minimizer
    x1 <- x0 - ff(x0)/fff(x0)
    # We store the estimates and values for f(x), f'(x) and
    # f''(x)
    estimates[i] <- x1
    fvalue[i] <- f(x1)
    ffvalue[i] <- ff(x1)
    fffvalue[i] <- fff(x1)
    # We update the counter
    i <- i + 1
    # We break from the loop if we reach below our pre-set
    # tolerance
    if(abs(x0 - x1) < tol) break
    # Before the next iteration of the loop we replace x0 with
    # the value x1
    x0 <- x1
  }
  # We return a dataframe of all the estimates and values for
  # the first & second derivative
  estimates <- estimates[1:(i-1)]
  fvalue <- fvalue[1:(i-1)]
  ffvalue <- ffvalue[1:(i-1)]
  fffvalue <- fffvalue[1:(i-1)]
  df <- as.data.frame(cbind(estimates, fvalue, ffvalue, fffvalue))
  
  return(df)
}
```

이제 목적함수를 미분한 함수 f'와 f''를 위한 함수 fp와 fpp를 만들어보자.

```
fp <- function(x) {
  3*x^2 - 2*x*exp(-x^2)
}

fpp <- function(x) {
  4*x^2*exp(-x^2 )- 2*exp(-x^2 )+ 6*x
}
```

이제 newton.method() 함수에 x0 = 1과 f, fp, fpp 등의 인수를 지정해 실행해보자.

```
> newton.method(f, fp, fpp, x0=1)
    estimates    fvalue      ffvalue  fffvalue
1   0.6638477  0.9361433   4.675900e-01  3.830410
2   0.5417746  0.9046560   7.262741e-02  2.634812
3   0.5142100  0.9036205   3.761765e-03  2.361857
4   0.5126173  0.9036175   1.255900e-05  2.346086
5   0.5126120  0.9036175   1.418679e-10  2.346033
6   0.5126120  0.9036175  -1.110223e-16  2.346033
```

이 출력 결과에 의하면 최적해의 값은 0.5126120이 된다. 이 값에서 계산한 f''의 값이 양수이므로 이 값은 극소값임을 알 수 있다. 이 해를 optimize() 함수의 결과와 비교해 확인해보자.

```
> optimize(f, interval = c(0, 2), tol = 0.000001)
$minimum
[1] 0.5126119

$objective
[1] 0.9036175
```

이 출력 결과의 최적 해의 값은 0.5126119로서 위에서 구한 최적 해 0.5126120과 거의 같은 값이다.

또한 spuRs 패키지의 newtonraphson() 함수를 사용할 수도 있다.

```
install.packages("spuRs")
library("spuRs")
```

뉴튼-랩슨 방법을 사용하려면 f'과 f''이 필요하므로 이들 미분함수의 값을 별도로 저장해 newtonraphson() 함수에 전달할 수 있도록 다음의 minimizer.ftn() 함수를 작성한다.

```
minimizer.ftn <- function(x){
    ffvalue <- 3*x^2 - 2*x*exp(-x^2)
    fffvalue <- 4*x^2*exp(-x^2 ) - 2*exp(-x^2 )+ 6*x
    results <- c(ffvalue, fffvalue)
    
    return(results)
}
```

이제 초기치로 x0 = 1을 지정하고 수렴기준치 tol = 0.000001을 지정해 실행해보자.

```
> newtonraphson(minimizer.ftn, x0=1, tol=0.000001)
At iteration 1 value of x is: 0.6638477
At iteration 2 value of x is: 0.5417746
At iteration 3 value of x is: 0.51421
At iteration 4 value of x is: 0.5126173
At iteration 5 value of x is: 0.512612
Algorithm converged
[1] 0.512612
```

이번에도 newton.method() 함수의 결과와 거의 같은 해를 얻은 것을 확인할 수 있다.

넬더-미드 심플렉스 방법

넬더-미드 심플렉스 방법(Nelder-Mead simplex method)은 뉴튼-랩슨 방법에 대한 대안으로써 미분을 사용하지 않는다. 다차원에서 목적함수를 최소화하는 비선형 최적화 기법이다. R의 기본 함수 중의 하나인 optim() 함수는 이 방법을 기본으로 사용한다. $f(x)=e^{-x^2}+x^3$에 대한 최적화 문제를 optim() 함수를 사용해 해결해보자. 초기치는 par 인수로 지정하면 되는데 이 경우 par = 1을 사용한다.

```
> optim(par = 1, fn = f)
$par
[1] 0.5126953

$value
[1] 0.9036175

$counts
function gradient
      26       NA

$convergence
[1] 0

$message
NULL
Warning message:
In optim(par = 1, fn = f) :
Nelder-Mead를 이용한 1차원 최적화 문제는 신뢰할 수 없습니다:
"Brent" 또는 optimize()를 이용해보세요
```

출력 결과를 살펴보면 최적해가 $par에 주어진 것을 알 수 있다. 브렌트(Brent) 방법이나 optimize() 함수를 사용하라는 경고 메시지가 주어지는데 이들 방법이 좀더 정확한 해를 주기 때문이다. 브렌트 방법을 사용하려면 method="Brent"로 인수를 지정하고 구간 $[a,b]$를 upper 인수와 lower 인수를 사용해 지정하면 된다.

```
> optim(1, f, method = "Brent", lower = 0, upper = 2)
$par
[1] 0.512612

$value
[1] 0.9036175

$counts
function gradient
      NA       NA

$convergence
[1] 0

$message
NULL
```

브렌트 방법의 결과값과 넬더-미드 방법의 결과값이 서로 같음을 확인할 수 있다. 그러나 넬더-미드 방법은 다른 방법에서는 잘 사용하기 어려운 경험적(heuristic) 방법을 사용해 해를 탐색한다는 점에 유의할 필요가 있다.

넬더-미드 방법은 다차원 문제에도 사용할 수 있다. 예를 들어, 다음과 같이 정의되는 소위 로젠브록(rosenbrock) 함수를 최소로 하는 해를 찾아 보자.

$$f(x,y) = (1-x)^2 + 100(y-x^2)^2$$

먼저, 다음과 같이 rosenbrock.f() 함수를 작성하자.

```
rosenbrock.f <- function(x1,y1) {
  (1-x1)^2 + 100*(y1 - x1^2)^2
}
```

이 함수의 그래프를 그려보자.

❶ 우선 그래프를 그릴 x값과 y값의 범위를 지정하자.

```
x <- seq(-3, 3, by = 0.2)
y <- seq(-2, 3, by = 0.2)
```

❷ 그리고 나서 x와 y의 외적을 outer() 함수를 이용해 계산하자.

```
z <- outer(x, y, rosenbrock.f)
```

❸ 그 다음에 persp() 함수를 이용해 그래프를 그리면 된다.

```
persp(x, y, z, phi = 40, theta = 40, col = "turquoise", shade = .000001,
ticktype = "detailed", cex.lab = 1.5, zlab="")
```

실행 결과는 다음과 같다.

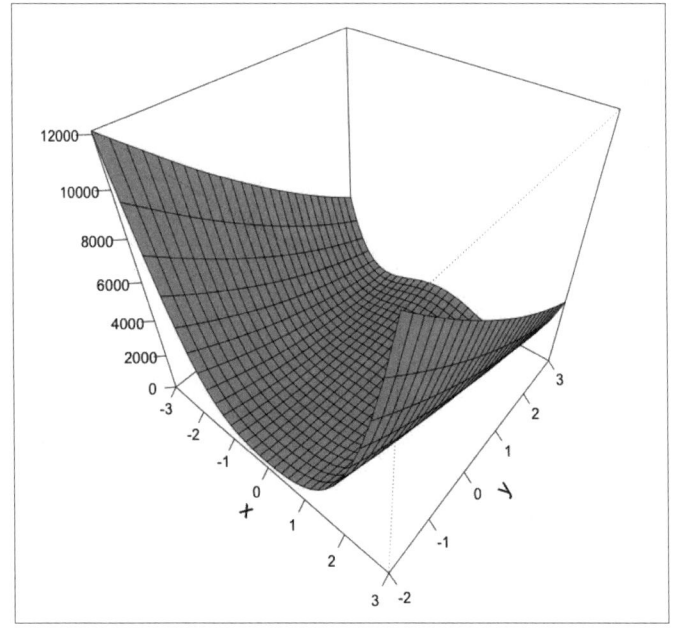

로젠브록 함수의 중요한 성질 중 하나는, 함수값은 언제나 양수인데 $y = x^2$와 $x = 1$을 동시에 만족하는 경우 0이 된다는 것이다. 따라서 (1,1)이 이론적인 최적 해가 된다. optim() 함수의 넬더-미드 방법을 사용해 구한 해와 이 값이 얼마나 가까운 지 확인해보자.

optim() 함수를 사용하려면 rosenbrock.f() 함수의 인수가 벡터형이 되어야 하며 첫 번째 성분에 x값을, 두 번째 성분에 y값을 저장하도록 해야 한다.

```
rosenbrock.f2 <- function(x) {
  (1-x[1])^2 + 100*(x[2]-x[1]^2)^2
}
```

이제 optim() 함수를 사용해 로젠브록 함수의 최적화 문제를 풀 수 있게 되었다. 초기값을 par 인수에 지정하면 되는데 (0.7, 0.7)을 사용해보자.

```
> optim(par = c(0.7,0.7), rosenbrock.f2)
$par
[1] 1.000065 1.000120

$value
[1] 1.499038e-08

$counts
function gradient
      71       NA

$convergence
[1] 0

$message
NULL
```

위 결과에서 계산된 최적해가 (1, 1)에 매우 가까운 것을 확인할 수 있다. 초기치를 (1.5, 1.5)로 지정해도 비슷한 결과를 얻게 된다.

```
> optim(par=c(1.5,1.5), rosenbrock.f2)
$par
[1] 0.9995667 0.9991578

$value
[1] 2.463013e-07

$counts
function gradient
      69       NA

$convergence
[1] 0

$message
NULL
```

혹시 최적화 문제에 변형된 넬더-미드 방법들을 사용해보고 싶다면 neldermead 패키지를 확인해보기 바란다. neldermead 패키지는 초기 심플렉스를 계산하는 방법 등에 특정한 종결 기준 등을 세팅할 수 있게 해준다. 또한 스펜들리, 헥스트, 힘스워쓰의 고정 형태 심플렉스 방법(Spendley, Hext and Himswirth: the fixed shape simplex method), 넬더-미드의 가변형 심플렉스 방법(the variable shape simplex method), 박스의 복잡 방법(Box: complex method) 등을 적용할 수 있게 해준다. 이 패키지에 대한 자세한 내용은 http://cran.r-project.org/web/packages/neldermead/vignettes/neldermead_manual.pdf를 참조하기 바란다.

optim() 함수가 제공하는 다양한 최적화 방법들

다음 표는 optim() 함수가 제공하는 여러 최적화 방법들을 정리한 것이다.

optim() 함수의 인수 이름	방법론 명칭
"Nelder-Mead"	Nelder-Mead
"BFGS"	Broyden, Fletcher, Goldfarb and Shanno
"CG"	Conjugate gradient
"L-BFGS-B"	Limited-memory BFGS
"SANN"	Simulated annealing
"Brent"	Brent

예를 들어, 로젠브록 함수를 **모의담금질(simulated annealing)** 기법을 이용해 최적화하고 싶으면 method="SANN" 인수를 사용하면 된다. 모의담금질 방법은 미분이 불가능한 함수에 대해 적용 가능한 확률적 전역 최적화(stochastic global optimization) 방법이다. 초기치 근방에서 랜덤한 점프를 통해 주변값을 탐색하고 점프 크기를 점점 줄여서 최적해를 찾는 방법이다. 결과가 난수 생성에 의존하기 때문에 시드값(seed)을 고정하지 않는 한 이 방법을 사용할 때마다 조금씩 다른 최적해의 값을 얻게 될 것이다. 다음 예제를 보라.

```
> set.seed(267)
> optim(par=c(0.7,0.7), rosenbrock.f2, method="SANN")
$par
[1] 1.019317 1.039894

$value
[1] 0.000451745

$counts
function gradient
   10000       NA

$convergence
[1] 0

$message
NULL
```

optim() 함수를 사용하면 준뉴튼(quasi-Newton) 방법을 적용해 최적화 문제를 해결할 수도 있다. 예를 들어, **브로이든-플레처-골드파브-섀노(Broyden-Fletcher-Goldfarb-Shanno, BFGS)** 알고리즘 방법을 적용해 $f(x) = (x-2)^2 + (y-1)^2$의 최적화 문제를 해결해보자.

우선 persp() 함수 대신 lattice 패키지를 사용해 그래프를 작성해보자.

```
# We store the function f(x, y) in h using the first index
# for x and the second index for y
h <- function(x){
 (x[1]-2)^2 +(x[2] -1)^2
}
```

```
# We get values for x[1] and x[2] and store them in separate vectors
x1 <- seq(-4, 4, by=0.5)
x2 <- seq(-4, 4, by=0.5)

#We use the expand.grid() to create a matrix from all combinations of both vectors
mat <- as.matrix(expand.grid(x1, x2))

# We rename the columns to x1 and x2
colnames(mat) <- c("x1", "x2")

# Calculate f(x, y) and store in z by applying the function
# h on the matrix by row
z <- apply(mat, 1, h)

# We create a date frame containing x1, x2 and z
df <- data.frame(mat, z)

# We load the lattice package and use wireframe function to plot
library(lattice)
wireframe(z ~ x1 * x2 , data=df, shade = TRUE, scales = list(arrows = FALSE), screen =
list(z = -35, x = -50))
```

실행 결과는 다음 그림과 같다.

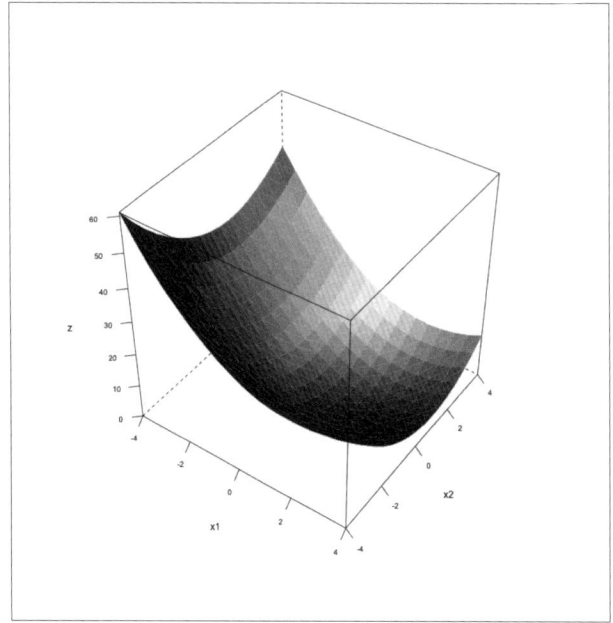

persp() 함수를 사용하는 것을 선호하는 경우에는 다음 코드를 사용하면 된다.

```
# Script to use to plot f(x, y) with the persp() function
hfn <- function(x, y){
  (x-2)^2 +(y -1)^2
}

x <- seq(-5, 5, by=0.2)
y <- seq(-5, 5, by=0.2)
z <- outer(x, y, hfn)
persp(x, y, z, phi = 35, theta = 50, col = "purple", shade = .00000001, ticktype = "detailed")
# Plot not shown
```

이들 그래프를 살펴보면 optim() 함수의 초기치로 (0, 0)을 사용하면 좋을 것을 짐작할 수 있다. 이 방법은 이차미분행렬(Hessian matrix)을 직접 계산할 필요가 없다. 대신에 근사 그래디언트 계산(approximate gradient evaluation)을 통해 이차미분행렬의 근사값을 사용한다. optim() 함수에서 hessian = TRUE와 같이 인수를 지정하면 수치적으로 미분해 얻은 이차미분행렬을 리턴해주고, gr 인수에 지정한 함수 이름으로 그래디언트 함수를 만들어준다. 여기서는 기본 세팅인 gr = NULL을 사용함으로써 그래디언트에 대해 유한 차분 근사를 사용한다. 이제 이러한 조건을 적용해 최적화 문제를 풀어보자.

```
> optim(par = c(0,0), h, method = "BFGS", hessian = T)
$par
[1] 2 1


$value
[1] 6.357135e-26


$counts
function gradient
       9        3


$convergence
[1] 0


$message
NULL
```

```
$hessian
     [,1] [,2]
[1,]   2    0
[2,]   0    2
```

예상한 대로 최적해는 (2,1)임을 확인할 수 있다.

∷ 선형계획법

선형계획법(linear programming)이란 아래와 같이 목적함수와 제약조건이 모두 선형의 등식 혹은 부등식으로 구성된 최적화 문제를 가리킨다.

목적함수: $L(x) = c_1x_1 + c_2x_2 + \cdots + c_nx_n$을 최소로 하는 $x_1, x_2, \ldots, x_n$ 찾기

제약조건:
$$a_{11}x_1 + a_{12}x_2 + \cdots + a_{1n}x_n \geq b_1$$
$$a_{21}x_1 + a_{22}x_2 + \cdots + a_{2n}x_n \geq b_2$$
$$\vdots$$
$$a_{m1}x_1 + a_{m2}x_2 + \cdots + a_{mn}x_n \geq b_m$$

보통 $x_1 \geq 0, x_2 \geq 0, \ldots, x_n \geq 0$의 제약조건을 추가한다. 반대로 다음과 같이 최대화하는 문제 역시 생각할 수 있다.

목적함수: $L(x) = c_1x_1 + c_2x_2 + \cdots + c_nx_n$을 최대로 하는 $x_1, x_2, \ldots, x_n$ 찾기

제약조건:
$$a_{11}x_1 + a_{12}x_2 + \cdots + a_{1n}x_n \leq b_1$$
$$a_{21}x_1 + a_{22}x_2 + \cdots + a_{2n}x_n \leq b_2$$
$$\vdots$$
$$a_{m1}x_1 + a_{m2}x_2 + \cdots + a_{mn}x_n \leq b_m$$

위에서와 마찬가지로 여기서도 $x_1 \geq 0, x_2 \geq 0, \ldots, x_n \geq 0$의 제약조건을 추가한다.

선형계획법 문제를 풀어주는 R 패키지가 몇 개 있다. 간단한 예제를 통해 이들 패키지 및 내장 함수의 사용법을 살펴보자. $L(x) = 4x_1 + 7x_2$를 다음 제약조건 하에서 최소로 하는 x_1, x_2의 값을 찾아보자.

$$x_1 + x_2 \geq 4$$
$$x_1 + 2x_2 \geq 6$$
$$x_1 \geq 0$$
$$x_2 \geq 0$$

우선 이 문제를 그림으로 나타내고 lpSolveAPI 패키지를 사용해 풀어보자.

```
> install.packages("lpSolveAPI")
> library("lpSolveAPI")
```

이제 make.lp() 함수를 사용해 두 개의 제약조건과 두 개의 변수를 가진 선형계획모형 객체인 lp1을 만들어보자.

```
> lp1 <- make.lp(2, 2)
```

다음으로 set.column() 함수를 사용해 x_1에 대한 a_{11}과 a_{21}의 값으로 구성된 벡터와 x_2에 대한 a_{12}와 a_{22}의 값으로 구성된 벡터를 생성한다.

```
> set.column(lp1, 1, c(1, 1))
> set.column(lp1, 2, c(1, 2))
```

이제 set.objfn() 함수를 사용해 목적함수의 c_1과 c_2의 값으로 구성된 벡터를 지정하고, set.constr.type() 함수를 사용해 부등식 방향을 지정하는 벡터를 생성하자.

```
> set.objfn(lp1, c(4, 7))
> set.constr.type(lp1, rep(">=", 2))
```

마지막으로 set.rhs() 함수를 사용해 제약조건의 우변에 있는 b_1과 b_2의 값으로 된 벡터를 지정하자.

```
> set.rhs(lp1, c(4, 6))
```

이상의 작업으로 생성한 모형을 살펴보려면 다음과 같이 lp1을 입력한다.

```
> lp1
Model name:
           C1    C2
Minimize   4     7
R1         1     1    >=   4
R2         1     2    >=   6
Kind       Std   Std
Type       Real  Real
Upper      Inf   Inf
Lower      0     0
```

위 결과를 살펴보면 상한과 하한이 기본값인 ∞와 0으로 자동으로 지정된 것을 알 수 있으며, 이제 문제를 풀 준비가 되었다. 나중에 기본 세팅을 바꾸는 방법에 대해서도 알아보게 될 것이다. 이 모형을 plot() 함수를 사용해 그림으로 나타내보자.

```
> plot(lp1)
```

실행 결과는 다음 그림과 같다.

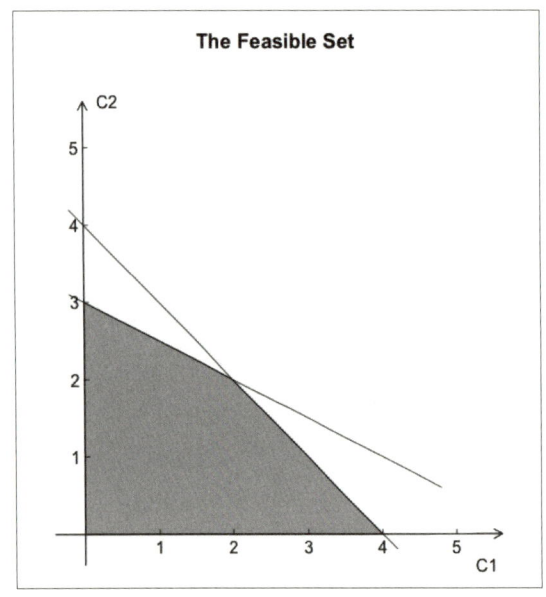

> **Note** plot() 함수는 한정된 상부가 없는, 실제 음이 아닌 결정변수가 있는 선형 프로그램 모델을 구성할 뿐이다. plot.ExtPtr에서 더 많은 정보를 얻을 수 있다.

앞의 그림에서 회색으로 음영처리된 부분은 두 제약조건 어느 것도 만족하지 않는 값들의 영역이다. 이 문제의 해는 (2, 2)인 것으로 짐작되는데, 이제 실제로 해를 확인하는 단계로 넘어가 보자. 우선 지금까지 입력한 선형계획모형을 다시 확인하기 위해 write.lp() 함수를 사용해 model1.lp이라는 이름의 외부파일로 저장해 보자.

```
> write.lp(lp1,'model1.lp',type = 'lp')
```

이 파일을 텍스트에디터로 열어보면 다음과 같은 내용을 확인하게 될 것이다.

```
/* Objective function */
min: +4 C1 +7 C2;
/* Constraints */
+C1 +C2 >= 4;
+C1 +2 C2 >= 6;
```

위 내용은 우리의 목적함수 $L(x) = 4x_1 + 7x_2$, 제약조건 $x_1 + x_2 \geq 4$, $x_1 + 2x_2 \geq 6$ 등과 일치한다. 이제 solve() 함수를 사용해 최적해가 구해졌는 지 확인해보자.

```
> solve(lp1)
[1] 0
```

위에서 출력된 0이 무슨 의미인 지 알아보기 위해 도움말 페이지를 이용하려면 이 함수가 R의 범용 함수이기 때문에 ?solve.lpExtPtr을 입력해야 한다.

```
> ?solve.lpExtPtr

# [...]
Status Codes
0: "optimal solution found"
1: "the model is sub-optimal"
2: "the model is infeasible"
3: "the model is unbounded"
4: "the model is degenerate"
```

```
5: "numerical failure encountered"
6: "process aborted"
7: "timeout"
9: "the model was solved by presolve"
10: "the branch and bound routine failed"
11: "the branch and bound was stopped because of a break-at-first or
break-at-value"
12: "a feasible branch and bound solution was found"
13: "no feasible branch and bound solution was found"
# Output truncated
```

get.variables() 함수를 사용하면 최적해 x_1과 x_2의 값을, get.objective() 함수를 사용하면 목적함수의 최소값을 얻을 수 있다.

```
> get.variables(lp1)
[1] 2 2
> get.objective(lp1)
[1] 22
```

또는 lpSolve 패키지의 lp() 함수를 사용할 수도 있다.

```
> install.packages("lpSolve")
> library(lpSolve)
> lp.ex1 <- lp(objective.in=c(4, 7), const.mat=matrix(c(1,1,1,2), nrow = 2), const.rhs=c(4, 6), const.dir=rep(">=", 2))
```

위에서 보듯 목적함수의 c_1, c_2의 값은 objective.in 인수를 이용해 지정하며, 제약조건을 위한 a_{ij}값은 행렬 형태로 const.mat 인수에 입력하고, 제약식 우변의 b_i 값들은 벡터로 const.rhs 인수에 입력하며, 끝으로 제약식의 부등식 방향은 const.dir 인수에 입력해 지정한다.

선형계획법 문제가 제대로 풀렸는지 확인하려면 lp() 함수에 의해 생성된 객체인 lp.ex1을 입력하기만 하면 된다.

```
> lp.ex1
Success: the objective function is 22
```

lp.ex1 객체는 실은 $solution에 구한 최적해를 저장하고 있는 리스트이므로, 최적해 값을 출력하려면 lp.ex1$solution을 입력하면 된다.

```
> lp.ex1$solution
[1] 2 2
```

정수계획법

lpSolveAPI 패키지와 lpSolve 패키지를 사용하면 정수계획법(integer programming) 문제 역시 해결할 수 있다. 다음의 예제를 살펴보자. 노트북 컴퓨터와 태블릿을 생산하는 회사가 있다. 노트북 컴퓨터의 영업이익은 대당 52달러이고 태블릿은 대당 82달러이다. 생산용량 때문에 노트북 컴퓨터는 하루에 100대까지, 태블릿은 하루에 170대까지만 생산 가능하다고 한다. 그런데 이 회사는 하루에 최소한 65대의 노트북과 92개의 태블릿을 생산해 공급해야 하는 계약 조건을 맺고 있다. 만일 이 회사에서 하루에 최대 200개까지만 제품을 생산하면서 영업이익을 최대화하려면 노트북과 태블릿을 각각 몇 대씩 생산하면 될까? 목적함수와 제약식을 사용해 이 문제를 정리해보자.

$$\max: L = 50x_1 + 82x_2$$

$$\text{제약조건}: x_1 + x_2 \leq 200$$
$$65 \leq x_1 \leq 100$$
$$92 \leq x_2 \leq 170$$

이상의 내용을 lpSolveAPI 모형에 입력해보자.

```
> lp2 <- make.lp(1, 2)
> set.column(lp2, 1, c(1))
> set.column(lp2, 2, c(1))
> set.objfn(lp2, c(50, 82))
> set.constr.type(lp2, c("<="))
> set.rhs(lp2, c(200))
```

두 변수의 범위를 지정하자.

```
> set.bounds(lp2, lower = c(65, 92), columns = c(1, 2))
> set.bounds(lp2, upper = c(100, 170), columns = c(1, 2))
```

최적해를 정수 중에 찾아야 하므로 문제의 타입을 "integer"로 지정하자.

```
> set.type(lp2, 1, "integer")
> set.type(lp2, 2, "integer")
```

> **Note** 최적해를 이항값(binary) 중에서 찾아야 하는 경우에 타입을 "binary"로 지정하면, 타입은 "integer"로 지정되며 동시에 lower = 0과 upper = 1로 자동으로 지정된다.

요약 결과를 확인하려면 lp2를 입력한다.

```
> lp2
Model name:
            C1   C2
Minimize    50   82
R1           1    1  <=  200
Kind       Std  Std
Type       Int  Int
Upper      100  170
Lower       65   92
```

목적함수를 최대로 하는 최적문제를 풀어야 하므로 lp.control() 함수에 sense 인수를 다음과 같이 지정한다.

```
> lp.control(lp2, sense='max')

# Output not shown
```

lp2를 외부파일에 저장한 후 텍스트에디터로 열어서 최적화 문제가 제대로 입력되었는지 확인해보자.

```
> write.lp(lp2, 'model2.lp', type = 'lp')

/* Objective function */
max: +50 C1 +82 C2;
/* Constraints */
+C1 +C2 <= 200;
/* Variable bounds */
65 <= C1 <= 100;
92 <= C2 <= 170;
/* Integer definitions */
int C1,C2;
```

위에서 보듯 모든 것이 제대로 입력되었고 목적함수의 방향도 max로 지정된 것을 확인할 수 있다. 이제 solve(lp2)를 실행해 문제를 풀어보자.

```
> solve(lp2)
[1] 0
```

제대로 해를 구했다는 것을 확인했으므로 구한 최적해와 최대값을 출력해보자.

```
> get.variables(lp2)
[1]  65 135
> get.objective(lp2)
[1] 14320
```

마찬가지로 lp() 함수의 direction 인수를 "max"로 지정하고 int.vec 인수를 이용해 변수를 지정해 이 선형계획법 문제를 풀 수 있다. const.mat 행렬을 쉽게 지정할 수 있도록 제약식에 있는 부등식들을 다음과 같이 정리하자.

$$x_1 + x_2 \le 200$$
$$x_1 + 0x_2 \ge 65$$
$$x_1 + 0x_2 \le 100$$
$$0x_1 + x_2 \ge 92$$
$$0x_1 + x_2 \le 170$$

따라서 const.mat를 다음과 같이 지정해 lp()를 실행하면 된다.

```
> lp.ex2 <- lp(objective.in=c(50, 82),
        const.mat = matrix(c(1,1,1,0,0,
                              1,0,0,1,1),
                              nrow = 5),
        const.rhs = c(200, 65, 100, 92, 170),
        const.dir = c("<=", ">=", "<=", ">=", "<="),
        direction = "max", int.vec = c(1, 2))
```

이제 최적해를 확인하자.

```
> lp.ex2
Success: the objective function is 14320
> lp.ex2$solution
[1] 65 135
```

제약이 없는 변수

lp() 함수는 변수들이 음이 아닌 값이라는 제약 조건을 만족하는 경우에 사용하는 함수이다. 이 제한점을 극복하려면 부호의 제약이 없는 변수를 두 양의 변수의 차이로 대체하면 된다[22].

다음을 최소로 하는 선형계획법 문제를 생각해보자.

$$\min L = 3x_1 + 4x_2$$

---

[22] 역자 주: 모든 실수 x는 $x = x_+ - x_-$와 같이 재표현된다. 단, $x_+ = max(x,0)$이고 $x_- = max(-x,0)$이다.

제약조건은 다음과 같다.

$$x_1 + 2x_2 \leq 14$$
$$3x_1 - x_2 \geq 0$$
$$x_1 - x_2 \leq 2$$
$$x_1 \geq 0$$

여기서 x_2에는 부호 제약이 없다. 이 문제를 풀기 위해 x_2를 $x_3 - x_4$으로 대체하자. 단, $x_3 \geq 0$이고 $x_4 \geq 0$이다. 이제 문제를 다시 표현해 보자.

$$\min L = 3x_1 + 4x_3 - 4x_4$$
$$x_1 + 2x_3 - 2x_4 \leq 14$$
$$3x_1 - x_3 + x_4 \geq 0$$
$$x_1 - x_3 + x_4 \leq 2$$

이제 다음 코드를 실행해 최적해를 구해보자.

```
> lp.ex3 <- lp(objective.in = c(3, 4, -4),
            const.mat=matrix(c(1,3,1,
                               2,-1,-1,
                               -2,1,1),
                           nrow = 3),
            const.rhs = c(14, 0, 2),
            const.dir = c("<=", ">=", "<="), direction = "min")
> lp.ex3
Success: the objective function is -8
> lp.ex3$solution
[1] 0 0 2
```

따라서 최적해의 값은 $x_1 = 0$, $x_2 = x_3 - x_4 = 0-2 = -2$가 된다.

∷ 이차계획법

이차계획법(quadratic programming)은 목적함수가 이차식이고 제약함수들이 선형인 경우의 최적화 문제를 가리킨다. R에서는 quadprog 패키지의 `solve.QP()` 함수를 이용하면 된다. 이차계획법은 다음 식과 같이 표현된다.

$$\min: Q(\beta) = \frac{1}{2}\beta^T G\beta - d^T\beta$$

$$\text{제약조건: } A_i^T\beta = b_i,\ i \in N$$
$$A_i^T\beta \geq b_i,\ i \in M$$

`solve.QP()` 함수를 사용하려면 이차계획법 문제가 다음과 같이 표준 형태로 작성되어 있어야 한다.

$$\min: \frac{1}{2}\beta^T G\beta - d^T\beta$$

$$\text{제약조건: } A^T\beta \geq b$$

위 제약식에서 T는 전치행렬을 나타내고, β는 p개의 변수로 된 벡터를, G는 $p \times p$ 양정치인 대칭행렬을, d는 길이가 p인 벡터를, A는 $p \times c$ 행렬을, b는 길이가 제약식의 개수 c인 벡터를 나타낸 것이다. 다음 예제의 이차계획법 문제를 풀어보자.

$$\min: x_1^2 + 2x_2^2 + 4x_3^2 - x_1 - x_2 + 5x_3$$

$$\text{제약조건: } x_1 + x_3 \leq 1$$
$$x_1 \geq 5$$
$$x_2 \leq 0$$

우선 `quadprog` 패키지를 설치하고 로드해보자.

```
> install.packages("quadprog")
> library("quadprog")
```

`solve.QP()` 함수에 사용할 수 있는 인수들의 목록을 보고 싶으면 다음 명령어를 실행해서 도움말 페이지를 살펴보라.

```
> help(solve.QP)
```

도움말 페이지를 보면 Dmat, dvec, Amat, bvec, meq=0, factorized = FALSE의 순서로 인수를 지정하도록 되어 있음을 알 수 있다.

목적함수의 이차항을 구성할 행렬 Dmat을 위해 QP라는 이름의 객체를 만들어보자.

```
> QP <- 2*diag(c(1, 2, 4))
> QP
     [,1] [,2] [,3]
[1,]    2    0    0
[2,]    0    4    0
[3,]    0    0    8
```

목적함수에 포함되어 있는 벡터 b를 만들어보자.

```
> d <- c(-1, -1, 5)
```

제약식을 정의하는 행렬 A를 위해 객체 A를 만들어 나중에 t() 함수를 사용해 전치행렬을 계산해 입력한다. 이 행렬을 만드는 법을 쉽게 확인할 수 있도록 제약식을 다음과 같이 정리해보자.

다음 코드를 보라.

```
> A <- matrix(c(-1, 1, 0, 0, 0, -1, -1, 0, 0), nrow = 3)
> A
     [,1] [,2] [,3]
[1,]   -1    0   -1
[2,]    1    0    0
[3,]    0   -1    0
```

마지막으로 제약식의 우변에 있는 벡터 b를 만들어보자.

```
> b <- c(-1, 5, 0)
```

이제 solve.QP() 함수를 사용해 이차계획법 문제를 풀고 결과를 출력해보자.

```
> qp1 <- solve.QP(QP, -d, t(A), b)
> qp1$solution
[1] 5 0 -4
```

최적해에서의 이차함수의 값을 출력하려면 다음 코드를 실행하면 된다.

```
> qp1$value
[1] 64
```

일반적인 비선형 최적화

제약식이 선형이 아닌 일반적인 비선형 최적화 문제를 풀어야 하는 경우 Rsolnp 패키지의 solnp() 함수를 사용하면 된다. 예를 들어, $f(x,y)$를 제약조건 $x^2 + y^2 = 41$ 하에서 최소로 하는 해를 구하는 문제를 생각해보자.

우선 Rsolnp 패키지를 설치하고 로드하자.

```
> install.packages("Rsolnp")
> library("Rsolnp")
```

도움말 페이지에서 이 함수의 사용법을 살펴보려면 다음 명령어를 실행하라.

```
> help(solnp)
```

목적함수를 f라는 이름으로 저장하자.

```
> f <- function(x){
    4*x[1] - 2*x[2]
  }
```

제약식 함수 역시 별도의 객체로 저장한다.

```
> ctr <- function(x){
    x[1]^2 + x[2]^2
  }
```

다음은 제약식의 우변에 있는 값을 별도의 객체로 저장한다.

```
> constraints <- c(41)
```

이제 초기값을 x0라는 이름의 객체로 저장한다.

```
> x0 <- c(1, 1)
```

이제 solnp() 함수를 사용해 해를 구해보자. 제약식 함수를 위한 eqfun 인수와 제약값을 위한 eqB 인수를 다음과 같이 지정한다.

```
> gnlp1 <- solnp(x0, fun = f, eqfun = ctr, eqB = constraints)

Iter: 1 fn: 4.8490      Pars:   7.97483 13.52517
Iter: 2 fn: -89.3900    Pars:  -13.15464 18.38573
Iter: 3 fn: -75.5164    Pars:  -17.70654  2.34511
Iter: 4 fn: -50.6915    Pars:   -9.26314  6.81945
Iter: 5 fn: -34.8293    Pars:   -7.33659  2.74148
Iter: 6 fn: -29.4963    Pars:   -5.79341  3.16135
Iter: 7 fn: -28.6698    Pars:   -5.74107  2.85273
Iter: 8 fn: -28.6358    Pars:   -5.72713  2.86361
Iter: 9 fn: -28.6356    Pars:   -5.72713  2.86356
Iter: 10 fn: -28.6356   Pars:   -5.72713  2.86356
solnp--> Completed in 10 iterations
```

최적해를 출력하려면 $par 값을 보면 된다.

```
> gnlp1$par
[1] -5.727129  2.863564
```

이번에는 $f(x, y) = 4x - 2y$를 $x^2 + y^2 \leq 45$ 제약조건 하에서 최소로 하는 (x, y)를 찾아보자. 이를 위해 solvenp() 함수에서 제약함수를 위한 ineqfun 인수를 아래 코드와 같이 지정하고, 제약식의 하한을 나타내는 ineqLB 인수를 0으로, 상한을 나타내는 ineqUB 인수를 45로 지정하자. 초기치는 (-5, 5)로 지정한다.

```
> x0 <- c(-5, -5)
> gnlp2 <- solnp(x0, fun = f, ineqfun = ctr, ineqLB = c(0), ineqUB=c(45))

Iter: 1 fn: -13.6535     Pars:  -5.44225 -4.05775
Iter: 2 fn: -19.9098     Pars:  -6.33853 -2.72215
Iter: 3 fn: -27.9987     Pars:  -7.16312 -0.32691
Iter: 4 fn: -32.6786     Pars:  -6.85051  2.63826
Iter: 5 fn: -30.2915     Pars:  -6.02704  3.09169
Iter: 6 fn: -30.0031     Pars:  -6.00113  2.99927
Iter: 7 fn: -30.0000     Pars:  -6.00000  3.00000
Iter: 8 fn: -30.0000     Pars:  -6.00000  3.00000
Iter: 9 fn: -30.0000     Pars:  -6.00000  3.00000
solnp--> Completed in 9 iterations
> gnlp2$par
[1] -6  3
```

그 외의 최적화 패키지들

앞에서 살펴본 패키지 외에도 최적화 문제를 위한 R 패키지들이 많이 있다. 다음은 최적화를 위한 R 패키지와 함수들을 모아서 정리한 표이다. 각자의 최적화 문제에 가장 알맞은 패키지와 함수를 선택해 사용하기 바란다.

	선형 목적함수	이차식 목적함수	비선형 목적함수	경험적 접근법
제약식이 없거나 구간형 제약식			optim optimize nlminb	DEoptim rgenoud NMOF
선형 제약식		quadprog LowRankQP	constrOptim	
선형, 정수 제약	Boot loSolve lpSolveAPI linprog limSolve			
이차제약식		Rcplex Rmosek		
반정치(semi-definite)	Rcsdp			
비선형 제약식			Rsolnp	

> **Note** The Optimization and mathematical Programming 웹페이지
>
> http://cran.rproject.org/web/views/Optimization.html
>
> 위 주소를 방문하면 최적화 문제를 풀기 위한 보다 복잡하고 최신의 패키지의 목록을 확인할 수 있다.

∷ 요약

이 장에서는 다양한 함수에 대한 여러 가지 최적화 기법을 알아보았다. 최적화 문제를 수립하고 해를 구한 뒤 시각화할 수 있는 다양한 R 패키지의 활용법을 다뤘기 때문에, 여러분이 당면한 최소화 또는 최대화 문제를 해결할 준비가 되었을 것이다. R과 과학 계산을 위한 R패키지에 익숙해졌으므로, 마지막 장에서는 효율적인 R 프로그래밍과 분석을 위해 데이터를 정제하고 관리하는 방법에 대해 알아보게 될 것이다.

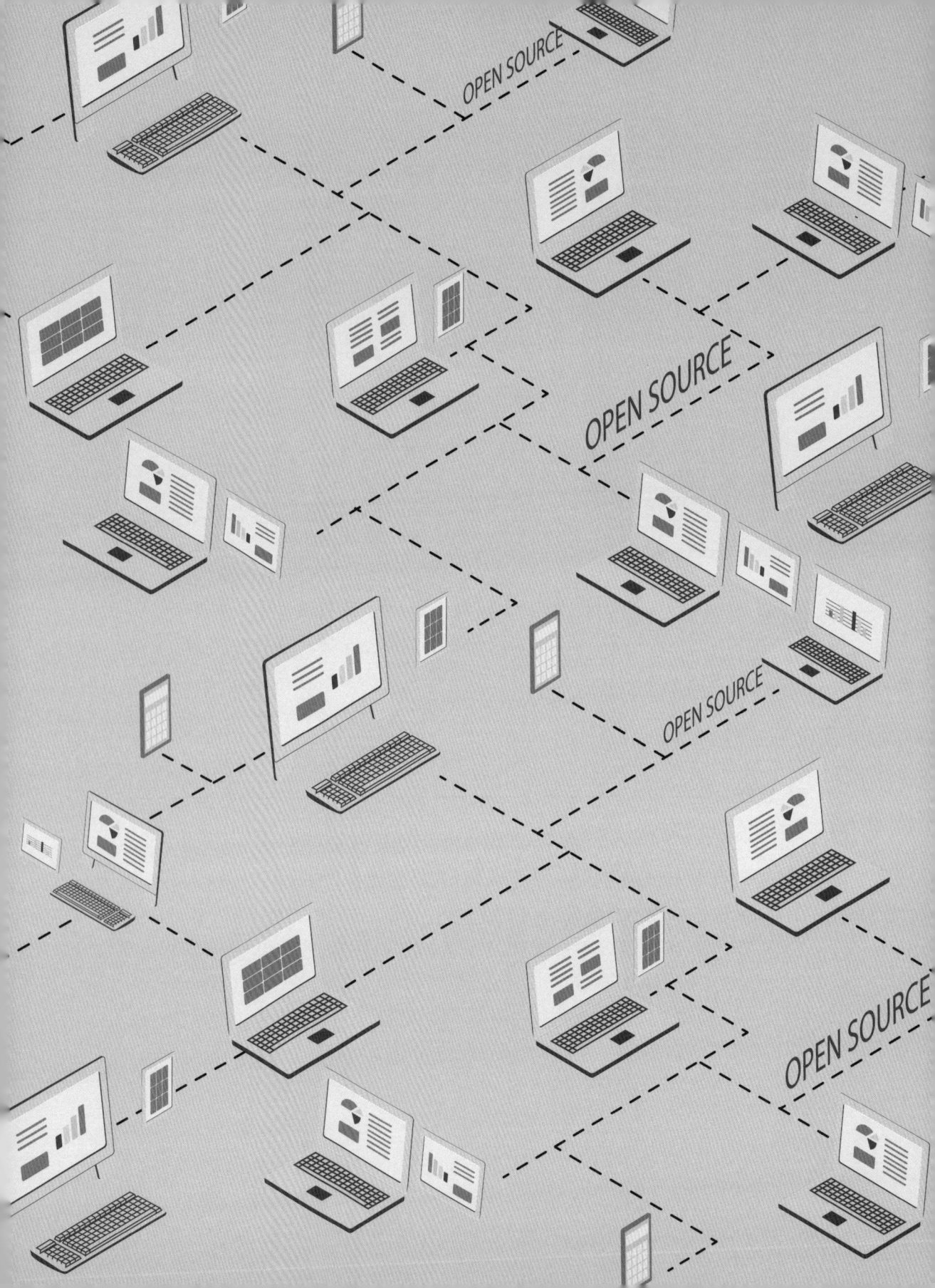

Chapter 10
고급 데이터 매니지먼트

데이터 랭글링(Data wrangling)[23]은 데이터를 보다 사용하기 쉬운 형태로 변환하는 작업을 가리키는 용어이다. 물론 이 과정에서 데이터에 내포된 의미는 바뀌면 안될 것이다. 데이터 랭글링은 데이터 포맷을 재정의하거나 다른 종류의 모델링을 위한 데이터 매핑, 다루기 용이한 형태로의 변환 등의 작업을 포괄한다. 데이터 랭글링 작업들은 데이터베이스 혹은 데이터 저장고(repository)에 데이터를 제출하기, 분석 소프트웨어에 데이터를 로드하기, 인터넷에 출판하기, 데이터셋 비교하기, 다른 세팅에서 데이터에 접근/활용/공유하기 등을 보다 쉽게 만들어 준다.

이 장에서는 다음의 주제를 다루게 될 것이다.

- 데이터 정제하기
- 패턴 매칭
- 결측 데이터와 다중대체법
- 부동소수점 계산 및 수치 데이터 타입
- 메모리 관리

이 장에서는 데이터 타입, 데이터 구조, 지저분한 데이터 등을 집중적으로 다룬다. 보통 데이터 분석에서 이러한 내용들은 그리 흥미로운 부분이 아닌 것으로 치부되지만, 데이터 분석가가 정말 운좋게도 잘 정리된 데이터셋을 제공받지 않는 한 가장 많은 시간을 쓰게 되는 부분이다.

데이터 분석을 논할 때 보통 새로운 인사이트를 도출하기 위해 데이터에 적용하는 여러 작업 과정들을 먼저 떠올린다. 그러나 그러한 작업들을 수행하기 전에 분석에 용이한 형태로 데이터를 정제하는 것이 필요하다. 불행하게도 현실 세계에서 데이터 정제는 실제 자료 분석에 맞먹는 노력과 시간을 요구하기 마련이다. 데이터 관리는 아마도 가장 유용한 데이터 분석 스킬 중의 하나일 것인데, 여타 데이터베이스 프로그래밍 관련 책들에서 커버하고 있는 정도에 비해 R 관련 책들은 이 부분을 거의 다루지 않고 있다.

∷ R에서 데이터 정제하기

데이터 분석의 첫 단계는 분석을 위한 데이터를 준비하는 것이다. 이 장의 나머지 부분은 대체로 이 주제에 할애되어 있지만, 여기서는 우선 기본적인 고려 사항들과 그것들을 위한 R 사용법을 리뷰한다. 데이터 분석에서 가장 중요한 부분은 데이터셋과 그 데이터셋을 구성하는 변수들이 어떤 과정으로 만들어졌는지에 대해 이해하는 것이다.

전체적 개관을 위해 다음의 pumpkins 데이터셋을 사용한다. 이 데이터셋은 실제 데이터가 아니며 인위적으로 구성한 것이다.

```
> pumpkins <- read.csv('messy_pumpkins.txt', stringsAsFactors = FALSE)
> pumpkins
      weight   location
1        2.3     europe
2      2.4kg    Europee
3     3.1 kg        US
4 2700 grams       USA
5         24      U.S.
```

데이터프레임을 로드할 때 R은 문자열을 문자형이 아닌 인수형(factor) 타입으로 처리하는 것을 기본으로 한다. 이 기본 세팅은 많은 경우에 편리함을 제공하지만, 위의 예제 데이터처럼 같은 의미인데 다른 값의 문자열로 표시되어 있는 경우 문제가 될 수 있다. 이런 경우 read.csv() 함수에 stringsAsFactors = FALSE 인수를 지정해 주면 된다.

---

23 역자 주: 앞 페이지의 데이터 랭글링(data wrangling)은 데이터 먼징(data munging)이라 불리기도 한다.

앞 데이터를 살펴보면 weight 변수를 표시하는 방식과 단위가 통일되어 있지 않음을 알 수 있다. location 변수도 표기 방법에 일관성이 없으며 심지어 철자법이 잘못된 경우까지 있다. 이 정도가 제일 지저분한 경우이기를 바라지만, 고품질의 데이터를 만들기 위해 상당한 노력을 기울이지 않는 한 현장에서 여러분이 작업하게 될 대규모 데이터셋에서 늘상 만나게 되는 문제이다.

다섯째 행의 24는 나머지 값들과 상당히 다른 숫자이며 단위가 빠져있다. 이 숫자는 원래 킬로그램 단위로 기록될 것인데 단지 자료 입력 때 소숫점을 빠뜨린 것으로 생각할 것이가? 아니면 신뢰할 수 없으니 그냥 무시해버릴 것인가? 이러한 질문은 통계적이라기 보다는 실제적인 것이다. 일단 여기서는 소숫점을 실수로 빠뜨린 것이고 원래 킬로그램 단위인 것으로 가정한다.

∷ 문자열 처리 및 패턴 매칭

패턴 매칭(pattern matching)은 문자열 내 문자들의 패턴을 식별하는 작업을 가리키는 말로써 컴퓨터 프로그래밍에서 오랜 역사를 가지고 있는 문제이다. 가장 간단한 종류의 패턴 매칭은 주어진 문자가 특정 값과 일치하는 지 확인하는 것으로써, 거의 모든 프로그래밍언어로 쉽게 작성 가능하지만 거의 쓸모없는 것이기도 하다. 조금 더 현실적인 문제는 알파벳 대문자인지, 숫자인지 등과 같이 문자들의 패턴을 다루는 것이다. R을 비롯한 프로그래밍언어에는 소위 정규표현식(regular expression)이라 불리는 특정한 규칙을 따르는 문자열의 모임이 있다. R의 grep류의 함수들도 이에 기초한 것들인데, 우선 이 함수들에 대해 알아보고 정규표현식에 대해 보다 자세히 다루기로 하자.

grep 함수들은 텍스트의 패턴을 식별하고 대체해주는 류의 작업을 하는 함수들이다. 가장 널리 사용되는 것들은 다음과 같다.

- grep: 이 함수는 주어진 문자 패턴과 일치하는 문자열을 찾는 데 사용된다. 문자열로 구성된 벡터를 입력받아 주어진 패턴과 일치하는 문자열의 인덱스를 리턴한다.
- grepl: 이 함수는 주어진 문자 패턴과 일치하는 문자열을 찾는 데 사용되지만 grep와 리턴하는 값이 다르다. 이 함수는 문자열로 구성된 벡터를 입력받아 각 성분별로 주어진 패턴과 일치 여부를 나타내는 논리값 벡터를 리턴한다.
- sub: 이 함수는 문자열에서 특정 문자 패턴을 찾아서 다른 문자열로 대체할 때 사용한다. 처음 일치하는 것으로 발견된 문자열만 대체해준다.
- gsub: 이 함수는 문자열에서 특정 문자 패턴을 검색해 다른 문자열로 대체할 때 사용한다. 다만 sub와는 반대로 일치하는 모든 문자열 원소를 대체해준다.

패턴이 정확히 일치하지 않는 경우에도 사용 가능한 매우 유용한 함수가 있다.

- agrep: 이 함수는 문자열 벡터를 입력받아 어느 성분이 주어진 패턴과 일치하는 지 알려주는 인덱스 벡터를 리턴한다. 정확히 일치하는 지 확인하는 대신 거의 비슷한 지의 여부를 확인한다. 비슷한 정도를 측정하는 방법은 완벽한 매칭을 위해 요구되는 삽입, 삭제, 대체 횟수에 의해 결정된다.

정규표현식

정규표현식은 문자 혹은 심볼 표현들을 포함할 수 있지만, 메타문자(metacharacters), 문자 클래스(character class), 연속문자(sequence) 등을 사용할 수 있다는 점에서 매우 강력하다.

문자 또는 단어를 위해 문자열 표현을 사용할 수 있다. 예를 들어, 문자열 벡터 pumpkins
$weight에서 알파벳 "k"가 포함된 성분을 확인하는 코드는 다음과 같다.

```
> pumpkins$weight[grep(pattern = "k", pumpkins$weight)]
[1] "2.4kg"  "3.1 kg"
```

특정 패턴의 문자열이 있는지 확인하려면 문자 그대로 입력하면 되지만, 특수 문자 또는 기호를 찾고 싶은 경우에는 그대로 입력하면 안되고 \\를 붙여야 하는데, 정규표현식 내에서 가지는 고유한 의미와 구별해주어야 하기 때문이다.

대부분의 구두점(punctuation) 역시 정규표현식 내에서 고유의 의미가 있기 때문에 일반 문자와 달리 취급해야 한다. 만일 "."을 포함하는 문자열 성분을 다음 예처럼 검색하게 되면 기대와 전혀 다른 결과를 얻게 된다.

```
> pumpkins$weight[grep(pattern = ".", pumpkins$weight)]
[1] "2.3"      "2.4kg"    "3.1 kg"   "2700 grams" "24"
```

"2700 grams"은 "."을 포함하지 않지만 검색 결과에 포함되어 있다.

"."을 검색하려면 "." 앞에 "\\"를 붙여 정규표현식으로부터 빠져나온 후 검색할 수 있게 해 주어야 한다. 다음은 위 코드를 바르게 수정한 것이다.

```
> pumpkins$weight[grep(pattern = "\\.", pumpkins$weight)]
[1] "2.3"    "2.4kg"  "3.1 kg"
```

어떤 문자들은 앞에 "\\"를 붙이면 오히려 정규표현식 내에서 문자 그대로가 아닌 특별한 의미를 갖게 되는 경우가 있다. 예를 들어, "d"는 정규표현식 내에서 문자 그대로의 의미를 갖지만 "\\d"는 숫자(digit)를 의미하게 된다.

> **Note** 정규표현식을 위한 표준은 여럿 존재하며, 언어에 따라 조금씩 다른 방식으로 정규표현식을 처리한다. 참고로 Perl의 정규표현식은 R의 grep 류의 함수들에서도 perl = TRUE 인수를 지정하면 사용할 수 있다.

다음 표는 메타문자와 문자열의 의미를 정리한 것이다. 이 표에 모든 경우를 다 포함하지는 않았으며, 정규표현식은 문맥에 따라 그리고 프로그래밍 언어에 따라 다를 수 있음에 유의할 필요가 있다. 다음은 R에서 많이 사용되는 몇몇 정규표현식을 정리한 것이다.

메타문자	의미
.	임의의 문자를 의미
$	문자열의 끝을 의미
?	바로 앞의 문자가 없거나 하나임
*	바로 앞의 문자가 없거나 하나 이상임
+	바로 앞의 문자가 하나 이상 있음
^	[] 바깥에 있으면 줄의 처음 시작을 의미. [] 내부에 있으면 다음에 오는 문자 클래스를 제외하라는 의미
|	or 연산자를 의미
[]	[] 안에 있는 문자 클래스를 의미
{}	앞에 있는 패턴의 개수를 의미(?, *, + 등의 메타문자는 이 표현식의 단축식에 해당)
\\d	숫자(digit)를 의미
\\D	숫자가 아닌 문자임을 의미
\\s	공백(space)을 의미
\\S	공백이 아닌 문자임을 의미
\\w	문자숫자식(alphanumeric)임을 의미
\\W	문자숫자식이 아님을 의미

이제, 이들 메타문자들의 용법을 살펴보자. 위에서 이미 "."의 예를 살펴본 바 있다.

한 개 이상의 0을 포함하는 문자열 성분을 찾으려면 다음 코드와 같이 하면 된다.

```
> pumpkins$weight[grep(pattern = "0+", pumpkins$weight)]
[1] "2700 grams"
```

숫자가 아닌 값을 포함한 성분을 검색하려면 다음 코드와 같이 하면 된다.

```
> pumpkins$weight[grep(pattern = "\\D", pumpkins$weight)]
[1] "2.3"       "2.4kg"      "3.1 kg"     "2700 grams"
```

단위가 기록되지 않은 문자열 성분을 검색하려면 다음과 같이 문자열의 끝을 의미하는 $를 사용한다.

```
> pumpkins$weight[grep(pattern = "\\d$", pumpkins$weight)]
[1] "2.3" "24"
```

마지막으로 소개할 내용은 정규표현식이 강력한 힘을 갖게 하는 개념인 문자 클래스(character class)이다. R에 a, b, c, d, e 등을 포함한 문자열을 검색하게 하는 대신 [[:letters:]]를 사용할 수 있다. 다음 표는 R이 인지하는 문자 클래스를 정리한 것이다.

문자 클래스	의미
[aeiou]	소문자 모음을 의미
[AEIOU]	대문자 모음을 의미
[0-9]	숫자를 의미
[a-z]	소문자를 의미
[A-Z]	대문자를 의미
[a-zA-Z0-9]	알파벳 대소문자 및 숫자를 의미
[^0-9]	숫자를 제외한 모든 문자를 의미
[[:alpha:]]	대소문자를 의미
[[:punct:]]	구두점을 의미
[[:print:]]	인쇄가능한 문자를 의미
[[:digit:]]	숫자를 의미

마지막에 있는 네 개의 문자 클래스는 다른 프로그래밍 언어에서도 호환 가능한 Unix 표준인 POSIX 문자 클래스의 예이다. 그 외에도 R의 정규표현식과 상당 부분 겹치는 POSIX 표현식들이 있다.

앞 예제 데이터를 정제하기 위해 패턴 매칭을 사용해 보자. 이 예제 데이터의 경우 관측치가 5개밖에 안되기 때문에 직접 수작업으로 정제하는 것이 가능하지만, 단위를 통일해 숫자를 표시하고 일관된 명명 규칙을 사용하는 등의 과정을 거쳐 새로운 정제된 데이터프레임을 만드는 일반적인 룰을 보여주고자 한다. 데이터셋을 정제하는 것은 통계적 혹은 수학적 의사결정의 문제가 아니고, 데이터 입력이 어떻게 잘못될 수 있는 지 그리고 그것을 어떻게 해석해야 하는지에 대한 의사결정 문제인 경우가 많다.

우선 데이터 입력 과정에서 잘못되는 몇 가지 예를 살펴보자.

- 앞 예제의 pumpkins 데이터셋의 경우처럼 단위를 기록하는 과정에서(숫자만 입력하지 않고)
- 잘못된 단위의 숫자를 입력하는 경우(킬로그램 단위로 입력해야 하는데 다른 단위의 숫자를 입력)
- 확인 불가능한 이유로 잘못 입력되는 경우. pumpkins 데이터의 다섯 번째 값을 보면 무게가 다른 단위로 기록되었는 지, 혹은 소숫점의 위치가 잘못 되었는지, 아니면 단순한 오류인지 확인하기 어려움

첫 번째 혹은 두 번째 이유에 의해 오류가 발생한 경우에는 수정하는 방법을 쉽게 찾을 수 있으며, 아래에 해당 R 코드들을 작성해 놓았다. 문제는 세 번째 이유에 의해 오류가 발생한 경우인데, 상황에 따라 오류 원인을 대략 유추해 볼 수도 있고 그냥 결측 처리를 할 수도 있다. 데이터를 수동으로 입력하는 부분이 있는 한 세 번째 이유에 의한 오류는 흔히 발생한다. 예를 들어, 사람의 체온을 화씨로 입력한 데이터에 999가 발견되었다면, 이는 아마도 99를 입력하면서 실수로 9를 한 번 더 입력했거나 99.9를 입력하는 과정에서 소수점이 누락된 경우일 것인데, 둘 중 어느 경우인지 확인할 방도는 없다.

이러한 경우 데이터를 정제하는 방법은 여러 가지가 있다. 여기서 우리가 사용하게 될 일반적인 접근법은 다음과 같다. 우선 모든 weight 입력 값에서 텍스트를 제거한다. 그 다음에 그램 단위로 입력된 값과 킬로그램 단위로 입력된 값을 구별하게 될 것이다. location 변수의 명명 규칙을 통일하는 문제는 나중에 다시 생각하기로 하자. 일단 location 변수 처리까지 잘 진행되었다고 가정하고 새로이 정제된 데이터프레임을 생성한다. 마지막으로 weight 값이 이상한 관측치를 데이터프레임에서 제거한다.

일단 weight 열에서 텍스트를 제거해보자. 알파벳 문자를 ""로 대체한 후(알파벳 문자들을 제거하는 효과) 수치형 데이터로 강제 변환시킨다.

```
> corrected.data <- as.numeric(gsub(pattern = "[[:alpha:]]", "", pumpkins$weight))
```

자릿수를 이용해 그램 단위로 기록된 값을 식별해 보자. 이때 네 자릿수 숫자가 있다면 킬로그램으로 기록되어야 하는 값이 그램 단위로 잘못 기록된 것으로 간주하고 1,000으로

나누어 준다. 파운드나 온스 단위로 기록된 값이 있다면 그에 맞는 변환을 추가하면 될 것이다. 자릿수는 {4} 인수를 사용해 지정하면 되는데, 이는 찾고자 하는 문자 클래스가 연속적으로 나오는 횟수를 구할 때 일반적으로 사용하는 방법이다. 다음 예제 코드를 보라.

```
> units.error.grams <- grep(pattern = "[[:digit:]]{4}", pumpkins$weight)
> corrected.data[units.error.grams] <- corrected.data[units.error.grams] / 1000
```

이제 location 변수를 수정해보자. 근사적인 패턴 매칭을 사용하려 하는데, 그 이유는 예를 들어 Europe을 잘못 표기하는 방법은 매우 많아서 모든 경우를 다 고려할 수 없기 때문이다. 이를 위해 근사적인 매칭을 찾아주는 agrep() 함수를 사용하면 되는데, pattern 인수에 매칭할 값을 지정한다. 근사적인 매칭을 사용할 것이기 때문에 어느 정도까지 비슷해야 근사적으로 매칭이 된다고 볼 것인 지를 정해야 한다. 이를 위해 max.dist 인수를 사용해 근사적 패턴 매칭 여부를 agrep() 함수가 판단할 수 있게 해준다. 여기서는 완전한 매칭을 위해 필요한 단일 문자의 삽입(insertions), 삭제(deletions), 대체(substitutions) 등의 횟수를 agrep() 함수에 알려주어 근사적 패턴 매칭을 판단하도록 한다. 다음 예제 코드를 보라.

```
> european <- agrep(pattern = "europe", pumpkins$location, ignore.case = TRUE,
                    max.dist = list(insertions = c(1), deletions = c(2)))
> american <- agrep(pattern = "us", pumpkins$location, ignore.case = TRUE,
                    max.dist = list(insertions = 0, deletions = 2, substitutions = 0))
> corrected.location <- pumpkins$location
> corrected.location[european] <- "europe"
> corrected.location[american] <- "US"
```

마지막으로 정제된 데이터 값으로 구성된 새로운 데이터프레임을 생성해 살펴본다. 다음 코드를 보라.

```
> cleaned.pumpkins <- data.frame(corrected.data, corrected.location)
> names(cleaned.pumpkins) <- c('weight', 'location')
> cleaned.pumpkins
  weight location
1    2.3   europe
2    2.4   europe
```

```
3    3.1         US
4    2.7         US
5   24.0         US
> summary(cleaned.pumpkins)
     weight        location
 Min.   : 2.3    europe:2
 1st Qu.: 2.4    US    :3
 Median : 2.7
 Mean   : 6.9
 3rd Qu.: 3.1
 Max.   :24.0
```

여기서 weight 변수의 중앙값(median)은 2.7kg인데 평균(mean)은 6.9kg이고, 최대값은 24kg이다. 분명히 뭔가 오류가 있다. 보통 호박의 무게가 10kg을 넘는 것으로 기록된 것은 무언가 잘못되었음을 의미한다(이것은 통계적 의사 결정과 무관하며, 미심쩍은 수치의 범위에 대한 연구자의 해당 분야 지식에 기초한 판단에 의한 것이다). 이를 위해 해당 관측치를 삭제한 새로운 데이터프레임을 생성하거나 미심쩍은 값을 결측 처리하는 것 모두 가능하다.

새로운 데이터프레임을 생성하는 코드는 다음과 같다.

```
> cleaned.pumpkins.2 <- cleaned.pumpkins[cleaned.pumpkins$weight <= 10,]
```

미심쩍은 값을 결측 처리하는 코드는 다음과 같다.

```
> cleaned.pumpkins[cleaned.pumpkins$weight >= 10,1] <- NA
```

∷ 부동소수점 연산 및 수치 데이터 타입

수학 연산의 관점에서 보면 숫자는 숫자일 뿐이다. 그러나 컴퓨터는 숫자에 대해 경우에 따라 다른 방식으로 접근한다. 대부분의 경우 문제가 안 되지만, 대규모의 데이터셋을 다룰 때 혹은 메모리나 계산 속도를 걱정하는 경우 상당히 중요한 문제이다. R은 기본적으로 두 가지 종류의 수치데이터 타입, 즉 정수(integer)와 2배정밀도(double precision, R에서는

numeric이라 부름)를 가지고 있다. 정수형 데이터 타입은 정수로 정확히 나타낼 수 있는 값을 처리한다. 2배정밀도 타입은 IEEE 부동소수점 표준에 따라 반올림된 소수를 사용한다. R에는 C 등의 언어와 달리 단일정밀도(single precision) 타입은 제공하지 않는다.

정수값으로 구성된 벡터 x와 y를 만든 후 나눗셈을 실시해보자. 수학적으로는 나눗셈 결과로 실수값을 얻어야 한다. 다음 실행 결과를 보라.

```
> x <- as.integer(seq(1, 10, by = 1))
> y <- as.integer(seq(2, 20, by = 2))
> x
 [1]  1  2  3  4  5  6  7  8  9 10
> y
 [1]  2  4  6  8 10 12 14 16 18 20
> y/x
 [1] 2 2 2 2 2 2 2 2 2 2
```

y/x 벡터는 한 자리수의 정수 10개로 구성된 것을 알 수 있다. 아마도 x와 y랑 같은 크기일 것으로 예상되지만, 실제로 크기를 확인해보면 거의 두 배의 메모리를 차지하고 있음을 확인할 수 있다.

```
> object.size(x)
88 bytes
> object.size(y)
88 bytes
> object.size(y/x)
168 bytes
```

그 이유는 나눗셈 연산에 의해 y/x 결과가 2배정밀도 타입으로 강제 변환되었기 때문이다.

```
> typeof(x)
[1] "integer"
> typeof(y)
[1] "integer"
> typeof(y/x)
[1] "double"
```

메모리 내에서 정수를 정수 형태로 보관하는 것은 메모리를 획기적으로 절약할 수 있게 해준다. 앞 코드에서 볼 수 있듯이 as.integer() 함수는 이러한 일을 할 수 있게 해주는 범용 함수이다.

> **Note** seq() 함수는 기본적으로 정수형을 리턴하므로 앞 코드에서 as.integer()는 굳이 사용할 필요가 없었다.

:: R에서 메모리 관리

R의 고질적인 단점은 R이 기본적으로 메모리에 전체 데이터셋을 로드해 사용하기 때문에 대규모 데이터셋을 다루기 불편하다는 점이다.

CERN의 Root(http://root.cern.ch)와 같이 대규모 데이터셋을 위해 고안된 분석 도구는 이러한 단점에 대한 훌륭한 대안이 될 것이다. Root는 완전히 다른 종류의 데이터분석 소프트웨어이기 때문에, 이미 다른 환경에서의 분석 도구들을 구축한 경우 새로운 데이터 분석 플랫폼으로 바꾸는 것이 쉽지 않음을 고려한다면 추천하기 어렵다.

Revolution R 또는 Renjin 등과 같은 third party R 소프트웨어 업체들은 이러한 문제를 해결하는 메모리 관리법을 제공한다. Revolution R은 상업적 이용자들에게 유료인 단점이 있다(학술연구용은 직접 Revolution R에 문의). 그리고 Renjin은 자바 가상 머신에서 구동되는데 모든 R 패키지와 완벽히 호환되는 것은 아니라는 단점이 있다. 그러나 일상적으로 대규모(기가바이트 수준)의 데이터셋을 다루는 이용자가 R을 사용하고 싶은 경우에는, 위의 비용 및 호환성 문제를 감수하고 사용하는 것이 최선일 것이다.

가끔 대규모 데이터셋을 다루어야 하는 사용자라면 몇 가지 유념할 사항이 있다. R은 실제로 꽤 사용할 만하다는 점이다. 32-비트 버전 R은 3GB의 메모리를 다룰 수 있지만 64-비트 버전은 8TB까지도 다룰 수 있다. RAM 가격이 점점 더 싸지고 있는 요즘, 컴퓨터의 RAM 용량을 업그레이드하고 64비트 버전의 R을 64비트 운영체제에서 구동시킨다면 데이터 규모는 거의 문제가 되지 않을 것이다.

메모리 관련 R 함수

R에서 사용가능한 메모리 양을 확인하려면 memory.limit() 함수를 사용하면 된다. 이 함수는 가상 메모리를 이용해 메모리 용량을 증가시킬 때도 사용한다. 다음은 대략 6GB 정도의 메모리 용량(컴퓨터의 RAM 용량)을 확인한 후, R이 8GB까지 사용할 수 있게 하는 예이다.

```
> memory.limit()
[1] 5999
> memory.limit(8000)
[1] 8000
> memory.limit()
[1] 8000
```

R 세션을 끝내고 다시 시작하면, R은 컴퓨터 RAM 용량에 따른 기본값으로 리셋하며 더 이상 가상 메모리를 사용하지 않는다.

가상 메모리를 사용하는 것은 R의 속도를 현저히 떨어뜨리기 때문에, 만일 메모리 문제로 가상 메모리를 사용해야 하는 상황이라면 그 전에 다른 작업을 끝마치는 것이 좋다.

대규모의 계산을 수행하는 경우, 우선 할 일은 rm() 함수를 사용해 불필요한 객체들을 삭제하는 것이다. 특정 객체만 골라서 삭제할 수도 있고 모든 객체를 한꺼번에 삭제할 수도 있다.

우선 길이가 매우 긴 벡터 세 개를 만들어 그것들 중 하나를 삭제하는 코드를 작성해보자.

```
> A <- c(1:2E8)
> B <- c(1:2E8)
> C <- c(1:2E8)
> ls()
[1] "A" "B" "C"
> rm(A)
> ls()
[1] "B" "C"
```

메모리에서 모든 객체를 한 번에 삭제해버리려면 다음 코드를 실행하면 된다.

```
> rm(list=ls())
```

어떤 이들은 메모리에서 모든 객체가 다 삭제되는 것은 아니라는 점을 지적하기도 하는데, 찌꺼기(garbage)가 여전히 남아있을 수 있기 때문이다. R에서 불필요한 찌꺼기를 정리하려면 gc() 함수를 이용한다.

이미 사용하고 있는 메모리의 양을 알고 싶으면 memory.size() 함수를 사용하면 된다. 다음 예제는 똑같은 객체 두 개를 생성한 후 메모리 사용량을 확인하는 코드이다.

```
> A <- c(1:2E8)
> B <- c(1:2E8)
> memory.size()
[1] 2336.96
```

메모리에서 R 객체 다루기

데이터셋의 크기와는 무관하게, 작은 크기의 데이터셋을 다룰 때에도 R의 속도를 떨어지게 만드는 흔한 실수가 하나 있는데, 바로 같은 객체를 계속해서 재생성하는 것이다. 즉, 객체의 크기를 계속해서 다시 지정해 재할당하는 실수로써, R에서 루프를 느리게 만드는 원인이 된다.

예를 들어, NHANES 데이터에서 다섯 가지 순서형 응답을 이항 응답으로 압축하는 작업은 비교적 간단한 작업이다. 이제 우리는 이 작업을 위해 루프를 사용하는 세 가지 다른 종류의 함수를 살펴보게 될 것이다. 첫 번째와 세 번째 함수는 벡터의 길이를 동적으로 재지정한다. 두 번째 함수는 적정한 크기의 벡터를 생성한 후 값들을 채워나가는 방식을 취한다.

다음 코드는 아마도 가장 좋지 않은 방법일 것이다.

```
physical.data <- read.csv('phys_func.txt')[-1]

condense.to.binary <- function(input.vector) {
  output.vector <- c()
  a <- 0
```

```
  for (i in 1:length(input.vector)) {
    if (input.vector[i] == 1) {a <- 0}
    if (input.vector[i] > 1){a <- 1}
    output.vector <- c(output.vector, a)
  }
  return(output.vector)
}
```

다음은 벡터를 생성해 임의의 값으로 채워놓은 뒤, 루프 반복마다 해당 값을 치환하는 방식을 사용한 것이다. 반복마다 벡터를 복사할 필요가 없으며 재할당 역시 필요하지 않다.

```
condense.to.binary.2 <- function(input.vector) {
  output.vector <- rep(NA, length(input.vector))
  a <- 0
  for (i in 1:length(input.vector)) {
    if (input.vector[i] == 1) {a <- 0}
    if (input.vector[i] > 1){a <- 1}
    output.vector[i] <- a
  }
  return(output.vector)
}
```

첫 번째 함수에서는 벡터를 선언만 해놓고 R의 인덱싱 방법을 사용해 계속 벡터의 길이를 늘여가는 방식을 사용했다. 다음 코드 역시 매번 루프 반복마다 벡터의 길이가 변하기 때문에 동적인 재할당이 요구되어 속도가 떨어지는 예이다.

```
condense.to.binary.3 <- function(input.vector) {
  output.vector <- c()
  a <- 0
  for (i in 1:length(input.vector)) {
    if (input.vector[i] == 1) {a <- 0}
    if (input.vector[i] > 1){a <- 1}
    output.vector[i] <- a
  }
  return(output.vector)
}
```

system.time() 함수를 사용해 성능을 비교해보자. 아래에서 볼 수 있듯이 두 번째 방법이 다른 두 방법보다 훨씬 빠르다. 데이터프레임의 첫 번째 변수를 20번 반복해 긴 길이의 벡터를 만들어 코딩 스타일에 따른 차이가 확연히 드러나도록 했다.

```
> system.time(a.binary <- condense.to.binary(rep(physical.data[,1], 20)))
   User  System elapsed
 11.181   9.286  20.496
> system.time(a.binary <- condense.to.binary.2(rep(physical.data[,1], 20)))
   User  System elapsed
  0.103   0.001   0.104
> system.time(a.binary <- condense.to.binary.3(rep(physical.data[,1], 20)))
   User  System elapsed
  5.668   8.978  14.737
```

R에서 동적으로 객체를 재할당하는 것은 매 반복마다 전체 벡터에 대한 메모리를 재할당할 것을 요구하기 때문에 코드 성능에 대한 심각한 장애 요소가 된다. 불가피한 경우를 제외하고는 가급적 사용하지 않는 것이 좋다.

:: 결측 데이터

결측 데이터(missing data)는 현실 세계의 데이터 분석에서 가장 큰 문제 중의 하나일 것이다. 무생물인 화학물질, 몇 마리 안 되는 생쥐, 고도로 기계화된 공장 등을 이용해 이루어지는 세심하게 계획된 실험이라면 결측 데이터의 문제가 없을 것이다. 그러나 데이터 규모가 커지거나 실험에 인간이 결부되는 순간 결측 데이터 문제는 거의 확실히 발생한다. 결측 데이터를 분석할 때에는 결측을 고려한 특별한 분석 방법이 필요하다. 그 방안은 결측 데이터에 의해 유발되는 편의(bias)의 종류를 파악하는 것에서 찾을 수 있다.

R에서 결측 데이터의 계산적 측면

결측 데이터의 통계적 측면을 자세히 살피기 전에 계산적 측면을 살펴볼 필요가 있다. R에서 결측을 표시하는 방법은 두 가지가 있는데, NA와 NULL이다. NA는 결측치를 의미하는데 여러 가지 타입이 있고 R은 알아서 적절한 종류의 타입으로 강제 변환해준다. 예를 들어 cleaned.pumpkins 데이터셋에 있는 NA는 수치형(numeric type)일 것으로 예상할 수 있는데, NA를 포함하고 있는 해당 변수가 수치형 벡터이기 때문이다. 다음 예제를 보라.

```
> cleaned.pumpkins[cleaned.pumpkins$weight >= 10,1] <- NA
> cleaned.pumpkins
  weight location
1    2.3   europe
2    2.4   europe
3    3.1       US
4    2.7       US
5     NA       US
> cleaned.pumpkins[5,1]
[1] NA
> typeof(cleaned.pumpkins[5,1])
[1] "double"
```

위에서 보듯 R은 첫 번째 열에 있는 NA 값을 여전히 double 타입으로 기억하고 있다. 이 결과를 실제로 존재하지 않는 값의 경우와 비교해보자. cleaned.pumpkins 데이터에 실제로 존재하지 않는 [1,3] 성분을 선택해 변수에 할당한 후 타입을 확인해보자.

```
> b <- cleaned.pumpkins[1,3]
> b
NULL
> typeof(b)
[1] "NULL"
```

b에 NA가 아닌 NULL 값이 할당되어 있음을 알 수 있고, 이 NULL 값은 그 자체로 NULL 타입임을 확인할 수 있다. 결측 데이터의 대체법(imputation)을 위해 고안된 R 프로그램들은 NULL이 아닌 NA에 대해 적용된다.

결측 데이터의 통계적 처리

데이터셋에 포함된 변수 중 결측이 있는 경우, 다음과 같은 세 가지 종류의 결측이 있을 수 있다.

- **MCAR**(missing completely at random): 전체 데이터셋에 포함된 다른 변수와 아무런 연관성이 없이 결측이 발생한 경우를 의미한다.
- **MAR**(missing at random): 용어의 문자적 의미와 다소 다르다. 결측값이 발생한 변수 때문이 아니라

다른 변수 때문에 결측이 발생한 경우이다.

- **MNAR**(missing not at random): 결측의 원인이 그 변수에 있는 경우이다.

MCAR인 데이터의 경우 편의(bias)가 없다. 예를 들어, 조사 결과가 담긴 설문지 더미를 나르다가 땅에 떨어뜨렸는데 하필 바람이 불어 절반 정도가 날아가 버린 경우를 가정하자. 어느 부분의 절반일 것인가? 이 경우 날아가 버린 부분은 완벽히 랜덤이며 날아가 버린 절반은 남아 있는 절반과 비슷한 결과를 담고 있을 것으로 기대할 수 있을 것이므로, 결측 패턴에 의한 편의는 없을 것이다.[24]

MAR인 데이터는 편의를 갖게 된다. 예를 들어, 나이와 소득에 대한 연구를 생각해보자. 젊은 사람일수록 우편 조사를 무시하는 경향이 있으므로 소득 데이터에 결측이 발생할 가능성이 높을 것이다. 만일 이 조사를 통해 나이를 조절변수로 하여 소득을 분석하려 한다면, MAR에 해당한다(이 예제만 보아도 MAR은 좋은 이름이 아니다). 이 경우 편의가 발생하게 됨을 충분히 상상할 수 있을 것이다.

소득이 높은 사람일수록 자신의 소득을 알리고 싶어 하지 않는 경향 때문에 결측이 발생하는 경우를 생각할 수 있는데 이것이 MNAR에 해당한다. 즉, 이 경우 소득 변수에 발생한 결측의 원인은 소득 변수의 값 때문이다. 이때 결측을 무시하고 분석을 진행하면 소득을 과소 추정하게 되는 편의가 발생할 것이다.

결측 데이터를 다루는 방법은 다음과 같다.

- 결측치를 포함한 해당 관측치를 제거한다(제거법, deletion).
- 결측치를 가장 그럴듯한 값으로 대체한다(대체법, imputation)

MCAR인 데이터의 경우에는 첫 번째 방법이 나은 선택일 것이다. 표본 크기가 작아지기는 하지만 편의는 없기 때문이다. 그러나 실제 데이터가 MCAR인 경우는 거의 없으며, 따라서 보통의 경우 그냥 제거법을 사용하게 되면 편의를 피할 수 없다. MAR인 경우 (MNAR도 포함) 결측 데이터를 그냥 무시하고 삭제하는 것보다는 적절한 값으로 대체하는 것이 나은 선택이다. 물론 대체법 자체에 의해 생기는 편의가 있으며, 종종 제거법이 유일한 실행 가능한 대안인 경우가 있다.

---

[24] 역자 주: 이상의 내용은 MCAR의 예로는 적절치 않은 것으로 판단되나 원서의 내용을 존중해 그대로 번역했음을 밝힌다.

제거법

결측값을 포함한 자료를 무시하는 방법을 선택한 경우 관측 데이터를 제거하는 데 사용할 수 있는 접근법에는 여러 가지가 있다. 리스트별(listwise) 방법과 짝별(pairwise) 방법이 대표적인 방법이다.

■ 리스트별 제거법 혹은 완전자료분석법

R에서 결측치를 다루는 가장 쉬운 방법은 리스트별 제거법(listwise deletion)이다. 리스트별 제거법은 모든 성분이 제대로 관측되지 않은 데이터는 그냥 제거하는 방법으로써, 아마도 결측치 처리에 쓰이는 방법 중 가장 단순하면서 가장 널리 쓰이는 방법일 것이다. 앞에서 언급한 바대로 이 방법은 편의(bias)를 유발할 수 있으며, 한 성분이라도 결측이 있는 데이터 개체가 많은 경우 표본 규모를 현저히 떨어뜨리게 된다.

리스트별 제거법을 R에서 수행하려면 `complete.cases()` 함수를 이용하면 된다.

```
> library(mice)
> data(nhanes2)
> complete.cases(nhanes2)
 [1] FALSE  TRUE FALSE FALSE  TRUE FALSE  TRUE  TRUE  TRUE FALSE FALSE FALSE  TRUE  TRUE
FALSE FALSE  TRUE  TRUE
[19]  TRUE FALSE FALSE  TRUE  TRUE FALSE  TRUE
> nhanes2[complete.cases(nhanes2),]
     age  bmi hyp chl
2  40-59 22.7  no 187
5  20-39 20.4  no 113
7  20-39 22.5  no 118
8  20-39 30.1  no 187
9  40-59 22.0  no 238
13 60-99 21.7  no 206
14 40-59 28.7 yes 204
17 60-99 27.2 yes 284
18 40-59 26.3 yes 199
19 20-39 35.3  no 218
22 20-39 33.2  no 229
23 20-39 27.5  no 131
25 40-59 27.4  no 186
> dim(nhanes2)
[1] 25  4
> dim(nhanes2[complete.cases(nhanes2),])
[1] 13  4
```

■ 짝별 제거법

짝별 제거법(pairwise deletion)은 리스트별 제거법과는 달리, 결측된 성분이 있는 데이터 개체를 완전히 제거하지 않고 관측된 성분값들을 최대한 활용하는 방법이다. 예를 들어, 공분산 행렬을 계산하는 경우를 생각해보자. 공분산 행렬의 각 성분은 두 변수 간의 공분산 값으로 채워진다. 이 경우 짝별 제거법을 적용하면 두 변수의 결측되지 않은 모든 값들을 사용해 공분산 행렬의 성분을 계산하게 된다. 이렇게 하면 표본 크기를 어느 정도 유지하는 데 도움이 되긴 하지만 문제점도 있다. 리스트별 제거법과 마찬가지로 편의가 발생하게 되며, 공분산 행렬의 각 성분마다 조금씩 다른 표본을 사용하기 때문에 최종 계산된 공분산 행렬이 양정치(positive definite) 성질을 만족하지 않을 수 있다. 많은 R 함수들이 리스트별 혹은 짝별 제거법 옵션을 제공한다.

> **TIP** 어떤 경우 결측치 처리에 제거법을 사용하는 것이 적절한가?
>
> 일반적으로 결측치 처리에 제거법은 선호되지 않는 방법이지만 꼭 그런 것만은 아니다. 예를 들어, 5퍼센트 미만의 데이터에 결측이 있는 경우(어떤 이들은 10%를 이야기하기도 한다)에는 제거법을 사용할 만하다 할 수 있다. 또는 데이터의 절반 이상 결측이 있는 경우에도 제거법이 나은 방법일 수 있는데, 제거에 의해 발생되는 편의만 잘 처리할 수 있다면 상당 부분이 대체법에 의해 조작된 값으로 구성된 데이터셋을 사용하는 것보다는 나을 수 있기 때문이다.

 결측 데이터의 시각화

mice 패키지의 내장 데이터인 nhanes2를 로드해 요약해보자.

```
> summary(nhanes2)
      age          bmi          hyp         chl
 20-39:12   Min.   :20.40   no  :13   Min.   :113.0
 40-59: 7   1st Qu.:22.65   yes : 4   1st Qu.:185.0
 60-99: 6   Median :26.75   NA's: 8   Median :187.0
            Mean   :26.56             Mean   :191.4
            3rd Qu.:28.93             3rd Qu.:212.0
            Max.   :35.30             Max.   :284.0
            NA's   :9                 NA's   :10
```

요약 결과를 살펴보면 데이터셋 내에 결측(NA)을 포함하고 있는 것을 알 수 있는데, 결측 패턴에 대해 더 자세히 알고 싶을 수 있다. VIM 패키지는 이러한 경우에 편리하게 사용할 수 있는 결측종합그림(aggregation plot) 등과 같은 도구들을 제공한다. 다음 예제를 보라.

```
> library(VIM)
> aggr(nhanes2, numbers = TRUE, col = c('black', 'gray'))
```

실행 결과는 다음 그림과 같다.

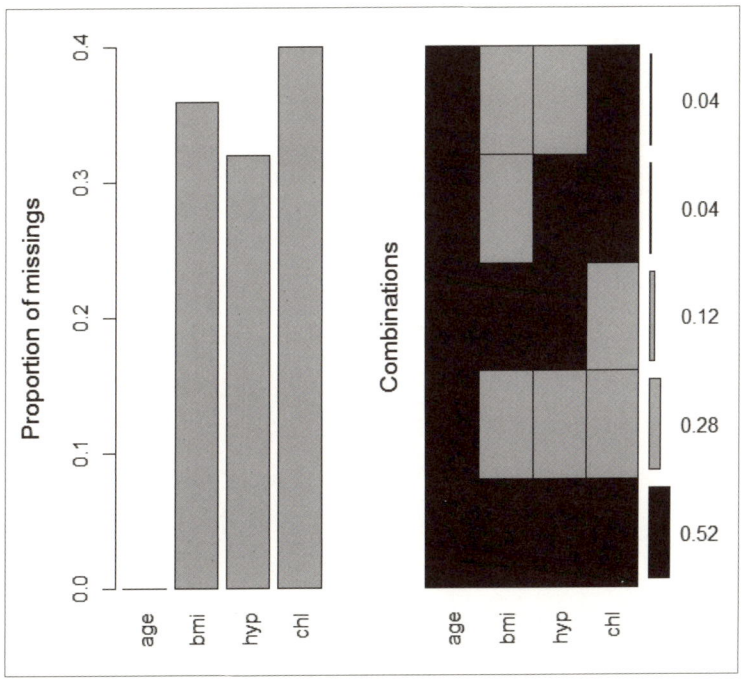

위 그림의 왼쪽 패널은 각 변수별로 결측 비율을 알려주고 있으며, 오른쪽 패널은 결측이 있는 변수들의 조합별로 결측 비율을 알려준다. 검정색 셀은 관측된 변수임을, 회색 셀은 결측이 있는 변수임을 나타낸다. 맨 아래 행은 52%의 데이터가 결측 없이 완벽히 관측되었음을 알려준다. 아래에서 두 번째 행은 28%의 데이터가 age 변수만 결측 없이 관측되었고 나머지 변수는 모두 결측임을 알려준다. 나머지 행들도 같은 방법으로 결측 패턴을 해석하면 된다. 만약 결측치가 없는 완전 데이터만으로 분석하는 경우 데이터(이미 표본 크기가 충분하지 않음)의 48%를 제거하게 될 것이다.

> **TIP** mi 패키지에는 결측 데이터 시각화를 위한 mp.plot() 함수가 있다. mice 패키지의 md.pattern() 함수는 dkv의 오른쪽 그림의 VIM 패키지의 aggr() 함수가 리턴하는 결과와 같은 값들로 구성된 표를 리턴한다.

다중대체법에 대한 개관

다중대체법(multiple imputation)은 결측값을 제거하는 대신 다른 값으로 채워 넣어 새로운 데이터셋을 생성하는 방법이다. 자세히 알아보기 전에 대체법(imputation)에 대한 대략적인 그림을 그려보도록 하자.

■ 대체법의 기본 원리

결측 데이터를 제거하는 방법에 대한 대안은 결측된 자리를 추측값으로 채워넣는 것이다. 대체법의 일반적인 접근법은 결측이 되지 않았다면 원래 어떤 값을 가졌을 지에 대해 알려주는 정보가 데이터 내에 있다고 가정하는 것이다.

가장 단순한 형태의 대체법은 각 결측값을 하나의 대체값으로 채워 넣는 **단일대체법** (single imputation)이다. 최근 고성능 컴퓨터가 출현하고 통계 방법론이 발달하면서, 결측값을 여러 가지 값으로 채워 넣어 여러 개의 데이터셋을 만들어내는 다중대체법이 그 자리를 대신하고 있다. 단일대체법의 문제점은 하나의 값으로만 채워 넣기 때문에 발생한다. 결측이 되어 값을 알 수 없는데 마치 확실히 아는 것처럼 하나의 값만을 사용해 채워 넣음으로써 실제 데이터 내의 변이 정도를 충분히 반영하지 못하는 경향이 있다. 그에 반해 다중대체법은 결측값에 대해 여러 개의 값을 대체값으로 사용하기 때문에 결측에 의한 불확실성과 데이터셋 내의 변이 정도를 잘 유지시켜준다(최소한 이론적으로는 그렇다).

■ 대체법에 대한 접근 방법들

대체법은 통계학에서 활발히 연구되는 분야이며, 지속적으로 새로운 방법론이 개발되고 있고 기존의 방법론들도 성능이 향상되어가는 중이다. 다만 만능인 대체법은 존재하지 않으며, 대체법의 타입은 그때 그때 분석 타입에 맞도록 선택되어야 한다.

크게 두 가지의 접근법이 있다. 하나는 다변량 정규분포에 기초한 접근법이고 다른 하나는 연쇄방정식(chained equations)에 기초한 접근법이다. 우선 다변량 정규분포를 가정하는 Amelia 패키지에 대해 알아보고, 정규성을 만족하지 않는 데이터를 위한 연쇄방정식에 기초한 mice 패키지에 대해 알아보자.

:: Amelia 패키지

Amelia 패키지는 R 커뮤니티에서 가장 최신의 다중대체법 패키지일 것이다. Amelia 패키지는 다변량 정규분포를 가정하는데, 언제 이 가정이 중요한 지 곧 보게 될 것이다.

> **대체법에서 다변량 정규분포 가정의 중요도는 어느 정도인가?**
>
> 우리가 실제로 다루는 많은 데이터셋은 다변량 정규분포를 따르지 않으며, 따라서 그러한 가정을 하는 것은 심각한 한계가 있는 것처럼 보인다. 그러나 Amelia 개발자가 언급한 바와 같이 정규성 가정을 벗어나더라도 별 문제가 없는 것이 보통이다. 이 부분이 정 찜찜한 분석가라면 정규성 가정이 필요하지 않은 mice 패키지를 사용하면 될 것이다.

Amelia 패키지의 amelia() 함수를 사용해 다중대체법을 수행하려면 생성할 대체 데이터의 개수와 연속형 변수가 아닌 변수에 대한 정보 등을 인수로 넘겨주어야 한다. Amelia는 다섯 개의 대체 데이터를 만드는 것을 기본으로 하지만, 몇 개로 하는 것이 가장 좋은 지에 대한 확실한 규칙은 없다. 일반적으로 결측이 많을수록 더 많은 대체 데이터를 만드는 것이 좋다. 전통적으로 5개의 대체 데이터를 만드는 것이 적절한 것으로 여겨지고 있지만, 20개 심지어 50개의 대체 데이터가 바람직한 경우도 있다. 대체 데이터의 개수가 많아지면 각 대체 데이터 별로 별도의 분석이 이루어지기 때문에 계산량이 현저히 늘어나게 됨에 유의하자.

다음 예제에서 결측치가 있는 신체기능 데이터셋을 대체하는 과정을 살펴보자.

```
> library(Amelia)
> phys.func.rm <- read.csv('phys_func_missing.txt')[-1]
> phys.imp <- amelia(phys.func.rm, ords = c(1:20))
-- Imputation 1 --

 1 2 3 4 5 6 7 8 9 10 11 12
...
# output truncated
> summary(phys.imp$imputations)
     Length Class      Mode
imp1 20     data.frame list
imp2 20     data.frame list
imp3 20     data.frame list
imp4 20     data.frame list
imp5 20     data.frame list
```

amelia() 함수의 ords = 인수는 데이터에 있는 변수 중 순서형 변수가 무엇인 지 알려주기 위한 것이다. 즉, 이 인수에 지정된 변수들에 대한 대체값이(순서가 있는) 정수값이 되도록 제한하게 되는데, 이렇게 하는 것이 최선인지 의문이다. 이 인수를 지정하지 않으면 다변량 정규분포 가정에 기초해 연속형인 실수값으로 대체값을 계산하게 될 것이다. 1.5라는 값은 설문에서 응답자가 실제로 답할 수 있는 결과값은 아니지만, 실질적으로 해석 가능한 값이며 통계적으로 분석하는 데 문제가 없는 값이기도 하다.

앞에서 논의한 바와 같이 다중대체법은 몇 가지 가정을 사용해 대체값을 계산한다. 따라서 대체된 데이터를 검증하는 것이 매우 중요하다. 이를 위해 가장 많이 사용하는 방법은 관측값과 대체값의 분포를 그림으로 그려보는 것이다. 가정에 문제가 없다면 두 분포의 형태가 비슷하게 될 것이다.

이를 위해 Amelia 패키지의 plot.amelia() 함수를 사용해보자. 다음 그림은 데이터셋의 두 번째 변수에 대한 결과이다.

```
> plot(phys.imp, which.vars = 2)
```

실행 결과는 다음 그림과 같다.

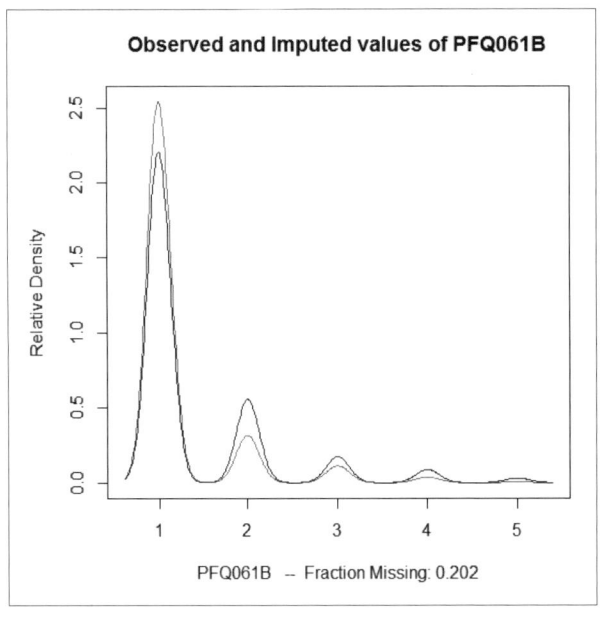

앞 그림에서 빨간색 실선은 대체 데이터의 분포를, 검은색 실선은 관측 데이터의 분포를 나타낸다. 이들 두 분포가 어느 정도 비슷한 것처럼 보이므로 이 변수에 대한 대체법은 적절히 이루어졌다고 판단할 수 있다. 그러나 1에 응답한 것으로 대체한 비율이 높은 반면 나머지 응답에 대한 대체값의 비율은 작게 나타났다.

Amelia 패키지는 대체 결과에 대한 두 번째 진단법으로 과대대체법(over-imputation)을 제공한다. 이 방법의 아이디어는 결측이 일어나지 않은 데이터 값에 대해 대체를 실시하는 것이다. 이렇게 함으로써 대체된 값과 실제 관측값을 비교할 수 있게 된다. 이들 두 값이 심하게 다르다면 대체법에 문제가 있는 것으로 판단할 수 있다. 이를 위해 overimpute() 함수를 사용한다. 이 함수는 여러 색깔로 된 그림을 출력해주며 이 함수가 계산한 결과를 저장해 나중에 시각화에 활용할 수 있게 해준다. 다음 예제를 보라.

```
> B.ov.imp <- overimpute(phys.imp, var = 'PFQ061B')
> summary(B.ov.imp)
```

다음 스크린샷은 위 코드의 실행 결과이다.

```
> B.ov.imp <- overimpute(phys.imp, var = 'PFQ061B')
> summary(B.ov.imp)
      row           orig          mean.overimputed
 Min.   :   1   Min.   :1.000   Min.   :0.5973
 1st Qu.:1134   1st Qu.:1.000   1st Qu.:1.0737
 Median :2260   Median :1.000   Median :1.2195
 Mean   :2267   Mean   :1.422   Mean   :1.4204
 3rd Qu.:3399   3rd Qu.:2.000   3rd Qu.:1.6093
 Max.   :4528   Max.   :5.000   Max.   :4.8089
 lower.overimputed  upper.overimputed  prcntmiss
 Min.   :-0.69836   Min.   :1.615     Min.   :0.05
 1st Qu.: 0.01989   1st Qu.:2.063     1st Qu.:0.20
 Median : 0.18296   Median :2.248     Median :0.25
 Mean   : 0.35850   Mean   :2.419     Mean   :0.24
 3rd Qu.: 0.55965   3rd Qu.:2.624     3rd Qu.:0.30
 Max.   : 3.26388   Max.   :6.004     Max.   :0.60
> |
```

과대대체 데이터 B.ov.imp의 세 번째 변수(대체값, mean.overimputed)와 두 번째 변수(원래 관측 데이터, orig)에 대해 상자그림(boxplot)을 작성하고 완벽한 대체 결과를 의미하는 대각선을 추가해 보자.

```
boxplot(B.ov.imp[,3] ~ B.ov.imp[,2], xlab = 'Observed',
        ylab = 'Imputed', main = 'Overimputed vs Observed Values')
abline(0, 1)
```

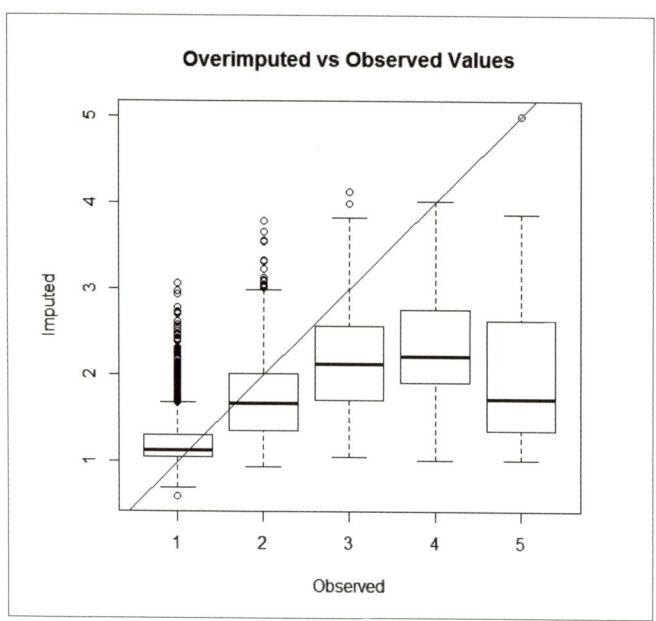

위 그림에서 관측 데이터의 3, 4, 5값에 대한 상자그림을 보면 대체로 실제 관측값에 비해 작은 값으로 대체가 이루어졌음을 알 수 있다. 그 이유가 무엇일지 유추해보기 위해 다음의 t-검정 결과를 살펴보자.[25]

```
> t.test(phys.func.rm$PFQ061B)

    One Sample t-test

data:  phys.func.rm$PFQ061B
t = 106.15, df = 3612, p-value < 2.2e-16
alternative hypothesis: true mean is not equal to 0
95 percent confidence interval:
 1.395550 1.448071
sample estimates:
mean of x
  1.42181
```

앞 결과를 보면 평균이 1.42이고 정규분포 가정 하에 구한 신뢰구간이 1.39~1.45이다. 이 데이터는 정규분포와 상당한 거리가 있으며 큰 값은 매우 드물게 관측되었다. Amelia는 가장 자주 관측된 값인 1에 가깝도록 대체값을 결정하는 경향이 있게 된다.[26] 그러나 큰 문제가 없는 것이 앞 스크린샷의 과대대체값들의 평균값을 보면 1.4204로써 위 t-검정 결과에 계산되어 있는 관측값의 평균 1.4218과 실질적으로 거의 차이가 없기 때문이다.

다중대체된 데이터로부터 추정치 계산하기

이제까지의 결과를 통해 성공적으로 대체가 이루어졌음을 확인할 수 있었다. 그러나 단일대체가 아닌 다중대체를 실시했기 때문에 여전히 대체에 의한 새로운 분석 결과는 제시하지 못한 상태이다. 그렇다면 새로이 만들어진 여러 개의 대체 데이터로부터 어떻게 추정치를 계산할 수 있을 것인가? 그에 대한 해답은 다음 절에서 살펴볼 루빈(Rubin)의 규칙이 될 것이다. 여기서 대체 데이터의 개수는 m으로, 추정 대상은 Q로 나타내기로 한다. 이제 루빈의 규칙을 이용해 평균을 추정하는 문제를 다뤄보자.

■ 평균 추정치 구하기

다중대체 데이터로부터 평균(즉, Q)의 추정치를 구하는 방법은 다음 식과 같이 각 m개의 대체 데이터의 평균값들의 평균을 계산하는 것이다.

$$\bar{Q} = \frac{\sum_{i=1}^{m} \bar{Q}_i}{m}$$

단, $\bar{Q}_i$는 i번째 대체 데이터로 구한 평균을 나타낸다. 만일 신체기능 데이터셋에서 20개 항목 각각의 평균값을 다중대체법을 이용해 구하려면, 우선 각 다중대체 데이터의 항목별 평균을 계산하고 다중대체 데이터별 평균값들의 평균을 계산하면 된다.

---

[25] 역자 주: 갑자기 t-검정이 등장해 당황하는 독자들이 있을 것이다. 여기서는 t-검정 자체가 목적이 아니고, t.test()가 자료의 평균값과 신뢰구간을 일괄적으로 구하는 데 손쉬운 함수이기 때문에 이용했을 뿐이다.

[26] 역자 주: 붓스트랩 EM 알고리즘을 사용하기 때문이다.

```
> imputation.means <- sapply(phys.imp$imputations, colMeans)
> imputation.means
            imp1     imp2     imp3     imp4     imp5
PFQ061A 1.313383 1.325972 1.320892 1.319567 1.321555
PFQ061B 1.443242 1.446555 1.437721 1.442800 1.446776
PFQ061C 1.282686 1.275398 1.270539 1.273852 1.268772
PFQ061D 1.619479 1.613737 1.605565 1.615283 1.614620
PFQ061E 1.380080 1.385822 1.396201 1.399072 1.386042
PFQ061F 1.380742 1.378313 1.399293 1.393772 1.385380
PFQ061G 1.290857 1.291740 1.289532 1.291961 1.294832
PFQ061H 1.043728 1.039753 1.044832 1.045716 1.040194
PFQ061I 1.197217 1.208260 1.204947 1.204064 1.204726
PFQ061J 1.168728 1.165857 1.169170 1.167845 1.166299
PFQ061K 1.065813 1.063163 1.061175 1.062721 1.065592
PFQ061L 1.123675 1.120804 1.123675 1.126988 1.118595
PFQ061M 1.677120 1.678887 1.678666 1.664532 1.679549
PFQ061N 1.309187 1.318463 1.322880 1.320451 1.313604
PFQ061O 1.224382 1.220186 1.225928 1.232332 1.233216
PFQ061P 1.188383 1.178666 1.182200 1.181758 1.185071
PFQ061Q 1.307200 1.302120 1.304108 1.299691 1.312942
PFQ061R 1.318684 1.313604 1.314267 1.309850 1.313604
PFQ061S 1.085910 1.084364 1.087677 1.092314 1.089664
PFQ061T 1.630742 1.633834 1.637809 1.634496 1.636263
> rowMeans(imputation.means)
 PFQ061A  PFQ061B  PFQ061C  PFQ061D  PFQ061E  PFQ061F  PFQ061G
1.320274 1.443419 1.274249 1.613737 1.389443 1.387500 1.291784
 PFQ061H  PFQ061I  PFQ061J  PFQ061K  PFQ061L  PFQ061M  PFQ061N
1.042845 1.203843 1.167580 1.063693 1.122747 1.675751 1.316917
 PFQ061O  PFQ061P  PFQ061Q  PFQ061R  PFQ061S  PFQ061T
1.227208 1.183216 1.305212 1.314002 1.087986 1.634629
```

리스트는 R에서 가장 용도가 많은 데이터 구조이기는 하지만, 포함된 여러 성분들에 대한 연산을 수행할 때 가장 부담이 많은 구조이기도 하다. 즉, `lapply()` 함수를 이용해 리스트 내 각 성분에 대해 함수를 적용할 수 있지만 또 다른 리스트를 리턴하게 된다. 반면에 `sapply()` 함수는 벡터, 행렬, 또는 배열 등과 같이 다루기에 가벼운 데이터 구조를 리턴해 준다.

■ 평균 추정치의 표준오차 계산하기

다중대체 데이터의 총분산(total variance)을 계산하려면 다음과 같은 절차를 따른다. 우선 대체 내 분산(within imputation variance)의 평균을 다음과 같이 계산한다.

$$Var_{\text{within}} = \frac{1}{m} \sum_{i=1}^{m} Var_i$$

단, Var_i는 i번째 대체 데이터 내에서 계산한 분산이다. 그 다음 대체 간 분산(between imputation variance)을 위해 각 대체 데이터별 평균값의 분산을 계산한다.

$$Var_{\text{between}} = \frac{1}{m-1} \sum_{i=1}^{m} (\overline{Q_i} - \overline{Q})^2$$

이제 다음 식을 이용해 총분산을 계산하면 된다.

$$Var_{\text{total}} = Var_{\text{within}} + \left(1 + \frac{1}{m}\right) Var_{\text{between}}$$

위에서 구한 총분산의 제곱근 값이 표준오차가 된다.

이상의 과정은 R로 쉽게 구현된다. 우선 평균값 계산을 위한 내장 함수인 `colMeans()`에 해당하는 분산 계산을 위한 함수를 작성하자.

```
colVars <- function(input.frame) {
  return(diag(var(input.frame)))
}
```

이제 각 변수별로 대체 내 분산을 계산해보자.

```
> imputation.vars.within <- sapply(phys.imp$imputations, colVars)
> imputation.vars.within
            imp1       imp2       imp3       imp4       imp5
PFQ061A 0.75200110 0.77863170 0.75739863 0.76796694 0.75454302
PFQ061B 0.66432808 0.68501574 0.67206478 0.66692849 0.67929598
```

```
PFQ061C 0.42327425 0.39310344 0.39619834 0.40433489 0.38743194
PFQ061D 0.71998276 0.71778784 0.71206975 0.72538600 0.71979504
PFQ061E 0.70220525 0.70487514 0.73364583 0.74262781 0.72038831
PFQ061F 0.77260895 0.76407120 0.80982499 0.79321943 0.76088185
PFQ061G 0.77224243 0.76996048 0.77080270 0.77358679 0.78140028
PFQ061H 0.05507883 0.04878386 0.05520192 0.05423832 0.04919033
PFQ061I 0.23964766 0.25725891 0.25443101 0.26053573 0.25430061
PFQ061J 0.20523346 0.20111365 0.20596777 0.19802036 0.20052511
PFQ061K 0.10081463 0.09055346 0.08881258 0.09016728 0.09311226
PFQ061L 0.16539475 0.15527287 0.16274399 0.17406276 0.15447631
PFQ061M 1.02495022 1.02962262 1.03897927 1.01025487 1.04617325
PFQ061N 0.42746583 0.45168467 0.46298866 0.45814585 0.44768765
PFQ061O 0.30396030 0.29367684 0.31320435 0.31667475 0.32686644
PFQ061P 0.24482195 0.22983414 0.24225432 0.23313744 0.24230413
PFQ061Q 0.63920594 0.63589566 0.63932927 0.63095197 0.64933988
PFQ061R 0.74158148 0.72380870 0.72228813 0.72637082 0.72955202
PFQ061S 0.12405148 0.12232670 0.12330293 0.13108296 0.12405485
PFQ061T 1.11433636 1.11086738 1.11155447 1.11245674 1.11683799
> avg.within.var <- rowMeans(imputation.vars.within)
> avg.within.var
   PFQ061A    PFQ061B    PFQ061C    PFQ061D    PFQ061E
0.76210828 0.67352662 0.40086857 0.71900428 0.72074847
   PFQ061F    PFQ061G    PFQ061H    PFQ061I    PFQ061J
0.78012128 0.77359853 0.05249865 0.25323478 0.20217207
   PFQ061K    PFQ061L    PFQ061M    PFQ061N    PFQ061O
0.09269204 0.16239014 1.02999604 0.44959453 0.31087654
   PFQ061P    PFQ061Q    PFQ061R    PFQ061S    PFQ061T
0.23847039 0.63894454 0.72872023 0.12496378 1.11321059
```

다음은 대체 간 분산을 계산할 차례이다.

```
> between.var <- colVars(t(imputation.means))
> between.var
     PFQ061A      PFQ061B      PFQ061C      PFQ061D
2.061671e-05 1.349573e-05 2.910336e-05 2.572821e-05
     PFQ061E      PFQ061F      PFQ061G      PFQ061H
6.268905e-05 7.824791e-05 3.814116e-06 7.389240e-06
     PFQ061I      PFQ061J      PFQ061K      PFQ061L
1.636363e-05 2.131418e-06 3.916541e-06 1.017911e-05
     PFQ061M      PFQ061N      PFQ061O      PFQ061P
```

```
  4.012626e-05 3.028857e-05 3.032271e-05 1.350061e-05
       PFQ061Q       PFQ061R       PFQ061S       PFQ061T
  2.624034e-05 9.886462e-06 9.769405e-06 7.135616e-06
```

끝으로 총분산을 계산하고 제곱근을 취해 표준오차를 추정해보자.

```
> total.var <- avg.within.var + (1+1/5)*between.var
> sqrt(total.var)
   PFQ061A    PFQ061B    PFQ061C    PFQ061D    PFQ061E    PFQ061F
 0.8730023  0.8206965  0.6331694  0.8479594  0.8490134  0.8832979
   PFQ061G    PFQ061H    PFQ061I    PFQ061J    PFQ061K    PFQ061L
 0.8795471  0.2291452  0.5032439  0.4496383  0.3044614  0.4029918
   PFQ061M    PFQ061N    PFQ061O    PFQ061P    PFQ061Q    PFQ061R
 1.0149109  0.6705452  0.5575957  0.4883509  0.7993598  0.8536581
   PFQ061S    PFQ061T
 0.3535187  1.0550920
```

다른 추정치(예를 들어, 회귀계수 추정치)에도 동일한 접근법을 사용할 수 있다. mitools 패키지에는 이미 루빈의 규칙이 구현되어 있기 때문에 추정 문제마다 별도의 코딩 작업을 할 필요가 없이 편리하게 이용할 수 있다. 여기서 우리는 mice 패키지의 nhanes2 데이터셋을 사용하게 될 것이다. 맨 먼저 대체를 실시하고(순서형 및 명목형 변수를 지정해서), 대체 데이터를 대체 리스트 객체로 저장해 추후에 분석에 사용할 수 있도록 할 것이다. 그 다음에 with() 함수를 imputationList() 함수에 적용해 각 대체데이터에 대한 회귀분석을 실시하게 될 것이다. 끝으로 MIcombine() 함수를 사용해 그 결과들을 다중대체에 의한 회귀계수 추정치를 얻는 데 사용하게 될 것이다.

```
library(mitools)

data(nhanes2)
nhanes2.imp <- amelia(nhanes2, ord = 1, noms = 3)
nhanes2.implist <- imputationList(nhanes2.imp[[1]])
lm.nhanes2 <- with(nhanes2.implist, lm(chl ~ age + bmi))
MIcombine(lm.nhanes2)
```

위 코드를 실행하면 다음과 같은 결과를 얻게 된다.

```
Multiple imputation results:
      with(nhanes2.implist, lm(chl ~ age + bmi))
      MIcombine.default(lm.nhanes2)
                results         se
(Intercept) -33.013931 58.454267
age40-59     49.221437 20.539475
age60-99     77.952891 31.732224
bmi           7.285493  1.987927
```

이제 다른 접근법에 의한 다중대체법을 알아보자.

mice 패키지

mice 패키지는 다변량 정규분포를 가정하지 않고 베이지안 방법에 기초한 대체 방법을 제공한다. mice 패키지가 사용하는 접근법은 소위 연쇄 방정식(chained equations)이라고 알려진 방법을 이용한다. 기본적인 과정은 다음과 같다.

❶ 예비 대체값들로 모든 결측 데이터를 채운다.

❷ 특정 변수(X)부터 대체를 시작한다. X 변수로부터 예비 대체값을 제거하고 나머지 변수는 예비 값들로 채워진 채로 둔다. X의 관측값을 반응변수로 하고 나머지 변수들을 설명변수(실제 관측치와 예비값들로 구성된)로 하여 회귀모형을 적합시키거나 X의 관측값과 나머지 변수들 간의 매칭(matching) 모형을 적합시킨다. 회귀 적합 결과 또는 매칭 결과에 따라 X의 결측치를 채운다.

❸ 위 ❷단계를 다음 변수에 대해 차례대로 반복 적용한다. 모든 변수에 대해 대체가 이루어질 때까지 한다.

❹ 위 ❷단계 및 ❸단계를 계속 반복한다. 반복 과정에서 2단계의 마지막에서 얻은 대체값을 추적해 더 이상 의미있는 변화가 없다고 판단되면 대체 알고리즘이 수렴한 것이다.

Note 위 ❷단계에서 사용한 회귀분석 또는 매칭 뿐 아니라 사용자가 원하는 다양한 분석 모형들을 사용할 수 있다는 점을 기억하기 바란다.

■ **mice 패키지의 대체 함수들**

mice 패키지의 mice() 함수는 넓은 범위의 대체 방법을 지원하며, 상당수가 정규성을 가정하지 않는 방법론들이다. 범주형 자료에 대해 mice() 함수는 로지스틱 또는 다항로지스틱 회귀를 사용한다. 수치형 데이터에 대한 mice() 함수의 기본 설정은 관측 자료로부터 기증받은 값(donor)으로 결측치를 채우는 예측 평균 매칭(predictive mean matching)을 사용하는 것이다. 기증받을 값은 선형회귀를 통해 파악된 가장 가까운 매칭 정도를 보이는 값으로 선택한다. 이 접근법이 회귀모형 기반 접근법에 비해 갖는 장점은 데이터의 비정규성에 대해 덜 민감하다는 점과 이미 관측된 값을 빌려와서 결측치를 채우기 때문에 터무니없는 값으로 결측값을 채우는 경우는 거의 발생하지 않는다는 점이다.

mice() 함수는 여러 종류의 대체 함수 역시 지원하며, 사용자가 필요에 따라 지정할 수 있다.

간편함을 위해 데이터셋의 변수명을 단순하게 고치자.

```
> names(phys.func.rm) <- LETTERS[c(1:20)]
```

mice() 함수는 어느 변수를 다른 변수의 대체에 이용할 지를 행렬을 이용해 지정할 수 있게 해준다. 보통 우리는 대체를 수행하는 데 있어서 적절한 변수를 선택해 이용하려고 노력을 기울이게 된다. 이러한 고려는 변수의 개수가 많은 경우 특별히 더 중요하다. 예를 들어, 머리카락 색깔과 같은 변수는 나이 변수의 값을 대체하는 데 별로 쓸모가 없을 것이다. 이제 20개의 변수로 된 신체기능 데이터셋의 predictor 행렬을 만드는 방법을 알아볼 것이다. 앞에서 이 변수들 중 어떤 것들은 사회적 활동과 인지에, 어떤 변수들은 다리 기능에, 어떤 변수들은 팔의 기능과 관련되어 있을 가능성에 대해 논의한 적이 있다. 대체를 위한 예측에 이러한 구분을 사용하게 될 것이다.

다음과 같은 정방행렬을 하나 만들어보자. 각 행은 대체 대상 변수를 나타낸다(예를 들어 첫 행은 변수 A를, 둘째 행은 B를 나타낸다). 각 열은 예측량(predictor)으로 사용될 변수를 나타낸다.

```
predictor.matrix <- matrix(
  c(
    0,0,0,0,0,0,0,0,0,0,0,0,0,0,0,0,1,1,1,0,
    0,0,1,1,0,0,0,1,1,1,0,0,1,1,0,0,0,0,0,0,
    0,1,0,1,0,0,0,1,1,1,0,0,1,1,0,0,0,0,0,0,
```

```
    0,1,1,0,0,0,0,1,1,1,0,0,1,1,0,0,0,0,0,0,
    0,0,0,0,0,1,1,0,0,0,1,1,0,0,1,1,0,0,0,1,
    0,0,0,0,1,0,1,0,0,0,1,1,0,0,1,1,0,0,0,1,
    0,0,0,0,1,1,0,0,0,0,1,1,0,0,1,1,0,0,0,1,
    0,1,1,0,0,0,0,1,1,0,0,1,1,0,0,0,0,0,0,0,
    0,1,1,1,0,0,0,1,0,1,0,0,1,1,0,0,0,0,0,0,
    0,1,1,1,0,0,0,1,1,0,0,0,1,1,0,0,0,0,0,0,
    0,0,0,0,1,1,1,0,0,0,0,1,0,0,1,1,0,0,0,1,
    0,0,0,0,1,1,1,0,0,0,1,0,0,0,1,1,0,0,0,1,
    0,1,1,1,0,0,0,1,1,1,0,0,0,1,0,0,0,0,0,0,
    0,1,1,1,0,0,0,1,1,1,0,0,1,0,0,0,0,0,0,0,
    0,0,0,0,1,1,1,0,0,0,1,1,0,0,0,1,0,0,0,1,
    0,0,0,0,1,1,1,0,0,0,1,1,0,0,1,0,0,0,0,1,
    1,0,0,0,0,0,0,0,0,0,0,0,0,0,0,0,0,1,1,0,
    1,0,0,0,0,0,0,0,0,0,0,0,0,0,0,0,1,0,1,0,
    1,0,0,0,0,0,0,0,0,0,0,0,0,0,0,0,1,1,0,0,
    0,0,0,0,1,1,1,0,0,0,1,1,0,0,1,0,0,0,0,0
  ),
  nrow = 20,
  byrow = TRUE
)
```

이제 각 결측값을 대체할 다섯 개의 값을 계산할 것이다. 다만 대체값을 계산하는 데 반복수는 6으로 제한한다.

```
> imputed.phys.func <- mice(phys.func.rm,
                    predictorMatrix = predictor.matrix,
                    m = 5, seed = 10, maxit = 6)
```

이렇게 해서 다시 한번 다섯 개의 대체 데이터셋을 얻기는 했지만, 아직 새로운 결과를 얻은 것은 아니다. 만일 '다리 기능 점수'를 '팔 기능 점수'를 이용해 예측 가능한 지 알아보려면 어떻게 해야 할까? with() 함수를 사용해 각 대체 데이터별로 회귀모형을 적합시켜 보자.

```
> legs.v.arms.models <- with(imputed.phys.func,
                    lm( I(B+C+D+H+I+J+M+N) ~ I(E+F+G+K+L+O+P+T)))
```

이제 각 결과를 종합해 추정치를 구해보자.

```
> leg.v.arm.pool <- pool(legs.v.arms.models)
```

pool() 함수가 리턴한 mipo 객체에 대해 summary() 함수를 적용하면 유용한 부가 정보들을 얻게 될 것이다.

```
> summary(leg.v.arm.pool)
                                 est         se          t         df
(Intercept)                4.5689783 0.14504376   31.50069  145.12519
I(E + F + G + K + L + O + P + T) 0.5965278 0.01409243   42.32966   83.49253
                              Pr(>|t|)      lo 95     hi 95  nmis        fmi
(Intercept)                          0  4.2823073 4.8556494   NA  0.1741114
I(E + F + G + K + L + O + P + T)     0  0.5685009 0.6245546   NA  0.2344096
                                lambda
(Intercept)                  0.1628075
I(E + F + G + K + L + O + P + T) 0.2162875
```

위 결과를 통해 회귀모형의 절편과 기울기 추정치 및 표준오차, 회귀모형에서 제공하는 통계치들을 얻을 수 있다[27]. 그러나 정보손실비율(fraction of information missing, fmi)의 값과 결측데이터에 의한 변이(lambda) 등의 값도 얻게 된다. 이 예의 경우, 결측에 의한 변이가 차지하는 비중이 1/5 수준임을 확인할 수 있다.

요약

이 장에서는 데이터 매니지먼트 기법을 알아보았다. 데이터 분석을 진행하기 전에 데이터를 일관된 포맷으로 정리하는 것이 중요한데, 이를 위한 문자열 처리 기법 및 패턴 매칭이 많은 도움이 되었다. 또한 기본적인 메모리 관리 방법에 대해 알아보았다. 마지막에는 결측 데이터 처리를 위한 제거법과 두 가지의 대체법에 대해 알아보았다. 이 장에서 다룬 기법들은 새로운 과학적 인사이트 혹은 데이터 내 연관성에 대한 정보를 주는 것은 아니지만, 기술/추론 분석에 선행되어야 하는 결정적으로 중요한 단계에 해당한다. 대규모 프로젝트에서는 R뿐만 아니라 데이터베이스 플랫폼과 같은 데이터 관리만을 위해 고안된 부가적인 기법들이 중요할 것이다.

---

[27] 역자 주: 최종 기울기 추정치는 0.59650고 표준오차는 0.0141로서, '팔 기능 점수'로 '다리 기능 점수'를 예측하는 것이 의미가 있다고 판단할 수 있다.

주요 용어 인덱스

A

AIC(Akaike information criterion)	94, 145
Anderson–Darling	91
Anova(Analysis of variance)	128, 140
arrays	23
augmented Dickey–Fuller, ADF	108

B

base	16, 21
Bernoulli radom variables	325
binomial exact test	105
Broyden–Fletcher–Goldfarb–Shanno, BFGS	389

C

Chi–sguared	91, 107
CFI(comparative fit index)	296
Classical test theory, CTT	230
Confirmatory factor analysis, CFA	281

D

data frames	23
Diagonal	202
Dirichlet distribution	349
double	25

E–F

EFA, Exploratory factor analysis	284
effective degrees of freedom, edf	143
factor	36
Fisher's exact test	107
F–검정(F–test)	102

G

Generalized additive model, GAM	141
Generalized cross validation, GCV	143
Generalized linear model, GLM	135

H–I

heterogeneous	23
homogeneous	23
Identity	202
Iman and Connover	344
implied	264
item response theory, IRT	230

K

Kaiser–Guttman rule	255
Kolmogorov–Smirnov	91
Kruskal–Wallis	102
Kwiatkowski–Phillips–Schmidt–Shin, KPSS	115

L

least sguares linear regression	143
level	36
linear discriminant analysis, LDA	146
lists	23

M

MAR(missing at random)	425
matrices	23
MCAR(missing completely at random)	425
mean value theorem	352
MNAR(missing not at random)	426
multinomial distribution	349
multivariate normal distribution	349

N

National Health and Nutrition Examination Survey, NHANES	203
Nelder–Mead simplex method	384
NHANES(National Health and Nutrition Examination Survey)	282
non–comfortable arguments	208

numerical optimization	370

O-R

Overdispersion	138
Principal axis factoring, PAF	269
Q-Q plot, Quantile-Quantile plot	88
Rectangular	202
Rejection sampling	358
Reticular action model, RAM	285
Root Mean Square Error of Approximation, RMSEA	279, 297

S-Z

Scree test	255
simulated annealing	389
Sparse matrix	203
Spectral test	320
Square	202
SRMR(standardized root mean square residual)	297
standard deviation	82
standard error of the mean	82
Structural equation model, SEM	281
Symmetric	202
Triangular	202
TLI(Tucker-Lewis index)	297
Tucker-Lewis Index, TLI	279
Vector	203
wilcoxon signed-rank test	99
Z-검정법(Z-test)	103

ㄱ

경로(path)	284
경로계수	285
고전검사이론(classical test theory, CTT)	230
공분산 공식(covariance algebra)	284
공통성(communality)	264
공통요인(common factor)	264
과대산포(overdispersion)	138
관측값(observed)	264
관측변수(observed variable)	284, 285
구조방정식 모형(structural equation model, SEM)	281
국립보건영양검사조사(National Health and Nutrition Examination Survey, NHANES)	203
기각샘플링(rejection sampling)	358

ㄴ-ㄷ

넬더-미드 심플렉스 방법(Nelder-Mead simplex method)	384
논리값	25
다변량정규분포(multivariate normal distribution)	349
다항분포(multinomial distribution)	349
단위행렬	202
단일대체법	430
대각행렬	202
대칭행렬	202
데이터프레임(data frames)	23
동질적(homogeneous)	23
디리클레 분포(Dirichlet distribution)	349

ㄹ-ㅂ

레드 와인	242
리스트(lists)	23
망상행동모형(Reticular action model, RAM)	285
모의담금질(simulated annealing)	389
문자	25
문항반응이론(item response theory, IRT)	230
배열(arrays)	23
베르누이 확률변수(Bernoulli radom variables)	325
벡터(atomic vectors)	23
분산분석표(Anova table)	128
분위수-분위수 그림(Q-Q plot, Quantile-Quantile plot)	88
브로이든-플레처-골드파브-섀노(Broyden-Fletcher-Goldfarb-Shanno, BFGS)	389

주요 용어 인덱스

ㅅ

사각요인구조(oblique factor structure)	264
삼각행렬	202
새로운 용어	16
선형판별분석(linear discriminant analysis, LDA)	146
수준(level)	36
숫자(double)	25
스크리 검정법(Scree test)	255
스펙트럴 검정(Spectral test)	320
신뢰구간(confidence interva, CI)	82
신체기능	243

ㅇ

아이먼-코노버(Iman and Connover)	344
아카이케 정보기준(Akaike information criterion, AIC)	145
앤더슨-달링(Anderson-Darling)	91
요인상관행렬(factor correlation matrix)	264
요인적재계수(factor loadings)	264
요인패턴행렬(factor pattern matrix)	264
유효 자유도(effective degrees of freedom, edf)	143
윌콕슨 부호-순위 검정(wilcoxon signed-rank test)	99
이질적(heterogeneous)	23
이항검정(binomial exact test)	105
인수(factor)	36
일반화가법모형(generalized additive model, GAM)	141
일반화교차확인(generalized cross validation, GCV)	143
일반화선형모형(generalized linear model, GLM)	135

ㅈ

잔차(residual)	284
잔차 및 상관관계	285
잔차상관행렬(residual correlation matrix)	264
잠재변수(latent variable)	284, 285
잠재특성(latent trait)	264
정사각형(정방, square)	202
정수	25
주축요인법(principal axis factoring, PAF)	269
증강 디키-풀러(augmented Dickey-Fuller, ADF)	108

직교요인구조(orthogonal factor structure)	264
직사각형	202

ㅊ-ㅋ

최소제곱회귀모형(least sguares linear regression)	143
최적화(numerical optimization)	370
축소상관행렬(reduced correlation matrix)	264
카이저-구트만 규칙(Kaiser-Guttman rule)	255
카이제곱(chi-sguared) 검정	91, 107
콜모고로프-스미르노프(Kolmogorov-Smirnov) 검정	91
퀴아트코우스키-필립스-슈미트-신(Kwiatkowski-Phillips-Schmidt-Shin, KPSS)	115
크루스칼-월리스(Kruskal-Wallis)	102

ㅌ-ㅍ

탐색적 요인분석(EFA, Exploratory factor analysis)	284
터커-루이스지수(Tucker-Lewis Index, TLI)	279
특수성(uniqueness)	264
특수성행렬(uniqueness matrix)	264
평균값 정리(mean value theorem)	352
평균제곱근사오차제곱근(Root Mean Square Error of Approximation, RMSEA)	279
평균제곱잔차제곱근(Root Mean Square Residual, RMSR)	279
표본평균에 대한 표준오차(standard error of the mean)	82
표준편차(standard deviation)	82
피셔의 정확검정(Fisher's exact test)	107

ㅎ

함축값(implied)	264
함축상관행렬(implied correlation matrix)	264
행렬(matrices)	23
확인적 요인분석(confirmatory factor analysis, CFA)	281
희박행렬	203

주석 인덱스

1. 크루스칼 월리스(Kruskal-Wallis) 검정 • 102
2. 최대우도추정치(maximum likelihood estimates) • 124
3. 요인(factor)의 수준(level) • 131
4. 나다라야-왓슨(Nadaraya-Watson) 커널 회귀추정치 • 186
5. 이차다항식을 커널회귀에 많이 사용? • 190
6. 대각행렬(diagonal) diag(c(1:3), 3, 5) • 202
7. ADL(Activities of daily living) • 260
8. IADL(Instrumental ADL) • 260
9. 신체 기능 데이터 셋에서 낮은 값(NA)을 갖는 항목 • 263, 264
10. 요인적재계수(factor loadings) • 264
11. Trait 잠재변수의 규칙 • 265, 266
12. 단일요인모형에서 각 요인적재계수 표현 • 266
13. Promax 회전 • 273
14. RMSR 값이 0.08보다 작아야 하고 RMSEA 값은 0.06보다 작아야 하며, TLI 값은 0.95(종종 0.90이 사용되기도 함)보다 커야 한다. • 279
15. 잔차 • 284
16. 잔차분산 • 285
17. wrapper 함수 • 308
18. rbern( ) 함수 • 326
19. 마을 수돗물에 의한 따른 암 발병 위험을 추정하기 위한 이차원 몬테카를로 시뮬레이션을 적용 예제에서 마을 수돗물의 비소 집적도의 불확실성 평균이 2 • 338
20. 밀도함수 • 358
21. 중요샘플링(importance sampling)을 R로 구현하는 코드 • 364
22. 음이 아닌 값이라는 제약 조건을 만족하는 경우에 사용하는 lp( ) 함수의 제한점을 극복하려면 • 400
23. 데이터 랭글링(data wrangling) • 409, 410
24. MCAR인 데이터의 경우 편의(bias)가 없다 • 426
25. t-검정 결과 • 434, 435
26. Amelia는 가장 자주 관측된 값인 1에 가깝도록 대체값을 결정하는 경향이 있게 된다 • 435
27. pool( ) 함수가 리턴한 mipo 객체에 대해 summary( ) 함수를 적용하면 회귀모형의 절편과 기울기 추정치 및 표준오차, 회귀모형에서 제공하는 통계치들을 얻을 수 있다 • 443

빅 데이터 통계 분석과
그래픽용 프로그래밍 언어의 대표 주자!

오픈소스 R

원제 : Mastering Scientific Computing with R

2016. 3. 10. 1판 1쇄 발행
2017. 8. 25. 1판 2쇄 발행
2020. 3. 5. 1판 3쇄 발행

지은이 | Paul Gerrard, Radia M. Johnson
역자 | 정석오, 최대우
펴낸이 | 이종춘
펴낸곳 | BM (주)도서출판 성안당
주소 | 04032 서울시 마포구 양화로 127 첨단빌딩 3층(출판기획 R&D 센터)
       10881 경기도 파주시 문발로 112 출판문화정보산업단지(제작 및 물류)
전화 | 02) 3142-0036
       031) 950-6300
팩스 | 031) 955-0510
등록 | 1973. 2. 1. 제406-2005-000046호
출판사 홈페이지 | www.cyber.co.kr
ISBN | 978-89-315-5401-4 (13000)
정가 | 28,000원

이 책을 만든 사람들
책임 | 최옥현
기획 · 진행 | 조혜란
교정 · 교열 | 장윤정
본문 · 표지 디자인 | 앤미디어
홍보 | 김계향
국제부 | 이선민, 조혜란, 김혜숙
마케팅 | 구본철, 차정욱, 나진호, 이동후, 강호묵
제작 | 김유석

이 책의 어느 부분도 저작권자나 BM (주)도서출판 성안당 발행인의 승인 문서 없이 일부 또는 전부를 사진 복사나 디스크 복사 및 기타 정보 재생 시스템을 비롯하여 현재 알려지거나 향후 발명될 어떤 전기적, 기계적 또는 다른 수단을 통해 복사하거나 재생하거나 이용할 수 없음.

※ 잘못된 책은 바꾸어 드립니다.